정신건강

황현주 · 유은정 · 박혜정 · 서은경 · 신현정 · 정다운 지음

도서출판 파란마음

정신건강

초판 1쇄 인쇄 2013년 7월 23일
초판 2쇄 발행 2019년 1월 26일

지은이_ 황현주 · 유은정 · 박혜정 · 서은경 · 신현정 · 정다운
펴낸이_ 황호철
펴낸곳_ 도서출판 파란마음
주소_ 04315 서울시 용산구 백범로90라길 47 | 전화_ (02) 3275-2110~1 | 팩스_ (02) 3275-2199
홈페이지_ http://paranmaum.co.kr/
등 록_ 2006년 4월 24일 · 제302-2006-00024호

* 2쇄부터 본 서의 제목은 교사를 위한 아동정신건강(1쇄)에서
정신건강으로 변경되었다. 내용은 동일하다.

ISBN 978-89-97982-14-1 93370
값 18,000원

머리말

얼마 전 교육부에서는 학생자살예방 등 학생정신건강지원을 강화하고자 '2013년 학생 정서 · 행동특성검사' 및 '학생정신건강 지역협력모델 구축 · 지원 사업'을 추진한다고 밝혔습니다. 그리고 전국에 있는 초등학교 1, 4학년생과 중학교 1학년, 고등학교 1학년 학생(약 210만 명)을 대상으로 '2013년도 학생 정서 · 행동특성검사'를 실시하였습니다. 이것은 아이들의 정신건강 문제가 이미 심각한 수준에 도달하였다는 위기의식이 우리 사회 전반에 퍼져 있음을 보여주고 있습니다. 심각한 문제행동으로 병원에 가는 아이들이 점점 증가할뿐 아니라 아이들의 우울증과 자살을 염려해야 할 정도로 우리 아이들의 정신은 피폐해지고 있습니다.

그러나 정신건강이 단지 학생들만의 문제는 아닙니다. 아동과 청소년 그리고 성인과 노인에 이르기까지 우리 사회 전체의 정신건강에 심각한 문제가 있습니다. 어린 유아뿐 아니라 부모, 심지어 이들을 가르치는 교사 역시 정신건강에 문제가 있는 이들이 증가하고 있습니다. 이제는 부모나 유아교육기관의 교사가 아이를 학대한다는 기사가 나와도 그리 놀랍지 않을 정도로 우리 사회는 어린 아이에게 감정조절이 되지 않는 부모와 교사들이 너무 많습니다.

그럼에도 불구하고 기존의 정신건강 교재는 대부분이 아동이나 교사 한쪽만을 대상으로 쓰여졌기에, 학교에서 정신건강을 가르치는 저희들은 많은 아쉬움을 가지고 있었습니다. 이에 본 교재에서는 아동과 성인 모두의 정신건강을 다루었습니다.

제1부에서는 정신건강의 기초로 정신건강의 개념과 정신건강 이론 및 정신건강에 영향을 주는 요인을 살펴보았습니다. 특히 정신건강 이론에서는 여러 정신건강 이론들과 함께 비교적 최근에 나온 긍정심리학을 소개하였습니다. 기존의 심리학 이론들이 정신건강에 문제가 있는 사람들을 이해하고 돕기 위한 이론이었다면, 긍정심리학은 인간이 지닌 긍정적인 면에 초점을 둔 이론으로 인간의 행복을 다루고 있습니다. 비록 우리 사회의 정신건강 문제가 점점 심각해가고 있지만 우

리는 부정적인 면이 아닌 긍정성에 초점을 두고자 하였습니다.

제2부에서는 교사와 부모의 정신건강으로 정신건강과 정서, 욕구, 스트레스와의 관계를 살펴보고 어떻게 해야 우리가 보다 긍정적인 대인관계를 맺을 수 있는지 여러 이론과 구체적인 방법들을 소개하였습니다.

제3부에서는 아동의 정신건강으로 아동의 정신건강에 영향을 미치는 요인과 아울러 아동정신건강을 증진시킬 수 있는 방안들을 제시하였습니다. 또한 점차 증가하고 있는 아동 스트레스와 대처방식을 살펴보았습니다. 이 외에도 분리불안 장애와 소아우울증, 틱 장애 등과 같이 대표적인 아동기 행동 및 정서 장애들의 원인과 지도방법을 소개하였습니다.

제4부에서는 정신건강의 문제 진단을 위한 심리검사도구와 검사방법, 그리고 교사와 부모, 아동의 상담 사례들을 구체적으로 제시하였습니다. 또한, 교사와 부모, 아동의 실제 상담 사례를 통해 자신을 이해하고 나아가 부모와 아동의 어려움들을 효과적으로 도울 수 있을 것입니다.

제게는 학생들의 정신건강과 관련하여 정말 마음 아픈 일이 있었습니다. 우울증을 앓던 1학년 학생이 여름방학에 자살한 것입니다. 이 일을 계기로 해마다 저희는 신입생이 들어오면 1학기에 학생들의 우울증을 검사합니다. 그리고 우울증이 심각한 수준으로 판단 되어지면 전문적인 상담을 받도록 하고 있습니다. 아마도 유아교육과 · 아동보육과 학생들 대부분은 자신의 정신건강을 전문상담기관에서 평가받아본 적이 없을 것입니다. 따라서 부록에 '한국판 벡(Beck)의 우울증 척도(BDI)'를 제시하였으니, 학생들이 수업 시간에 자신의 정신건강을 스스로 살펴보시길 바랍니다.

정신건강은 행복하고 건강한 삶을 위한 가장 기초입니다. 또한 교사의 정신건강은 아동에게 그대로 전달되어집니다. 내가 먼저 건강해야 아이들을 도울 수 있습니다. 이 책은 유아 · 보육교사가 될 학생 여러분들이 먼저 자신을 건강하게 세우고 나아가 아이들과 부모의 정신건강 문제를 이해하고 효과적으로 지원할 수 있도록 도와 줄 것입니다.

저자 일동

차례

Part I 정신건강의 기초

Chapter 1 정신건강의 이해

Chapter

9 아동 스트레스

Chapter

10 아동기 행동 및 정서 장애의 유형과 지도

Part IV 정신건강 문제 이해

Part... I

정신건강의 기초

Chapter 1

정신건강의 이해

1 정신건강의 중요성과 개념

2 현대 사회의 변화와 정신건강

3 한국인의 정신건강

학습주제 정신건강의 이해

학습목표

❶ 현대 사회에서 정신건강의 중요성을 이해한다.
❷ 정신건강의 개념과 그 변화에 대해 설명할 수 있다.
❸ 우리나라의 사회 · 문화적인 특성이 한국인의 정신건강에 미친 영향을 안다.

학습요약

1 정신건강의 중요성과 개념
1) 정신건강의 중요성
2) 정신건강의 개념
3) 정신적으로 건강한 사람들의 특징

2 현대 사회의 변화와 정신건강
1) 현대 사회 변화의 특징
2) 현대 사회의 변화가 정신건강에 미친 영향

3 한국인의 정신건강
1) 한국의 문화적 특성
2) 한국의 문화적 특성에 따른 한국인의 정신건강

주요개념 정신건강

들어가기

전국 초 · 중 · 고교 학생 중에 정신건강에 문제가 있어 지속적인 관심과 관리가 필요한 학생이 105만 명에 이르는 것으로 조사됐다. 이 중에 자살 생각을 해본 고위험군 학생도 9만 7,000명에 달했다. 교육과학기술부는 지난해 전체 초 · 중 · 고생 668만여 명을 상대로 '학생정신건강검사(정서 · 행동특성 검사)'를 한 결과 105만 명(16.3%)이 정서 · 행동을 지속적으로 관심 있게 지켜봐야 할 '관심군'으로 파악됐다고 7일 밝혔다. 이 중에 22만 3,000명(4.5%)은 심층상담 등 집중 관리가 필요한 '주의군'이고, 고위험군도 9만 7,000명(1.5%)이 포함되어 있는 것으로 나타났다. 학생 6명 중 1명 꼴로 정신건강에 빨간불이 켜진 것이다.

출처: 경향신문(2013. 2. 7.). 정신건강 빨간불–초 · 중 · 고생 105만 명.

100세 시대를 살고 있는 현대인들에게 건강은 무엇보다 중요한 삶의 이슈가 되고 있다. 초고속의 사회변화 속에서 현대인들은 가치관의 혼란, 인간관계의 문제 등을 경험하며 변화하는 사회에 적응하기 위해 끊임없이 스트레스를 받고 있다. 힘들고 지친 현대인의 삶에서 진정한 행복이란 무엇일까? 삶의 질을 향상시키며 삶을 누리는 것이란 무엇일까? 이러한 고민 속에 현대인들은 건강한 삶을 위한 활력소를 찾기 위해 신체적인 건강과 잘 사는 것을 강조하는 웰빙(well-being)을 시작으로 점차 삶의 질 향상을 추구하며 신체의 건강뿐 아니라 영적인 부분과 직업적 만족, 안녕과 같은 정신적인 건강을 강조하는 리프레시(refresh), 힐링(healing) 하는 것이 진정으로 건강한 삶이라고 생각하고 있다.

이에 본 장에서는 급속히 변화하는 현대 사회에서 정신건강이 왜 중요한지, 정신건강의 개념, 현대 사회의 변화와 정신건강, 우리나라의 문화적 특성과 한국인의 정신건강 등에 대해 살펴보며 정신건강에 대한 기본적인 이해를 돕고자 한다.

01 정신건강의 중요성과 개념

사람들은 보다 행복하게 살아가기 위해 신체적, 정신적으로 건강한 삶을 살아가기를 원한다. 과거 고대 그리스 시대부터 사람들은 행복에 관심을 가졌으며 대표적인 철학자인 아리스토텔레스 역시 인간의 삶의 목적을 행복이라고 보았다. 행복은 정신건강의 핵심이라 볼 수 있는데 최근 긍정심리학자들은 행복한 삶이 건강한 정신을 유지하는 데 중요한 역할을 한다고 보고 있다.

1) 정신건강의 중요성

행복한 삶을 위해서는 신체적, 정신적으로 건강한 삶을 유지하는 것이 필요하다. 키스(Keyes, 2005)의 연구에 의하면 정신적인 건강이 양호한 사람일수록 만성적인 신체 질병의 고통을 받을 가능성이 3배 가량 낮은 것으로 조사되었다. 즉, 정신건강은 인간이 인간답고 행복하게 살아가는 데 가장 기본이 되는 요소로 인간의 삶 속에서 정신이 건강하다는 것이 무엇보다 중요하다는 것을 알게 한다.

그런데 최근 국민건강보험 보도 자료에서 나타난 11개 주요 만성 질환 진료비 추이(| 표 1-1 | 참고)를 살펴보면 2002년 4조 8,036억 원이었던 것이, 2011년 16조 3,846억 원으로 3.4배 증가하였다. 특히 2011년 악성신생물에 의한 진료비가 가장 높았으며 그 뒤를 이어 고혈압과 정신 및 행동 장애에 대한 진료비가 높은 것으로 나타났다. 주의해서 살펴볼 것은 증가 지수인데 정신 및 행동 장애의 증가 지수는 고혈압의 증가 지수를 앞서는 것으로 조사되었다(국민건강보험, 2012). 한편 최하 빈곤층에서 병원에 입원한 의료급여 환자가 가장 많이 걸린 질병은 '정신분열병' 인 것으로 나타났다(한국일보, 2012. 9. 24.). 이처럼 의료급여 환자에 정신분열병이 많은 것은 다양한 사회적 상황에서 경험하는 스트레스가 우울증을 유발시키고, 이로 인해 알코올 · 흡연 등 중독성이 강한 물질에 의존하는 경향성이 높아지는 것이 원인이라고 볼 수도 있다. 이와 같은 우리나라 국민 건강의 변화는 정신건강 문제가 개인뿐 아니라 가족과 사회가 투입하는 비용에

엄청난 부담을 가져올 수 있으며 신체적, 정신적 건강에 막대한 손실을 가져와 국가적 차원에서 어려움이 유발될 수 있음을 시사한다.

표 1-1 주요 만성 질환 진료비 추이 (단위: 억 원)

구분	계	고혈압	정신·행동장애	호흡기 질환	심장 질환	대뇌 혈관	신경계 질환	악성 신생물	갑상선	간의 질환	만성 신부전증	당뇨병
2002년	48,036	8,581	5,300	645	4,234	4,271	2,493	10,192	787	2,698	3,580	5,256
2011년	163,846	25,522	20,480	952	13,720	17,578	11,291	39,471	2,220	6,600	11,729	14,283
증가지수 (2002=100)	341	297	386	148	324	412	453	387	282	245	328	272

출처: 국민건강보험 보도자료(2012. 7. 2.).

한편, 연일 보도되고 있는 사회적으로 심각한 범죄와 아동, 청소년들의 일탈 행위는 우리나라 사람들의 정신건강이 남녀노소할 것 없이 위험 수준으로 치닫고 있음을 보여주고 있다. 보건사회연구원의 '정신건강 고위험자 관리 체계 정립 방안에 관한 연구'에 의하면 우리나라 성인 인구 중 27.6%는 평생 1번 이상 정신건강 질환을 경험했으며, 자살위험이 있는 정신건강 고위험자들도 약 368만 1천 943명에 이르는 것으로 보고되고 있다. 정신건강에 위험이 있는 사람들은 일반적으로 스트레스 처리에 어려움을 겪는 특징을 보이며, 이혼·별거, 실직, 사별을 경험한 사람들의 대부분이 우울증을 앓고 있어 일반인보다 자살 확률도 높은 것으로 나타났다(연합뉴스, 2013. 1. 8.). 자살률은 정신건강의 대표적 지표가 되는데 우리나라 자살률의 경우는 2010년 기준에서 인구 10만 명당 OECD 평균 11.3명보다 월등히 높은 28.1명으로 조사되어 우리나라 국민의 정신건강 수준은 선진국에 비해 크게 낮은 상황이라 볼 수 있다(이상영, 2012).

문제는 현재 우리나라 현실에서 이러한 정신건강의 문제가 성인뿐 아니라 영유아도 예외가 아니라는 점이다. 아동의 신체적 건강은 정신적 건강과 연관 있는 심리·사회적 건강과 상관관계가 높은데 행동이나 정서적 문제를 가진 아동은 만성적인 신체적 질환의 문제를 가지고 있다(유수옥·이순자, 2012). 영유아기는 전적으로 가족의 세심한 돌봄과 적절한 보살핌을 받으며 안정적으로 애착을 형성해야 하는 시기이다. 그러나 최근 영유아들의 보육 및 교육기관 이용률이 증가됨에 따라 영유아가 부모와 안정적으로 애착을 형성하는 데 어려움이 발생되어 정서적, 행동적인 문제가 빈번히 일어나고 있다. 이러한 문제는 영유아의 신체적 건강뿐 아니라 정신적 건강을 위협하는 상황이 되고 있다. 영유아기의 정신건강 문제는 적절히 지도하거나 대처하지 않으면 학령기 이후 정서적, 행동적 문제로 악화될 가능성이 있다. 뿐만 아니라 성인기에 발생되는 정신건강의 문제도 영유아기의 정신 문제에 기인한 경우가 많기 때문에 생애 초기인 영유아기부터 정신건강의 문제에 관심을 가지고 중요성을 인식하여 예방 차원에서 주의를 기울이는 것이 필요하다.

결국 영유아의 정신건강은 그들을 돌보는 부모와 가족, 교사 등 성인의 태도와 관련되며, 아동기와 청소년기 이후의 또래 및 가족 관계, 학교, 직장생활 등 그들의 삶 전반에 영향을 미치게 된다. 그러므로 정신건강은 인간이 태아에 있을 때부터 출생한 후, 영유아기, 아동기, 청소년기, 성인기, 노년기를 거쳐 생을 마감하는 순간까지 전 생애 동안 사회에 적응하며 건강하고 행복한 삶을 살아가는 데 무엇보다 중요한 요인이라 할 수 있다.

2) 정신건강의 개념

인간에게 정신건강은 신체건강 못지않게 중요한 일이다. 인간이 신체적, 정신적으로 건강하다는 것은 삶의 비전과 목표를 이루기 위해 모든 인간에게 기본적으로 요구되는 것으로 개인적인 측면뿐 아니라 건강한 사회를 구성해 나가기 위해서 매우 중요한 부분이다. 정신건강은 '정신'과 '건강'이라는 두 단어의 합성어로, 급변하는 세상에 살고 있는 현대인들에게 중요한 관심사가 되고 있다.

그렇다면 '정신건강(mental health)'이란 구체적으로 무엇을 의미하는 것일까? 먼저 '정신'의 사전적 의미를 살펴보면 육체나 물질에 대립되는 영혼이나 마음, 사물을 느끼고 생각하며 판단하는 능력이나 작용, 마음의 자세나 태도, 사물의 근본적인 의의나 목적 또는 이념이나 사상 등으로 일컬어진다. 즉 '정신'은 의미상 '마음', '생각', '사상' 등의 단어와 혼용하여 사용되고 있다. 특히 '정신'은 '마음'이란 단어와 함께 사용되고 있는데, '마음' 은 사전적으로 사람이 본래부터 지닌 성격이나 품성, 사람이 다른 사람이나 사물에 대하여 감정이나 의지, 생각 따위를 느끼거나 일으키는 작용이나 태도, 사람의 생각, 감정, 기억 따위가 생기거나 자리 잡는 공간이나 위치, 사람이 어떤 일에 대하여 가지는 관심 등으로 정의된다.

한편 '건강' 이란 상대적이고, 주관적인 경험에 의한 것으로 복잡하게 변화하는 생명 현상의 다각적인 면들 간의 관계를 보여준다(임창재, 2010). 1946년 세계보건기구(WHO)의 설립규약에서는 '건강이란 육체적 · 정신적 · 사회적으로 안녕한 상태이며, 단순히 질병이나 질환이 없는 상태를 의미하는 것은 아니다' 라고 정의하며 육체적 · 정신적 · 사회적 측면의 조화와 균형에 관심을 보였다. 이후 1974년 세계보건기구(WHO)에서는 건강을 신체적 · 정서적 · 사회적 측면에서 안녕의 상태(physical, emotional, social well-being)라고 정의하며, 단순히 질병이나 쇠약함이 없음을 의미하는 것이 아니라 만족한 안녕의 상태를 유지하는 것이라고 정의하여 건강의 질에 대해 관심을 갖게 하였다. 결국 인간의 정신건강은 행복과 성숙에 깊은 관련성을 가지고 있음을 알 수 있다. 최근 들어 '건강' 이란 신체적 · 정신적 · 정서적 · 사회적 측면뿐 아니라 가치적 · 윤리적 측면을 포함한 개인의 전인적 능력을 주변 환경과 적응시켜 나가는 광의의 개념으로 변화(박선환 외, 2012)하는 것도 같은 맥락이라고 볼 수 있다.

정신건강은 정신위생이라는 단어와 혼용되어 사용되기도 한다. 임승권(2007)은 미국 정신의학회의 정의에 기초하여 정신적, 정서적 건강을 유지하고 보존, 향상, 예방할 수 있는 적극적인 활동과 정신적, 정서적 장애로부터 건강을 회복시킬 수 있는 소극적인 활동 등 자신과 사회에 보다 잘 적응할 수 있도록 정신건강 상태를 관리하고 증진시키는 모든 활동으로 정의하였다.

이와 같은 흐름을 통해 본다면 정신건강이란 인간의 행복과 관련된 것으로 심리적인 안녕이 정신건강에 중요한 요인임을 알 수 있다. 리프(Ryff, 1989)는 매슬로우(Maslow), 로저스(Rogers), 융(Jung), 알포트(Allport), 에릭슨(Erikson) 등 심리학자들의 견해를 통합하여 행복한 사람의 6가지 요소를 다음과 같이 제시하였다. 첫째, 주변 환경의 조건에 잘 적응하고 통제, 선택할 수 있는 환경적 통제(environmental mastery) 둘째, 타인과의 긍정적인 관계(positive relations with other) 셋째, 독립적이고 독자적인 결정 능력이 있는 자율성(autonomy) 넷째, 자신이 지속적으로 성장하고 있다고 느끼는 개인적 성장(personal growth) 다섯째, 삶의 일관적인 목적과 목표를 가지는 인생의 목적(purpose in life) 여섯째, 자신에 대해 긍정적인 태도를 가지는 자기수용(self-acceptance) 등의 심리적 안녕의 요소 등이다.

최근에는 과거와 달리 정신건강에 대해 인간이 사회생활을 독립적으로 영위해 나가기 위해 생각하고 판단하는 능력에 병적 증세나 정신병리가 없고, 환경에 대한 적응력이 있으며, 성숙한 인격을 갖추고 있는 상태로 정의하고 있다(유수현 외, 2011). 또한 결함과 손상이 없는 병리적인 측면에서 접근할 것이 아니라 자신이 가진 강점과 능력을 최대한 발현하는 심리적 웰빙(well-being)을 지향하는 긍정심리학의 관점에서 정신건강에 접근해야 함이 제시되고 있다(강갑원 외, 2012).

이상의 개념을 종합해 볼 때 정신건강에 대한 개념은 다양하지만 장애나 증상에 대해 치료를 하거나 증상을 없애는 소극적인 측면보다는 정신적으로 건강을 위협하는 상황에 대한 적응 능력을 키우며 행복하게 생활할 수 있도록 예방하는 적극적인 측면에 초점을 둔 의미로 보아야 할 것이다.

3) 정신적으로 건강한 사람들의 특징

다양하고 복잡한 상황과 환경에서 살아가는 사람들을 대상으로 정신적으로 건강한 것이 무엇인지 그 기준을 찾아 정하는 것은 어려운 일이다. 그러나 적응적이고 적극적인 측면의 예방적 차원에서 정신건강을 개념화하여 접근해 나가기 위해서는 우선 정신적으로 건강한 사람들의 특징을 살펴볼 필요가 있다. 국내 · 외 학자들이 제시한 정신적으로 건강한 사람들의 특성을 살펴보면 다음과 같다.

매슬로우(Maslow)는 인간의 욕구 수준에서 가장 높은 단계인 자기실현의 욕구를 달성한 내재적 잠재력을 발휘하는 사람이 정신적으로 건강한 사람이라고 보았다. 매슬로우가 제시하고 있는 정신적으로 건강한 사람들의 성격적 특징을 정리해보면 다음과 같다(권석만, 2003; 임승권, 2007; 임창재, 2010).

- 자기를 실현한 사람은 자기 주변의 세계 및 사람들을 명확하고 객관적으로 지각할

능력을 가지고 있어 선입관에 치우쳐서 상황을 파악하지 않는다.

- 자기실현자는 자신의 강점뿐만 아니라 약점까지도 왜곡하지 않고 있는 그대로 받아들일 줄 알며 실패한 일에 대해서도 지나친 부끄러움이나 죄책감을 갖지 않는다.
- 자기실현자의 행동은 개방적이고 솔직하고 생각과 이상에 있어 주관이 뚜렷하다.
- 자기실현자는 자신의 인생에 대한 사명감을 가지며, 자신 밖의 일이나 자신의 범위를 벗어나는 일에 많은 에너지를 쏟는다.
- 자기실현자는 열심히 일하면서 기쁨과 흥분을 경험한다.
- 자기실현자는 자신이 하는 일이나 방향이 성장 가치에 집중되어 있다.
- 자아를 실현한 사람은 때로는 고독을 느끼지만 고독에 압도되지 않고 사적인 자유를 즐긴다.
- 자기실현자는 주위의 세계에 대해 새로움, 놀라움, 경외심을 갖고 받아들이고 경험하는 능력이 있다.
- 자기실현자는 인간애와 형제애를 지니고, 사회적인 공감성을 갖는다.
- 자기실현자는 민주적인 성격구조를 가지고 있어 모든 사람들을 받아들이며 인종적 · 종교적 · 사회적 편견을 갖지 않는다.
- 자기실현자는 자기 분야에 대한 창의성과 독창성을 갖고 있으며, 모든 활동 속에서 적응력이 있고 자발적이며 실수를 두려워하지 않는다.
- 자기실현자는 자발적이고 독립적이며 자부심이 매우 강하다.

야호다(Jahoda)는 정신적으로 건강한 사람의 조건을 다음과 같이 제시하였다(박선환 외, 2012; 임창재, 2010).

- 자기를 의식화하여 행동하며, 때로는 자기 개념을 수정하며 자기정체성을 가지고 있다.
- 자기를 인정하고 성장, 발달하려는 욕구와 자기실현의 동기를 갖고 있다.
- 삶에 대한 통합적인 노력을 하여 정신적으로 균형이 잡혀 있으며 스트레스 상황에서도 안정된 행동을 한다.
- 행동을 결정하는 데 자율적이고, 요구의 충족을 위해 독립적으로 행동을 통제한다.

- 현실을 왜곡하지 않으며 현실에 민감하여 적절히 대응한다.
- 대인관계가 원활하고, 적응 능력과 조정 능력이 있어 효율적으로 문제해결을 할 수 있다.

권석만(2003)은 정신적으로 건강한 사람들은 다음과 같은 특성을 가진다고 보았다.

- 분명한 자기 정체성을 가지고 인생 목표를 자율적으로 추구한다.
- 환경의 변화를 수용하여 적응하는 능력이 있다.
- 대인관계에서 상대방의 입장과 요구를 이해할 수 있는 공감 능력이 있어 대인관계를 원만하게 유지할 수 있다.
- 만족스러운 이성 관계를 유지할 수 있다.
- 자기 능력의 한계를 현실적으로 받아들일 수 있다.
- 직업에 잘 적응하며 자기 능력의 실현을 통해 성취감을 경험한다.

유수현 등(2011)은 정신적으로 건강한 사람에게는 다음과 같은 능력의 조건이 필요하다고 보았다.

- 자신을 바르게 인지하는 능력
- 타인을 존중하고 인정하여 올바른 관계를 유지하는 능력
- 현실 환경을 정확히 파악하고 판단하여 적응하는 능력
- 사회적 역할과 주어진 과제를 잘 처리할 수 있는 사회적 기능수행 능력
- 자신의 정서와 감정을 사회가 허용하는 범위 내에서 적절히 다룰 수 있는 능력
- 자신과 타인에게 기쁨을 주고 공동체의 분위기를 바꾸는 유머감각

이와 같은 내용을 종합해 보면 정신적으로 건강한 사람은 자신에 대해서나 타인과의 관계에 있어 자율적으로 감정과 행동을 조절할 수 있으며 공동체 내에서 자기를 실현하면서 즐겁게 살아갈 수 있는 능력을 가지고 있어야 한다.

02 현대 사회의 변화와 정신건강

급속한 사회의 변화로 가정, 학교, 직장 등 사회 전반에 걸쳐 다양한 정신건강의 문제가 심각하게 대두되고 있다. 이에 본 절에서는 현대 사회의 변화와 함께 나타난 사회적 특징과 이로 인해 발생되는 정신건강의 문제에 대해 살펴보고자 한다.

1) 현대 사회 변화의 특징

한국 사회는 1970, 80년대를 거치며 산업화, 도시화, 기계화, 과학화로 급속히 변화하고 있다. 현대 사회의 급속한 변화로 나타난 가장 큰 특징은 가치관 혼돈 현상의 확산이라 할 수 있다. 가치관의 혼란으로 인해 파생된 대표적인 현상은 개인주의적 가치관에 의해 사회 구성의 기본이 되는 가족구조에 변화를 가져왔다는 것이다. 즉, 독신가족, 동거가족, 무자녀가족, 기러기가족, 주말가족 등 다양한 가족이 출현하여 가족구조는 축소, 분화, 해체되고, 가족세대도 단순화되고 있다. 결혼과 자녀에 대한 가치관의 변화로 인해 이혼과 재혼 비율의 증가는 물론, 가족 구성원들 간 상호작용의 부재로 가족해체와 가족 간 갈등도 증가되고 있다. 뿐만 아니라 여성의 사회참여율이 상승함에 따라 가족의 역할에 대한 혼란이 야기되어 교육 및 양육 문제가 발생되고 있다. 부모를 도울 수 있는 가족구조 내의 인적 자원도 감소되어 가족 간의 심리적인 갈등은 더 심각해지고 있다. 이와 같은 가족의 변화 상황은 가정의 경제적 위기를 가져 왔으며, 부모와 자녀의 일탈 등 인간생활 전반에 걸쳐 분절적이고 개인주의적인 사회적 현상을 부각시키고 있다(김병무, 2005; 김승권 외, 2004). 결국 사회 구성의 기초가 되는 가정의 불안정은 사회 구성원의 불안감, 안정감의 결여, 부적응 행동, 자살 등 다양한 사회 문제를 유발시키는 원인이 된다.

현대 사회 변화의 또 다른 특징은 물질 중심, 성공과 업적, 경쟁 중심의 신념으로 인해 초일류, 강자만이 살아남는다는 가치관을 갖게 된 것이다. 승자독식 현상에 따른 무한경쟁 교육체제의 문제는 영유아기부터 학원이나 학업으로 내몰아 부모와의 제대로 된 소통이 이루어지지 못하게 한다. 건강한 가족은 헌신, 감사, 애정과 존중, 긍정적인 의사소통, 함께 시간 보내기, 정신적인 건강과 안녕, 스트레스와 위기 극복하기 등의 주요한 특성을 가지는데 이를 위해서는 현실적인 참여와 노력이 필요하다(Campbell & Palm, 2004; Olson et al., 1999).

그러나 현대 사회의 아동과 청소년들은 성공과 결과 지향적인 사회의 분위기에 부합하기 위해 장시간을 투자하고 있으며, 직장인들은 과중한 업무로 인해 가족과 함께 여가 및 휴식을 취할 수 있는 시간을 빼앗기고 있다. 이러한 현상은 가족 간의 대화 단절 및 가족관계에 심각한 기능적인 결손을 경험할 비율도 높게 한다(여성가족부, 2006; 이선형 외, 2005). 결손이 없는 일반적인 가정도 가정의 교육 기능은 상실되고, 해체된 가정들의 대다수는 생계의 문제로 장시간 자녀들을 방치하여 유해한 대중문화나 인터넷 게임, 폭력에 쉽게 노출되는 상황이 되었다. 한편 우리나라의 가부장적인 문화는 아동들이 가정에서 가부장적 권위에 지나치게 복종하는 것을 경험하게 하여 아동들도 대인관계의 갈등상황에서 모욕이 있을 경우에 폭력을 행사할 가능성이 있다(이성식, 2003). 결국 아동과 청소년기의 아동들이 겪는 정신적인 불안정 요소들은 왕따나 폭력이라는 새로운 사회 문제를 유발시켜 사회적으로 이슈가 되고 있다. 또한 성인기가 되어 직장에 입사해서도 고속화된 사회 변화에 적응하고 살아남기 위해 또 다시 치열하게 경쟁하는 과정에서 심리적인 압박감을 겪고, 이를 이겨내고자 하는 상황에서 느끼는 불안으로 인해 여러 가지 기분 장애나 우울증도 증가되고 있다.

현대 사회 변화의 특징은 개인주의적인 성향에 의해 나타나는 타인과의 갈등 문제를 통해서도 드러난다. 매스컴에서는 층간소음, 주차 문제 등의 순간적인 분노로 인해 발생하는 우발적 범죄나 현실에 불만을 가진 묻지마 범죄, 도로 위 무차별 위협 등의 일상생활 속에서 일어나는 충격적인 사건과 사고를 연이어 보도하고 있다. 즉 순간적으로 올라오는 화를 참지 못하고 가정이나 학교, 사회에서 폭력이나 욕설을 휘두르는 사람들이 늘어나고 있는 실정이다. 경기개발연구원의 보고에 의하면 한국 사회에서 일상화된 이러한 사건들은 분노가 주요 원인으로 작용되고 있다. 분노의 개별적이고 일회적인 감정이 집단화되고 일상화될 때에 사회는 분노사회가 되어 분노의 강도가 높아져 결국 인간의 삶의 질을 저하시키고, 사회적 장애로 이어져 일상생활에서 가시적인 불편을 참지 못하는 상황을 유발시킨다(최석현, 2013). 1인 가구와 미혼 비율이 증가되고 있는 현대 사회에서는 분노를 치유하는 데 정서적 지지의 기반이 되고 안전 기제가 되는 가족이나 동료가 부족하여 분노의 유발이나 강도를 조절하는 데 어려움이 발생되고 있다.

2) 현대 사회의 변화가 정신건강에 미친 영향

현대 사회의 변화로 인해 조성된 사회적 분위기는 전 연령대에 걸쳐 정신건강을 위협하는 상황으로 치닫게 하였다. 현대 사회의 변화가 정신건강에 미친 영향으로 첫 번째 요인은 '스트레스'를 들 수 있다. 과다한 경쟁과 지나친 스트레스는 영유아기뿐 아니라 성인기와 노년기에 이르기까지 정신적 문제를 발병시킬 가능성을 높이고, 자살, 우울증, 폭력, 중독 등의 다양한 정신적 증상에 노출될 위험성을 갖게 하였다. 초·중·고등학생들은 과도한 학습 부담과 성적에 대한 경쟁, 부모의 기대에 따른 부담감, 부적합한 대인관계로 인한 왕따와 폭력에 대한 스트레스로 생명에 위협을 받고 있다. 대학생들은 학비와 실업에 대한 좌절과 두려움, 졸업 후 진로와 취업, 학벌에 대한 스트레스로, 직장인들은 성과 중심의 직장생활로 인한 동료와의 경쟁과 진급의 문제, 적성에 맞지 않는 직장생활의 문제, 생계유지 및 주택 마련의 문제, 노후대책에 대한 비용부담 등으로 스트레스를 받고 있다. 경기개발연구원 보도자료(|그림 1-1|)에 의하면 수도권의

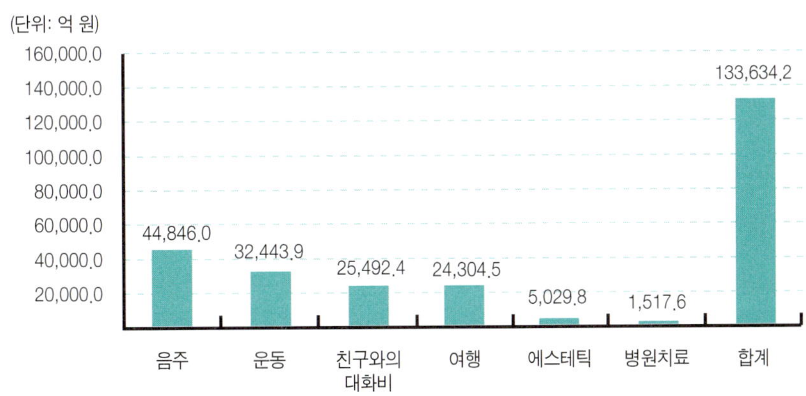

그림 1-1 수도권 주민의 연간 스트레스 해소 비용

출처: 김희연(2012. 8. 8.). 경기개발연구원 보도자료. p. 3.

경우에 생애주기를 감안해 볼 때 1인당 생애 스트레스 때문에 발생되는 비용이 약 1억 1,600만 원, 사회적 비용은 연간 37조 5,000억 원에 달하는 것으로 나타났다(김희연, 2012. 8. 8.).

그런데 성인남녀 1천명을 대상으로 정신건강서비스 이용실태에 대해 조사한 결과, 조사 대상 중 82.8%가 스트레스에 시달린다고 응답했지만 정신적 스트레스로 전문기관을 이용한 경험이 있다고 응답한 사람은 5.9%에 불과했다(연합뉴스, 2013. 1. 8.). 결국 스트레스 때문에 전문기관을 이용하는 사람들은 극히 일부이기 때문에 현대인들은 정신적인 위험에 무방비 상태로 노출되어 있다고 볼 수 있다.

스트레스의 문제는 성인이나 청소년뿐 아니라 영유아의 정신건강에도 심각한 문제로 대두되고 있는데 아동의 문제행동의 증가는 부모 및 가족과의 상호작용이나 관계에서 스트레스를 유발시키는 중요한 요인이 되고 있다(유수옥 · 이순자, 2012). 보건복지부가 생후 78개월 이하 영유아를 대상으로 정신건강에 문제에 대해 조사한 결과 조사 대상 534명 가운데 무려 20%에서 문제를 보였으며, 이는 선진국에 비해 1.5배에서 2배 가량 높은 것으로 나타났다. 이러한 문제는 부모의 조급증에 영향을 받은 것으로 연령과 발달에 적합하지 않은 교육으로 인해 스트레스를 받은 유아들은 과도한 불안과 공격성을 나타내고 언어발달의 지연과 자폐적 증상까지 유발시킬 수 있는 위험에 노출되게 된다(SBS 뉴스, 2013. 3. 25.). 홍강의(2011)는 정신건강의 기반이 탄탄하지 않은 아이들은 성장한 후에도 나약함을 떨쳐버리지 못하고 위기가 닥쳤을 때 쉽게 포기하고 문제해결의 방법으로 자살을 택할 수 있다고 하였다. 따라서 부모가 지적 성취에만 집착해서는 안 되며 올바른 교육관을 가지고 무엇보다 아동기에 부모와 자녀가 유대관계를 쌓을 수 있도록 사회가 배려해야 한다고 주장한다(연합뉴스, 2011. 5. 4.).

현대 사회의 변화가 정신건강에 영향을 미친 두 번째 요인으로는 '자살'을 들 수 있다. 'OECD 국가와 비교한 한국의 인구 집단별 자살률 동향과 정책 제언' 보고서에 따르면 2000~2010년 우리나라에서 경제 활동이 가능한 15~64세의 자살률은 15.6명(17위)에서 30.9명으로 2배나 증가하여 OECD 국가 중에 가장 높은 것으로 나타났다. OECD 31개국 평균은 2000년 17.2명에서 2010년 약 89% 수준인 15.3명으로 감소했지만, 우리나라만 유독 급증하였다. 특히 아동 · 청소년(10~24세) 자살률은 OECD 31개국이 2000년 평균 7.7명에서 2010년에 6.5명(84%)으로 떨어진 반면, 우리나라는 6.4명에서 9.4명으로 1.47배 증가했다. 자살 사망자 인구 순위도 18위에서 5위로 올랐다. 65세 이상 노인의 자살률도 OECD 25개국은 2000년 22.5명에서 2010년 20.9명으로 감소했으나, 우리나라는 34.2명(5위)에서 80.3명(1위)으로 급증하였다(한국일보, 2013. 1. 30.).

셋째, 현대 사회의 변화는 자살과 밀접한 연관성을 가지는 '우울증'의 증가에도 영향을 미쳤다. 현대 사회에서 우울증은 너무 흔한 질환이 되었기에 '우울증은 마음의 감기'라는 표현을 사용한다. 우울증은 재발 가능성이 높고 지속적인 치료와 관리가 필요한 정신 질환의 대표적인 증상이다(조선일보, 2011. 7. 6.). 보건사회연구원의 '정신건강 고위험자 관리 체계 정립 방안에 관한 연구'에 의하면 우리나라 인구 중에 27.6%는 평생 1번 이상 정신건강 질환을 경험하며 우울증 등을 앓는 정신건강 고위험자는 약 368만 1천 943명에 이르는 것으로 추산되었다. 아울러 이혼·별거, 실직, 사별을 경험한 정신건강 고위험 집단은 스트레스 처리에 어려움을 겪으며, 이들 중 상당수는 우울증을 앓는 것으로 보고되고 있다. 특히 여성(258만 5천 955명)이 남성(109만 8천 847명)의 2.4배였는데 세계보건기구(WHO)에 따르면 우울증을 앓는 사람 가운데 10~15%가 자살하기도 하며, 노년기의 우울증은 심장병, 치매, 불안 장애 등 신체 질환의 원인으로 나타났다(연합뉴스, 2013. 1. 8.). 즉, 현대 사회적 변화가 현대인의 정신건강 상태를 위협하며 우울과 자살 등의 정신적 질환뿐 아니라 신체적인 건강도 위협하고 있다.

마지막으로 현대 사회의 변화는 '폭력'으로 인해 정신건강에 심각한 문제를 유발시키고 있다. 폭력은 우리나라의 문화적 특징과 연관지어 생각해 볼 수 있는데, 비정상적인 자기 내적 결함이나 알코올 중독 같은 정신병리적 문제, 폭력에 대한 관찰과 모방, 사회적으로 만연된 폭력에 대한 인식 등의 사회·심리적 요인, 사회적 스트레스나 계층적 요인과 같은 사회구조적 요인에 의해 발생된다(박선환 외, 2012). 현대 사회에서 초기 폭력의 관심은 주로 가정에서 부부 간의 갈등이 폭력적으로 나타난 것이었다. 그러나 점차 부부뿐 아니라 부모와 자녀, 교사와 학생, 친구들 사이, 사회 속에서 동료나 불특정 다수에 대한 언어적·신체적 폭력으로 확대되고 있어 사회적인 문제로 관심이 높아지고 있다. 특히 아동, 청소년의 폭력은 평생 동안 정신건강에 영향을 미치는 중요한 요인이 되어 사회적으로 주의를 기울여야 한다.

이상에서 현대 사회의 변화가 정신건강에 미친 영향을 살펴보았을 때에 현대 사회의 가정과 사회에서 느끼고 경험하는 위험에 적절히 대처하고, 해소할 수 있는 시간과 정서적인 지원 받을 수 있는 다양한 지원체제를 마련하는것이 절실히 요구된다. 급변하는 현대 사회에서 몸과 마음이 건강하게 생활을 한다는 것은 쉬운 일은 아니다. 그러나 자신과 주변 사람들의 행복을 위해 삶의 의미를 부여하며 인생의 목표와 희망을 추구하려는 노력이 현대 사회의 모든 사람들에게 필요할 것이다.

03 한국인의 정신건강

인간의 인식과 존재에 대한 가치는 시대적, 문화적 맥락에 의해 영향을 받게 된다. 이러한 문화적 특성은 사람들의 정신과 삶의 성향에 영향을 미친다. 이 절에서는 우리나라의 반만년 역사의 흐름을 통해 우리나라만이 가지는 고유의 문화적 특성을 살펴봄으로써 우리나라 사람들의 정신건강의 특성을 살펴보고자 한다.

1) 한국의 문화적 특성

우리나라의 시대적 흐름에 따라 문화적 특성이 어떻게 변화하였는지는 다음과 같이 정리해 볼 수 있다.

첫째, 삼국시대 이전 우리나라의 문화적 특성은 자연으로부터 안전하게 보호받는 삶을 영위하는 것에 초점을 두어 샤머니즘적 무속적 민간신앙이 정신적인 측면에 지대한 영향을 미쳤다. 즉, 인간의 운명을 자연물에 의존하고 기원함으로써 안정을 찾으려는 경향을 보인다.

둘째, 삼국시대에 들어서는 통치이념을 비롯한 인생관과 대부분의 삶에서 강력한 영향을 준 것은 불교 사상이다. 이 시기에는 세속에 물들지 않은 순수한 성품인 불성을 깨달음으로써 자신의 해탈과 중생을 구제하고 자비를 갖추고 베푸는 인격을 도모하고자 하였다. 삼국시대의 불교사상은 고려시대까지 이어져 내려오며 윤회사상, 자신의 수행, 인과업보의 사고, 기복신앙적인 성격을 강하게 드러나게 하였다.

셋째, 고려 말 이후 조선시대에 이르기까지 한국 문화는 유교 사상에 의한 영향으로 권위적인 위계 중심의 문화라 볼 수 있다. 유교문화에서는 천지의 이치와 인간으로서의 예(禮)에 충실하는 것을 가장 큰 덕목으로 보아 어릴 때부터 자신의 감정과 욕구를 절제하고 순종하는 삶을 실천하는 행동규범을 중시하였다. 이와 같은 유교문화의 윤리적 성격 특징은 현대에 이르기까지 우리나라 국민들의 심리적 특성을 반영하는 기초가 되었다.

넷째, 구한말 이후 일제강점기, 해방, 한국전쟁, 1970년대 이후 경제적 부흥, 1980년대 민주화 운동, 1990년대 IMF 경제위기 등을 경험하고 새 천년을 맞이한 현재의 우리나라는 국가적으로 큰 사건들을 거치며 서구 문화의 유입과 함께 세계화, 정보화 시대로 급변하고 있는 상황이다. 이러한 격변기를 거치며 우리나라의 과학기술은 세계 최고의 위치로 발전하고 있다. 종교적인 측면에서는 구한말 이후 서구에서 유입된 천주교, 기독교의 영향으로 내세주의적 사고와 청교도적 가치관을 갖게 되었으며, 헌신과 봉사의 삶을 강조하게 되었다. 최근에는 서구 자본주의 시장경제의 영향으로 물질만능주의와 실리가 지나치게 강조되어 사회 전반에 걸쳐 경쟁적이고 성공지향 · 출세지향적인 사회적, 문화적인 흐름이 만연되고 있다고 볼 수 있다. 이와 함께 지식 정보화에 의한 빠른 변화는 적극적이고 자발적이고 창의적인 사고와 태도, 인간만이 가진 정신활동을 강조하는 시대로 변화하고 있다.

2) 한국의 문화적 특성에 따른 한국인의 정신건강

우리나라 고유의 문화적 특징은 우리나라 사람들의 심리적 표현에 잘 드러난다. 심리적 표현은 마음에서 우러나오는 감정으로 감정이 개입된 마음 혹은 마음이 개입된 감정으로 개념화할 수 있다. 최상진(2011)은 한국인은 한국적인 문화적 맥락 가운데서 사

회적인 관계를 형성하며 고유적인 특성이 나타나게 되었다고 하였다. 이에 그 대표적인 심정심리적인 특성을 우리성, 체면, 눈치, 핑계, 의례성 등으로 보았다. 이러한 한국인의 사회적 심리는 심층적인 심리와 사회적 사건이 상호의존-영향관계를 가지며 역동적인 관계 속에서 서로에게 영향을 미치게 된다(|그림 1-2| 참고).

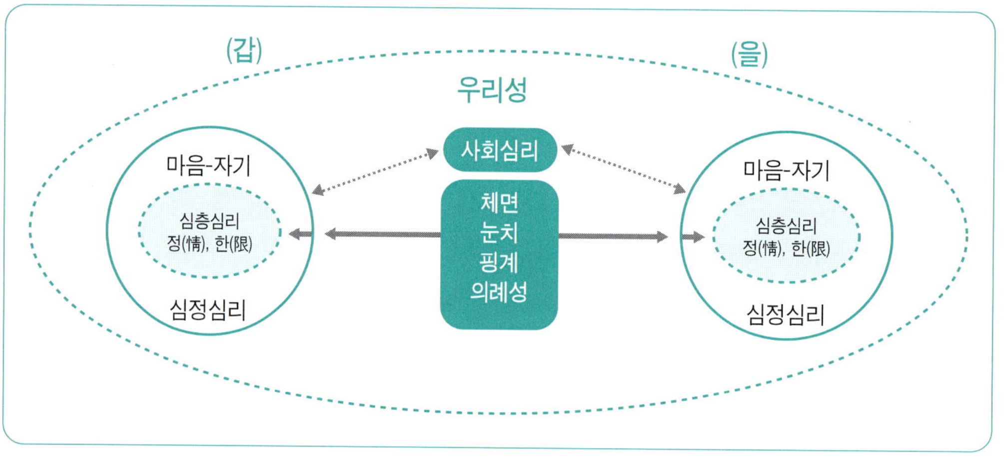

그림 1-2 한국인의 특성적 심리-사회 구조 및 역동

출처: 최상진(2011). 한국인의 심리학. p. 17.

이에 앞서 살펴본 한국의 문화적 특성에 기초하여 한국인의 심리적인 측면이 정신건강에 어떠한 영향을 미쳤는지 살펴보면 다음의 몇 가지로 정리해 볼 수 있다.

첫째, 한국의 유교 문화에 의한 위계적이고 의존적인 특성은 한국인의 정신건강에 영향을 미쳤다. 유교 문화의 특징은 가정에서의 부부나 부모-자녀 사이, 학교에서의 스승과 제자 사이, 선후배 간, 직장에서 상사와 부하 간의 관계에서 권위에 대한 복종을 강조하는 문화를 구축하였다. 권위에 대한 위계적 복종은 장기간에 걸쳐 서서히 형성된 감정적인 관계에 기반을 두기 때문에 인간으로서의 도리와 이들의 관계에서 '정(情)' 이라는 긍정적인 측면의 특수성을 내포하고 있다(최상진, 2011).

그러나 최근에는 위계성의 강조가 한국인의 대인관계에서 스트레스와 갈등 유발을 증폭시키는 원인이 되고 있다. 이러한 특징은 취업난을 호소하는 젊은 세대와 산업사회의 성공을 이끈 기성세대와의 삶의 방식에서도 나타난다. 기성세대는 자신의 삶이 방식이 무언지 명확히 모르나 수직적 관계에 따른 요구에 무조건 열심히, 시키는 대로 일해야 한다는 신념으로 살아왔다. 반면에 정보화 시대의 젊은 세대는 자신이 하는 것이 왜 그런지 알고 싶어 하면서도 스스로 답을 찾기 보다는 누군가 자신을 납득시켜 주기를 원하는 의존적인 태도를 보인다(황상민, 2011). 결국 한국 문화의 위계적이면서도 의존적인 특징에 대한 갈등은 한국인들이 가정, 학교, 직장, 사회라는 조직에서 서로에게 답답함과 적응의 불편함을 느껴 회피라는 심리적 방어기제의 측면으로 변화를 가져왔다.

둘째, 과거 한국문화의 자기 억압적 특징과 현대의 자기 표현적 문화의 갈등이 정신건강에 영향을 미치게 되었다. 한국인에게 높은 유병률을 보이는 알코올 중독이나 화병은 권위적이고 억제적인 문화적 특수성을 반영한 것이라 볼 수 있다. 최근 한 보도(SBS 뉴스, 2012. 2. 15.)에 의하면 우리나라 성인 국민 여섯 명 중 한 명이 정신 질환을 경험한 것으로 조사되었으며, 우리나라의 대표적인 정신 질환의 원인이 되는 알코올과 니코틴 사용 장애까지 포함하면 국민 세 명 중 한 명 꼴로 장애를 겪는 것으로 나타났다. 알코올 중독은 남성에게서, 화병은 여성에게서 주로 나타나는데 자연스런 감정 표현의 허용이 어려웠던 역사와 문화적인 특성을 반영한 것이라 볼 수 있다. 즉, 억압된 감정의 문화적 특성으로 좌절과 분노에 대한 적절한 해소가 이루어지지 않아 나타난 대표적인 심리 증상인 것이다(권석만, 2003). 이에 대해 최상진(2011)은 한국인의 심리적 특성을 '한(恨)'으로 규정지으며 억울함, 분함, 울화 등의 강한 부정적 감정 수준과 세련된 정서 체제를 갖춘 문학, 예술에서 나타난 한국적인 한(恨), 한의 감정 및 정서를 개인의 성격 차원으로 내재화한 무상, 운명, 체념, 현실초월의 성격 특질 등의 세 가지 수준으로 구분하였다.

한편 급속한 서구화와 산업화에 의한 개인 중심, 경쟁 중심의 문화적 특징이 권위적이고 억제적인 문화의 특징과 상충되면서 정신적인 혼돈스러움이 발생되었다. 이와 같은 혼돈은 적절한 판단의 혼미와 감정 조절의 어려움을 가져와 분노적인 언어와 행동의 표출로 나타나게 되었다. 즉, 한국의 권위적이고 억제적인 문화적 특수성 속에서 부정적 감정을 마음 속에 누적해 놓은 운명 수용적인 태도는 현대 사회의 변화와 함께 탈권위적인 태도와 충돌하면서 다양한 정신 장애의 원인이 되었음을 볼 수 있다. 셋째, 한국의 독특한 문화적 특성이 한국인의 정신건강에 미친 또 다른 특징은 '우리'를 강조한다는 점이다. '우리'를 강조하는 문화에서는 우리가 공감하고 공유하는 '집단 자아'

를 강조하여 자아를 노출시키기 보다는 그 집단에서 요구하는 집단 자아를 자신의 것으로 여겨야 한다(황상민, 2011). 우리나라는 삼국시대 이후 불교, 유교사상에 의해 타인과의 감정과 심리적인 유대감, 상호작용적인 규범, 상대에 대한 책임 의식 등을 강조한다. 즉, 사회화 지향적인 개념에 가치의 비중을 두어 개인의 정체감보다는 집단 정체감인 자신이 속한 집단의 사회적, 규범적 정체감을 강조한다(최상진, 2011).

따라서 집단주의 문화에서는 타인과의 정서적인 유대관계를 강조하기 때문에 '우리'라는 집단이나 타인에게 미움을 받을만한 행동을 하지 않는 것이 중요하다. 또한 자신의 행위가 자신이 속한 집단에서 적합한 것인가를 판단하는 것은 매우 중요한 요건이 된다. 그러다보니 자신의 생각과는 다르지만 '우리'라는 집단에 동의하려는 양방향성의 이중심리에 의해 언행불일치의 행동이 나타나게 된다. 이러한 특징은 우리나라 국민들에게 많이 나타나는 정신분열증이나 피해망상증과 같은 정신 질환과도 연관지어 볼 수 있다. 즉, 집단주의의 비언어적이고 억제적인 특성에 의해 집단의 분위기를 파악하지 못하고 적절히 자신을 표현을 하지 못해 나타나는 현상이라고도 볼 수 있다. 아울러 아동, 청소년기의 사회공포증도 집단주의적인 상황에서 비언어적이고 억제적인 문화의 특성을 반영한 것이라 볼 수 있다(권석만, 2003).

넷째, 한국의 유구한 역사에 따른 문화적 특성이 한국인의 정신건강에 영향을 미친 마지막 특징은 한국의 무속신앙적인 운명관과 내세주의적인 신앙적 사고에 의한 의존적 심리증상이다. 인간은 자신이 갖고 있지 않은 능력을 초자연적인 힘에 의지하여 안전하게 보호받고자 한다. 현재까지도 우리나라 사람들은 심리적 고통에서 자유로워지기 위해 초자연적인 존재에 빌고 도움을 얻으려는 수동적이고, 의존적인 대처 방식을 사용하고 있다(권석만, 2003).

이상에서 살펴본 한국의 역사를 통해 나타난 문화적 특징은 사회적, 가정적, 개인적인 요소가 복합적으로 작용하여 한국인의 정신건강에 영향을 미치고 있음을 알 수 있다. 따라서 한국인에게 독특하게 나타나는 정신적인 증상의 특성과 증상을 유발하는 원인을 면밀히 파악하여 정신건강을 위협하는 요인들로부터 예방할 수 있는 사회, 문화적인 여건을 마련하는 것이 필요하다.

생각해보기

1. 다음의 정신건강을 위한 10가지 수칙을 읽고 자신의 삶에서 적용할 수 있는 것에 대해 이야기 나누고 실천해 봅시다.

•정신건강을 위한 10가지 수칙•

- 긍정적으로 세상을 본다. ➡ 동전에 양면이 있다는 사실을 믿게 된다.
- 감사하는 마음으로 산다. ➡ 생활에 활력이 된다.
- 반가운 마음이 담긴 인사를 한다. ➡ 내 마음이 따뜻해지고 성공의 바탕이 된다.
- 하루 세끼를 맛있게 천천히 먹는다. ➡ 건강의 기본이자, 즐거움의 샘이다.
- 상대의 입장에서 생각한다. ➡ 다툴 일이 없어진다.
- 누구라도 칭찬한다. ➡ 칭찬하는 만큼 내게 자신이 생기고 결국 그 칭찬은 내게 돌아온다.
- 약속 시간에 여유 있게 가서 기다린다. ➡ 초조해지지 않아 좋고 신용이 쌓인다.
- 일부러라도 웃는 표정을 짓는다. ➡ 웃는 표정만으로도 기분이 밝아진다.
- 원칙대로 정직하게 산다. ➡ 거짓말을 하면 죄책감 때문에 불안해지기 쉽다.
- 때로는 손해 볼 줄도 알아야 한다. ➡ 내 마음이 편하고 언젠가는 큰 것으로 돌아온다.

출처: 보건복지부(2012). 2012 정신보건사업 안내. p. 3.

2. 가정, 학교, 사회에서 정신건강 문제를 유발하는 요인을 찾아보고, 예방적 차원에서 어떠한 변화가 필요할지 개선점을 제시해 봅시다.

Chapter 2

정신건강의 이론

1 정신분석 이론: 지그문트 프로이트

2 인지정서행동 이론: 앨버트 엘리스

3 긍정심리학: 마틴 셀리그만

학습주제 정신건강의 이론

학습목표

❶ 정신분석과 프로이트의 이론을 이해할 수 있다.
❷ 인지정서행동과 엘리스의 이론을 이해할 수 있다.
❸ 긍정심리학과 셀리그만의 이론을 이해할 수 있다.

학습요약

1 정신분석 이론: 지그문트 프로이트(무의식 영역의 발견)

1) 생애
2) 심리성적 발달 단계와 성격의 구조
3) 방어기제
4) 정신건강과 정신분석 이론

2 인지정서행동 이론: 앨버트 엘리스(합리적 정서 이론에서 인지정서행동 이론으로)

1) 생애
2) 합리적 신념과 비합리적 신념
3) 성격의 A-B-C 이론
4) 정신건강과 인지정서행동 이론

3 긍정심리학: 마틴 셀리그만(행복에서 플로리쉬로)

1) 생애
2) 행복한 삶
3) 행복방정식
4) 정신건강과 긍정심리학

주요개념 심리성적 발달 단계, 방어기제, 합리적 신념과 비합리적 신념, 성격의 A-B-C 이론, 행복한 삶, 행복방정식

들어가기

나의 행복 점수는 몇 점?

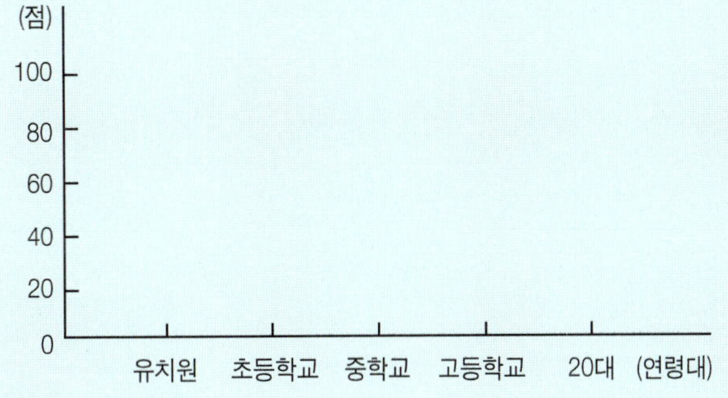

※ 어렸을 때부터 지금까지 자신의 행복 점수를 그려 봅시다. 나의 행복 점수는 몇 점인가요? 그리고 왜 그런 점수를 주었는지도 생각해 봅시다.

우리는 누구나 행복하기를 소망한다. 그러나 모든 사람이 자신의 삶 속에서 행복을 느끼지 못하고 있다. 자살률이 급격히 증가하고 사람들이 느끼는 우울과 불안, 스트레스의 강도도 점점 높아지고 있다. 어떻게 해야 우리의 삶을 건강하고 활기차게 영위할 수 있을까?

본 장에서는 정신건강과 관련된 이론들을 소개하였다. 바로 정신분석, 인지정서행동 이론, 긍정심리학 이론 등이다. 우리는 각 이론의 대표적인 학자들과 이론을 통해 이들이 생각한 정신건강을 살펴볼 것이다. 특히 이번 장에서는 학자들의 생애를 통해, 이들의 개인적인 삶이 어떻게 이론에 영향을 미치게 되었는지 알아볼 것이다. 이들 역시 안락하고 편안한 삶보다는 어렵고 힘든 역경 속에서 자신의 삶을 건강하게 이끌어 가기 위해 누구보다 치열하게 노력하였으며 자신의 경험들을 이론으로 정리하였다.

최근 긍정심리학의 등장으로 심리학에서 행복해지기 위한 방법을 본격적으로 연구하기 시작하였다. 또한 건강에 대한 생각이 바뀌어 행복한 삶은 우리가 실제로 불행하거나 우리에게 불행이 다가와서가 아니라 우리 스스로 행복을 느끼지 못하고 만들어가지 못하기 때문이라고 주장하였다. 이제 행복 역시 우리의 적극적인 노력으로 만들어 가는 우리의 삶이다. 이제 정신건강에 대한 여러 학자들의 이론을 통해 보다 행복해지고 건강해지기 위한 방법을 배워보자.

01 정신분석 이론: 지그문트 프로이트(무의식 영역의 발견)

프로이트(Sigmund Freud, 1856~1939)가 창시한 정신분석 이론은 심리학과 의학뿐 아니라 문학, 예술, 교육 등 사회 전반에 영향을 미치고 있다. 따라서 어떤 이들은 프로이트의 정신분석 이론이 미친 영향력을 지동설을 주장한 코페르니쿠스와 진화론의 다윈에 비교한다. 실제로 프로이트는 심리학교재에 가장 많이 인용된 사람이다.[1] 그는 인간의 정신세계를 분석하여 우리의 모든 정신 활동과 행동에 영향을 미치는 무의식을 발견하였고, 우리는 프로이트를 통해 인간에 대한 이해의 폭을 무의식의 영역까지 확장할 수 있게 되었다.

사진설명: 프로이트가 10대일 때 그의 어머니 아말리에(Amalie)와 찍은 사진이다. 어머니와 거의 나이 차이가 느껴지지 않는다.

출처: http://www.psychnews.psychiatryonline.org/

1) 생애

프로이트는 1856년 모라비아의 프라이베르크(오늘날 체코의 한 지역)에서 태어났다. 프로이트가 태어났을 당시 유대인이었던 아버지는 40세, 어머니는 20세였다. 부모님은 모두 프로이트를 사랑하였지만 아버지는 권위적으로, 어머니는 따뜻하고 자애롭게 키웠다. 그러다 프로이트가 어렸을 때 8개월 된 동생이 죽었고, 이 사건은 그에게 오랫동안 상처로 남았다. 동생이 태어난 후에 어머니의 사랑을 동생에게 뺏겼다고 생각한 프

1) 프로이트는 오늘날 심리학 전문 잡지와 심리학 개론서에 가장 많이 인용된, 즉 가장 영향력 있는 심리학자 중 한 사람이다. 심리학 전문 잡지에서는 프로이트가 13,890회 인용되었으며, 2위는 피아제로 8,821회 인용되었다. 심리학 개론서에서 프로이트는 560회나 인용되었지만, 2위인 스키너는 310회 인용되었다(Haggbloom et al., 2002 참고).

로이트가 질투심으로 동생이 죽기를 바랐기 때문이다. 또한 그는 아버지와 어머니가 함께 침대에서 자는 것을 보고 질투심을 느꼈다. 성인이 된 후에 프로이트는 자기분석을 통해 당시 자신에게 아버지에 대한 분노와 질투가 있음을 발견하였고, 이러한 그의 경험들을 바탕으로 심리성적 이론(psychosexual theory)과 오이디푸스 콤플렉스 개념을 세운다.

사진설명: 프로이트가 샤르코(Charcot) 교수에게서 최면술로 히스테리 환자를 치료하는 것을 배우고 있다.

출처: http://artistresearcher.wordpress.com/2010/01/31/jean-martin-charcot-1825-1893/

아버지의 사업실패로 프로이트는 4세에 오스트리아 빈으로 이사하였다. 프로이트는 이곳에서 어려운 환경이지만 열심히 공부하여 빈 의과대학에 들어가 신경학을 전공하고, 1885년 파리로 유학을 가 살페트리에르 정신병원의 샤르코 교수 밑에서 최면술로 히스테리 환자의 마비와 경련을 조절할 수 있음을 배운다. 이후 정신병리학으로 관심을 돌리며 샤르코가 사용한 최면암시요법을 자신의 정신병리치료에 도입하였다. 그러나 최면술의 한계를 느낀 프로이트는 무의식의 세계를 탐구하기 위한 방법으로 자유연상법[2)]을 개발하였다.

사진설명: 1909년 홀의 초청으로 클라크대학을 방문한 프로이트와 융이 홀과 함께 찍은 사진(앞줄 왼쪽부터 프로이트, 홀, 융)이다.

출 처 : http://www.freud-museum.at/freud/chronolg/1909-e.htm

프로이트의 정신분석학이 국제적으로 알려진 것은 1909년 미국의 심리학자인 스텐리 홀(S. Hall)이 자신이 총장으로 있던 클라크 대학에 프로이트와 융을 초청하여 강연하게 되면서 부터이다. 이 일을 계기로 프로이트는 더욱 유명하게 되었고 많은 정신과 의사들이 정신분석을 의학 훈련의 주요 과목으로 받아들이게 되었다. 그

2) 자유연상은 소파에 환자가 편안하게 누워 자신의 마음에 떠오르는 생각은 무엇이나 이야기하도록 하는 정신분석의 주요 상담 방법이다.

러나 1914년 발발한 제1차 세계대전과 1936년 제2차 세계대전으로 유대인이었던 프로이트는 많은 고생을 한다. 프로이트의 두 아들이 전쟁에 참전하고, 당시 오스트리아를 침공한 독일군에 의해 자신의 서적들이 모두 불태워지며 딸이 게쉬타포에게 체포되었다. 결국 프로이트는 국제사회의 도움으로 영국으로 망명을 간다. 영국에 도착한 후에 프로이트는 영국 학술원의 방명록(sacred book)에 사인했다. 현재 그의 사인은 다윈과 뉴턴의 사인 옆에 나란히 있다. 프로이트는 말년에 턱암으로 많은 고생을 하다가 1939년 83세의 나이로 사망하였다.

2) 심리성적 발달 단계와 성격의 구조

프로이트는 인간에게 성이 가장 중요한 본능이라고 생각했다. 따라서 성적 쾌감을 느끼는 리비도(libido)가 움직이는 위치에 따라 발달 단계를 나누었으며, 이러한 프로이트의 이론을 심리성적 이론(psychosexual theory)이라 부른다. 심리성적 발달 단계는 다음과 같다.

(1) 구강기(oral stage: 출생~1.5세)-낙천성 vs 지나친 의존성, 자기 중심성

리비도가 입에 집중되어 있는 시기이다. 영아는 빨기, 깨물기와 같은 구강 활동으로 쾌감을 느낀다. 이 시기에 엄마를 통해 충분한 수유를 하고 다양한 구강자극을 받으면 안정적인 성격으로 자라지만, 수유 시간이 지나치게 엄격하고 적절한 보살핌을 받지 못하면 욕구불만이 생긴다. 또한 수유 시간이 지나치게 오랜 시간 지속되면 빨기에 탐닉하는 고착현상이 일어나고 성격적인 결함이 나타난다. 따라서 구강기에 고착이나 좌절이 심하면, 이후의 발달 단계에서도 음식과 술, 담배에 집착하는 '구강기적 성격(oral personality)' 이 된다. 프로이트는 적당한 구강자극은 낙천적인 성격을 형성하지만 구강을 통한 쾌락이 지나치면 성장해서 의존적이고, 구강쾌락이 부족하면 받을 줄만 알고 남에게 베푸는 것은 하지 못하는 자기 중심적이며 욕심 많고 남을 헐뜯는 공격적인 사람이 된다고 생각하였다.

(2) 항문기(anal stage: 1.5~3세)–창의성 · 생산성 vs 인색성 · 파괴성

리비도가 항문에 모여 있어 배설물을 방광에 모으는 보유와 방출하는 배설을 통해 쾌감을 느끼는 시기이다. 프로이트는 어머니가 편안하게 대소변 훈련을 시키면 아이가 창의적이고 생산적인 성격으로 자라지만, 조급하게 대소변 훈련을 시키면 배변유보에 따른 변비증으로 고집에 세고 인색한 사람이 된다고 생각하였다. 또한 부모가 아이에게 지나치게 청결을 강조하면 아이는 아무 곳에나 배설함으로써 분노를 표출하고, 이는 성인이 되어서도 고집불통이나 잔인하고 파괴적인 '항문기적 성격(anal personality)' 으로 자라며, 강박적 행동을 하기 쉽다.

(3) 남근기(phallic stage: 3~6세)–오이디푸스 콤플렉스 vs 엘렉트라 콤플렉스

리비도가 생식기에 모여, 생식기를 만지며 쾌감을 느끼는 시기이다. 유아는 이성부모에게는 사랑을, 동성부모에게는 질투의 감정으로 오이디푸스 콤플렉스(남아)와 엘렉트라 콤플렉스(여아)를 발달시킨다. 남아의 경우에는 어머니의 사랑을 빼앗기 위해 아버지를 자신의 경쟁자로 여겨 적대감을 형성한다. 그리고 자신보다 훨씬 힘이 센 아버지가 자신을 해칠 거라고 상상을 하고 이러한 상상은 아버지가 자신의 생식기를 자를 것이라는 거세불안을 형성한다. 남아는 거세불안을 감소시키기 위해 어머니에 대한 성적 욕망과 아버지에 대한 적개심을 억압하고, 이러한 과정에서 아버지를 동일시하며 동성부모의 성역할과 가치관을 닮아간다. 그러나 동일시할 부모가 없을 때나 부모의 성격에 심각한 문제가 있을 때에 아동은 오이디푸스 콤플렉스를 적절하게 해결하지 못하여 이후 이성과 정상적인 관계 형성이 어렵게 된다.

(4) 잠복기(latent stage: 6~11세)–휴식기

리비도가 잠시 주춤하는 시기이다. 이때 아동은 가정 밖의 학교에서 사람들과 사회적 관계를 맺으며 자기 충동을 조절하는 것을 배우고 성적 충동 대신 학업과 놀이에 집중한다. 그러나 과도한 성욕의 억압으로 수치감이나 혐오감에 빠지기 쉬운 시기이다.

(5) 생식기(genital stage: 12세 이후)–부모로부터의 독립기

리비도가 다시 왕성하게 활동하는 사춘기 시기로, 잠복되었던 성 에너지가 무의식에서 의식세계로 나오는 시기이다. 잠복기 이전에는 성적인 쾌감을 '자신'을 통해 얻었다면, 생식기에는 '이성'으로부터 성적인 즐거움을 얻으려 한다. 이제 청소년의 관심은 이성에게 쏠려있고, 이로 인해 자연스럽게 부모로부터 독립을 한다. 이전의 남근기를 성공적으로 거친 청소년은 이성을 비롯한 타인에 적절한 관심을 가지고 협동하며 이성에 대한 성적 충동을 독서나 운동과 같이 사회적으로 수용할 수 있는 범위에서 해결할 수 있지만, 그렇지 못했을 경우에는 권위에 반항하고 이성에 대한 비행행동으로 나타나거나 반대로 수줍어 다가가지 못하는 적응곤란을 보인다.

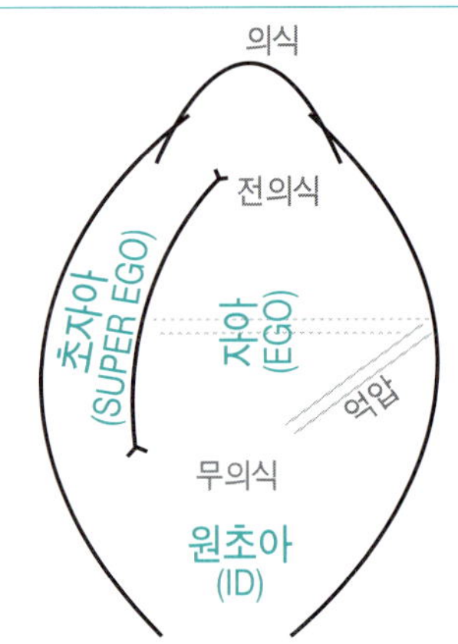

그림 2-1 프로이트가 그린 성격구조

출처: http://www.marxists.org/reference/subject/philosophy/works/at/freud2.htm

프로이트에 의하면 성격에는 3가지 구조가 있다. 인간의 욕망과 생물학적 욕구의 근원인 원초아(id)와 이성적이고 합리적인 자아(ego), 도덕적인 초자아(superego) 등이다. 원초아는 본능적으로 쾌락을 추구하고 불쾌함은 피하는 부분으로, 식욕, 배설 욕구, 성욕, 수면욕 등과 같이 인간의 가장 기본적인 생물학적 충동에 의해 지배된다(쾌락원리).

자아는 현실이라는 외부세계와 접촉하여 성격을 지배하고 통제한다. 자아가 발달하기 시작한 유아는 아무리 급해도 배설은 변기에 해야 하고, 사람들 앞에서 성기를 가지고 놀면 안 된다는 것을 인식하게 된다. 원초아가 자기 마음대로 행동하였다면 자아는 현실세계를 통해 자신의 욕구들을 억제하기도 하고 현실에 맞추어 욕구를 충족시킨다(현실 원리).

마지막으로 초자아는 어떤 행위가 나쁜지에 대한 선악을 구분하는 부분이다. 즉, 인간의 도덕적이며 양심적인 기능을 수행한다. 초자아가 발달한 아이는 갖고 싶다고 물건을 훔치지 않는다. 도둑질이 나쁘다는 것을 인식하기 때문이다(양심 원리). 원초아가 쾌락을 추구하고 자아가 현실을 의식한다면 초자아는 도덕적인 목표를 추구하는 개인의 양심이다. 인간의 성격은 바로 원초아와 자아, 초자아의 갈등 속에서 이루어진다. 그리고 이러한 갈등은 우리의 의식 속에도 있지만, 우리가 느끼지 못하는 전의식과 무의식 속에서도 나타난다.

인간은 모두 태어날 때 원초아만 가지고 태어났지만, 성장하면서 자아와 초자아가 발달한다. |그림 2-2|는 발달 단계에 따른 원초아와 자아, 초자아이다. 이와 같이 정신분석 이론에서는 초기 부모-자녀관계가 성격과 정신건강에 중요한 영향을 미친다. 특히 프로이트는 정신분석 이론의 아버지로서, 인간의 성격발달에 있어 오이디푸스 콤플렉스가 절정을 이루는 5세 미만인 유아기의 경험을 성격형성의 가장 중요한 시기로 강조하였다.

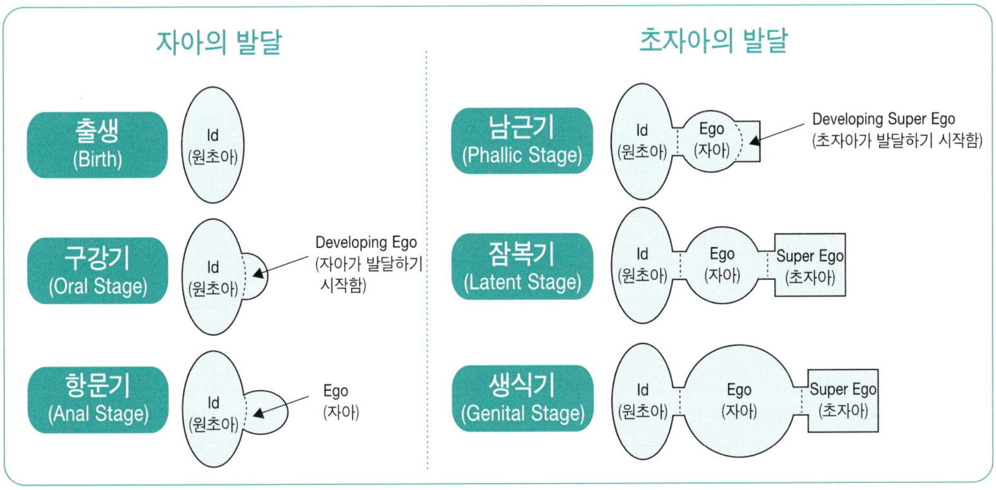

그림 2-2 발달 단계에 따른 원초아, 자아, 초자아

출처: Green, M., & Pieal, J. A.(2002). Theories of human development: A comparative approach. pp. 48–50.

3) 방어기제

정신분석 이론에 의하면 인간은 본능적으로 마음의 평안을 원한다. 그러나 살아가면서 우리는 평안을 깨뜨리는 여러 사건을 만난다. 특히 다른 사람에 대한 극도의 미움이나 도덕적으로 용납되지 못하는 성적 충동은 우리를 불안하게 한다. 방어기제(defense mechanism)란 우리를 향한 여러 위협들–불안, 죄책감, 갈등, 드러낼 수 없는 욕구 등–에서 자신을 보호하기 위해 사용하는 인간의 심리이다. 이성적인 방법으로 자아가 겪는 갈등을 통제할 수 없을 때에 인간은 무의식적으로 방어기제를 사용함으로써 불안을 조절한다. 따라서 방어기제는 갈등을 처리하기 위한 자아의 노력이라 할 수 있다. 방어기제는 프로이트가 처음 설명한 개념이지만 프로이트의 딸인 안나 프로이트에 의해 더욱 발전되었다.

대표적인 방어기제 몇 가지를 살펴보면 다음과 같다.

- **억압(repression)**: 사람들이 가장 보편적으로 사용하는 방어기제로 너무 두렵거나 고통스러운 생각과 경험을 무의식 속으로 눌러 버리는 것이다.
  - 예 싫은 기억이나 충격적인 사건을 기억하지 못함
- **부정(denial)**: 사실로 받아들이기에 너무 힘든 사건이나 일을 사실로 인정하지 않는다.
  - 예 남편이나 자녀의 죽음을 사실로 받아들이지 않음
암 진단을 받은 후 사실로 인정하지 않고 병원에서 착오가 있다고 생각함
- **반동형성(reaction formation)**: 무의식 속에 있는 자신의 생각이 너무 부도덕해서 마음속 욕구와 정반대로 행동함으로써 자신의 잘못된 욕구를 막는 방어기제이다. 사랑이라는 가면으로 증오를 감추거나, 지나치게 친절함으로써 자신의 잔인함을 숨긴다. 지나치게 도덕적 규범을 강조하는 사람은 자기 마음속의 성적 충동에 대한 반동형성일 수 있다.
  - 예 외도하는 남편이 너무 미워서 죽이고 싶은 마음을 무의식적으로 숨기고자 남편에게 더욱 정성을 다함
- **퇴행(regression)**: 어려운 상황이 생겼을 때 이를 적응하기 보다는 이전의 단계로 돌아가는 방어기제이다.

예 동생의 출생이나 초등학교 입학과 같이 힘든 상황이 닥치면 이로 인한 불안을 해소하기 위해 오줌을 옷에 싸거나 손가락을 빠는 행동을 보임

- 투사(projection): 무의식에 가지고 있던 위협적이거나 나쁜 소원, 생각을 자신의 것으로 받아들이지 못하고 남에게 던져 버리는, 즉 '남의 탓' 으로 돌리는 방어기제이다. 투사는 인격적으로 미성숙한 사람이 많이 사용하는 방어기제로, 분노와 수치심을 숨기기 위해 자신의 문제를 다른 사람에게 돌리고 공격적으로 행동한다. 따라서 타인의 작은 잘못에도 극심한 분노를 폭발하기도 한다.

예 수험생이 시험 망친 것을 부모나 친구 탓으로 돌림
아버지가 술을 마시고 가족에게 화내는 것은 가족이 나를 화나게 하고 외롭게 하기 때문이라고 생각

- 동일시(identification): 동일시란 타인의 태도나 신념을 자신의 것으로 받아들여 다른 사람의 행동과 가치관을 닮아가거나 다른 사람(또는 집단)과의 동질성을 느낌으로써 자기만족을 찾는 방어 기제이다. 앞서 투사가 자기의 바람직하지 못한 행동을 다른 사람에게 귀속시키는 방어기제였다면, 동일시는 자신의 불안과 부족감을 피하기 위해 다른 사람의 바람직한 점을 자기 것으로 끌어들인다.

예 출세한 자녀를 통해 부모가 자신이 성공한 것처럼 느낌
제2차 세계대전 당시 강제 수용소의 유대인들이 독일군 간수들을 자신과 동일시
자녀가 무섭고 냉혹한 부모를 자신과 동일시하여 닮아감

4) 정신건강과 정신분석 이론

프로이트가 미친 영향력 중 가장 위대한 것은 그가 무의식이라는 새로운 영역을 발견하였다는 것이다. 오스트리아의 정신과 의사였던 프로이트는 자신의 히스테리 환자들을 통해 유아기에 겪었던 성적인 갈등과 이로 인한 불안이 원인이 되어 문제가 나타남을 발견하였다. 그리고 이러한 갈등은 '최면' 이나 '자유연상' 을 통해 환자 자신도 기억하지 못했던 어렸을 적의 일을 이야기하며 치료가 되었다.

환자들의 치료 과정을 통해 프로이트는 인간의 모든 성격적인 문제와 정신 장애가 무의식적인 갈등에 의해 야기되고, 이 갈등은 주로 유아기 때 부모와의 관계에서 나타난

다. 그런데 병의 원인이 되는 갈등과 이로 인한 불안은 무의식에 숨어있기 때문에 자기 자신조차도 알지 못한다. 우리는 자신도 의식하지 못하는 사이에 무의식의 사슬로 우리를 얽매고 있는 것이다.

그러나 이 숨겨진 기억이 의식세계로 떠오르면 그 증상이 사라진다. 이러한 과정을 깨닫고 나의 무의식을 통찰할 수 있을 때에 모든 문제는 해결이 된다. 바로 이것이 정신분석 과정이다. 따라서 내 문제를 치료하고 해결할 수 있는 사람, 즉 자신을 묶고 있는 무의식의 갈등의 사슬을 끊을 수 있는 것은 바로 나 자신이다(|그림 2-3| 참조).

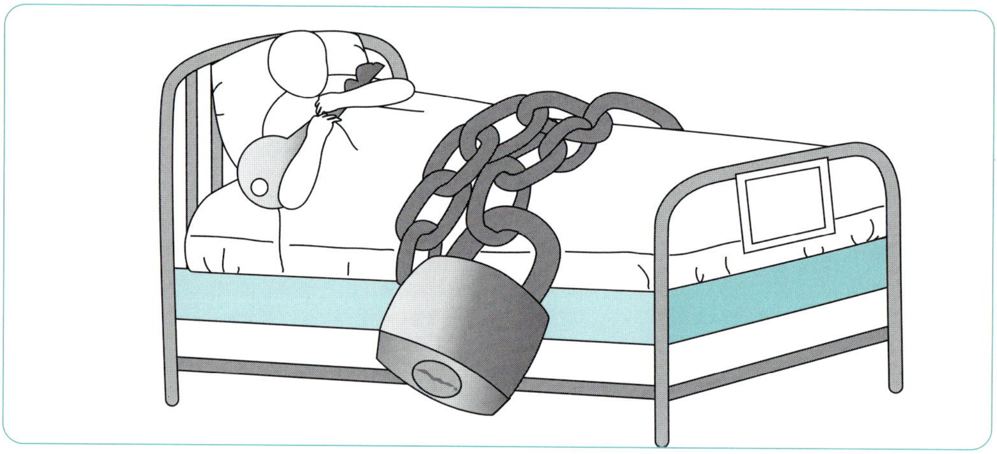

그림 2-3 정신분석 이론에서는 바로 자기 자신이 자신을 묶고 있는 무의식 갈등의 사슬을 끊을 수 있다고 생각한다

출처: 이무석(2000). 정신분석의 이해. p. 11.

정신분석 이론에서는 정신건강이 무의식세계에 있는 상처를 의식세계로 끄집어내어 자신의 문제를 통찰할 수 있을 때 이루어진다고 여기기에, 자신의 무의식적 갈등을 스스로 인식하고 의식세계로 끌어 올리도록 돕는다. 이러한 정신분석적 관점에서 정신건강은 유아와 부모관계의 중요성을 각인시켰고, 특히 놀이치료학자들의 이론적 토대가 되어 놀이를 유아의 내적인 충동과 긴장을 해소되기 위한 방법으로 사용하고 있다. 따라서 물감 칠하기, 핑거페인팅과 같은 미술 활동과 물놀이, 모래놀이, 극놀이를 통해 유아로 하여금 자신의 무의식적인 충동과 긴장, 억압된 마음을 마음껏 표현함으로써 해소하도록 돕고 있다. 프로이트 이전에 코메니우스나 루소와 같은 몇몇 사상가들이 아동기의 중요성을 주장하였지만, 이와 같이 과학적 관점에 입각하여 유아기의 중요성을 밝힌 사람은 프로이트가 최초이다. 따라서 정신분석 이론에서는 무의식을 통한 인간이해의 확대와 유아기의 중요성을 제시하였다.

02 인지정서행동 이론: 앨버트 엘리스(합리적 정서 이론에서 인지정서행동 이론으로)

인지-정서-행동 이론(REBT: Rational Emotive Behavior Therapy)은 엘리스가 개발한 이론으로, 그는 인간의 신념(인지)을 합리적인 것과 비합리적인 것으로 구분하였다. 비합리적인 신념 체계를 가진 사람은 일어난 사건에 대해 비합리적으로 해석하여 행동하기 때문에 바람직하지 못한 정서, 행동문제를 나타낸다. 따라서 엘리스(Albert Ellis: 1913~2007)는 비합리적 신념(인지)을 합리적 신념(인지)으로 수정한다면 인간은 건강한 성격발달을 이룰 수 있다고 생각하였다. 엘리스는 이러한 인지적 재구성을 합리적 정서 이론으로 사용하여 불렀지만, 최근에는 인지-정서-행동 이론으로 더 많이 불리워지고 있다.

사진설명: Albert Ellis: 1913~2007

출처: http://en.wikipedia.org/wiki/Albert_Ellis

1) 생애

미국의 대표적인 심리학자인 엘리스는 펜실베이니아 주 피츠버그의 한 유대인 가정에서 태어났다. 그의 아버지는 판매원으로 늘 가정을 떠나 있었기 때문에, 어렸을 때부터 엘리스는 아버지의 정을 거의 느낄 수 없었다. 그리고 아마추어 배우였던 어머니는 조울증 환자로, 기분이 들뜨는 조증과 가라앉는 우울증이 수시로 반복되어 자녀를 제대로 양육하기 어려웠다. 결국 엘리스는 아버지와 어머니 모두에게 정서적인 친밀감뿐 아니라 기본적인 돌봄조차도 받지 못했다. 그리고 3남매의 장남이었던 그는 부모님을 대신해서 동생들을 돌보았다. 아직 돌봄을 받아야 할 어린 나이임에도 불구하고 자기 돈으로 자명종 시계를 사서 새벽마다 일어나 동생들을 먹이고 옷을 입히며 학교를 보냈다. 또한 엘리스는 어렸을 때부터 건강이 좋지 않아 계속 병원에 입원하였다. 따라서 그는 청소년기 시절에 대인기피증이 있었으며, 특히 여자 앞에서는 극도로 수줍어하였다.

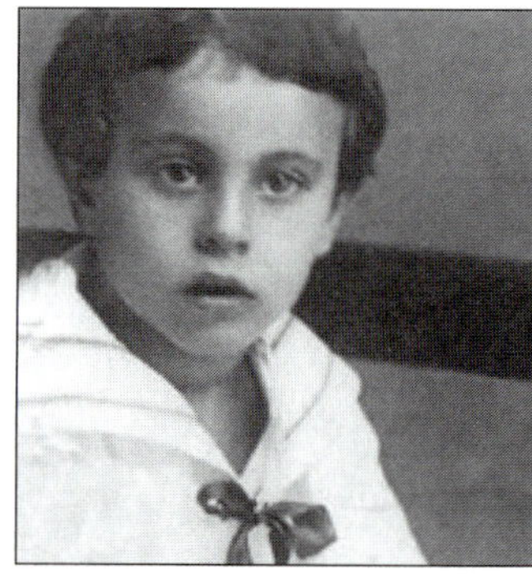

사진설명: 어린 시절의 엘리스

출처: http://archive.constantcontact.com/fs090/1101630309567/archive/1103532740994.html

그러나 엘리스는 여성들에 대한 수줍음을 스스로 극복하기 위해 한 달 동안 100여명의 여성에게 말을 걸었고 여성에 대한 공포를 극복할 수 있었다. 이러한 개인적인 경험은 이후 상담심리학자로서 그의 이론에 영향을 미치게 된다. 한편 엘리스는 집안의 경제적 어려움으로 돈을 벌기 위해 뉴욕시립대학교에서 경영학을 전공하였다. 그러나 미국 대공황의 여파로 사업이 어려워지자, 자신의 길을 사업가에서 어려운 사람을 치료하는 상담가의 길로 바꾸었다. 그는 29세의 늦은 나이에 콜롬비아대학교의 사범대학에서 입학하여 임상심리를 전공하여 34세에 박사학위를 취득하였다.

엘리스는 당시 임상심리학을 지배한 이론인 프로이트의 정신분석학에 심취되어 정신분석 훈련을 받았다. 그러나 점차 정신분석 이론의 문제와 한계를 느끼고 합리적 치료(RT: Rational Therapy)를 1955년에 고안하였다. 합리적 치료(RT)에서는 정신분석 이론이 내담자의 무의식을 분석하는 것에서 벗어나 내담자가 가지고 있는 잘못된 신념과 행동을 분석하고 이를 고치기 위해 노력한다. 그 후에 엘리스는 인본주의와 행동주의적 치료를 결합하여 합리적 정서치료(RET: Rational Emotive Therapy)를 만들었다. 그리고 1960년 미국심리학회(APA)에 자신의 새로운 이론을 논문으로 제출하였다. 당시 미국 심리학계는 정신분석 이론과 행동주의 이론이 주를 이루고 있었기 때문에, 그의 이론은 많은 비판을 받았다. 그러나 그는 자신의 이론을 적용한 수많은 상담과 세미나를 통해 이론을 계속 발전시켰다. 그 결과 인지행동치료(CBT: Cognitive Behavioural Therapy)를 발표하였고, 지속적인 연구를 통해 1990년대 중반에 자신의 상담 이론을 합리적 정서행동치료(REBT: Rational Emotive Behavior Therapy)로 수정하였다.

사진설명: 엘리스의 마지막 저서『All Out(2010)』

출처: http://www.rebtnetwork.org/books.html

이와 같이 엘리스는 평생 쉬지 않고 정열적으로 연구한 학자이다. 그의 지인들에 의하면 엘리스는 2006년(93세) 지병으로 쓰러지기 전까지 매일 16시간 이상을 제자들을 가르치고 책을 썼다. 평생 80여 권의 저서와 1,200여 편의 논문을 발표하였다. 이러한 왕성한 학문적 활동으로 인해 90세 생일에 당시 미국의 조지 부시 대통령으로부터 축하 메시지를 받았고, 2007년 94세의 나이로 사망하였을 때에는 뉴욕 타임즈에서 그의 죽음을 애도하며 업적을 기리는 특집기사를 실었다(New York Times, July 25, 2007). 엘리스의 사망 후 마지막 저서인 『Rational Emotive Behavior Therapy: It Works for Me(2009)』과 『All Out(2010)』이 출간되었다. 두 권 모두 그의 자전적 책으로, 이 책에서 그는 자신의 어렸을 적 불우한 환경과 그로 인한 정서적 · 인격적 문제를 REBT를 통해 어떻게 극복하였는지 설명하고 있다. 엘리스의 REBT가 상담학과 심리학에 미친 영향은 매우 지대하다. 엘리스는 1982년 미국과 캐나다의 정신과 의사들을 대상으로 역사적으로 가장 영향력 있는 심리학자를 선정하는 조사 연구에서 두 번째로 영향력 있는 심리치료학자로 뽑혔다(1위는 칼 로저스, 2위는 엘리스, 3위는 프로이트이다.).

2) 합리적 신념과 비합리적 신념

합리적 정서 이론에서는 우리의 잘못된 인성이나 행동적 문제의 원인이 어렸을 적 일어난 충격적인 사건 때문이 아니라, 그 사건을 바라보는 우리의 관점 때문이라고 생각한다. 우리의 생각이나 신념 체계가 일어난 사건을 어떻게 해석하는가에 따라 우리의 삶이 달라진다는 것이다.

또한 인간은 합리적인 생각과 동시에 비합리적인 생각을 할 수 있는 양면성을 가지고 있다. 합리적인 신념을 통해 자신의 삶을 긍정적으로 바꿀 수 있는 동시에 자기 파괴적인 성향을 태어날 때부터 생득적으로 가지고 있다. 합리적 신념은 우리로 하여금 객관적 현실에 근거하여 우리의 행동을 합리적으로 인식하도록 하기 때문에, 다른 사람과 불필요한 갈등을 피하고 편안한 감정을 느낄 수 있도록 하는 사고 체계이다. 반면에 비합리적 신념은 우리의 안정된 삶을 방해하고 우리를 괴롭히는 부정적인 사고 체계이다.

엘리스는 인본주의 이론과 같이 모든 인간은 자신에게 중요한 다른 사람에게 인정과 사랑을 받고 또한 다른 사람을 사랑하며, 친밀한 관계를 맺으며, 행복하게 살기를 원하는 욕구가 있다고 주장하였다. 그러나 이와 동시에 인간은 선천적으로 비효과적인 습관이나 바람직하지 못한 목표에 집착하고, 바람직한 습관을 위해 노력하거나, 자기 훈련을 하기 보다는 오히려 변명거리를 찾고 게으름을 피우는 선천적인 경향이 있다. 인간이 가지고 있는 이러한 부정적인 경향성은 선천적인 것으로 어려서부터 가정과 학교에서 학습된다. 또한 다른 사람들과의 잘못된 관계 속에서 비합리적인 신념이 학습되어지면서 인간은 정신병리적인 문제를 가지게 된다. 우리가 우울증에 빠지거나 다른 사람과 자신을 심하게 비난하는 정서적 문제행동을 가지게 된 이유는 처음에는 부모나 교사와 같이 주요한 타인으로부터 비합리적인 신념이 아동에게 전달되고, 아동은 자기암시와 자기반복의 과정을 통해 잘못된 비합리적 신념을 자신에게 반복적으로 주입하기 때문이다. 따라서 인간은 외부의 환경에 의해 조건형성된 것이 아니라, 자기 자신이 스스로를 조건 형성한 것이다.

3) 성격의 A-B-C 이론

왜 어떤 사람은 실패를 하여도 이를 이겨낼 수 있다는 긍정적인 성격을 가지고 있는데, 어떤 사람은 한 번의 실패에도 극도로 좌절하고 무너져 버리는 부정적인 성격을 지니고 있는가?

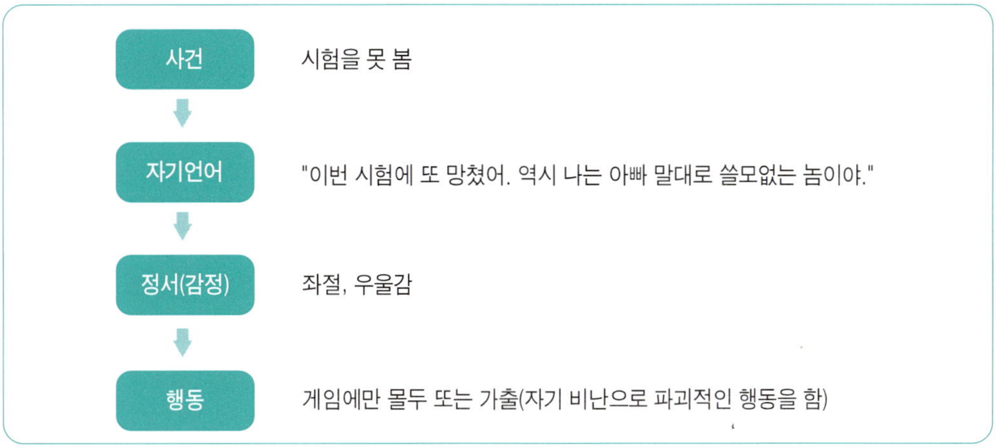

그림 2-4 인지정서행동 이론에서의 성격형성 과정

ㅣ그림 2-4ㅣ에 나타난 것과 같이 비합리적 신념 체계를 가진 사람은 시험을 망친 사건에 대해 자신을 쓸모없는 사람이라고 부정적 자기언어를 보이고, 좌절과 우울 정서가 나타나 자기 파괴적인 행동을 한다. 그리고 이것이 지속적으로 반복되면서 부정적인 태도와 신념을 형성하고, 이것이 그 사람의 성격이 된다. 여기서 자기언어란 특정 사건에 대한 개인의 인식, 즉 인지적 요소이다.

시험을 못 보았다는 동일한 사건에 대해 어떤 사람은 다음에 더 열심히 노력해야겠다는 자기언어를 쓰는 반면에, 또 다른 사람은 쓸모없는 놈이라고 자신을 자책하는 자기언어를 한다. 인간의 인지는 특정 사건에 대한 감정과 행동에 영향을 미치고 이것이 반복되어 성격이 형성된다. 이와 같이 엘리스는 인간을 나타내는 가장 중요한 요소인 인지와 정서, 행동이 서로 상호작용하는 과정에서 인지(신념)가 핵심이 되어 정서와 행동에 영향을 미친다고 주장한다. 따라서 엘리스의 이론을 인지-정서-행동이라고 하며, 아울러 성격의 A-B-C 이론이라고도 부른다. 이를 구체적으로 살펴보면 다음과 같다(ㅣ그림 2-5ㅣ 참조).

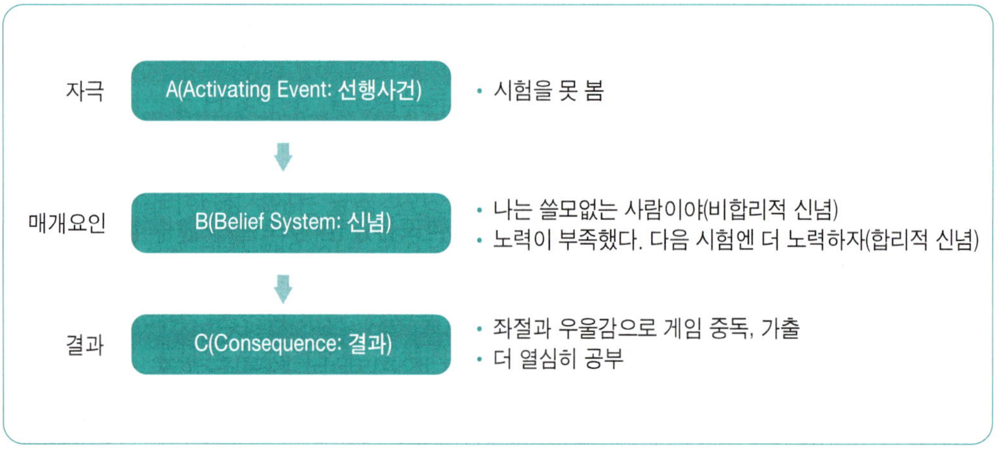

그림 2-5 성격의 ABC모형

이와 같이 인간의 인지 즉 신념 체계는 모든 정서와 긍정적 · 부정적 행동에 영향을 미치고, 이것이 반복되면서 성격으로 형성된다. 따라서 ABC모형에서는 A(자극-선행 사건)가 C(결과)를 일으킨 것이 아니라 B(매개요인-합리적/비합리적 신념)가 C(결과)를 유발하였다. 엘리스는 인간의 잘못된 성격과 행동문제의 가장 큰 원인이 바로 비합리적 신념이라고 생각했다. 그리고 비합리적 신념 체계를 합리적인 신념 체계로 바꾸는 것은 행복하고 건강한 삶을 위해 가장 중요하다.

4) 정신건강과 인지정서행동 이론

인지정서행동 이론의 목표는 문제를 일으킨 환경을 바꾸는 것이 아니다. 오히려 자신에게 고통과 어려움을 제공한 환경에 대한 자기 자신의 부정적인 시각을 긍정적인 시각으로 바꾼다. 따라서 C(결과)를 바꾸기 위해 A(선행 사건, 외부환경)를 변화하는 대신 B(신념, 인지 체계)를 바꾸도록 한다(| 그림 2-5 | 참조).

그렇기 때문에 인지정서행동 이론에서는 정신분석과 같이 내담자의 어렸을 적 과거 경험을 듣고 이를 분석하지 않는다. 또한 인본주의 이론과 같이 내담자를 있는 그대로 수용하지만, 내담자의 감정과 아픔에 깊이 공감하지 않는다. 대신 우리의 감정이나 행동이 인지(신념 체계)에 의해 어떻게 달라질 수 있는지, 내담자를 지배하고 있던 비합리적 신념과 자기 패배적 언어를 살펴보도록 하였다.

일반적으로 합리적 신념 체계는 자기 자신과 주변 사람을 행복하게 하지만, 비합리적 신념 체계는 자신과 주변 사람에게 고통을 준다. 특히 합리적 신념 체계는 경직되어 있지 않고 융통성이 있지만, 비합리적 신념 체계는 'must'와 같이 절대적이고 극단적이며 경직되어 있다. 따라서 인지정서행동 이론에서는 비합리적 신념 대신 합리적 신념을 형성하도록 하고, 사람들에게 자신과 타인을 비난하는 것을 멈출 수 있도록 숙제를 내주기도 한다(예 "나는 나의 _____한 행동을 혐오한다. 그래서 변화하고 싶다."라는 문장을 반복해서 암송하게 함).

인간은 누구나 다른 사람으로부터 인정받고 사랑받고 싶어 한다. 그러나 자신에 대한 다른 사람의 평가를 지나치게 의식하면 문제가 발생한다. 특히 자신이 좋아하는 사람에게 인정과 사랑을 받을 때에만 자신을 가치 있게 생각한다면, 다른 사람의 시선에 지나치게 민감하고 그 사람이 나를 버릴까 늘 불안하고 우울하기 쉽다. 따라서 다른 사람들과 잘 지내는 것이 중요하지만, 그것이 절대적으로 중요하지 않다는 현실을 수용할 수 있을 때에 우리는 합리적 신념을 가지고 생활할 수 있다.

표 2-1 비합리적 신념 체계와 합리적 신념 체계의 예

비합리적 신념 체계	합리적 신념 체계
• 나는 주위의 모든 사람들로부터 항상 사랑과 인정을 받아야 한다.	• 다른 사람으로부터 사랑과 인정받기 보다는 내가 사랑하고 인정하는 것에 신경을 쓰는 것이 더 바람직하다.
• 아무도 나를 좋아하지 않는다. • 버림받을까봐 누군가를 진심으로 사랑하기 어렵다.	• 내가 나 자신을 사랑하고 존중할 때 다른 사람도 나를 존중한다.
• 인간의 불행은 외부 환경 때문이며, 내 힘으로는 이를 통제할 수 없다. • 내가 이렇게 된 것은 우리 부모님이 어렸을 때 나를 버리고 이혼하셨기 때문이다. • 내가 화내는 것은 상대방이 나를 화나게 만들기 때문이다.	• 과거를, 상대방을 바꿀 수는 없다. 그러나 나를 바꿀 수 있으며, 나 자신을 바꾸는 것이 가장 쉽다.

※ 자신의 신념이 비합리적인지 합리적인지를 판단할 수 있는 기준으로는 ① 신념의 융통성, ② 실현가능성, ③ 기능적 유용성 등 세 가지가 있다.

03 긍정심리학: 마틴 셀리그만(행복에서 플로리쉬로)

지금까지 살펴본 심리학 이론들이 정신건강에 문제가 있는 사람들을 이해하고 돕기 위한 이론들이었다면, 긍정심리학(positive psychology)은 기존의 심리학적 접근과는 반대로 인간이 가지는 긍정적인 면에 초점을 둔다. 우울증, 내면의 상처, 불행, 좌절 대신 희망, 지혜, 창의성, 용기, 인내, 도덕성, 협동, 이타심과 같은 긍정적인 개념과 특별히 인간의 행복을 다룬다. 2000년대에 들어 활발하게 연구되고 있는 긍정심리학의 대표적인 학자는 셀리그만(M. Seligman)과 칙센미하이(M. Csilkszentmihalyi)[3]이지만, 새로운 심리학의 이론으로 긍정심리학이라는 단어가 처음 나타난 것은 셀리그만이 1998년 미국심리학회(APA: American Psychology Association) 회장으로 선출되어 한 회장연설 때이다. 따라서 본 절에서는 셀리그만을 중심으로 살펴보았다.

1) 생애

셀리그만(Martin Seligman: 1942~)은 1942년 미국 뉴욕의 알바니에서 태어났다. 어린 시절에는 공립학교와 사립 군사학교를 다녔지만, 대학은 미국의 아이비리그 명문 중 하나인 프린스톤 대학교로 진학하였다. 그리고 그곳에서 철학으로 학사학위를 받았으며 우등생으로 졸업하였다. 이후 셀리그만은 전공을 바꾸어 펜실베이니아대학교에서 심리학으로 26살에 박사학위를 취득하였다.

긍정심리학 이론을 발표하기 이전에 셀리그만은 학습된 무기력과 우울증을 30여년간 연구하였다. 아이러니하게도 셀리그만은 학습된 무기력 연구의 대가였다. 그가 무기력과 우울증 연구에 전념하게 된 것은 우울증에 걸려 평생 알코올 중독자로 살았던 아버지 때문이었다. 그의 아버지는 가족에게는 무섭고 가혹하면서 사람들에게는 인정

3) 칙센미하이(M. Csilkszentmihalyi: 1934~)는 헝가리 출신의 미국 심리학자로 22세에 미국으로 이민을 왔다. 제2차 세계대전 당시 어려운 환경 속에서도 굳세게 살아가는 사람들을 보며, 이 사람들을 강하게 만든 힘의 근원에 대해 관심을 갖는다. 그리고 미국으로 와서 인본주의 심리학을 접하면서 정신병리 중심의 치료가 아닌 인간이 지닌 사랑, 창의성, 성장 등과 같은 긍정적 측면을 연구하면서 긍정심리학 이론을 형성한다. 우리나라에서는 『몰입, Flow』(한울림 출판사)의 저자로 유명하다. 2007년 미국 클레어몬트 대학원에 행복학 박사 과정을 개설하여, 행복에 대한 연구와 가르침을 학문적 위치로 끌어올렸다.

받지 못하면서도 한마디도 못하는 우울증 환자였다. 결국 셀리그만의 아버지는 늘 술에 빠져 세상을 원망하며 가족에게 자신의 분노를 발산하였다. 어린 셀리그만은 무엇이 아버지를 이렇게 비참하게 만들었는지 도저히 알 수 없었고, 또한 자신이 아버지를 위해 할 수 있는 것이 아무것도 없다고 생각했다. 그래서 당시에는 하루 빨리 집에서 독립하여 모든 것으로부터 탈출하고 싶다는 생각만 했다고 한다.

성인이 된 후 셀리그만은 심리학을 전공으로 선택하였다. 그리고 펜실베이니아대학 박사 과정 중 심리학과 연구실에서 개를 대상으로 파블로프의 자극–반응 실험과 유사한 실험을 하였다. 종소리를 들으면 자동적으로 침을 흘리는 파블로프의 조건반사 실험과 같이, 개들에게 특정 주파수의 소리를 들려주고 전기 자극을 반복함으로써 주파수 소리가 들릴 때마다 다른 장소로 이동을 하는 회피학습을 시키고 있었다. 그런데 처음에는 자극에 바로 반응하던 개들 중 일부는 어떤 순간부터 전기 자극을 받아도 아무런 반응을 보이지 않은 채 낑낑 소리만 내고 웅크리고 있었다. 다른 연구원들은 이러한 개의 비일관적인 모습에 대해 불평하고 실험을 중단했지만, 셀리그만은 실험대 위에 웅크리고 있는 개의 모습에서 어린 시절 아버지의 모습을 발견하였다. 불쾌한 자극에도 아무런 반응을 보이지 않고 낑낑 소리만 내는 개의 모습이 무기력에 빠진 상태임을 직감했다. 이러한 무기력은 선천적인 것이 아니라 경험(학습)의 결과였다. 즉 전기 자극이라는 부정적인 환경에 지속적, 반복적으로 노출되자 개는 자신이 어떻게 해도 고통스러운 전기 자극을 피할 수 없다고 판단하였고 곧 아무리 전기 자극을 가해도 피하려는 시도조차 하지 않게 된 것이다. 이 일을 계기로 셀리그만은 인간의 학습된 무기력과 우울증 연구에 매진하였고 그의 명성은 높아져 갔다.

어느 날 그의 강의를 듣던 한 참석자가 앞서의 실험실 연구에서 학습된 무기력을 나타내지 않았던 다른 개들에 대해 질문을 했다. "왜 모든 개들이 똑같은 상황에서 학습된 무기력에 빠지지 않았는지, 그리고 무기력을 극복한 힘이 어디서 나왔는가?"이다. 셀리그만은 이때 비로소 무기력이 아니라 오히려 무기력을 이겨내는 힘의 원인을 알아내는 것, 즉 긍정심리가 더 중요한 것임을 깨닫고 이에 관한 평생의 연구를 시작하였다.

셀리그만은 1998년 미국심리학회 회장으로 선출되었다. 그는 회장 연설에서 기존의 심리학이 인간의 나약함이나 불행을 줄이는 데 너무 집중하여 인간의 강점과 건강에는 별로 관심을 기울이지 못했음을 지적하였다. 왜 심리학이 기쁨이나 용기 같은 것들을 연구하면 안 되는지를 질문하며, 심리학의 영역이 질병 이론을 넘어 건강한 사람들이 어떻게 살아가는지를 연구해야 하고 자신은 이러한 연구들이 잘 이루어지도록 돕고 싶다고 강조하였다. 이 때 긍정심리학이라는 용어를 처음 사용하였다. 그가 연설을 마치자 청중들은 기립박수를 보내며 셀리그만의 강연에 찬사를 보냈다. 허그블룸과 동료들(Haggbloom et al., 2002)은 『20세기 가장 뛰어난 심리학자 100명』이라는 책에서 셀리그만을 31위로 선정하였다. 이제 그는 심리학 개론서에서 아직 생존해 있음에도 불구하고, 13번째로 많이 인용되고 있는 심리학자이다.

오늘날 긍정심리학에 대한 관심은 전 세계적으로 급격히 확산되고 있다. 2000년 1월 미국심리학회지는 21세기의 밀레니엄 이슈로 긍정심리학을 잡고 긍정심리학과 관련된 논문 15편을 학회지에 게재하였다. 또한 2008년에는 국제긍정심리학회(IPPA: International Positive Psychology Association)가 결성되었고 우리나라에도 2011년에 한국긍정심리연구소가 문을 열었다. 이와 같이 셀리그만은 세계적인 긍정심리학의 아버지가 되었고, 유년 시절의 아픈 기억을 세상을 바꾸는 힘으로 바꾸어냈다. 그리고 우리는 행복을 다루는 심리학을 공부하게 되었다.

2) 행복한 삶

긍정심리학의 가장 핵심적인 연구 대상은 행복이다. 그런데 행복의 정의는 '결핍이 없는 상태', '마음의 평화', '강렬한 만족감', '웰빙' 등 다양하다. 일반적으로 현대 사회에서는 돈이 주는 물질적 풍요와 권력, 명예, 쾌락을 행복이라고 생각한다. 그러나 과거와 비교하여 사람들의 물질적인 풍요는 늘어났지만 행복감과 삶의 만족은 거의 증가하지 않았다. 오히려 우울증과 자살, 이혼율은 계속 증가하고 있다. 물질적 풍요는 잠깐의 만족을 줄 수 있지만 행복을 주지는 못한다.

여러분에게 행복이란 무엇인가? 여러분은 언제 행복을 느끼는가? 긍정심리학에서는 행복한 삶을 크게 3가지로 정의하고 있다(Seligman et al., 2006). 즐거운 삶(pleasant life)과 몰입하는 삶(engaged life), 그리고 의미 있는 삶(meaningful life)이다.

긍정심리학에서의 행복한 삶 = 즐거운 삶(긍정적 정서) + 몰입하는 삶(몰입) + 의미 있는 삶(의미)

즐거운 삶이란 지금 기분이 좋은 것만을 의미하지 않는다. 현재의 감정뿐만 아니라 만족감, 자부심과 같은 과거의 경험을 통한 감정과 희망, 자신감, 낙관, 믿음과 같은 미래에 대한 긍정적 감정까지 포함하는 개념이다. 몰입하는 삶이란 우리의 삶에 의미를 부여하는 일에 적극적으로 관여하는 것을 의미한다. 여기에서 중요한 것은 우리 삶에 의미를 부여하는 일에 열중하는 것이다. 우리는 도박이나 술에 열중하는 사람들을 주위에서 본다. 그러나 그 사람들은 도박과 술에 빠져있는 당시에는 행복할 수 있어도 도박장이 끝난 후에나, 술에 깨어 제 정신이 되었을 때에는 오히려 우울해진다. 이와 같이 몰입이란 내게 의미 있는 일에 시간도 잊을 정도로 집중하여 나의 몸과 마음을 바쳐 빠져있는 것이다. 또한 우리는 내게 의미 있는 일에, 그리고 내가 좋아하는 일에 몰입할 때 큰 기쁨을 느낀다. 따라서 즐거운 삶과 몰입하는 삶, 의미 있는 삶은 서로 밀접하게 연관되어 있다.

우리는 누구나 행복하기를 소망하지만, 모든 사람이 행복하지는 않다. 셀리그만은 많은 이들이 스스로 행복하다고 생각하지 못하는데 그것은 실제로 불행하기 때문이 아니라 행복을 느끼지 못하고 행복을 만들어 가지 못하기 때문이라고 주장하였다. 행복은 거창하고 큰 것이 아니다. 이처럼 행복은 스스로의 장점을 알고 이를 계발해서 일, 사랑, 자녀양육, 여가 활동 등 다양한 삶의 현장에서 활용하는 데서 나온다.

행복도 검사

1. 나는 대체로 내 자신에 대해 이렇게 생각한다.

❶ 굉장히 행복한 사람이다. □
❷ 행복한 사람이다. □
❸ 조금 행복한 사람이다. □
❹ 보통이다. □
❺ 조금 불행한 사람이다. □
❻ 불행한 사람이다. □
❼ 굉장히 불행한 사람이다. □

2. 내 동료들과 비교했을 때, 나는 내 자신을 이렇게 생각한다.

❶ 훨씬 불행하다. □
❷ 불행하다. □
❸ 조금 불행하다. □
❹ 보통이다. □
❺ 조금 행복하다. □
❻ 행복하다. □
❼ 굉장히 행복하다. □

3. 일반적으로 아주 행복한 사람들이 있다. 이런 사람들은 현재 일어나는 일은 상관없이 최대한 삶을 즐긴다. 당신은 자신의 삶을 얼마나 즐기는가?

❶ 전혀 즐기지 않는다. □
❷ 즐기지 않는다. □
❸ 조금 즐기지 않는다. □
❹ 보통이다. □
❺ 조금 즐긴다. □
❻ 즐긴다. □
❼ 아주 많이 즐긴다. □

4. 일반적으로 항상 불행하다고 생각하는 사람들이 있다. 비록 우울해 보이지는 않지만 그렇다고 행복하지는 않다. 위의 경우에서 당신을 얼마나 정확하게 대표하는가?

❶ 나와 아주 가깝다. □
❷ 나와 가깝다. □
❸ 나와 조금 가깝다. □
❹ 보통이다. □
❺ 조금 비슷하지 않다. □
❻ 비슷하지 않다. □
❼ 아주 비슷하지 않다. □

※ 위의 답을 모두 더한 뒤 4로 나눈 결과가 바로 당신의 일반 행복도 점수이다. (미국 성인의 평균 점수는 4.8점이며, 검사를 받은 사람들 중 3분의 2가 3.8점에서 5.8점을 받았다.)

출처: Seligman, M. E. P.(2004). Authentic happiness: using the new positive psychology to realize your potential for lasting fulfillment; 김인자 역(2005). 긍정심리학. p. 79; http://www.kppsi.com/insiter.php?design_file=74049.php&article_ num=1

3) 행복방정식

어떻게 해야 행복할 수 있는가? 셀리그만은 행복은 마음먹기에 달렸고, 무엇보다 행복해지는 훈련을 통해 증진시킬 수 있다고 생각하였다. 피아노를 치기 위해 많은 노력을 해야 하듯이, 행복 역시 노력해야 한다. 긍정심리학에서는 인본주의 심리학과 마찬가지로 자기 자신이 삶을 의미 있게 만들고 문제를 해결해 갈 수 있다고 생각한다. 다음은 셀리그만이 제시한 행복방정식이다.

셀리그만의 행복방정식

행복 = 유전 + 삶의 상황 + 자율성(개인이 통제할 수 있는 요인)

먼저 인간이 느끼는 행복감에는 유전적 요인이 중요한 영향을 미친다. 어떤 사람은 비관적인 느낌을 느끼는 유전인자를 가지고 태어났고 또 다른 사람은 작은 일에도 감사하며 즐거워하는 긍정적 유전인자를 가지고 태어났다. 학자들은 이것을 기질이라고 부른다. 어떤 아기는 기질적으로 까다로운 기질(difficult child)로, 어떤 아기는 순한 기질(easy child)로 태어났다. 그러나 행복에는 유전 외에 개개인에게 있는 삶의 상황–국가, 거주지역, 성별, 직업, 교육, 인종, 소득, 나이, 건강, 결혼, 종교, 날씨 등–이 있다. 삶의 상황은 성별이나 나이, 인종, 날씨 등과 같이 내가 바꿀 수 없는 것도 있지만 직업, 종교, 결혼과 같이 내가 선택할 수 있는 것도 있다.

그런데 연구 결과 삶의 상황은 극단적인 경우를 제외하고는 인간의 행복에 그리 많은 영향을 미치지 않았다. 예를 들어 가난한 독재국가에 사는 사람들의 행복도는 매우 낮았지만, 대부분의 사람들은 국가에 의해 자신의 행복이 결정되지 않았다. 돈 역시 행복도를 올려주기는 하지만, 어느 정도 기본적인 의식주의 문제가 해결되었을 때에는 행복도에 그리 많은 영향을 미치지 않았다. 나이도 행복도에 큰 영향을 미치지 않았다. 나이가 들면 생활만족도는 증가하지만, 유쾌한 감정은 조금씩 감소했다. 건강은 행복과 아무런 관계가 없었으며, 다만 주관적으로 느끼는 건강은 행복에 영향을 미치었다. 즉 건강 자체가 중요한 것이 아니라 몸의 건강을 바라보는 내 시각이 행복과 관련 있었다. 몸이 건강해도 전혀 행복하지 않는 사람이 있는 반면에, 질병이 있고 몸이 불구여도 자신의 건강에 감사하는 사람은 행복했다. 종교는 행복도를 올렸지만 교육과 날씨, 인종, 성별은 행복과 무관하였다. 이와 같이 삶의 상황은 상황 그 자체보다는 상황을 바라보는 사람의 시각에 영향을 받는 것으로 나타났다.

마지막으로 행복에는 개인이 컨트롤할 수 있는 자율성 요인이 있다. 나 스스로가 행복해지기 위해 즐거운 삶, 몰입하는 삶, 그리고 의미 있는 삶을 살기 위해 노력하고 연습하는 것이다. 행복을 위한 연습은 그리 거창하지 않았다. 오히려 너무 간단하고 사소한 것들이었다. 긍정심리학에서는 아래 제시된 행복헌장의 10계명과 같이 행복해지기 위한 사소한 일들을 매일 꾸준히 반복하여 우리의 습관으로 만들면 누구나 행복할 수 있다고 한다.

행복헌장 10계명

1. 운동을 하라. 일주일에 3회, 30분씩이면 충분하다.
2. 좋았던 일을 떠올려보라. 하루를 마무리할 때마다 당신이 감사해야 할 일 다섯 가지를 생각하라.
3. 대화를 나누라. 매주 온전히 한 시간은 배우자나 가장 친한 친구들과 대화를 나누라.
4. 식물을 가꾸라. 아주 작은 화분도 좋다. 죽이지만 마라!
5. TV 시청 시간을 반으로 줄이라.
6. 미소를 지으라. 적어도 하루에 한 번은 낯선 사람에게 미소를 짓거나 인사를 하라.
7. 친구에게 전화하라. 오랫동안 소원했던 친구나 지인들에게 연락해서 만날 약속을 하라.
8. 하루에 한 번 유쾌하게 웃으라.
9. 매일 자신에게 작은 선물을 하라. 그리고 그 선물을 즐기는 시간을 가져라.
10. 매일 누군가에게 친절을 베풀라.

출처: 이경아 역(2006). 영국 BBC 다큐멘터리 행복. p. 21.

4) 정신건강과 긍정심리학

셀리그만이 주창한 긍정심리학이 정신건강에 미친 영향은 매우 크다. 긍정심리학이 대두되기 이전의 심리학은 질병 패러다임에 기초하여 인간의 문제행동과 마음의 병을 분석하고 설명하며 치료하는 데 집중하였다면, 긍정심리학은 개인과 사회를 번영시키는 강점을 연구하는 강점 패러다임을 토대로 하였다. 기존 심리학이 인간의 부정적인 측면(−)을 정상적인 상태(0)로 끌어올렸다면, 긍정심리학은 인간의 부정적인 측면(−)을 정상 상태(0)로, 그리고 더 나아가 긍정적인 상태(+)로 나아가기 위한 이론이다(장연집 외, 2008). 즉, 정신 질환을 치료하는 것보다 일반적인 인생을 보다 충실히 하기 위한 연구가 이루어지고 있다. 따라서 셀리그만은 긍정심리학의 주제는 행복이며, 긍정심리학의 목표는 삶의 만족도를 높이는 것이라고 주장했다.

최근 그는 저서에서 순간의 기분에 좌우되는 행복이 아닌 더 풍족한 단계의 행복을 의미하는 '플로리쉬(flourish)' 에 대하여 이야기하였다. 자신이 기존에 행복의 3가지 요소로 제시한 긍정적 정서(Pleasant life), 몰입(Engaged life), 의미(Meaningful life)는 진정한 행복으로 가는 요소이지만 그것만으로는 부족하다고 느꼈기 때문이다. 플로리쉬란 '번성하다', '잘 자라다', '잘 지내다' 등과 같이 더 바랄 것이 없고, 더 올라갈 데가 없고, 더 채울 것이 없는 활짝 핀 삶, 즉 '행복의 만개'를 의미한다. 셀리그만은 플로리쉬의 5가지 요소를 소개하였다. 바로 ① P(Positive Emotion: 긍정적인 정서), ② E(Engagement: 몰입), ③ R(Relationships: 관계), ④ M(Meaning: 삶의 의미), ⑤ A(Accomplishment: 성취)이다. 그는 5요인의 앞글자만 따서 PERMA라고 지칭하였다(Peterson & Seligman, 2011).

PERMA는 셀리그만이 행복한 삶의 3가지 요소로 제시한 PEM(긍정적인 정서, 몰입, 관계)에 R(긍정적 관계)와 A(성취)를 더 첨가한 것이다. 플로리쉬는 기존의 행복한 삶에서 타인과의 긍정적 관계와 성취를 더 강조한다. 즉, 개인의 행복을 넘어 타인을 행복하게 해줄 수 있는 내면의 긍정적 정서와 강점 특성을 개발하고 활짝 꽃 피우게 한다는 의미를 내포하고 있다.

아울러 셀리그만은 PERMA를 통해 웰빙 지수를 측정하였다. 긍정심리학 이전에는 행복이 실체도 없는 추상적인 개념이었다면, 플로리쉬는 객관적으로 측정 가능한 실체이다. 이제 전 세계는 PERMA를 통해 개인과 기업, 도시의 웰빙 지수를 얻을 수 있게 되었다. 또한 행복 연습을 통한 연습의 효과성도 측정가능하게 하였다. 이와 같이 긍정심리학은 단순한 정신건강 이론에서 나아가 불행한 사람과 집단, 국가를 행복한 존재로, 그리고 더 행복한 존재로 변화시키는 행복공학이다.

생각해보기

1. 다음의 표에 있는 비합리적 신념 체계를 합리적 신념 체계로 바꾸어 봅시다. (p. 57. 참조)

•비합리적 신념 체계와 합리적 신념 체계의 예•

비합리적 신념 체계	합리적 신념 체계
• 나는 주위의 모든 사람들로부터 항상 사랑과 인정을 받아야 한다.	
• 아무도 나를 좋아하지 않는다. • 버림받을까봐 누군가를 진심으로 사랑하기 어렵다.	
• 인간의 불행은 외부 환경 때문이며, 내 힘으로는 이를 통제할 수 없다. • 내가 이렇게 된 것은 우리 부모님이 어렸을 때 나를 버리셨기 때문이다. • 내가 화내는 것은 상대방이 나를 화나게 만들기 때문이다.	

2. 행복헌장 10계명(p. 65.)을 한 달 동안 실행해 봅시다.

Chapter 3

정신건강에 영향을 주는 요인

1 뇌발달과 정신건강

2 심리적 요인과 정신건강

3 정신건강에 영향을 주는 한국 사회 · 문화적 요인

학습주제 정신건강에 영향을 주는 요인

학습목표

1. 정신건강에 영향을 주는 유전적 요인, 심리적 요인을 탐색한다.
2. 뇌발달이 정신건강에 어떤 영향을 주는지 탐색한다.
3. 정신건강에 영향을 주는 한국 사회의 특수성을 탐색한다.
4. 제2장에서 다룬 이론을 중심으로 나의 정신건강에 영향을 주는 요인을 적용해 본다.

학습요약

1 뇌발달과 정신건강
1) 뇌의 구조
2) 뇌의 화학적 물질
3) 뇌의 발달 단계

2 심리적 요인과 정신건강
1) A유형 성격 특성 vs C유형 성격 특성
2) 계절별 성격 이론
3) 자아 개념

3 정신건강에 영향을 주는 한국 사회 · 문화적 요인
1) 환경적 요인
2) 문화적 요인
3) 시대(역사)적 요인

주요개념 성격 이론, 뇌발달 이론, 사회 · 문화적 특수성

들어가기

•우리 혈액형은 이런 성격을 가졌어요!•

❶ 우리 클래스의 혈액형(A, B, AB, O) 비율은 어떤지 알아봅시다.

❷ 같은 혈액형을 가진 친구들이 모여 앉아 봅시다.

❸ 우리 혈액형의 장점과 단점을 모아 발표해 봅시다.

과거 농경사회에서는 정신건강의 문제가 심각하게 드러나지 않는 경우가 많았다. 농사일은 특별한 인지적 능력이 필요하지 않았고, 일정한 패턴이 있었으며, 나를 둘러싼 가족 및 지역사회가 갈등 없이 협동하여 생활을 유지해 나갈 수 있었다. 심각한 수준의 정신건강의 문제를 드러내는 사람의 비율이 상대적으로 적었을 뿐 아니라 문제가 있더라도 공동체 안에서 그 문제를 포용해 나갈 수 있었다. 그러므로 정신건강의 문제를 유전적인 문제로 생각하여 병리적인 시각에서 접근하는 경우가 많았고, 정도가 중증일 때에만 관심을 가졌다. 그러나 현대 사회가 복잡해질수록 시간을 들여 습득해야 하는 기술이 많아졌으며, 힘들게 습득한 그 기술도 사회의 빠른 변화에 따라 하루아침에 무용지물이 되는 경우도 많아졌다. 대인관계에서도 나와 다른 일을 하는 사람들과도 소통해야 하는 어려움이 있고, 갈등이 많아졌을 뿐 아니라, 가치관도 급격하게 변하여 사회에서 포용할 수 있는 수준을 넘어서는 경우가 대부분이다. 브론펜브레너(Bronffenbrener)의 생태학적 관점에 따라 정신건강도 나를 둘러싼 미시 체계, 중간 체계, 외 체계, 거시 체계, 시간 체계를 고려한 환경의 영향을 생각해야 풀어갈 수 있는 것이다. 따라서 본 장에서는 정신건강에 영향을 주는 유전적 요인인 심리적 요인과 발달적 요인, 뇌발달이 정신건강에 영향을 주는 부분, 환경적 요인 중에서 포함 이론을 비롯한 한국 사회 문화가 갖고 있는 특수성에 대하여 살펴보기로 한다. 이런 유전적 요인과 환경적 요인에 대하여 탐색해 보는 것은 나를 점검해 보고, 정신건강의 근본 원인을 되돌아보는 데 도움을 줄 것이다.

01 뇌발달과 정신건강

정신건강은 생물학적 요인과 환경적 요인의 상호작용으로 이루어진다. 최근 뇌발달이 정신건강에 미치는 영향에 대해 많은 관심이 집중되고 있다. 뇌는 인간의 생물학적인 부분으로 유전적인 영향이 작용함과 동시에 환경에 따라 민감하게 변화한다. 따라서 본 절에서는 정신건강과 관련이 있는 뇌의 구조와 뇌에 영향을 주는 화학물질, 뇌의 발달 과정에 대해 살펴볼 것이다.

1) 뇌의 구조

일반적으로 인간의 뇌는 3가지의 부분으로 구성되어 있다(서유헌, 2010).

첫 번째 층은 파충류의 뇌라고 불리는 영역으로 인간의 생명을 관장하는 부분이다. 뇌사 등을 판단할 때 이 부분이 회복될 수 있는가 없는가를 기준으로 삼는다.

두 번째 층은 동물의 뇌라고 불리는 영역으로 감정과 본능을 관장하는 부분이다. 포유류나 영장류 동물들이 이 부분이 발달되어 있다.

세 번째 층은 뇌의 가장 바깥쪽을 둘러싸고 있는 부분으로 인간만이 갖고 있는 부분이다. 지성과 이성, 감정조절 등을 관장한다. 이 영역이 발달되었기 때문에 인간만이 미래를 예측하여 문제를 해결하고 창의적으로 문명을 발전시킬 수 있었다.

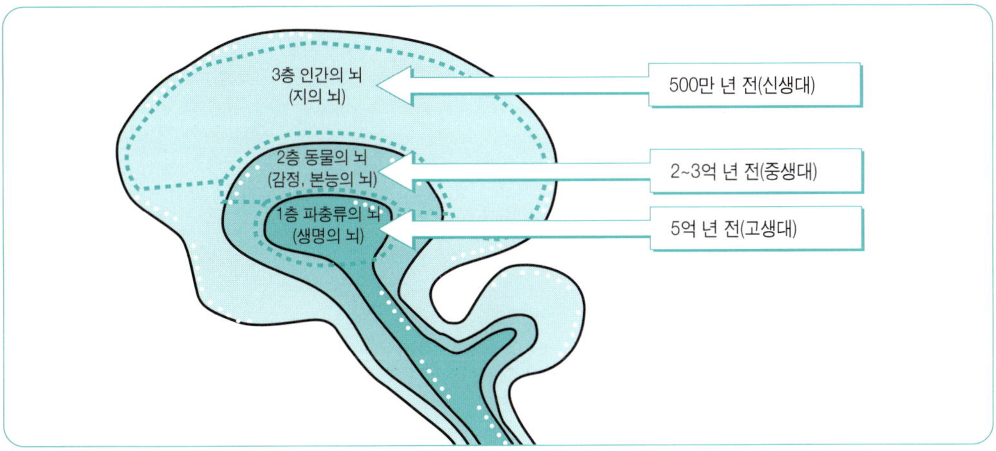

그림 3-1 뇌의 3층 구조

※ 서유헌은 자신의 저서에서 아이들이 감정과 본능 충족이 없어도 공부만으로 잘 살 수 있다는 생각은 버려야 한다고 주장하였다. 아이는 '감정과 본능이 없는 인간'이 아니라, '감정과 본능이 예민한 인간'이다. 즉, 2층 동물 뇌의 만족 없이는 살 수 없다. 따라서 2층과 3층을 같이 발달시키는 교육이 이루어져야 한다.

출처: 서유헌(2010). 엄마표 뇌교육. p. 34. 재구성.

이러한 뇌를 기능별로 나누면 다음과 같이 8가지로 구성된다.

(1) 전두엽

동기부여를 통하여 주의집중을 잘 할 수 있도록 도와주고 미래를 예측하여 목표를 세우고 실행할 수 있는 의지를 갖도록 해준다. 인성과 도덕성이 이곳에서 이루어진다.

(2) 두정엽

외부로부터 오는 정보를 받아들이고 정리하는 곳으로 공간인식 및 수학적 사고, 문자 등의 기호를 사용하여 의미를 창조하는 곳이다.

(3) 베르니케 영역

청각과 시각을 통하여 들어온 정보를 언어를 통하여 해석한다. 뇌의 좌반구에 위치한다.

(4) 후두엽

시각정보가 이곳을 통하여 분석되어서 물체의 모양이나 위치, 운동 상태 등을 해석한다.

(5) 소뇌

우리 몸의 레이더 역할을 하는 곳으로 운동 기능과 평형감각 등을 조절한다.

(6) 뇌줄기

뇌의 가장 아래 부분에 위치하고 있으며 뇌사와 관련되어 손상되면 뇌의 기능이 회복되지 않는다.

(7) 측두엽

청각조절 중추가 위치하고 있으며, 인지 기능과 기억 기능도 이곳에서 조절한다.

(8) 브로카 영역

언어 기능을 담당하는 것으로 알려진 뇌의 특정 부위이다. 좌반구 전두엽 부분에 위치한다.

뇌는 모든 부위가 함께 발달하는 것이 아니라, 특정 부분부터 시작하여 20년에 걸쳐 차례로 발달한다. 그러므로 뇌의 발달 단계를 알고, 영유아기에 국한하지 않고 전생에 걸쳐 적합한 발달이 이루어지도록 교육하는 것은 중요하다.

2) 뇌의 화학적 물질

인간의 뇌에서는 다양한 화학적 물질이 분비된다. 화학적 물질들은 신체나 감정의 변화에 영향을 주고 있는 것이 분명한데, 윤리적인 문제로 인하여 인간의 뇌를 적극적으로 실험할 수 없어 대부분의 화학물질의 성분과 기능은 밝혀내지 못하고 있다. 지금까지 밝혀진 물질들은 도파민(엔돌핀), 세로토닌, 옥시토신, 노르아드레날린 등 50여종으로 뇌와 인체에 미치는 영향에 대한 연구들은 계속해서 진행되고 있다.

뇌에서 분비되는 다양한 신경화학적 물질이 어떻게 변화하는가에 따라 정신건강에 영향을 주기도 한다. 예를 들면 도파민이 너무 많이 뇌에 전달되면 정신분열증을 일으키기도 하고, 세로토닌이 너무 적게 분비되면 우울증이 오기 쉽다. 정신건강과 관련된 대표적인 물질 세 가지를 정리하면 다음과 같다.

표 3-1 정신건강과 관련된 신경화학적 물질

정신건강과 관련된 물질	정신건강과 관련된 역할
노르아드레날린	• 적절한 긴장을 통하여 작업이나 과제수행 등의 일을 잘 할 수 있도록 함. • 지나치면 일을 방해하고 폭력으로 변하게 함. • 스트레스의 원인
도파민(엔돌핀)	• 즐거움을 기대하도록 하며, 흥분 상태를 유지시켜 의욕적으로 변하고, 학습에도 긍정적인 영향을 준다. 지나치면 의존하게 되어 중독까지 갈 수 있다.
세로토닌	• 공감할 수 있도록 해주고 뇌 전체의 기능을 조율한다.

출처: 이시형(2010). 세로토닌하라. p. 36.

앞서 뇌의 구조에서 살펴보았듯이 전두엽은 뇌의 사령관으로서 인간의 정신건강에 매우 중요한 영향을 미친다. 그런데 스트레스는 전두엽의 발달을 저해하며, 감정을 조절하거나 통제하는 것을 어렵게 한다. 이 때 세로토닌이 분비되는 양을 뇌 시냅스에서 일정한 수준으로 올려주면 본능과 이성의 양극단을 오가는 사이에서 적절히 기능을 수행하여 상황과 감정을 절제하고 조절하는 능력이 생긴다. 결국 현대 사회에서 겪는 각종 중독 및 폭력, 공황 장애, 우울증 등은 세로토닌의 부족으로 인해 발생한 문제이다. 따라서 이시형(2010)은 우리의 뇌 속에서 세로토닌을 증가시킬 수 있는 방법을 다음과 같이 제시하였다.

① 음식을 오래 씹으면 침과 함께 세로토닌이 분비되어 즐거운 마음으로 다음 일을 준비할 수 있다.

② 걷기를 생활화한다. 걷는 것은 발바닥의 신경을 자극하여 혈액순환을 통해 뇌세포가 활발히 움직이면서 적절한 세로토닌 상태를 만들어 낸다. 걷기뿐 아니라 댄스 등의 가벼운 운동 특히 아침에 한 시간 일찍 일어나 하는 운동이 건강한 뇌를 유지시켜준다.

③ 어두워지면 취침하고, 해가 뜨면 일어난다. 일정한 시간과 간격의 숙면 습관은 신체 리듬을 활발하게 해준다.

④ 책을 가까이 하여 지적인 자극을 주는 것도 행복한 정신건강을 유지하는 데 도움이 된다. 뇌과학에서는 이를 '아하(Aha) 체험' 이라고 한다.

⑤ 되도록 많이 웃는다. 사소한 일에도 미소와 웃는 습관을 들이면 뇌에서 세로토닌이 분비되어 주변이 밝고 긍정적으로 변하는 것을 알 수 있다. 이런 사실을 응용하여 '웃음치료' 라는 기법이 도입되었다는 사실은 웃는 것이 정신건강에 중요한 영향을 준다는 것을 알 수 있게 해준다.

3) 뇌의 발달 단계

인간의 뇌는 한 번에 생성되고 완성되는 것이 아니라 다음과 같은 발달 단계를 거친다(노경선, 2007; 서유헌, 2010; 이시형, 2010).

(1) 1단계

0~3세로 대뇌피질을 이루는 전두엽, 두정엽, 후두엽이 골고루 발달하는 시기이다. 또한 신경세포 회로인 시냅스가 일생 중 가장 많이 가지치기를 통하여 정교하게 발달하는 시기이다. 그러므로 특정 영역에 치중하지 않고 오감을 통해서 골고루 뇌가 발달할 수 있도록 해야 한다. 또한 깨어있을 때 수많은 정보를 받아들이느라 쉽게 지치는 뇌를

위하여 잠을 푹 잘 수 있도록 환경을 조성해 주는 것이 필요하다. 잠을 통해 뇌가 기억을 재정비하기 때문이다. 또한 기어 다니면서 팔과 다리의 균형을 잡고, 손을 사용한 놀이나 활동을 자주 하게 해준다. 음식은 많이 씹을 수 있도록 하고, 다정한 스킨십을 통하여 제2의 뇌라고 불리우는 피부를 자극해 주도록 한다.

(2) 2단계

3~6세로 전두엽이 집중적으로 발달하는 시기이다. 전두엽은 창의성 및 종합적 사고력 인성, 도덕성, 종교성 등 인간이 동물과 구별되는 기능을 수행하는 곳이다. 그러므로 지식을 교육할 때는 정답이 있는 주입식 교육이 아니라 사물을 여러 각도에서 살펴보고 판단하고 느낄 수 있는 종합적 사고 기능이 형성될 수 있도록 해야 한다. 불의의 사고로 인하여 전두엽 부분이 손상된 사람의 경우에 다른 인지적인 부분은 정상적인 생활로 돌아왔지만, 우울증, 폭력이나 비정상적인 판단을 하는 것으로 미루어 보아 이 시기에는 과도한 주입식 지식교육이 아닌 무엇보다 도덕성과 예절, 생활습관을 기르는 데 교육의 중점을 두어야 한다.

(3) 3단계

6~12세로 언어를 담당하는 측두엽이 발달하는 시기이다. 그러므로 모국어의 체계적인 읽기 쓰기를 비롯한 외국어 교육을 시작하기에 효과적이다. 이 시기보다 일찍 언어 교육을 시키는 것이 뇌과학에서는 그리 효율적이지 않은 것으로 밝혀졌다. 또한 공간 입체적인 수학이나 물리학의 사고를 담당하는 두정엽도 이때 발달하는데 관찰과 경험, 실습을 통한 수학교육과 퍼즐, 동형 맞추기 등의 입체 공간적 사고를 위한 교육이 필요하다.

(4) 4단계

12~15세로 시각 기능을 담당하는 후두엽이 발달하는 시기이다. 이 시기에 다시 오감각을 발달시키는 것이 중요한데 피부 접촉을 통한 촉각, 후각 발달, 음식을 잘 씹

어 먹으며 느낄 수 있는 미각 등을 꾸준히 연습을 통해 발달시키는 것이 뇌의 발달에 중요하다.

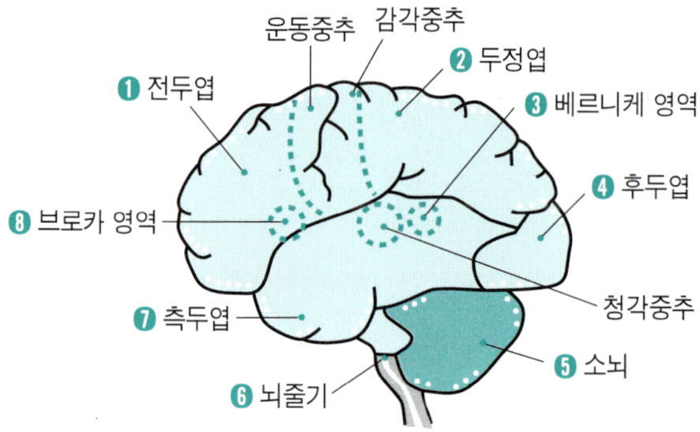

그림 3-2 대뇌반구의 영역별 역할

❶ **전두엽:** 동기부여를 통해 주의집중을 하게 하고, 계획을 세우거나 결심을 하는 등의 목표 지향적인 행위를 주관하며, 인성과 도덕성을 관장한다.
❷ **두정엽:** 외부로부터 오는 정보를 조합하는 곳으로, 문자를 단어로 조합하여 의미가 있는 것으로 만들며, 공간인식과 수학을 담당한다.
❸ **베르니케 영역:** 뇌의 좌반구에 위치하는 특정 부위로 청각피질과 시각피질로부터 전달된 언어정보의 해석을 담당한다.
❹ **후두엽:** 시각중추가 있어서 시각피질이라고도 부른다. 눈으로 들어온 시각 정보는 이곳에서 눈으로 본 물체의 모양이나 위치, 운동 상태를 분석한다.
❺ **소 뇌:** 운동 기능과 평형감각을 조절하며, 우리 몸의 레이더 역할을 담당한다.
❻ **뇌줄기:** 뇌의 가장 아래 부분으로 연수, 교, 중뇌로 구성되어 있으며, 이 부위가 손상되면 뇌사를 일으킨다.
❼ **측두엽:** 청각 조절 중추가 있으며, 다른 부위에서는 인지 기능과 기억 기능을 조절하고 있다.
❽ **브로카 영역:** 좌반구 전두엽에 존재하는 뇌의 특정 부위로 언어 기능을 담당하고 있다.

출처: 서유헌(2010). 엄마표 뇌교육. p. 26. 재구성.

뇌는 20대까지 지속적으로 꾸준히 발달한다. 20년이라는 시간을 무시하고서 영유아기에 지나친 선행학습 등으로 뇌의 발달에 과부하를 주게 되면 오히려 정상적으로 발달하는 과정을 역행하게 되어 일어나야 할 발달이 일어나지 않게 된다. 잘못된 뇌발달은 인생이라는 긴 과정에서 정신건강에 좋지 않은 영향을 주게 될 수 있다. 이러한 뇌발달의 속성에 따른 교육 및 생활이 필요하다.

02 심리적 요인과 정신건강

오늘 아침 등교하려는데 아침을 먹지 않는 문제로 엄마와 갈등이 있었다. 이 사실은 단지 엄마와의 갈등으로 끝날 것인가, 혹시 다투지 않을 수도 있었던 것 아닐까, 수업 시간에는 영향을 주지 않을까 등은 개인의 성격 특성 및 자아 개념과 관련이 깊다. 본 절에서는 정신건강에 영향을 주는 심리적 요인 중에 성격 특성과 자아 개념을 중심으로 살펴보고자 한다.

1) A유형 성격 특성 vs C유형 성격 특성

프리드만(Friedman)과 로슨만(Rosenman)은 심장병 전문의였다. 어느 날 진료실의 가구를 수리하러 온 가구수선공이 진료실 환자가 앉는 의자 한쪽 끝부분만 심하게 닳아 있는 것을 보고 "의자에 깊숙이 앉지 않아 한쪽만 닳게 만드는 이 환자들은 도대체 어디가 아파서 오는 환자들인가?"를 질문하였다. 이 에피소드에 착안하여 프리드만과 로슨만은 자신의 심장병 환자들이 공통적인 성격 특성이 있음을 알게 되었다(장연집 외, 2008).

일반적으로 심장 질환에 걸릴 확률이 높은 성격집단을 A유형이라고 한다. A유형은 대체로 성격이 급하고, 무엇인가에 늘 쫓기는 듯한 느낌을 받는 유형인데 자존감이 낮고 자기 통제력도 낮아 타인이나 상황을 스스로 조절하고 통제하지 못하여 위협받는다는 의식이 강해 불안감과 경쟁의식에 사로잡히는 것으로 보고 있다. 불안, 긴장, 공포, 적개심, 공격성 등이 타인과의 관계에만 영향을 주는 것이 아니라 자신의 내부 에너지도 과잉 소비하도록 만들어 심장 질환을 유발한다.

A유형/B유형 생활습관 질문지

다음 각 항은 서로 상반되는 행동양상을 나타내고 있다. 자기에게 가장 적합하다고 판단하는 숫자에 동그라미 한 후 점수를 더한다.

번호	A유형	평가 등급 점수										B유형
		1	2	3	4	5	6	7	8	9	10	
1	정해진 시간에만 일한다.											일을 늦게까지 하거나 집으로 가져가서 하기도 한다.
2	조용히 기다린다.											마음 졸이며 기다린다.
3	평가시 숫자나 양으로 하지 않는다.											숫자나 양으로 평가한다.
4	경쟁적이지 않다.											매우 경쟁적이다.
5	별로 책임감을 느끼지 않는다.											항상 책임감을 느낀다.
6	약속에 대하여 느긋하다.											약속에 대해 자주 조급해 한다.
7	서두르는 법이 없다.											항상 서두른다.
8	여러 가지에 흥미를 가진다.											주로 일하는 것에만 흥미를 가진다.
9	자기만 만족하면 된다.											남들이 알아주기를 원한다.
10	아주 정확하지는 않다.											세심한 데까지 주의한다.
11	일시적으로 일을 안 끝낼 수도 있다.											반드시 일을 끝내야 한다.
12	자기 직업에 만족한다.											자기 직업에 불만이다.
13	남의 말을 잘 들어준다.											남의 말을 듣기 전에 자기 말부터 끝낸다.
14	태평하다.											힘들게 애쓴다.
15	천천히 한다.											빨리 한다.
16	한 번에 한가지씩만 한다.											다음에 할 일을 항상 생각하면서 한다.

번호	A유형	평가 등급 점수										B유형
		1	2	3	4	5	6	7	8	9	10	
17	별로 화를 내지 않는다.											쉽게 화를 낸다.
18	말을 천천히 한다.											말을 빨리 한다.
19	감정을 잘 표현한다.											감정을 쌓아둔다.
20	마감 시간 설정을 거의 하지 않는다.											자주 마감 시간을 설정한다.
합계												

- **A유형 성격:** 135점 이상, 160~200점 사이. 40세 이상 흡연가라면 심장병 위험이 매우 높음
- **A와 B유형 혼합형:** 100~134점 사이
- **B유형 성격:** 100점 이하

출처: 장현갑 · 변광호(2005). 스트레스와 심신의학. pp. 121-122.

이와 대비되어 C유형 성격은 모든 일을 지나치게 자신의 책임으로 돌리고, 자신의 의견을 밖으로 잘 표현하지 않아 스트레스에 노출되는 성격으로 다른 사람에게는 온화하고 부드러우며 대단히 선하고 착한 사람들로 인식될 수 있으나 정작 본인은 감정, 두려움, 분노를 지나치게 억제하고, 내성적인 성향으로 인해 무기력과 우울감에 빠질 확률이 크다. 이러한 C유형 성격은 암에 노출되기 쉬운 것으로 알려져 있다.

A유형과 C유형의 중간 정도에 위치하고, A형과는 반대되는 행동 특성을 보이는 성격을 B형 성격이라고 한다. 이 유형에 속하는 사람들은 느긋하고, 태평한 듯 보이며, 시간에 쫓기지 않고, 업적을 많이 쌓는 것보다는 자신에 더 관심이 많고, 스스로를 소중하게 여기며, 관계에 더 초점을 맞추려는 특성을 보인다. 이런 B유형에 비하여 A유형이 심장 질환에 걸릴 확률은 5배나 더 많았다.

C형 행동 유형 평가 질문지

이 검사는 선천적으로 타고난 암 유발성 성격 특징의 수준을 이해하는 데 도움을 주기 위해 제작된 것입니다. 아래 문항을 읽고 자신의 생각이나 느낌을 '예' 혹은 '아니오'에 V표 하시오.

번호	내용	예	아니오
1	나는 혼자의 힘으로 살아가는 것이 매우 어렵다고 생각한다.		
2	나는 내 주장을 하기보다는 다른 사람의 의견을 따르는 편이다.		
3	나는 내가 하고 싶은 것보다는 나와 친한 사람의 기대를 더 채워 주려고 노력하는 편이다.		
4	나는 다른 사람과 원만히 지내기 위해서 내가 하고 싶은 것을 포기하거나 양보하는 편이다.		
5	나는 다른 사람에게 내 마음이나 생각을 공개적으로 말하는 데 어려움이 있다.		
6	나는 내가 좋아하지 않는 상황에서 일하게 되어도 반대하지 않고 받아들이는 편이다.		
7	나는 남에게 화를 내거나 싫은 행동을 하지 못하고 주저하는 편이다.		
8	나는 기분이 나빠져서 혼란스러운 경우라도 그것을 표현하지 않는 편이다.		
9	나는 기분이 한 번 나빠지면 잘 풀리지 않는 편이다.		
10	내가 사랑하던 사람이 죽는 것 같은 끔찍한 일이 일어나더라도 나는 감정을 전혀 나타내지 못한다.		

- **채점 및 결과의 해석:** '예'에 V표한 수를 센다. 이 점수가 많을수록 자신은 성격상 암유발 가능성이 많다는 것을 의미한다. 그러나 이 점수가 암을 진단하는 절대적인 기준은 아니다. 암을 진단하는 데 참고자료로 활용할 수 있을 뿐이다.

출처: 이현수(1996). 이상행동의 심리학. p. 209.

2) 계절별 성격 이론

박완순 등(2012)은 한국의 전통에 기초하여 계절별 성격 이론을 풀어내었는데 나의 강점을 이해하며 다른 관계를 풀어나가는 데 도움을 준다. 계절별 성격 이론에 따른 인간의 성향이 정신건강에 영향을 주는 부분을 살펴보면 다음과 같다.

진단하기: 나는 누구인가?

1. 나는?

가. 남들과 즐겁게 어울리고, 바람처럼 살고 싶다. □
나. 모두에게 깊은 인상을 남기고, 다른 사람을 리드하고 싶다. □
다. 나는 누구인가를 생각하고 고민하는 존재이다. □
라. 누군가를 도와 무엇인가를 이루고 싶다. □

2. 여행을 가고 싶다면?

가. 가장 먼저 떠오르는 곳을 생각하며 가방을 꾸린다. □
나. 지금 당장 떠날 것처럼 무조건 앞장 서서 나선다. □
다. 먼저 여행지에 대한 정보를 입수하고 정리한다. □
라. 여행지에서 필요한 품목들을 팀원들 몫까지 챙긴다. □

3. 내 마음을 표현하는 단어가 많이 모여 있는 항목은?

가. 사랑, 긍정, 봄, 사교, 시작, 꽃, 비 □
나. 용기, 우박, 여름, 리더, 성취감 □
다. 계산, 완벽, 가을, 열매, 정리 · 정돈 □
라. 기다림, 인내, 겨울, 나눔, 마무리 □

4. 내가 추구하는 패션스타일은?

가. 파스텔 톤과 같이 밝고 화사한 느낌의 발랄함 □
나. 화려하고 강렬한 원색 중심의 건강함 □
다. 무채색 계통의 차분하고 규격화된 고급스러움 □
라. 검은색과 흰색을 선호하는 세련됨 □

5. 내가 좋아하는 단어들을 모아놓은 항목은?

가. 새싹, 사랑, 친절, 하이킹, 소풍 □
나. 숲, 오늘, 승리, 래프팅, 정상 □
다. 낙엽, 산책, 추수, 강변, 원칙 □
라. 눈, 등산, 배려, 믿음, 신앙 □

6. 나의 인생관은?

가. 즐거운 것이 최고다. 골치 아픈 것은 싫다. 웃으면서 살자. □
나. 한번 시작했으면 끝장을 봐야지. 세운 뜻을 관철한다. □
다. 매사에 철두철미하게 계획하고, 차근차근 성취한다. □
라. 언젠가 내 세상이 오리라 믿으며, 꿈을 잃지 않는다. □

7. 누군가 내 소원을 들어준다고 한다면?

가. 갖고 싶었던 것을 달라고 한다. □
나. 명예나 지위를 택한다. □
다. 소원의 범위가 어디까지인가를 먼저 생각한다. □
라. 소원이 이뤄짐으로써 혜택 받을 사람들을 떠올린다. □

8. 내가 느끼는 나만의 힘은?

가. 누구와도 빨리 사귀고, 친숙해지는 재치 만점의 사교력 □
나. 열정으로 상대를 압도하면서 내 주장을 관철시키는 자신감 □
다. 원칙에 따라 철저하게 계산하고 분명하게 밝혀내는 분석력 □
라. 모든 일에는 다 합당한 이유가 있을 것이라고 믿는 포용력 □

9. 생의 마지막에 하고 싶은 일을 꼽으라면

가. 사랑하는 사람과 여행을 가고 싶다. □
나. 완성하지 못한 일을 마무리하고 싶다. □
다. 사이가 나쁜 사람들에게 용서를 구하고 싶다. □
라. 내 흔적들을 지워버리고 싶다. □

10. 아무도 모르는 나의 속마음은?

가. 누구에게나 사랑받고 싶고, 누가 나를 챙겨주는 것이 좋다. □
나. 나를 무시하는 것을 참을 수 없고, 내 맘대로 휘두르고 싶다. □
다. 그 사람을 용서할 수도 없고, 그러는 내가 싫다. □
라. 미래를 걱정하며 항상 무엇인가를 준비하고 싶다. □

• **해석방법:** 4개의 소항목 중 나를 가장 잘 표현하고 있다고 생각되는 것 2개를 고른 다음, 더 적합하다고 판단되는 것에 2점, 나머지 것에 1점을 매겨 옆의 네모 빈칸에 기록한다. 각 항목마다 3점씩 기록하므로 총점은 30점이다. 답변 결과 '가' 항목이 가장 높으면 봄형 인간, '나' 항목이 가장 높으면 여름형 인간, '다' 항목이 가장 높으면 가을형 인간, '라' 항목이 가장 높으면 겨울형 인간이다. 결과에 따라 인간의 성향이 모두 다르게 나타남을 알 수 있을 것이다.

구분	점수	비교

출처: 박완순 · 이정근(2012). 인성공부. pp. 73-75.

※ 〈들어가기〉에서 혈액형별로 모인 결과와 계절별 인성결과를 비교하여 그 구성이 어떻게 달라졌는지 한번 살펴 봅시다.

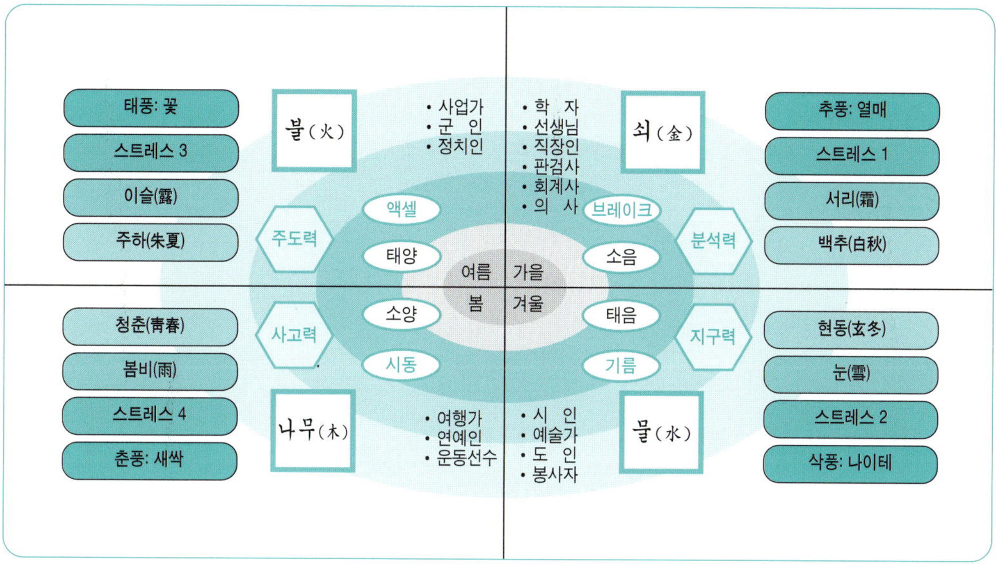

그림 3-3 계절별 성격 이론에 따른 인간의 성격 종합 분석

출처: 박완순 · 이정근(2012). 인성공부. p. 83. 재구성.

첫째, 봄형 인간으로 적극적으로 움직이면서도 감성적으로 주위를 살피는 성격으로 스트레스를 잘 받지 않고, 나무나 바람처럼 다가오는 스트레스를 별다른 저항 없이 받아들인 후 흘려보내거나 곧 잊어버린다.

둘째, 여름형 인간으로 목표만을 향해 달려가기 때문에 주위를 고려하거나 배려하지 않고 앞만 보는 성격이다. 스트레스를 받으면 어떤 형태로든 즉시 아랫사람이나 사물을 통해 해소하며, 오래 기억하지 않는다.

셋째, 가을형 인간으로 목표를 향해 달려가지만, 전후좌우를 살펴 가장 합리적인 방법을 찾아내어 접근하는 성격이다. 스트레스를 가장 많이 받는 유형으로 스트레스를 받으면 즉시 반응하지 않고 그 원인과 과정을 분석하기 위해 자료를 수집한다. 그 기간 중에도 상대방에게 내색은 하지 않지만 결코 잊은 것은 아니다. 자료가 정리되면 그것을 제시하고 해명을 요구하는 동시에 대가를 치르게 한다.

넷째, 겨울형 인간으로 안정을 최우선으로 생각하고, 뒷일을 심각하게 고려하는 성격이다. 스트레스도 많이 받는 유형인데 스트레스를 받으면 일정한 단계까지는 참기 때문에 상대방이 잘 모르는 경우가 많다. 그러나 한계를 넘어가면 상대방이 예측하지 못할 정도로 폭발적인 반응을 보인다.

계절별 성격 이론이 심리학의 다양한 이론들과 마찬가지로 인간의 모든 면을 정확하게 설명한다고 보기는 어려우나 인성의 기본적인 경향성은 파악할 수 있게 해준다. 정신건강의 차원에서 자신이 어떤 성격 유형인가를 파악해 보는 것은 자신에게 일어나는 문제를 정확하게 바라보고 자신의 상황을 미리 예측하여 예방하거나 해결할 실마리를 제공한다는 데서 의의를 찾아볼 수 있을 것이다.

3) 자아 개념

자아 개념이란 자기 자신에 대한 능력, 태도, 느낌 등을 모두 포괄하는 주관적인 자기 자신에 대한 견해이다. 제임스(James, 1980)는 한 개인이 자기 것이라고 말할 수 있는 모든 것이라고 정의내리며, 자아 개념을 물질적 자아, 사회적 자아, 심리적 · 영적 자아 등 세 가지로 나누어 설명하였다.

첫째, 물질적 자아는 눈에 보이는 나의 부분을 의미한다. 외모, 신체특징, 소유물 등이 있다. 매스컴 및 인터넷의 발달로 물질적인 부분들이 타인과 비교되고 강조되면서 외모의 기준이 획일화되고 기준이 정해지는 경향이 있다. 물질적 자아상이 상대적으로 자아 개념에 영향을 많이 주게 되었는데 물질적 자아상에 대한 지나친 강조가 우울감을 가져오는 원인이 되기도 한다.

둘째, 사회적 자아는 다른 사람과의 관계 속에서 나의 신분과 위치가 정해지는 것을 말한다. 친구관계, 이성관계, 직장에서의 상하관계에서 오는 지위와 신분이 이에 해당된다. 연령이 높아질수록 이 사회적 관계를 중요하게 생각하는 경향이 있어 지나친 경쟁의식이나 패배의식, 상실감 등의 원인이 되기도 한다.

셋째, 심리적 · 영적 자아는 내면적인 특성인 가치관이나 도덕적 기준 등을 중심으로 자신을 파악하는 자아 개념이다. 타인에 의해 거의 영향을 받지 않는 성격이며 능력, 적성 등을 포함한다.

자아 개념의 세 가지 구성 요소는 서로 밀접하게 영향을 주고받는다. 자아 개념은 자신에 대한 개인의 견해이기에, 마치 자신을 바라볼 수 있도록 하는 거울과 같은 역할을 수행한다. 또한 다양한 정보를 긍정적으로 또는 부정적으로 해석하는 기준이 된다. 아울러 자신이 생각하고 말한 대로 인생이 결정지어지도록 하는 자성 예언적 특성을 지닌다. 따라서 어떤 자아 개념을 가지고 있느냐에 따라 그 사람의 특정 상황이 좋게도 나쁘게도 변할 수 있기 때문에 자아 개념은 개인의 정신건강에 많은 영향을 미친다.

03 정신건강에 영향을 주는 한국 사회 · 문화적 요인

한국 사회는 유럽이나 아시아의 다른 나라들과 다른 전통과 역사를 갖고 있기에 같은 이론으로 정신건강의 문제를 바라보더라도 해석은 우리나라의 현실에 맞게 재해석해야 하는 경우가 있다. 학교폭력 문제를 보더라도 일본의 학교에서 일어나는 이지메 현상과 우리나라의 학교폭력은 그 학생들의 심리가 다르기 때문이다. 본 절에서는 정신건강에 영향을 주는 한국 사회 문화의 특수한 상황을 살펴보고자 한다.

1) 환경적 요인

첫째, 도시 중심의 생활을 들 수 있다.

산업화를 거치며 도시화가 진행되어 복잡한 생활이 진행되지만 그 속을 들여다보면 다른 사람을 생각할 겨를이 없는 것을 볼 수 있다. 고독감, 우울감, 개인주의적 성향이 당연시 되는 사회가 형성되었다. 고독감과 더불어 도시의 높은 인구밀도로 인한 과밀

현상도 정신건강에 영향을 준다. 여기서의 '과밀' 개념은 지극히 주관적이고 심리적인 개념인데 공간적 밀도가 높은 경우에 스트레스의 수준을 높여 부정적 정서 및 공격성이 증가하는 등의 반응을 나타낸다. 도시 안에서 사회적인 교류를 하며 지지적 관계를 형성할 경우에는 정신건강에 도움이 되지만 고립될 경우에 부정적인 영향을 줄 수 있다고 정리할 수 있겠다.

둘째, 유해물질 및 식품의 문제를 들 수 있다.

유해물질 환경의 대표적인 예로 공해를 들 수 있는데 산업화와 도시화로 인한 매연, 스모그 등은 기후 및 생태계에도 영향을 주어 천식 등의 신체적 만성 질병뿐 아니라 그로인한 우울증을 경험하게 한다.

식품에서도 안전하지 않아 농업 및 식품 기술의 발전으로 인하여 기아에서 벗어나 풍족한 식생활을 할 수 있으나 오히려 신체에 좋지 않은 영향을 주는 화학성분을 함께 섭취하며 지나친 당 섭취 등 기아와는 또 다른 문제의 비만 및 건강을 위협하는 상황이 되었다. 결국에는 신체적인 문제에서 원인이 된 정신건강의 부정적 영향을 준다고 할 수 있다.

셋째, 미디어의 발달 및 인터넷 환경으로 인하여 파생되는 문제를 들 수 있다.

매스컴들이 상류층의 생활과 소비습관을 드러내어 우리는 상류층의 수준이 아니면 안 될 것 같은 좌절감에 만족감을 느끼지 못하고 있다. 왜곡된 자본주의적 사고 아래 '돈이면 무엇이든 된다.' 라는 생각으로 철학과 정신문화의 가치를 소홀히 하고, 돈으로 모든 것을 해결하려는 소비 중심적 문화를 가치롭게 여기게 되어 불안 및 우울감이 증가하고 있다. 그 중 하나가 획일화된 외모의 기준인데 개인의 타고난 특성을 무시하고서 일률적인 잣대로 따지는 외모의 기준을 제시하여 자존감 및 자아형성을 저해하는 결과를 가져왔다.

또한 1990년대 이후 인터넷의 보급으로 인하여 온라인의 정보공유와 관계 형성이 보편화 되었다. 인터넷을 통한 관계형성은 대인관계에서 소심하거나 적극성을 보여주기 어려운 성격의 소유자에게 자신의 의견을 표현할 수 있고 자신감을 불러일으킬 수 있다는 긍정적인 차원이 있으나, 특유의 '익명성' 에 의해 타인을 배려하는 능력을 감소시키고, 공격적이고 즉각적인 반응을 증가시키며, 가상세계에 익숙해지다 오히려 현실에 적응하지 못하는 부정적인 차원이 있다. 특히 쇼핑 중독이나 게임 중독이 문제가 되는 데 이런 중독에 빠졌거나 중독이 의심되는 사람들은 강박, 대인예민성, 불안, 적대감, 편집증, 무력감, 우울 등의 정신건강 문제를 일으킬 확률이 더 높은 것으로 알려졌다(황상민, 2011).

2) 문화적 요인

첫째, 가족 문화의 차원을 고려하여 생각해 보아야 한다.

인간은 태어나는 순간부터 가족의 일원으로 생활한다. 가족은 구성원에게 정서적 안정과 다양한 지원을 제공함으로써 정신건강에 영향을 준다. 영유아기에는 어떻게 애착을 형성하여 부모와 신뢰 관계를 맺고 지원받는 방식에 따라, 아동 및 청소년기에는 부모와 어떤 방법으로 의사소통하는가에 따라 긍정적 발달과 사회적응에 영향을 미친다. 또한 부부갈등이나 부부관계에 따라서도 개인의 사회생활이 달라질 수 있다. 가족관계와 가족환경에 대해 긍정적으로 생각할수록 자녀와 부모 모두 정신건강이 양호하다고 할 수 있다.

그림설명: 너는 또 다른 나야. 너의 꿈은 곧 나의 꿈이야!

한국인의 사고 속에는 자녀를 나와 동일하게 여긴다(문은희, 2011). 이는 다른 나라에는 없는 한국인 특유의 사고로 엄연히 타인인 자녀를 나와 동일하게 생각한다. 이로 인해 부모의 많은 희생도 가능하게 하지만 자녀를 독립적인 인격체로 대하지 못하기에 정신건강상 다양한 문제에 직면한다. 자녀뿐 아니라 집안, 같은 지역 사람들을 '우리가 남인가' 라는 포함 이론에 묶어 개개인의 다양한 선택을 무시하고, 사고 체계를 얽어매는 성향이 있다. 포함 이론 이외에도 부부관계, 부모-자녀관계, 가정의 사회적 지위, 가정의 분위기, 부모의 양육태도 등이 적대감, 정신증, 편집증, 우울, 불안, 강박, 대인예민성, 신체화 등 개인의 정신건강에 깊이 영향을 준다.

둘째, 학교 문화의 특수성을 고려해야 한다.

아동과 청소년에게 학교는 가정 다음으로 영향력 있는 곳이다. 학교는 사회의 구성원으로서 행해야 하는 다양한 기술을 전수받는 곳으로 학업성취도, 또래관계, 교사와의 관계를 잘 이루어 나가는 것은 중요하다. 대한민국은 지나친 학벌 중심의 사회이기에 교육을 신분상승의 수단으로 생각하여 자녀 교육에 온 힘을 기울인다. 그러나 부모 입장에서는 현재 생활의 많은 부분을 포기해야 하고, 노후 대비까지도 포기하면서 교육함에도 불구하고 자녀를 적당한 시기(20대)에 독립시키지 못하여 끝까지 자녀의 인생을 책임져야 하는 문제를 낳았다. 자녀 입장에서는 지나친 조기교육 및 입시 위주의 학교생활에 인생의 발달 단계에서 경험을 통하여 이루어야 한 정작 중요한 사회 정서 부분들을 놓치고 지나가며, 사춘기 이후에 반작용으로 나타나는 등 정신건강의 문제를 갖고 있다. 학교생활에서 큰 부분을 차지하는 학업성취에 관해서는 학업부진은 시험불안 등의 만성적인 정신 질환으로 이어질 수 있으며, 반대로 정신건강의 문제를 갖고 있을 경우에 학습에 영향을 주기도 한다.

친구와 어떻게 지내는가도 학교적응 및 생활에 영향을 주는데 또래관계가 좋을수록 사회적 지지가 높고 대인관계 스트레스가 적은 것으로 알려져 있다. 현재 대한민국은 학교폭력의 문제가 심각한 상황에 있다. 또래문화의 역동적인 차원을 고려하지 않은 학교폭력 대처 방안이 학생 개개인의 정신건강에 영향을 주게 될 것이다.

셋째, 종교 문화를 관련지어 보아야 한다.

인간이 우주와 신과 관련된 개인의 영적 자아를 다루는 것을 '영성'이라고 한다. 영성과 관련된 종교는 신체적 · 정신적 건강에 긍정적 영향을 준다. 종교 활동은 육체적 건강을 저해하는 스트레스를 감소시키고 내분비기제나 면역기제를 통하여 고혈압, 심장 질환 등 신체적 질병을 감소시키기 때문에 암 전문의들은 암환자들에게 종교를 가질 것을 권유하기도 한다.

종교는 스트레스를 감소시키는 데에도 도움을 주는데 기도나 묵상과 같은 활동들은 장기적으로 부정적 스트레스를 없애고 우울감에서 벗어나도록 하는 데 도움을 준다. 종교 활동을 꾸준히 한 노인들의 정신건강이 종교성과 상관관계가 있다는 결과가 한 예가 될 수 있다. 또한 삶에서 부딪치는 다양한 문제들을 해결하는 데에도 종교적 사고 과정이 도움을 주는 것으로 미루어 보아 종교 활동이 정신건강에 긍정적인 영향을 주는 것을 부인할 수 없을 것이다(장연집, 2008).

3) 시대(역사)적 요인

첫째, 조부모와 부모 세대는 일제강점기, 6.25 전쟁, 급격한 산업화, 정치적 민주화, IMF 등을 거치면서, 자신과 가정을 돌아볼 정신적 여유가 없었다. 이런 시대적 상황은 부모-자녀 간의 애착이 잘 형성되지 않고 긍정적 상호작용을 할 수 없는 정신적인 문제를 일으키는 원인이 되었다.

긍정적인 부모-자녀관계의 모델을 이성적으로는 이해하고 내 자녀에게 따뜻한 부모의 모델이 되고 싶어 하지만, 이전 세대의 시대적 상황 때문에 좋은 부모의 역할을 경험하지 못함에서 오는 괴리감이 생겼다. 또한 어떤 부모가 좋은 부모인지에 대한 가치관도 정립하지 못하는 상황이 되었다.

둘째, 급격한 산업화를 통한 성공신화를 체험한 1차, 2차 베이비붐 세대들은 끊임없이 항상 누군가와 비교하고 우위에 있어야만 안도한다. 이런 환경은 스스로의 가치 기준이 아닌 타인의 기준에 맞추어 자신을 포장하는 자존감 문제를 일으킬 수 있고, 여가를 즐기는 방법을 배우지 못하며, 여가 시간이 주어져도 불안한 느낌이 드는 '일 중독증' 의 문제를 야기한다. 너무나 빠르게 변화하는 사회 속에서 미래가 예측되지 않아 불안하고, 안정적인 심리를 유지할 수 없게 되었다.

셋째, 일제강점기 후반 한국문화말살정책을 비롯하여 우리 사회의 정신문화의 가치를 근대사를 거치며 모두 잃어버리게 되었다. 이는 사회에 면면히 흘러야 할 도덕성 및 철학의 부재를 가져왔고, 돈이면 무엇이든 해결된다는 잘못된 가치와 사고를 형성하게 되었다. 또한 사건이나 상황에 대하여 깊이 있게 생각해보고 행동으로 옮기는 교육(인성교육)이 이루어지지 않고 서구 사회에서 그 역할을 대신했던 종교도 우리나라에서는 행동하는 기준으로 뿌리내리지 못하고 권력이나 그룹의 이기적인 행동을 표출되는 것을 볼 수 있다.

이상에서 살펴본 바와 같이 정신건강의 원인은 단순히 어느 한 가지로 해석하고 풀이할 수 없음을 알 수 있다. 정신건강에 영향을 주는 개인적인 상황들, 타고난 유전과 기질의 문제, 한국 사회라는 독특한 구조 속에서 바라보아야 한 사람을 더 깊이 있게 이해할 수 있을 것이다.

생각해보기

한국형 계절별 성격 이론에 따른 나의 성격 유형은 어떠한가요? 나의 성격 유형이 정신건강에 미치는 장점과 단점을 생각해 봅시다.

Part... II

교사와 부모의 정신건강

Chapter 4

정신건강과 정서

1 정서

2 아동기 감정 양식

3 애착 양식

학습주제 정신건강과 정서

학습목표

❶ 정서에 대한 전반적인 이론을 이해한다.
❷ 초기 아동기의 핵심 감정과 감정 양식을 이해하고 자신의 아동기 감정 양식을 살펴볼 수 있다.
❸ 애착 유형과 성인기 애착 양식을 이해한다.
❹ 정신건강을 위한 초감정을 이해하고 이를 활용할 수 있다.

학습요약

1 정서
1) 정서의 개념
2) 정서의 특징
3) 정서의 전달

2 아동기 감정 양식
1) 핵심 감정과 감정 양식
2) 동일시와 전이
3) 아동기 감정 양식의 극복

3 애착 양식
1) 애착 유형
2) 애착의 전달
3) 애착 장애
4) 정서적 건강성, 초감정

주요개념 기본 정서, 정서적 공감, 정서적 전염, 거울 뉴런, 핵심 감정, 아동기 감정 양식, 동일시와 전이, 애착 유형, 애착 장애, 초감정

들어가기

❶ 나는 ______________________________ 때 가장 화가 납니다.
❷ 나는 ______________________________ 때 가장 속상합니다.
❸ 나는 ______________________________ 때 가장 행복합니다.

인간은 이성적인 존재인 동시에 감정적인 존재이다. 그러나 우리들은 인간에게 있어 가장 중요한 능력은 이성(인지)이며 정서는 인지의 반대되는 개념으로 여겨왔다. 정서나 감정은 이성에 비해 낮은 능력이라고 여기기에, 감정이 풍부한 사람은 비이성적인 사람이라고 판단하였다. 또한 학문적인 영역에서도 심리학의 과학화를 주장하며 측정 가능한 행동만을 연구 대상으로 인식한 행동주의의 영향으로 인간의 느낌이나 감정을 다루는 정서는 심리학의 주요 연구 대상에서 오랜 동안 제외되었다. 그러다 정신분석학의 창시자인 프로이트를 통해 정서는 심리학의 주요 주제로 다루어지기 시작하였다.

일반적으로 정서는 크게 긍정적 정서와 부정적 정서로 구분된다. 그러나 긍정적 정서는 '좋은 정서', 부정적 정서는 '나쁜 정서'가 아니다. 부정적인 감정도 중요한 역할을 차지한다. 만약 인간에게 분노와 슬픔, 두려움 등의 정서가 없었다면 우리는 모두 생존하지 못하였고 역사는 더 퇴보하였을 것이다. 부정직하고 비윤리적인 것에 분노하는 것은 당연하다. 따라서 어떤 상황에서 어떤 정서를 어떻게 표현하고 조절할 수 있는지는 삶의 모든 영역에서 중요한 문제이다.

최근 정서적 문제로 정신건강에 문제가 있는 사람들이 증가하고 있다. 그런데 정서적 문제는 주로 초기 아동기 때에 주양육자인 부모와의 관계에서 시작된다. 아동기 감정 양식과 애착 양식은 부모가 어떻게 영유아의 정서뿐 아니라 삶 전체의 정신건강에 영향을 미치고 있는지를 설명하고 있다. 또한 과학의 발전으로 우리는 뇌에서 거울 뉴런(mirror neurons)을 발견하였고, 거울 뉴런을 통해 우리가 자동반사적으로 타인의 행동과 정서를 모방하는 것이 생물학적 특성임을 알게 되었다. 그리고 부모와 교사 및 주변 사람의 정서적 성향은 아동에게 그대로 전달되어짐을 발견하였다. 본 장에서는 여러 정서와 관련된 연구를 통해 정신건강 차원에서 정서 문제를 살펴볼 것이다. 또한 정서의 특징과 함께 자신의 어린 시절 환경이 정서에 어떻게 영향을 미쳤으며, 행복하고 풍요로운 삶을 위해 정서를 인식하고 발전시키는 방법을 알아보고자 한다.

01 정서

인간은 사랑, 기쁨, 연민, 질투, 우울, 죄책감, 분노 등 많은 정서를 가지고 있다. 이들 정서는 삶을 윤택하게도 하지만, 잘못된 정서조절로 인해 나와 타인의 삶을 황폐하게 할 수도 있다. 본 절에서는 기존의 정서연구들을 중심으로 정서의 개념 및 특성을 정리하였다. 또한 최근에 뇌생리학적 관점에서 많은 연구가 이루어지고 있는 정서의 전달을 살펴보았다.

1) 정서의 개념

정서(emotion)란 무엇인가? 미국 심리학의 창시자인 제임스(William James)는 지금부터 130여 년 전에 '정서란 무엇인가'(1884)라는 논문을 발표하였다. 그러나 정서의 개념에 대해서는 아직까지도 논란이 많다. 『브리태니커 백과사전』(2008)에서는 정서를 주관적 경험, 표출된 행동, 신경화학적 활동이 종합된 극도로 복잡한 여러 가지 현상을 일컫는 말로 정의하였다. 위키피디아 사전은 정서를 다양한 감정, 생각, 행동과 관련된 정신적 · 생리적 상태로 정의한다. 즉, 정서는 인간의 주관적 경험으로 기분, 기질, 성격 등과 관련이 있다(http://ko. wikipedia.org/wiki/정서).

정서에 대한 관심이 높아지고 정서의 중요성이 강조되면서 심리학에 정서심리학이라는 분야가 등장하였다. 비록 다방면에서 정서연구가 이루어지고 있지만 정서란 무엇인가, 즉 정서의 개념에 대해서는 명확한 답변을 하기가 쉽지 않다. 그 이유는 정서의 개념이 과학적 연구가 아닌 일상적인 생활 용어에서 시작되었고 정서의 범위가 너무 다양하고 다차원적인 속성을 지니고 있기 때문이다. 특히 정서를 이성이나 인지보다 낮은 기능을 하는 사회적, 학문적 인식으로 인해 정서는 심리학 연구에서도 오랫동안 경시되었다.

또한 개인의 기분(mood), 감정(affect), 정서(emotion) 등 정서와 관련된 용어도 다양하다. 동생이 방을 치우지 않아 짜증이 났다면 그 짜증은 정서인가, 기분인가, 아니면 감정인가? 그리고 사랑은 기분인가, 정서인가, 감정인가? 포가스(Forgas, 1995)는 선행 요인의 유무에 따라 기분(mood)과 정서(emotion)를 구분하였다. 분노와 같은 부정적 정서는 그런 정서를 일으킨 선행 요인이 존재하지만 기분은 일반적인 감정 상태로 뚜렷한 원인이 없다. 예를 들어 우울한 기분은 막연한 느낌으로 특별한 이유나 선행 요인이 없다. 그리고 감정이나 정서에 비해 강도는 낮지만 좀 더 오래 지속된다. 일부 학자들은 감정(affect)을 정서를 포함한 좀 더 포괄적인 개념으로 정의하였다. 따라서 정서는 보다 넓은 의미인 감정 가운데서도 급격히 생기는 일시적인 노여움과 두려움, 기쁨, 슬픔, 놀람 등을 의미한다.

그러나 감정과 정서는 그 의미 구분이 모호하여 우리나라뿐 아니라 외국에서도 별다른 구분 없이 함께 사용하고 있다. 실제로 'emotion'을 감정과 정서 모두의 의미로 번역한다. 다만 심리학과 같은 학문적인 영역에서는 정서를, 일상생활이나 임상 영역에서는 감정이라는 용어를 보다 많이 사용한다.

인간은 생활하면서 매 순간 감정을 경험한다. 우리가 일상생활에서 느끼는 정서와 감정은 너무 많아 그 개수를 헤아리기조차 힘들다. 실제로 심리학자들이 생각하는 정서(감정)단어도 수백 가지나 된다. 따라서 연구자들은 정서를 나타내는 단어들을 수집하여 비슷한 유형끼리 모았다. 그리고 단어들을 군집분석이라는 통계 방법을 사용하여 분류하였다. 그 결과로 많은 감정 관련 용어들이 긍정적 정서인 사랑, 기쁨과 부정적 정서인 분노, 슬픔, 두려움 등의 5가지 정서로 모아졌다(|그림 4-1| 참조).

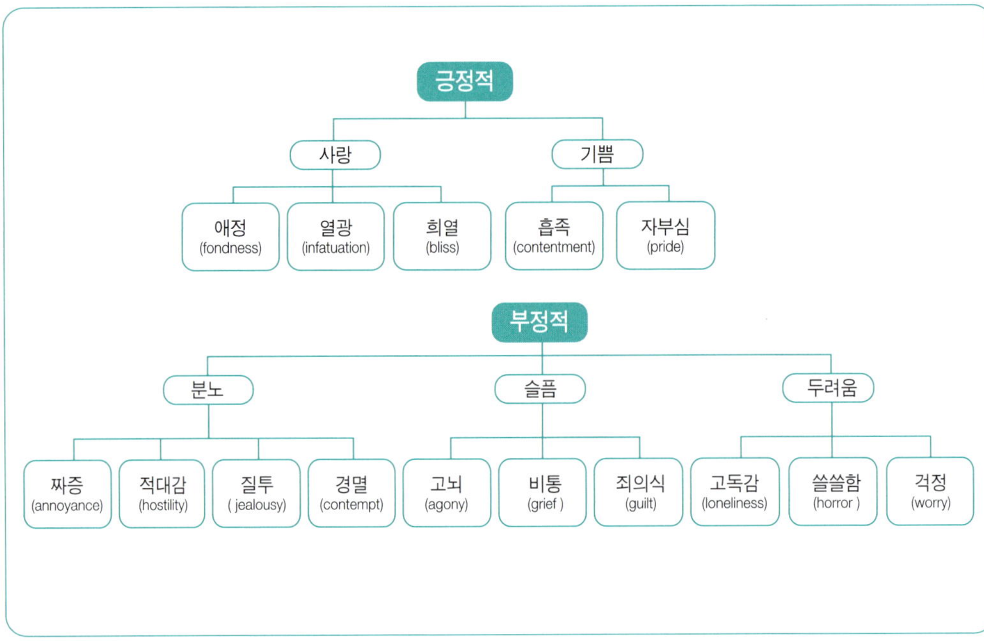

그림 4-1 정서의 위계적 유형

출처: Fisher et al.(1990). How Emotions develop and how they organize development. Cognition and Emotion, 4. pp. 81-127; Feldman, R. S.(2009). Understanding psychology, 9th. p. 337. 재인용.

2) 정서의 특징

인간은 정서적 존재로서 시시각각 많은 정서를 경험하고, 이에 대한 수많은 연구들이 있다. 여기에서는 기존의 정서 연구들을 토대로 정서의 특징을 정리함으로써 정서의 고유한 속성을 살펴보았다.

첫째, 인간에게는 모든 문화권에서 나타나는 기본 정서가 있다. 기본 정서는 인간에게 생물학적으로 내재된 정서이다. 아이자드(Izard, 1994)는 다양한 정서적 상황에서 나타내는 어린 영아의 얼굴 표정을 분석함으로써 인간에게 내재된 기본 정서를 제시하였다. 그 결과로 기쁨, 분노, 흥미, 좌절, 놀람, 슬픔, 두려움 등과 같은 7가지의 정서를 발견하였다.

한편 에크만과 프리젠(Ekman & Friesen, 1971)은 파푸아뉴기니의 고원지대에 거주하면서 외부세계와 한 번도 교류가 없었던 원시부족을 대상으로 이들의 정서를 살펴보았다. 그리고 이들 원시부족의 정서표현을 사진으로 찍은 후에 미국의 대학생들에게 원시부족의 얼굴이 어떤 정서를 나타내는지를 질문하였다. 그 결과 대학생들은 원시부족의 정서를 정확하게 맞추었다. 연구를 통해 에크만은 기쁨, 분노, 불쾌, 슬픔, 놀라움, 두려움 등의 6가지 정서가 문화와 관계없이 모든 인간에게 나타나는 기본 정서라고 주장하였다. 이와 같이 일부 정서는 인간에게 후천적인 환경이나 문화의 영향과 관계없이 생물학적으로 내재되어 있다.

둘째, 정서는 자극에 대한 인간의 자동반응 중 하나로 급속도로 빠르게 생성된다. 어떤 일이 일어났는지 인지적으로 지각하거나 판단하기 전에 이미 정서가 생성되어 그에 따른 정서적 반응을 하게 된다. 예를 들어 으슥한 밤길을 걷다가 누군가가 불쑥 나타나면 우리는 그 사람이 누구인지 판단하기 전에 이미 두려움에 심장이 오그라드는 것 같은 느낌을 갖는다. 또한 운전을 하다가 갑작스레 끼어든 차에게 자신도 모르게 화를 내고 욕을 하며, 교사에게 반항하는 아이에게 화가나 순간 버럭 소리를 지르는 것은 인간의 정서반응이 자동적이며 속도가 너무 빠르기 때문이다. 우리는 많은 경우에 이성적으로 판단하기 이전에 정서적인 반응을 한다.

그림설명: 아이가 울며 떼를 쓴다.

셋째, 특정 사건이나 상황에 대해 모든 사람이 동일한 수준의 감정(정서)을 느끼지 않는다. 예를 들어 아이가 떼를 쓰고 울어도 이로 인한 어머니와 아버지가 느끼는 감정은 각기 다르다. 어머니는 이 시기 아이의 발달적 특성으로 생각하여 별 다른 감정을 느끼지 않는 반면에 아버지는 아이의 울음을 자신을 무시하는 행동으로 인식하여 분노가 폭발하고 아이를 심하게 훈육할 수 있다. 교사들도 마찬가지이다. 어떤 교사는 아이가 교사의 말을 듣지 않아도 별 다른 감정을 느끼지 않지만 다른 교사는 화가 날 수 있다. 이와 같이 우리가 느끼는 정서와 이로 인한 정서적 표현도 개인차가 있다. 이러한 정서적 표현은 개인의 인지적 판단이나 어린 시절 양육환경의 질에 따라 달라진다.

넷째, 인간은 얼굴 표정을 통해 자신의 정서를 표현한다. 정서에 따라 얼굴 표정이 달라지고, 사용하는 특정 근육이 있다(예 웃을 때 입꼬리가 올라가고, 슬플 때 내려옴). 예를 들어, 사람들이 감정을 나타날 때의 표정을 관찰하면, 감정표현에 사용하는 얼굴 근육을 볼 수 있다. 웃을 때는 입술의 양쪽 끝이 위로 올라가고 눈썹의 양쪽 끝은 아래로 내려온다. 반면에 화를 낼 때에는 입이 앞으로 튀어나오고 눈썹은 안쪽으로 모아진다. 그러나 연구 결과는 감정을 표현할 때 사용하는 얼굴의 특정 근육을 조절함으로써 감정을 형성할 수 있음이 밝혀졌다(Strack et al., 1988).

정서에 따라 사용하는 얼굴의 근육은 각기 다르며, 감정을 표현할 때 사용하는 근육활동을 인위적으로 조작하면 그에 해당하는 감정을 경험한다. 즉, 억지로라도 웃으면 자신도 모르는 사이에 기분이 좋아지고, 반대로 얼굴을 찌푸리면 기분이 나빠진다.

기분이 즐거워지고 싶으면 억지로라도 웃어라!

지금 기분이 우울하지만 억지로라도 웃으면 정말 기분이 좋아질까, 반대로 짜증과 같은 부정적 감정이 더 증가하는 것은 아닐까? 자신의 진짜 감정과 관계없이 단지 감정과 관련된 얼굴 근육을 사용한다고 기분이 바뀌어질까?

스트랙과 동료들(Strack et al., 1988)은 우리가 감정을 표현할 때 사용하는 근육 활동을 인위적으로 조작하면 그에 해당하는 감정을 경험할 수 있을 것이라는 가정을 하고 다음과 같은 실험을 하였다. 즉, 볼펜을 가로로 하고 치아에 물면 자연스럽게 입술의 양쪽 끝이 위로 올라가서 웃을 때의 얼굴 표정이 된다. 그리고 볼펜의 끝을 치아에 물면 입이 앞으로 튀어 나와 화를 낼 때의 얼굴 표정이 지어진다. 연구자들은 학생들에게 볼펜을 입에 물고 같은 내용의 만화를 보게 한 후, 이에 대한 설문지를 작성하도록 하였다. 그 결과 볼펜을 가로로 문 사람(웃는 표정)과 볼펜 끝을 문 사람(화내는 표정), 그리고 볼펜을 손에 들고(중립) 설문을 작성한 집단들 간에 차이가 나타났다. 볼펜 끝을 입에 물거나 손에 쥐었을 때 보다 가로로 물고 만화를 본 사람들이 만화를 더 재미있다고 응답하였다. 또한 찡그리는 얼굴 근육을 사용한 사람은 다른 이들 보다 부정적인 반응을 하였다. 지금 기쁘지 않지만 웃을 때의 얼굴 근육을 사용하여 웃으면 자신도 모르는 사이에 즐거워지듯이, 반대로 얼굴을 찡그리면 자신도 인식하지 못한 사이에 기분이 나빠졌다. 이러한 연구결과는 마음(정서)이 움직이지 않아도 행동을 먼저 조절하면 마음까지도 움직일 수 있음을 입증하였다.

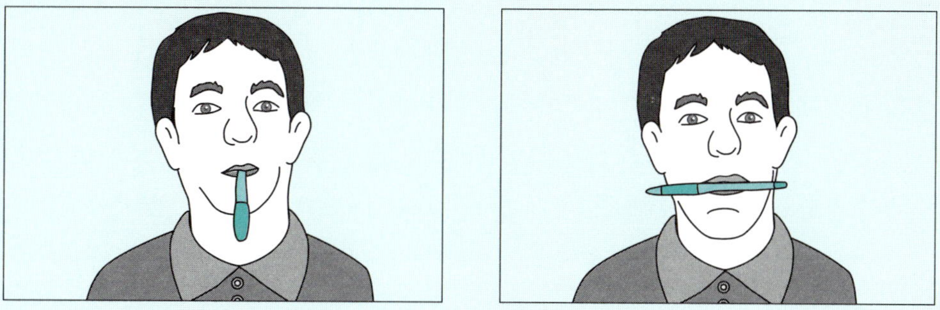

다섯째, 정서인식과 정서표현에 있어 성차에 따른 차이가 있다. 뇌생리학적 관점에서 정서를 살펴본 연구들에 의하면 여성과 남성에 따라 정서를 인식하는 뇌의 부위가 다르고, 느끼는 감정도 달랐다. 특히 슬픔의 감정을 느낄 때 활성화되는 뇌의 부위가 남성과 여성에 따라 다르게 나타났다(Carter, 1998; Eisenberg & Randy, 1983).

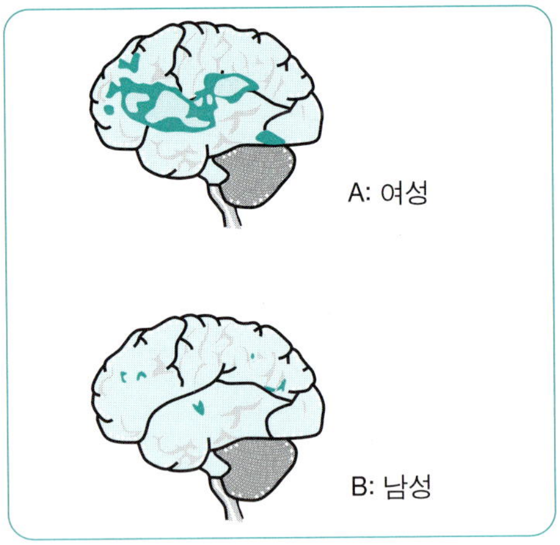

그림 4-2 정서에 대한 여성과 남성의 뇌

출처: Morris, C. G., Maisto, A. A., & Dunn, W. L. (2007). Psychology: concepts and applications. p. 225.

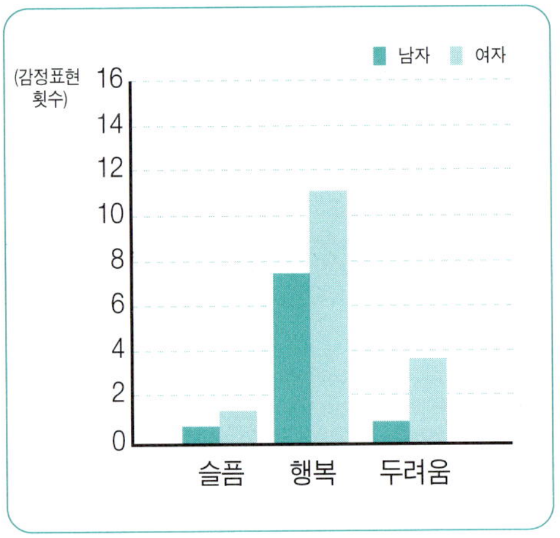

그림 4-3 여성과 남성의 정서표현

출처: Canli et al.(2002). Sex Difference in the Neutral Basis of Emotional Memories. Proceedings of the National Academy of Sciences the United States of America 9(16). pp. 10789-10795; Myers, D. G.(2008). Exploring psychology 7th. p. 382. 재인용.

|그림 4-2|에 나타난 것과 같이 슬픔을 느낄 때 여성은 남성보다 훨씬 더 많은 뇌의 부분들이 활성화되었다. 이것은 여성이 남성보다 슬픔과 같은 정서적 상황에 더 민감하게 반응함을 의미한다. 여성은 다른 사람에게 모욕을 받거나 비판받을 때에 더 많이 상처받거나 슬퍼하며 우울한 감정을 느끼는 반면에 남성은 분노를 더 느끼는 것으로 나타났다(Brody, 1985; Fisher et al., 2004). 실제로 동일한 상황에서 여성은 남성보다 정서적인 표현을 다양하게 하였다. 캔리 등(Canli et al., 2002)은 남학생과 여학생에게 다양한 정서적 상황(예 슬픈 영화, 행복한 영화, 공포 영화)이 나타난 영화를 보여주고 이들의 얼굴 표정을 살펴보았다. 그 결과 |그림 4-3|에 나타난 것과 같이 모든 정서적 상황에서 여학생의 표현이 남학생보다 많이 나타났다.

여섯째, 정서는 다른 사람의 정서를 전염한다. 우리는 주변 사람의 정서에 영향을 받는다. 옆의 사람이 우울해하면 덩달아 우울해지고, 화를 내면 어느새 나도 화가 나 있다. 부모가 우울하면 그 자녀도 우울하고, 부모가 긍정적인 성품을 지녔다면 자녀의 성격도 긍정적이다.

이처럼 우리는 주변 사람의 정서를 공감할 뿐 아니라 모방한다. 심지어 부모의 특정한 정서적 성향이 자녀에게 그대로 전달되어진다. 정서의 전달은 타인의 정서를 함께 느끼는 정서적 공감(emotional empathy)과 타인의 정서를 모방하여 일치하는 정서적 전염(emotional contagion)이 있다.

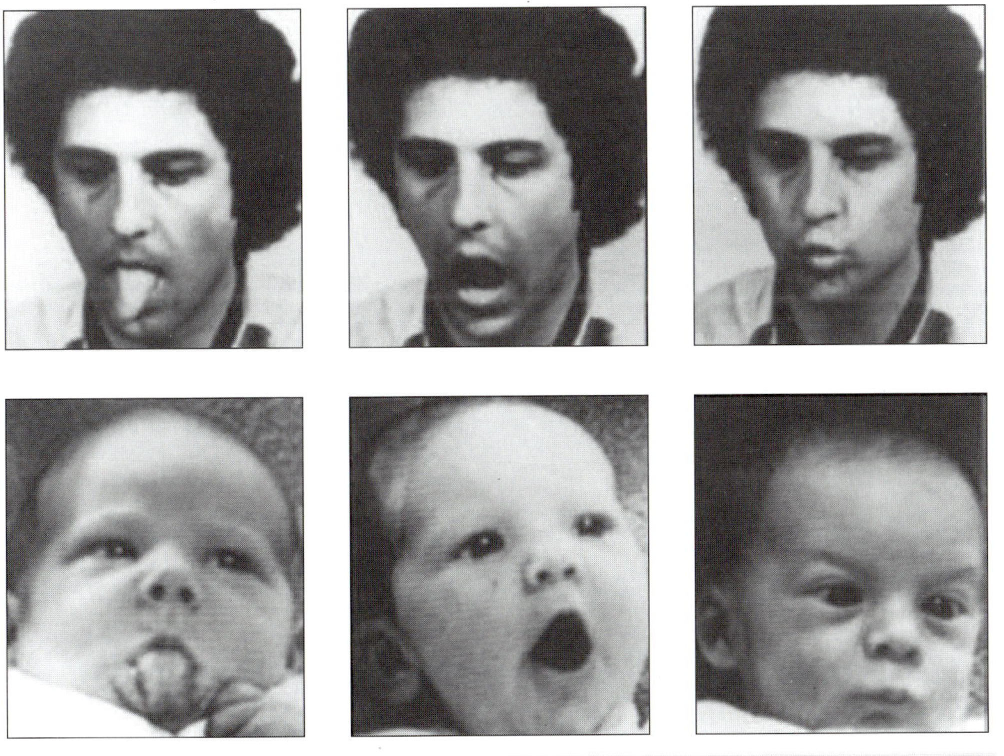

사진설명: 신생아의 모방행동(얼굴 표정 모방)

출처: Meltzoff, A. N., & Moore, M. K.(1977). Imitation of facial and manual gestures by human neonates. Science 198. pp. 75-78; Shaffer, D. R., & Kipp, K.(2007). Developmental psychology(6th Ed.). p. 188. 재인용.

특히 정서적 전염은 사람들이 타인의 얼굴 표정, 말투, 몸짓이나 동작을 자연스럽게 모방하고 일치시킴으로써 타인과 정서 일치를 이루려는 경향성을 의미한다(정옥분 외, 2007). 그런데 이러한 정서적 전염은 무의식 상황에서 자동적으로 발생하는 특징이 있다. 옆 사람이 우울하면, 모르는 사이에 나의 의지와 관계없이 함께 우울해진다. 이에 대해 연구자들은 인간이 무의식적으로 운동모방(motor mimicry)을 하기 때문이라고 설명하고 있다. 운동모방이란 인간이 타인의 얼굴 표정과 태도, 행동 등과 같은 인간의 크고 작은 움직임을 무의식적으로 모방하는 인간의 생물학적 성향이다. 갓 태어난 신생아도 성인의 얼굴 표정을 모방하였다(사진 참조). 이와 같이 사람들은 타인의 얼굴 표정을 보고 그 사람의 정서를 지각할 뿐 아니라 타인의 얼굴 표정에 나타난 정서를 공감하여 자기 자신도 같은 정서가 된다. 즉, 인간은 타인의 정서를 인식하고 공감하고 타인의 정서에 전염된다.

3) 정서의 전달

정서의 전달은 정서의 특징 중에서도 가장 핵심적인 요소로, 인간에게 선천적으로 내재된 생물학적 기능인 동시에 생리학적 기능이다. 앞서 살펴본 것과 같이 아직 인지 발달이 이루어지지 않은 신생아도 성인의 얼굴 표정을 모방한다. 최근 이러한 인간의 선천적인 모방 행동이 뇌의 전운동피질과 하두정피질의 작은 신경세포 회로에 있는 뉴런의 기능임이 밝혀졌다.

사실 거울 뉴런(mirror neurons)은 원숭이의 두뇌연구에서 처음 시작되었다(Ferrari et al., 2005). 연구자들은 뇌의 어느 부위에서 운동신경이 나타나는지 알아보기 위하여 원숭이 두뇌에 전기장치를 설치하였다. 그리고 원숭이가 움직이거나 땅콩과 같은 물건을 집을 때 뇌의 운동신경에 꽂아놓은 전극에 불이 들어오는 것을 살펴보았다. 다음날 한 대학원생이 원숭이가 아무런 행동도 하지 않았는데 원숭이 두뇌의 운동신경에 꽂힌 전극에 불이 들어오는 것을 발견하였다. 당시 원숭이는 대학원생이 물 마시는 것을 지켜보고만 있었다. 타인의 행동을 보는 것만으로도 원숭이의 뇌에서 물건을 집는 운동세포가 작동되었던 것이다. 이를 좀 더 구체적으로 살펴본 결과, 원숭이가 땅콩을 손으로 집거나 먹을 때뿐 아니라 연구자(타인)가 먹고 있는 것을 바라볼 때도 마치 자신이 직접 행동하는 것처럼 원숭이의 운동세포 두뇌가 활성화되었다. 따라서 학자들은 이 신경세포가 마치 거울을 보는 것처럼 따라한다는 의미로 거울 뉴런, 즉 모방유전인자라 명명하였다.

원숭이와 마찬가지로 인간에게도 거울 뉴런이 존재한다. 타인의 행동을 보는 것만으로도 마치 자신이 동일한 행동을 하는 것처럼 뇌의 거울 뉴런이 활성화된다. 또한 공을 차는 모습을 보지 않고 소리를 듣기만 해도, 심지어 '차다' 라는 단어를 말하거나 듣기만 해도 거울 뉴런이 활성화되어 우리가 직접 운동하는 것처럼 두뇌의 운동신경이 작동한다. 자신이 직접 경험하지 않고 단지 보거나 듣고만 있어도 경험한 것과 같이 뉴런이 반응한다는 것은 인간이 어떻게 인지적인 존재가 될 수 있었는가에 대한 해답을 준다. 유아가 복잡한 언어를 쉽게 익히고, 다양한 활동들을 따라할 수 있었던 것은 바로 모방 유전인자인 거울 뉴런이 두뇌 안에 있었기 때문이다. 유아가 성인의 모습을 지켜보고 있을 때 유아의 거울 뉴런은 자신이 직접 행동하는 것처럼 열심히 활동하고 있다. 그렇다면 거울 뉴런은 언제 더욱 활발하게 작동하는가? 연구 결과, 다음의 사진처럼 두 사람이 마주보고 상호작용을 할 때에 거울 뉴런은 더욱 활발하게 작동하였다(Grahe & Bernieri, 1999; Dimberg, Thunberg, & Elmehed, 2000).

거울 뉴런은 정서에도 관여한다. 자신도 인식하지 못하는 사이에 다른 사람의 행동과 정서를 모방하였다. 모방이 많을수록 상대방에 더 많이 공감하고 상대에 대한 호감도 증가하였다(Iacoboni, 2008; Grahe & Bernieri, 1999). 또한 타인이 웃거나 우는 모습을 볼 때에도, 거울 뉴런은 우리의 얼굴이 웃거나 우는 것처럼 활성화되었다. 장례식장에서 슬픔을, 결혼식장에서 기쁨을 느끼는 것은 거울 뉴런의 영향이다. 거울 뉴런은 인간의 감정을 주관하는 변연계에 신호를 보내어 타인의 얼굴과 같은 표정을 지으며 동일한 감정을 느끼게 한다. 이것은 우리가 다른 사람의 감정을 자동적으로 모방하고 공감함을 의미한다(사진 참조).

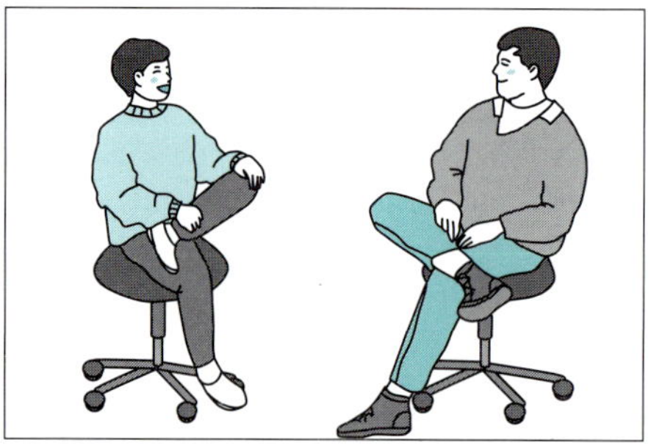

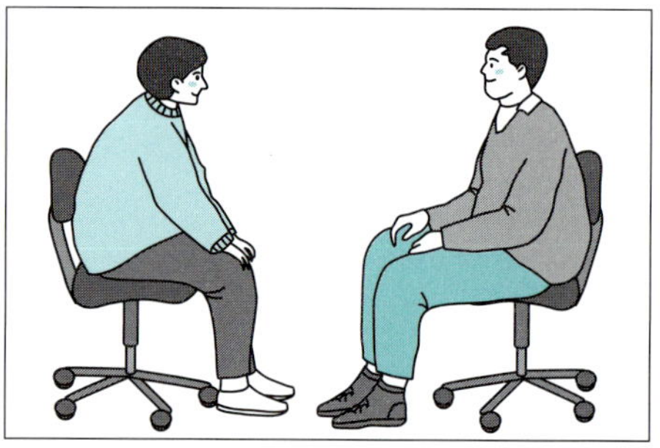

사진설명: 실험 대상자로 가장한 연구원이 실험실 안으로 들어가 하품을 하거나 기지개를 펴고, 다리를 꼬고 앉은 행동을 했다. 그리고 일부 사람은 연구원의 행동을 따라했다. 실험 후 연구원에 대한 호감도를 조사한 결과 연구원의 행동을 많이 모방한 사람일수록 연구원에 대한 공감과 호감도가 높았다. 즉, 타인의 행동을 많이 모방할수록 그 사람에게 공감하고 호감을 느낀다.

출처: Grahe, J. E., & Bernieri, F. J.(1999). The importance of nonverbal cues in judging rapport. Journal of Nonverbal Behavior, 23. pp. 253-269; Wade & Tavris(2012). Invitation to psychology. p. 438. 재인용.

우리는 옆 사람이 하품을 하면 따라하고, 졸면 나도 함께 졸려한다. 슬픈 영화를 보면 눈물이 나고, 기분이 우울한 친구 옆에 앉아 있으면 기분이 가라앉는다. 거울 뉴런은 왜 우리가 다른 사람의 행동을 모방하는지에 대한 답을 제공하였다. 거울 뉴런을 통해 타인을 보는 것만으로도 우리의 운동두뇌가 활성화되고 타인을 모방하고 있기 때문이다. 따라서 이러한 모방행동은 신경 뉴런에 의한 자동적 기능이다. 부부는 오래 살수록 닮아간다는 말이 거울 뉴런의 발견으로 인해 과학적으로 입증되었다.

또한 거울 뉴런은 주변 사람들의 정서가 얼마나 중요한가를 입증하였다. 5천 명을 20년 이상 추적하여 종단적으로 연구한 파울러와 크리스터키스(Fowler & Christakis, 2008)의 연구에 의하면 1마일 이내에 함께 거주하는 주변 사람(배우자, 남매, 이웃 등)이 긍정적이고 행복을 느끼며 살수록 자신도 더욱 삶을 긍정적으로, 그리고 행복감을 느끼며 살았다. 그러나 주변 사람이 우울하고 부정적으로 생각하며 살 때에는 자신도 우울하고 부정적이 되었다(Cacioppo et al., 2009).

02 아동기 감정 양식

감정은 적절하게 표현할 때 해소되지만, 자신의 감정을 무시하거나 억압할수록 내면에 쌓이게 된다. 정신분석 이론에서는 특히 출생에서 6세까지 아동과 주양육자와의 관계에서 아동이 자신의 감정을 적절히 나타내지 못했을 때, 이 시기의 초기 감정이 핵심 감정이 되고 감정 양식으로 패턴화되어 일생동안 지속한다고 설명한다.

1) 핵심 감정과 감정 양식

우리의 삶은 출생부터 죽음에 이르기까지 전 생애 동안 대인관계를 통해 이루어진다. 인간은 식욕, 성욕, 수면욕 등과 같이 다른 사람과 관계를 맺고 싶어 하는 본능적인 욕구가 있다. 특히 주 양육자인 어머니에게 의지하고 사랑받으려는 의존 욕구(dependent needs)와 애정 욕구(love needs)는 인간의 가장 근원적인 욕구이다. 따라서 유아는 부모, 보육교사와 같이 자신을 돌보는 양육자와 상호작용한다. 그리고 주 양육자와의 상호작용은 성격의 기초가 되는 핵심 감정을 만들고, 이것은 이후의 발달에 지속적으로, 반복적으로 나타나는 양식(패턴), 즉 감정 양식(emotional pattern)을 형성한다.

핵심 감정이란 정신분석 이론에서 나온 개념으로 한 사람의 사고 방식이나 행동을 결정하는 핵심적이고 주된 감정이다. 어렸을 때 특히 초등학교 들어가기 전인 6~7세 이전에 핵심 감정의 기본적인 틀이 이루어지며, 부모와 같이 정서적으로 중요한 인물과의 관계에서 형성된다. 또한 핵심 감정은 영유아기에 주요 대상인 부모로부터 사랑받고 싶고 인정받고 싶은 욕구가 좌절되었을 때 일어난다. 7세 이전에 부모와 같은 주 양육자가 아동을 배척하거나 지나치게 엄격하여 아동으로 하여금 죄의식과 수치심을 느끼도록 양육하면 아동은 분노와 고집, 외로움, 지나친 슬픔 등과 같은 감정이 핵심 감정이 된다. 아동기에 형성한 핵심 감정은 이후 성인이 되어서도 반복적으로 나타나며 우리의 감정 양식으로 고정화된다. 즉 어렸을 적, 과거의 핵심 감정이 내면에 자리 잡아 지금 성인이 된 현실에서도 끊임없이 반복되는 것이 아동기 감정 양식이다.

예를 들어, 어렸을 적 부모에 대한 분노가 핵심 감정이 된 성인은 자신과 가까운 사람들에게 아주 작은 일에도 분노를 표출할 뿐만 아니라 모든 의사소통에 분노가 이미 깔려있다. 분노가 그 사람의 감정 양식이 된 것이다. 그래서 상대방의 아주 사소한 말 한마디나 눈짓 하나에도 분노를 폭발한다. 즉, 일생을 통하여 '분노' 라는 핵심 감정과 감정 양식의 지배를 받는다.

이와 같이 핵심 감정과 감정 양식은 어린 시절(과거)에 형성되었지만 현재의 모든 인간관계와 삶의 영역에서 나타나고 있다. 또한 모든 사람은 핵심 감정과 감정 양식을 가지고 있다. 그러나 영유아기를 어떻게 보냈는가에 따라 핵심 감정과 감정 양식은 삶에 각기 다른 영향을 미친다. 영유아기를 비교적 건강하게 보낸 성인은 자신의 핵심 감정에 휘둘리지 않고 성숙한 삶을 영위하지만, 어린 시절 부모로부터 방임되거나 지나치게 엄격한 훈육을 받았던 성인은 핵심 감정이 더욱 억압되어 있고 격렬해지기 때문에, 핵심 감정이 패턴화된 감정 양식은 그 사람의 성격과 대인관계에 절대적인 영향을 미친다.

그러나 감정 양식은 초기 아동기부터 자신의 무의식에 억압되었기 때문에 대부분의 사람들은 핵심 감정과 감정 양식을 인식하지 못하고 있다. 그러다가 부모-자녀관계나 부부관계, 또는 하루 종일 함께 지내는 직장관계에서와 같이 인간관계 내에서도 친밀하고 감정적 교류가 깊은 관계에서 드러난다. 부부관계는 대인관계 중에서도 가장 친밀하고 깊은 관계이기 때문에, 자신의 부정적인 감정 양식이 다른 대인관계에서는 나타나지 않았다가 결혼 후에 배우자에게 폭발한다. 초기 아동기부터 억압되었던 감정 양식이 관계가 가까워지고 친밀해지면서 나타나는 것이다. 또한 아동기 감정 양식은 부모-자녀 관계나 교사-아동 관계에서도 직접적으로 드러난다. 자신도 모르는 사이에 자녀(또는 아동)를 다른 사람과 동일시하여 그 사람에 대한 분노를 아동에게 표현한다. 이러한 아동기 감정 양식은 무의식적으로 반복되어진다. 이와 같이 핵심 감정과 감정 양식은 우리가 지니고 있는 심리적 문제들의 근원이다.

따라서 영유아기를 어떻게 보냈는가는 감정 양식에서 매우 중요하다. 정서적으로 건강하고 효율적인 대인관계를 위해서는 자신의 핵심 감정과 감정 양식을 살펴보아야 한다. 어렸을 적의 가정환경이 힘들었거나, 현재 대인관계에서 반복되어 나타나는 정서적인 어려움(예 분노, 우울, 무기력증 등)이 있다면 자신의 삶을 무의식적으로 지배하는 핵심 감정이 무엇이며, 언제 누구와의 관계에서 어떻게 형성되었는지 알아야 한다.

2) 동일시와 전이

앞서 어린 시절에 부모와의 관계 속에서 형성된 핵심 감정이 무의식적으로 내재되어 자신의 감정 양식으로 반복되어짐을 살펴보았다. 그런데 자신을 곰곰이 살펴보면, 모르는 사이에 부모의 핵심 감정과 감정 양식이 전달되었음을 발견할 수 있다. 우리는 의식적으로 부모의 좋은 면을 닮아가기 위해 노력하지만, 대부분의 경우 의식하지 못하는 사이에 나의 모습 속에서 부모를 발견한다. 심지어 부모의 엄격한 훈육 방식이 싫어 절대로 부모를 닮지 않겠다고 다짐했음에도 불구하고, 아동을 대하는 나의 모습에서 내가 그토록 싫어했던 부모의 모습을 보고 우리는 자신에 대한 실망과 좌절에 휩싸이기도 한다.

왜 조절되지 못한 분노, 고집, 극도의 외로움, 지나친 슬픔 등과 같은 부모의 부정적인 핵심 감정이 의지와 관계없이 나에게 내재화되었는가? 왜 내가 부모와 동일하게 부정적인 감정 양식을 사용하고 있는가? 정신분석 이론에서는 감정 양식을 형성하는 핵심 감정이 동일시라는 방어기제를 통해 우리에게 내재화되어지기 때문이라고 설명한다.

동일시(identification)는 주변의 주요인물(예 부모, 형제, 교사 등)의 태도와 행동, 생각, 감정 등을 닮아가는 방어기제이다. 동일시는 주요인물의 긍정적인 성향뿐 아니라 부정적인 모습까지도 모방한다는 데 문제가 있다. 자신을 상처주고 공격하는 사람과 자신을 동일시함으로써 그 대상에 대한 불안과 두려움을 극복한다. 강하고 두려운 사람의 모습을 흉내냄으로써 자신도 강한 사람이 되었다고 생각하는 것이다. 어렸을 때 자신과 어머니를 학대한 아버지를 둔 아들이 커서 아버지와 똑같이 아내와 자녀를 학대하는 것도 바로 자신과 아버지를 동일시함으로써 어린 시절에 아버지에게 가졌던 불안을 무의식적으로 떨쳐버리기 때문이다.

이러한 동일시는 전이를 통해서도 이루어진다. 전이(transference)는 과거의 사람과 현재의 사람을 동일시하여 이전에 알았던 사람에게 가졌던 사랑이나 미움의 감정을 지금 내 옆에 있는 사람에게 옮기는 행동 양식이다. 과거 부모에 대한 감정을 현재 자기 배우자나 자녀, 남자친구, 선생님에게 전이하기도 한다. 즉, 전이는 모든 인간관계에서 나타나는 일반적인 현상이라 할 수 있다.

예를 들어 어렸을 적에 부모의 돌봄을 받지 못하고 정서적으로 버림받은 상태로 자란 사람은 정서적으로 지지하고 돌보아 줄 수 있는 사람을 배우자로 선택하려 한다. 그리고 결혼 후에도 계속 상대방에게 자신을 부모처럼 보살펴 주기를 기대하고, 만약 이러한 기대에 상대가 미치지 못하면 분노한다. 또한 과거에 어머니로부터 칭찬이나 격려의 말보다는 잔소리와 꾸중만 듣고 자란 성인은 결혼 후에 배우자가 조금만 안 좋은 소리를 해도 이를 자신에 대한 공격으로 받아들인다. 그리고 늘 방어적인 자세를 취하고 분노를 표현한다. 어머니에 대한 감정이 배우자에게 전이된 것이다. 만약 남자친구가 무관심할 때 필요 이상으로 낙심하여 무기력해지고 우울하여 하루 종일 울거나, 남자친구와의 관계 회복을 위해 아무것도 하지 못하고 지나치게 매달리는 것도 어렸을 때 부모에게 받지 못한 애정과 친밀감의 욕구가 현재의 남자친구에게 전이된 현상이다. 이와 같이 전이는 영유아기 때 자신에게 중요한 사람-부모, 가족 등-에게 느꼈던 감정이 현실에서 지금 주변의 사람에게 무의식적으로 작용한다.

3) 아동기 감정 양식의 극복

타인에 대한 집착적인 의존이나 공격성, 분노 등의 핵심 감정과 감정 양식은 초기 아동기에 주 양육자와의 관계를 통해 이루어지며 주 양육자에 대한 아동의 동일시 과정을 통해서 내재화된다. 또한 동일시와 전이 모두 초기 아동기에 주요 대상인 부모와 해결되지 않았던 감정적 문제가 내재되어 현재의 대인관계에 반복적으로 문제를 일으킨다. 이와 같이 과거의 감정이 개인의 정신에 내재되어 현재에서도 끊임없이 반복적으로 일어나는 것을 가리켜 심리학자들은 프로이트의 정신분석 이론을 정신역동 이론(psychodynamic theory)이라고도 부른다.

정신분석 이론에서는 초기 아동기에 부모에 의해 애정 욕구가 심하게 좌절되면 성인이 되어서도 애정을 얻기 위해 비참할 정도로 의존하게 되고, 그 결과 열등감이 나타나며, 열등감은 다시 극도의 분노와 공격성으로 나타난다고 생각하였다. 반면에 자녀를 지나치게 보호함으로써 자녀를 의존적으로 양육한 어머니는 아동의 욕구를 적절하게 좌절시키지 못하고 기본 욕구를 과잉 충족한다. 이렇게 양육 받은 자녀는 언제나 즉각적인 욕구 충족이 이루어졌기 때문에 욕구를 지연하거나 인내하지 못한다. 따라서 욕구가 좌절되었을 때는 이를 조절하지 못하고 충동적이고 공격적으로 대응하기 때문에 성인이 되어서도 계속 유아 상태에 머무르고 싶어 한다. 또한 성인이 되어서도 가까운 사람이나 배우자, 심지어 자녀에게도 계속 의존하며, 이들을 자신의 욕구를 충족하기 위한 도구로 인식하는 경향이 있다. 이와 같이 정신분석 이론에서는 초기 아동기에 주 양육자와의 관계가 정신건강에 중요한 영향을 미친다고 보았기 때문에 어렸을 적 자신의 양육환경과 부모와의 관계를 살펴보는 것은 중요하다.

인간의 대표적인 감정 양식은 투쟁과 도피반응이다(최경희, 2000). 상대에 대한 공격성을 외부로 표출하면 '투쟁'이 되고, 자신의 내부로 향하면 '도피'가 된다. 즉, 주양육자에 대한 분노가 외부로 향해진 사람은 자신을 압박하는 요인을 파괴하려는 강한 충동을 느끼고 대인관계에서도 상대에 대해 적대적이고 도전적인 태도를 취한다. 모든 대인관계에 분노와 공격성이 내재되어 있다.

반면에 주양육자에 대한 분노를 외부가 아닌 내부로 향한 사람은 자신에게 닥친 상황을 직면하기 보다는 회피하는 것이 습관화되어 있다. 또한 죄책감과 수치심이 핵심 감정이 되어 갈등이 생기면 무조건 회피하려 하고, 자신을 자책한다. 대인관계에서도 갈등을 싫어하기 때문에 표면적으로는 좋은 사람처럼 보이지만 직접적인 마찰이나 갈등을 견딜 수 없어 문제를 직시하지 않고 피함으로써 본질적인 문제해결을 하지 못한다. 복잡한 상황을 잊어버리기 위해 술을 마시거나 게임, 스포츠, 쇼핑에 몰두하는 것도 도피반응에 해당된다. 물론 휴식을 취하기 위해 약간의 술이나 스포츠, 쇼핑을 할 수 있다. 그러나 도피반응은 문제를 직면하거나 해결하는 대신 회피한다는 데 휴식과 차이가 있다.

따라서 자신의 핵심 감정과 감정 양식을 분석하기 위해서는 먼저 대인관계에서 반복하여 나타내는 감정 유형을 살펴보아야 한다. 그리고 어렸을 적에 기억나는 상황들을 분석함으로써 이 감정이 언제부터 자신의 핵심 감정이 되었고, 지금 나에게 어떤 영향을 미치고 있는지 분석한다. 이렇게 자신의 감정을 살펴보고, 왜 내가 흥분하고 분노하고 회피하는가를 생각하는 과정을 자신에 대한 통찰이라 부른다.

통찰은 무의식적으로 반응했던 감정을 의식으로 바꾸어 놓는 과정이다. 우리는 내가 원하고 바라는 이상적인 모습으로 살기를 원하지만, 자신도 모르게 이전에 하던 방식대로 반복하고 있다. 따라서 현재에 살아 있는 과거의 감정 뿌리, 즉 핵심 감정을 찾아야 한다. 자신에 대한 통찰 과정을 통해 핵심 감정이 발생한 원인과 현재 어떻게 영향을 미치고 있는가를 파악할 수 있다면 우리는 자신을 짓누르고 있는 부적절한 감정에서 보다 자유로울 수 있다. 아울러 자신과 자주 부딪히는 사람의 핵심 감정을 인식해야 한다. 다른 사람의 핵심 감정을 알게 될 때, 그 사람의 감정적 문제행동이 나 때문이 아니라 상대방의 해결되지 못한 문제 때문이라는 것을 인식할 수 있기 때문이다.

핵심 감정의 해결을 위한 상담은 먼저 핵심 감정과 아동기 감정 양식에 대한 이해를 한 후, 자신의 정서를 표현하고 어렸을 적 경험을 나누며 자신의 핵심 감정과 감정 양식, 그리고 자신이 사용하는 방어기제를 분석한다. 즉, 자신의 감정에 매몰되지 않고 감정을 객관화하여 바라보는 연습을 반복하여 훈련한다. 이렇게 될 때 과거의 감정에서 자유롭게 될 수 있다. 특히 자신과 감정적으로 자주 부딪히는 사람의 핵심 감정까지도 통찰하고 이해하게 되면, 자신의 내적인 성숙과 함께 보다 건강한 인간관계를 형성할 수 있게 될 것이다.

나의 핵심 감정 알아보기

1. 어렸을 적 경험 되돌아보기

❶ 0~7세 시기에 가장 잊혀지지 않는 기억과 그 때의 느낌은 무엇인가?

❷ 초등학교 시기에 가장 잊혀지지 않는 기억과 그 때의 느낌은 무엇인가?

❸ 중 · 고등학교 시기에 가장 잊혀지지 않는 기억과 그 때의 느낌은 무엇인가?

2. 나의 콤플렉스나 핵심 감정 살펴보기

❶ 나는 어떤 때 기분이 나빠지고 스트레스를 받는가?

❷ 스트레스를 받을 때 내 신체는 어떻게 반응하는가? (예 운다. 화가 나서 물건을 던진다 등)

❸ 스트레스를 받는 상황들에 어떤 공통적 조건이 있는가? 있다면 무엇인가?

투쟁형		도피형	
• 거짓말, 속임	(　)	• 무력, 의욕상실	(　)
• 공격성, 적개심	(　)	• 자신감 저하	(　)
• 지배하기, 내가 중심이 되기	(　)	• 우유부단	(　)
• 경쟁, 시기, 질투	(　)	• 소극적인 자세, 비활동적	(　)
• 고집, 오기	(　)	(나서는 것보다 가만히 있는 것이 편함)	
• 말대꾸, 반항	(　)	• 눈치	(　)
• 논쟁, 따지기, 비판하기	(　)	• 자책	(　)
• 신경질, 히스테리	(　)	• 공상	(　)
• 감정적으로 폭발	(　)	• 회피, 일을 피하거나 미룸	(　)

❹ 스트레스를 받을 때 나는 투쟁과 도피 중 어떤 방법을 사용하는지 표시해보자.

❺ 나의 핵심 감정은 무엇이라고 여겨지는가?

3. 핵심 감정에서 벗어나기

❶ 감정조절을 위한 나만의 방법을 적어보자.

❷ 나와 감정적으로 자주 부딪히는 사람의 핵심 감정은 무엇이라고 여겨지는가?

❸ 그 사람은 왜 그런 핵심 감정을 갖게 되었는지 생각해보자.

출처: 최경희(2000). 대인관계와 정신역동. 참고, 재정리.

03 애착 양식

정서발달 및 아동기 감정 양식과 관련된 가장 주요한 변인은 부모와 아동과의 초기 자녀관계이다. 볼비(J. Bowlby)는 부모와 아동의 초기 정서적 관계를 애착이라 칭하였다. 애착은 모든 사람에게 나타나는 생물학적 특성이지만, 애착의 질은 각기 다르다. 본 절에서는 영아기에 형성된 애착이 성인기에 이르러 우리의 정서적 발달에 어떻게 영향을 미치는지 살펴보았다.

1) 애착 유형

애착 이론은 어머니와 자녀의 초기관계에 대한 이론으로, 영국의 정신과 의사인 볼비에 의해 시작되었다. 어머니는 칭얼거리는 아기를 돌보면서 기쁨을 느낀다. 영아도 처음에는 모든 사람을 보며 미소 짓다가 어느 순간부터는 오직 주 양육자인 어머니에게만 전념한다. 어머니가 보이지 않으면 돌아올 때까지 몸부림치며 울고, 오직 어머니에게만 매달린다. 심지어 어머니 외의 다른 사람 얼굴을 보기만 해도 울음을 터트린다. 볼비는 이러한 영아와 어머니와의 강렬하면서도 독특한 유대관계를 '애착(attachment)' 이란 용어를 사용하여 설명하였다. 즉, 애착이란 영아가 생애 초기에 자신을 돌보아 주는 주 양육자(주로 어머니)에게 형성하는 특별한 정서적 유대감이다.

표 4-1 애착의 종류

안정애착	• 안정애착
불안정애착	• 회피애착, 저항애착, 혼란애착

애착은 모든 사람이 어렸을 때 자신을 돌보아 주는 주 양육자(엄마)와 애착을 형성하는 생물학적 속성을 지니고 있지만 영아와 엄마가 형성하는 애착의 질, 즉 애착의 종류는 다르다. 애인스워스(M. Ainsworth)는 어린 영아의 애착을 측정하기 위한 방법을 만

들었다. '낯선 상황 실험' 이라 불리우는 이 방법은 아이를 엄마와 함께 장난감이 있는 낯선 방에 들어가게 한 후 아이가 노는 모습을 관찰한다. 그리고 엄마를 방에서 나가게 한 후 다시 엄마가 방에 다시 들어왔을 때 아이가 엄마에 의해 진정되는 모습을 관찰하여 아이의 애착 유형을 안정과 회피, 저항애착 등 3가지로 분류하였다. 이후 메인과 솔로몬(Main & Solomon)은 불안정애착에 혼란애착을 첨가하였다.

(1) 안정애착 영아

엄마와 함께 있을 때, 주위 장난감을 탐색하기 위해 엄마에게 쉽게 떨어지고, 낯선 사람과도 비교적 잘 지낸다. 그러나 낯선 사람보다는 엄마에게 더 관심을 나타낸다. 또한 엄마가 떠났을 때 놀이를 중단하고 엄마를 찾지만, 엄마와의 재결합 시 엄마를 반갑게 맞이하고 엄마가 안아주면 울지 않고 다시 진정된다.

(2) 회피애착 영아

엄마와 함께 있을 때에도 엄마에게 관심을 나타내지 않는다. 심지어 엄마가 방을 떠나도 울지 않았으며, 스트레스를 별로 받지 않는 것처럼 보였다. 그리고 엄마가 방에 다시 들어와도 무관심하거나 모르는 척하였다. 낯선 사람과 엄마에게 비슷한 반응을 보였으며, 엄마와의 관계에서 친밀감을 추구하지 않고 엄마와의 접촉을 회피하였다.

(3) 저항애착 영아

엄마와 함께 있을 때에도 불안해하며 엄마 옆에 계속 붙어 있으려 하고 놀이에 몰두하지 못한다. 엄마와 함께 있을 때에도 낯선 사람에 대해 경계를 나타내고, 엄마가 방을 나가면 큰 소리로 울고 심한 분리불안을 보였다. 그러나 엄마와의 재결합 시에는 엄마에게 안정감을 받기 보다는 분노를 나타내거나 엄마를 거부하는 양면적인 모습을 나타냈다.

(4) 혼란애착 영아

혼란애착은 비조직적인 애착 특성으로 인해 다른 애착 유형들과 달리 분석하는데 어려움이 있다. 따라서 연구자들은 다음의 기준을 토대로 영아의 행동을 관찰하여 혼란애착을 분류한다.

- 대조적인 행동
  - 예 극심한 두려움으로 어머니에게 근접추구를 하면서 동시에 어머니가 다가가면 어머니를 피함
- 이상행동과 표현
  - 예 낯선 사람이 방을 나갈 때 함께 따라 나가려 함
- 이상동작과 자세
  - 예 영아가 피곤하지 않음에도 불구하고 바닥에 20초 이상 몸을 움츠리며 엎드려 있음
- 얼어붙은 듯 멈추어 있음
  - 예 전혀 움직이지 않고 멍한 표정을 지음
- 부모의 이상행동
  - 예 관찰실에서 어머니가 두려운 표정을 지으며 있음
- 혼란을 나타내는 영아의 직접적인 표시
  - 예 어머니와의 재결합 시 손을 흔들며 온 몸으로 어머니를 피하려 함

이렇게 분류된 영아의 애착은 성인기 이후의 발달에도 지속적인 영향을 미쳤다. 또한 성인이 되어 자녀를 낳아 키우는 양육태도와도 애착은 관련이 있었다. 애착의 세대 간 전달이 일어난 것이다.

한편 애인스워스는 영아의 애착이 안정애착/불안정애착이 되는 것은 주 양육자(즉 어머니 또는 교사)로부터 받는 관심과 보살핌에 의해 결정된다고 생각하였다. 어렸을 때부터 영아에게 반응적이며 영아의 신호에 민감하게 반응하고 영아의 탐색 활동을 장려하고 그리고 영아와 친밀한 접촉을 즐긴 어머니(교사)의 영아는 안정애착을 형성한다. 반면에 영아에게 반응적이지 않고, 무관심하거나 지나치게 과보호하는 어머니(교사)의 영아는 불안정애착아가 되었다.

따라서 애인스워스와 동료들(Ainsworth et al., 1978)은 영아의 안정애착 형성을 위한 양육자의 민감한 양육행동을 다음과 같이 제시하였다. 첫째, 양육자는 영아의 신호에 맞추어 행동할 수 있다. 그러나 자신의 욕구와 필요에만 몰입되어 있는 양육자는 영아의 신호와 조화를 이루지 못한다. 둘째, 양육자는 영아의 신호들을 적절히 해석하고 반응할 수 있다. 셋째, 양육자의 반응은 영아가 좌절을 견디어 낼 수 있는 시간 내에서 신속히 이루어져야 한다.

표 4-2 애인스워스(M. Ainsworth)의 애착 발달 4단계

단계		발달 내용
1	전 애착 단계 (출생~6주)	• 이 단계에서는 영아가 아직 애착이 형성되지 않아 모든 사람에게 미소를 띠며 반긴다.
2	애착형성 단계 (6주~6.8개월)	• 이제 영아는 자기와 친숙한 사람과 친숙하지 않은 처음 보는 사람을 구분하고 다르게 반응한다. 예를 들어 영아는 어머니와의 상호작용에서는 더 많이 미소 짓고 옹알이를 하지만, 낯선 사람에게는 약간 어색하게 대한다. 그러나 아직 어머니가 혼자 남겨 놓고 나가도 분리불안 행동을 보이지 않는다.
3	애착 단계 (6.8~18개월)	• 이 단계에서 영아는 주양육자(어머니)와 애착을 형성하여, 어머니가 자리를 떠나면 울며 크게 불안해한다. 특히 아이들은 어머니가 눈에 보이지 않아도 다시 돌아오신다는 생각을 아직 하지 못한다. 따라서 어머니가 보이지 않을 때는 매우 큰 불안반응(분리불안)을 나타낸다.
4	상호관계의 형성 단계 (18개월~만 2세)	• 영아는 언어와 인지가 발달하여 어머니가 보이지 않아도 언제쯤 다시 오실지 예측할 수 있다. 어린이집에 있어도 어머니가 다시 오신다는 것을 이해할 수 있다.

2) 애착의 전달

"왜 어떤 어머니는 다른 어머니보다 영아에게 더욱 민감하게 반응하며, 자녀와의 애착을 안정적으로 형성하는가?", "왜 어떤 어머니는 영아가 울면 감정을 참지 못해 화를 내고 아이와 불안정애착을 형성하는가?" 앞서 정신분석 이론에서는 이를 어렸을 적 주 양육자와 형성한 핵심 감정으로 설명하는 반면에, 애착 이론에서는 어머니가 자신의 어머니와 어렸을 적에 형성한 애착경험에 대한 기억, 즉 애착의 내적인 표상 때문이라고 주장한다. 어머니가 과거에 자신의 어머니와 형성한 애착관계가 지금 자녀와의 관

계에 영향을 미친다는 것이다.

갓 태어난 아기는 다른 사람의 도움과 보살핌 없이는 생존할 수 없다. 따라서 영아가 자신을 가장 많이 보살펴 주는 어머니와 애착을 형성하는 것은 모든 인간의 범문화적이며 생물학적인 특성이다. 그런데 모든 사람이 영아기에 애착을 형성하지만, 모두 안정애착은 아니다. 주 양육자인 어머니가 어떻게 돌보아 주었는가에 따라 어떤 아이는 안정애착을, 어떤 아이는 불안정애착-회피, 저항, 혼란애착-이 된다. 어머니와 안정애착을 형성한 아이는 어머니와 자신에게 긍정적인 개념을 형성하고, 이후 성인이 되어서 이성친구나 배우자와 상호 신뢰적 관계를 이룬다. 그리고 자신의 자녀에게 온정적이며 민감하게 양육함으로써 자녀와 안정애착을 형성한다. 그러나 어머니와 부정적인 작동 모델, 즉 불안정애착을 형성한 아동은 자신과 타인에 대해 불신하게 되고 나아가 배우자와 자녀관계에서도 불안정애착이 되기 쉽다.

실제로 연구 결과 영아기에 측정한 애착 유형은 아동기와 청소년기에 측정하였을 때도 비교적 동일하게 나타났다. 또한 어머니의 어렸을 적의 애착이 지금 자녀와 함께 형성해가는 애착 유형의 주요 변인임이 밝혀졌다. 해밀턴(Hamilton, 2000)은 현대 사회의 다양한 가정환경을 고려하여 양부모가 있는 청소년과 한부모가족, 공동체가족, 동거가족 등 다양한 가족 유형의 청소년 30명을 연구 대상으로 선정하였다. 그 결과 영아기 때 불안정애착으로 분류되었던 18명 중 16명이 청소년기에도 불안정애착이었으며, 영아기에 안정애착으로 나타난 12명 중 9명이 여전히 청소년기에도 안정애착인 것으로 나타났다. 워터스와 동료들(Waters et al., 2000)은 해밀턴(Hamilton, 2000) 보다 많은 60명의 청소년을 대상으로 하였다. 이들은 영아기(12개월)에 영아 애착 유형을 분류한 후, 20년이 지난 후에 다시 이들의 성인애착 유형을 살펴보았다. 그 결과 안정애착과 불안정애착 분류 영아의 72%가 성인기에도 동일한 애착 유형을 나타냈다.

이는 애착 안정성이 오랜 시간 동안 지속적인 속성임을 입증한 결과이다. 크로웰과 펠드먼(Crowell & Feldman, 1991)은 어머니의 내적 실행 모델(internal working model)과 어머니-아동 상호작용행동과의 관계를 살펴본 결과, 안정애착으로 분류된 어머니는 자녀에게 애정적이었으며 분리 시에도 자녀에게 충분한 준비를 시켰다. 그러나 불안정애착 유형 중의 하나인 몰입애착으로 분류된 어머니는 아동과 헤어지는 것에 대해 불안해하였으며, 거부애착 어머니는 자녀와 신체적으로 거리를 두었다. 그리고

성인애착 척도

아래의 4가지 문항들 중 자신과 가장 적절한 문항을 하나 선택하시오.

번호	구분	선택	비고
1	나는 다른 사람과 친밀하게 지내는 것이 쉽다. 나는 내가 다른 사람에게 의존하는 것과 다른 사람들이 나에게 의존하는 것을 편하게 느낀다. 혼자 지내게 될까봐 또는 다른 사람들이 나를 받아주지 않을까 걱정하지 않는다.	➡	안정 유형
2	나는 다른 사람들과 친밀하게 지내는 것이 편하지 않다. 다른 사람이 나를 간섭하는 것이 싫다. 나도 다른 사람에게 의존하지 않고, 남들도 나에게 의존하지 않는 것이 좋다.	➡	무시 유형 (회피형, 거부형)
3	나는 다른 사람과 친밀한 것을 무척 원하지만, 다른 사람은 내가 원하는 것처럼 나와 가까워지는 것을 원하지 않는 것 같다. 내가 상대를 중요하게 느끼는 것처럼 상대방이 나를 중요하게 여기지 않을까 걱정이 된다.	➡	집착 유형 (몰입형)
4	나는 다른 사람과 가깝게 지내는 것이 불편하다. 친밀한 관계를 맺고 싶지만, 다른 사람과 가까워지면 상처를 입을까 걱정이 된다.	➡	두려움 유형

출처: Bartholomew, K., & Horowitz, L.(1991). Attachment styles among young adults: a test of a four-category model. Journal of Personality and Social Psychology, 61. pp. 226-244. 참고, 재정리.

자녀와 헤어질 때도 그냥 나가버리는 모습을 나타내었다. 즉 어머니의 불안정한 애착 내적 실행 모델은 비온정적인 양육행동과, 그리고 안정적인 내적 실행 모델은 온정적이며 수용적인 양육행동과 관련되어 있었다. 여기에서 내적 실행 모델이란 애착과 관련된 정보를 조직하고 그 정보에 대한 접근을 획득하거나 제한하는 일련의 규칙으로, 자신과 타인에 대한 정신적 표상이다. 즉, 영아기에 양육자와의 반복된 상호작용을 통해 형성된 애착은 내적 실행 모델의 형태로 유지되어, 이후 타인과의 관계형성 방식에 지속적으로 영향을 미친다는 개념이다(정옥분 외, 2009).

그러나 비록 초기에 불안정하게 형성된 애착의 내적 실행 모델이 언제나 부정적인 결과만을 의미하는 것은 아니다. 즉 초기에 형성한 안정애착이 이후 삶에서 긍정적인 적응을 보장하는 열쇠는 아니며, 또한 불안정애착이 열악한 삶에 대한 지표도 아니기 때문이다. 비록 안정애착을 형성한 아동이라 할지라도 이후 삶에 있어 가정과 개인의 위기로 인해 불안정애착이 될 수 있다. 또한 불안정애착 아동도 이후 친구들이나 연인, 배우자와의 관계에 의해 더 긍정적으로 변화할 수 있다.

3) 애착 장애

앞서 애착은 안정애착과 불안정애착–회피애착, 저항애착, 혼란애착–으로 나뉘어짐을 살펴보았다. 안정애착 유아는 어머니를 안전기지(secure basement) 삼아 낯선 환경에서도 호기심을 가지고 환경을 탐색하며 즐거움과 자신감을 가지고 놀이에 몰두한다. 그리고 어머니가 아이의 안전기지, 즉 '믿는 구석'이 되어주는지 아닌지는 안정애착과 불안정애착을 구분하는 요소이다. 따라서 어머니가 유아의 안전기지가 되지 못하는 심각한 불안정애착은 모두 애착 장애라 할 수 있다.

사진설명: 3세 이전의 아이가 엄마와 안 떨어지려 하고, 심하게 울다가도 다시 엄마에 의해 진정되는 것은 정상적인 모습이다.

애착 장애는 발달 단계에 따라 다르게 나타난다. 아동기에는 주 양육자와의 애착이 실패한 반응성 애착 장애와 분리불안 장애 등이 있다. 반응성 애착 장애 아동은 아무에게나 강한 애착을 보이거나 반대로 지속적으로 접촉을 거부하기도 한다. 또한 상대방과 눈을 맞추려하지 않고 회피하거나 이름을 불러도 반응이 없는 자폐아동과 유사한 행동 특성을 보인다. 분리불안은 아이가 엄마와 절대 떨어지지 않으려는 애착행동으로, 2~3세 이전의 아이가 엄마와 떨어지지 않으려 우는 분리불안은 모든 아이들에게 나타나는 정상적인 특성이다. 그런데 ① 분리불안이 단지 울음에 그치지 않고 아이가 자기 머리를 바닥에 부딪히는 자해행동이 나타나고, ② 엄마가 와도 진정이 되지 않

분리불안 장애는 어떻게 진단할까요?

(분리불안 장애의 진단)

아이가 분리불안 장애인지 아닌지에 대한 진단을 내릴 때, 의사들이 가장 많이 참조하는 것으로 DSM-Ⅳ 진단 기준이 있다.

번호	분리불안 장애 DSM-Ⅳ 진단 기준	예	아니오
1	집 또는 주된 애착 대상과 분리되거나 분리가 예상될 때 반복적으로 심한 불안을 느낀다.		
2	주된 애착 대상을 잃거나 그에게 해로운 일이 일어날 거라고 계속적으로 심하게 걱정한다.		
3	운 나쁜 사고가 생겨 주된 애착 대상과 분리될 거라는 비현실적이고 지속적인 걱정(예 길을 잃거나 납치되는 것)을 한다.		
4	분리에 대한 불안 때문에 학교나 그 외의 장소에 지속적으로 가기 싫어하거나 거부한다.		
5	혼자 있거나 주된 애착 대상 없이 지내는 데 대해 지속적이고 과도하게 두려움을 느끼거나 거부한다.		
6	주된 애착 대상이 가까이 있지 않은 상황이나 집을 떠나는 상황에서는 잠자기를 지속적으로 싫어하거나 거부한다.		
7	분리의 주제와 연관되는 반복적 악몽을 꾼다.		
8	주된 애착 대상과의 분리가 예상될 때 반복적인 신체 증상(예 두통, 복통, 오심, 구토 등)을 호소한다.		

- **평가방법:**
  A. 위 8문항 중 3가지 이상에서 체크된다. (집 또는 애착 대상과의 분리에 대한 불안이 발달 수준에 부적절하게 지나치다.)
  B. 장해 기간(문제상황)이 적어도 4주 이상이다.
  C. 18세 이전에 발병한다.
  D. 사회적, 학업적(직업적), 또는 다른 중요한 기능 영역에서 임상적으로 심각한 고통이나 장해를 일으킨다.

출처: 미국정신의학협회(1980/1994). DSM-Ⅳ; 이근후 외 역(1995). 정신 장애의 진단 및 통계편람. p. 158.

아 여전히 극심한 불안과 공격행동을 나타내며, ③ 학교에 갈 나이가 되었어도 여전히 심각한 분리불안을 나타낸다면 분리불안 장애를 생각해 보아야 한다.

이러한 애착 장애는 이후 발달에서 학교공포, 공격성, 반사회적 행동, 중독, 우울증 등의 문제를 일으키는 주요인이 된다. 또한 대인관계에서도 건강한 관계를 형성하지 못하는 원인이 되기도 한다. 아동기 때와 마찬가지로 상대방과 눈을 맞추지 못하고 아무에게나 관심과 애정을 표시하거나 요구한다. 다른 사람과 관계를 맺을 때는 시간과 적절한 선(경계)이 필요하다. 관계가 친밀해지면서 점차 자신을 개방하고 타인과 가까운 관계가 되어가는 것에 반해, 애착 장애가 있는 사람은 처음 만나 호감을 느끼면 자신의 모든 것과 심지어 사생활적인 일도 모두 털어놓는다. 그리고 상대에게 집착하여 상대가 내가 원하는 친밀함을 보여주지 않으면 극도로 분노한다.

성인기의 애착 장애도 이와 유사하다. 자신과 타인에 대해 부정적인 시각을 가짐으로써 타인과의 친밀한 관계를 회피하고 거부하거나(무시 유형), 타인과의 친밀한 관계를 지나치게 갈망하여 자신을 돌보지 못하고(몰입, 집착 유형), 타인과의 관계를 원하지만 상처받을지도 모른다는 두려움으로 건강한 관계를 맺지 못하기도 한다(두려움 유형). 이성과 건강한 관계를 맺지 못하는 바람둥이, 과도한 집착으로 상대방과 자신을 황폐케 하는 사랑 중독, 이성 관계에서 자신이 버림받기 전에 상대방을 먼저 차버림으로써 진지한 관계를 맺지 못하는 미성숙한 사랑 모두 분리불안으로 인한 영향이다. 어려서 부모에게 버림받았거나 떨어져 지낸 사람은 배우자의 애정을 계속 확인하려하고 행동을 통제하고 집착한다. 또한 의처증과 의부증도 분리불안, 즉 애착 장애의 또 다른 모습이다.

성인애착 유형

성인애착이란 성인이 자신에게 신체적, 심리적 안정감을 제공하는 가까운 사람들(연인, 부모, 배우자 등)에게 형성하는 애착이다. 영아기에 양육자와의 반복된 상호작용을 통해 형성된 영아애착은 내적 실행 모델의 형태로 유지되어, 성인이 되어서도 타인과의 관계형성 방식에 지속적으로 영향을 미친다.

자신에 대한 관점 \ 타인에 대한 관점	긍정	부정
긍정	안정 유형	무시 유형
부정	집착 유형	두려움 유형

1. 안정애착 유형(secure type)

❶ 자신과 타인에 대해 긍정적으로 생각한다. 자아 존중감이 높으며, 인간관계에 대해서도 개방적이고 긍정적이다.

❷ 다른 사람과 친밀하게 지내는 데 어려움을 나타내지 않는다. 그리고 자신이 버림받거나 혼자 남겨질 것에 대한 두려움이 없다.

2. 무시 유형(또는 회피형, 거부형, dismissing type)

❶ 자신에 대해서는 긍정적이지만, 타인에게는 부정적이다.

❷ 다른 사람과 친밀한 관계를 갖는 것을 의존적이라 생각하여 보다 독립적인 것을 원한다.

❸ 다른 사람을 신뢰하지 않고 자신의 성취를 중요하게 여긴다.

3. 집착 유형(몰입형, preoccupied type)

❶ 자신에 대해서는 부정적이며, 타인에 대해서는 긍정적이다.

❷ 자신은 사랑 받을 가치가 없다고 느끼며, 다른 사람과의 친밀한 관계를 지나치게 갈망한다.

❸ 다른 사람, 특히 사랑하는 사람이 자신을 좋아하지 않을까 두려워한다.

❹ 자신감이 없으며 다른 사람에게 의존적이다.

❺ 불안감, 질투심이 강하다.

4. 두려움 유형(fearful type)

❶ 자신과 타인에게 부정적이다.
❷ 친밀한 관계를 원하면서도, 상처받으면 어쩔까 하는 두려움이 있다.
❸ 자신은 사랑받을 가치가 없다고 생각하며, 타인과의 관계형성을 어려워한다.

출처: Bartholomew, K., & Horowitz, L.(1991). Attachment styles among young adults: a test of a four-category model. Journal of Personality and Social Psychology, 61. pp. 226-244.

4) 정서적 건강성, 초감정

애착 장애는 결혼 후 자녀를 낳거나, 교사가 된 후에도 자녀와 아동에 대한 훈육에 지속적으로 영향을 미친다. 특히 아이의 감정에 지나치게 민감하게 반응하여 폭발하거나 아이의 감정을 소홀히 하고 무시함으로써 아이와 건강한 애착관계를 이루는 것을 방해한다. 왜 어떤 부모와 교사는 아이가 울거나 보채도 따뜻하게 보살피며 훈육할 수 있는데, 어떤 부모와 교사는 이성을 잃고 감정을 폭발하는가? 기존의 발달심리 연구에서는 자녀에 대한 부모의 정서적 반응성과 양육 유형에 관심을 가져 이에 대해 많은 연구가 이루어졌다. 그러나 가트맨과 동료들(Gottman et al., 1996)은 이것만으로는 충분하지 않다고 생각하여, '초감정(meta-emotion)' 이라는 새로운 정서 개념을 제시하였다.

초감정은 자신과 타인의 정서에 대한 정서와 인지 체계이다. 즉, 아동의 감정에 대한 부모/교사의 자기 감정과 생각이 초감정이다. 예를 들어 우리는 아이의 감정을 감정 자체로 보는 것이 아니라 부모/교사의 감정을 가지고 본다. 아동이 울면 "아이가 많이 속상하구나."라는 슬픔의 감정으로 보지 못하고, 아이의 슬픔에 "왜 저 아이는 저렇게 울지? 지금 나를 나쁜 부모/교사라고 비난하는 거야?"라는 생각과 분노(부모/교사 자신의 감정)가 올라온다. 그래서 아동에게 소리 지르거나 때리게 된다. 이러한 초감정은 대부분 무의식적인 반응이라 의식하지 못한다. 초감정은 감정이 형성되는 유아기와 아동기에 부모의 주변의 양육환경의 영향을 받아 형성되었다. 따라서 아동의 어떤 모습에 화를 참지 못하나 심하게 좌절한다면, 먼저 자신의 초감정을 아는 것이 필요하다.

초감정은 메타인지와 유사한 개념이다. 메타인지(meta cognition)란 어떤 일을 할 때

'내가 무슨 일을 왜, 어떻게 하는지'를 인식하고 이를 통해 '내가 알게 된 것은 무엇인가, 어디에서 어떤 도움을 받았는가'를 스스로 묻고, 생각하고, 깨닫고, 반성하는 총체적인 인지적 과정이다. 즉, 자신의 인지적 활동에 대한 인식과 조절을 의미한다. 내가 무엇을 알고 모르는지 자신을 평가하고, 부족한 부분을 보완하기 위해 계획하며, 계획의 실행 과정을 평가하는 전반적인 과정이다. 초감정은 이와 같은 개념으로 자신의 정서적 반응에 대해 '내가 왜 이렇게 아이에게 화를 내고 있는가? 지금 저 아이에 대한 나의 감정은 정확하게 무엇인가? 분노인가, 짜증인가, 아니면 자괴감인가?' 하며 자신의 정서를 한 발 떨어져서 객관화시키는 것이다. 즉 감정에 대한 성인, 부모/교사, 자신의 감정이다(Gottman et al., 1997).

가트맨과 동료들(Gottman et al., 1996)은 부모/교사의 초감정을 분석한 결과로 크게 3가지 유형으로 나누어짐을 발견하였다.

첫째, 감정코치형(emotion-coaching) 초감정

자신과 타인의 정서를 잘 인식한다. 또한 아동이 슬픔이나 분노와 같은 부정적인 정서를 표현할 때에도 이를 받아주고 이것을 아이에게 감정을 가르칠 수 있는 교육의 기회로 삼는다. 또한 아이의 감정을 급하게 해결하려 하지 않고 아이 스스로 자신의 감정을 표현하고 상대방의 입장에서 생각해보고 나아가 자신의 감정을 조절하도록 기다려준다. 예를 들어 오빠가 장난감을 뺏어 화가 나 오빠에게 나쁜 말을 한 아이에게 화가 난 감정을 읽어주고 공감해주지만 "화가 난다고 오빠에게 욕을 하면 오빠 마음이 어떨까?", "네가 얼마나 화가 났는지 알아. 하지만 화가 난다고 오빠를 욕하는 것은 잘못된 행동이야."라고 말해줌으로써 행동을 교정한다.

감정코치형 초감정을 가진 부모/교사의 특징

1. 부모/교사는 아동의 감정을 잘 인식할 수 있다.

   이 감정이 어떤 감정인지, 왜 아이가 이런 감정을 표현하는지 이해한다.

2. 부모/교사는 아동의 감정을 아이와 가까워지는 시간이나 교육의 기회로 삼는다.

3. 부모/교사는 아동이 느끼는 감정을 언어로 표현한다.

   예 "지금 화가 났구나.", "동생이 괴롭혀서 짜증이 나는구나."

4. 부모/교사는 아동의 감정을 비난하는 대신 충분히 표현하게 한다.

5. 부모/교사는 아동이 자신의 문제를 해결하도록 돕는다.

둘째, 회피형(dismissive) 초감정

회피형 초감정 부모/교사는 아이가 슬픔, 분노와 같은 부정적인 감정을 나타내는 것이 옳지 않다고 생각한다. 따라서 아이의 관심을 다른 곳으로 돌려 버려 부정적인 감정이 빨리 사라지도록 노력한다. 예를 들어 친구와 싸워 속상해서 우는 아이에게 그런 사소한 것으로 울고 있냐고 하며 아이에게 장난감이나 간식을 주어 아이의 관심을 부정적인 감정에서 돌려 버린다. 특히 부정적인 감정을 가지고 있는 것이 아이에게 좋지 않다고 생각할 뿐 아니라 아이의 감정을 중요하게 여기지 않는다. 그래서 아이가 화를 내면 웃으며 화내는 모습이 귀엽다고 놀리거나, 아이의 우는 모습이 예쁘다고 아이의 화를 일부로 돋구고, 아이를 울리고, 우는 아이를 보며 웃는다. 또한 누군가 부정적인 감정을 표현하면 마음이 불편해져 회피한다.

셋째, 비승인(disapproving) 초감정

회피형 초감정 부모/교사와 같이 감정에는 좋은 감정과 나쁜 감정이 있고 가급적 나쁜 감정은 혼을 내서라도 떨쳐 버리도록 한다. 예를 들어 친구가 장난감을 뺏어가 우는 아동에게 "고작 그까짓거 가지고 우냐?", "시끄럽다. 울지 마. 울음 그치지 않으면 혼날

줄 알아!", "셋 셀 때까지 뚝 해!" 하고 아이를 야단친다. 즉, 분노와 슬픔과 같은 부정적 감정을 나쁜 감정이라고 생각한다. 따라서 비승인 초감정의 부모/교사는 아이가 화내거나 우는 행동을 방관할 경우에는 성격이 나빠질 것 같아 엄하게 아이를 훈육한다. 혼을 내서라도 부정적인 감정은 빨리 버리고 좋은 감정만 갖도록 하는 것이다.

아동은 어떤 부모와 교사를 만났는가에 따라 다르게 자란다. 부모와 교사가 아동의 정서를 어떻게 다루는가에 따라 안정애착과 불안정애착을 형성하고 서로 다른 성격으로 자란다. 인간이 표현하는 감정과 표정은 3,000가지가 넘는다. 성인도 지금 느끼는 감정이 어떤 감정인지 알기 어렵지만, 아이들은 자신이 느끼는 감정이 무엇인지 알기 어렵다. 따라서 자신의 감정을 언어로 표현하고, 내 감정이 어떤 감정인지, 왜 이런 감정이 생겼는지 살펴보는 것은 매우 중요하다. 감정을 행동으로 풀기 이전에 자신과 상대방의 감정을 통찰하는 능력을 가트맨은 '초감정(meta emotion)'으로 설명하였다. 우리가 자신의 감정을 이해할 수 있을 때, 다른 사람의 감정도 함께 공감할 수 있고 나아가 자신의 감정을 조절할 수 있다. 이와 같이 초감정은 애착 장애뿐 아니라 인간관계와 정서적 문제들을 해결하는 데 있어 중요한 실마리를 제공한다.

생각해보기

다음 기사를 읽고 어린이집 교사가 왜 이런 행동을 했는지 초감정의 관점에서 이야기하시오.

인천 중부경찰서는 울음을 그치지 않는다는 이유로 어린이집 원생들을 때린 혐의로 보육교사 A(37 · 여) 씨에 대해 조사하고 있다고 22일 밝혔다. A 씨는 지난 13일 오전 9시 45분경 인천시 중구 자신이 근무하는 어린이집에서 원생 B(4) 양이 계속 운다는 이유로 밀어 넘어뜨리고 손끝으로 머리를 수차례 찌른 혐의를 받고 있다. 또 지난 6일부터 13일까지 C(4) 군 등 원생 2명을 비슷한 이유로 때린 혐의를 받고 있다. B양 어머니(37)의 신고를 받고 수사에 착수한 경찰은 어린이집 내 폐쇄회로(CC) TV를 확보해 정확한 사건 경위를 조사하고 있다. 또 조만간 A 씨와 함께 해당 어린이집 원장을 불러 폭행 사실을 알고도 내버려뒀는지 여부 등을 조사할 방침이다.

출처: 연합뉴스(2013. 3. 22.). 인천서 어린이집 교사 4살 원생 폭행…, 경찰 수사.

Chapter 5

정신건강과 인지 및 욕구

학습주제 정신건강과 인지 및 욕구

학습목표

1. 유아와 관련된 성인의 정신건강의 중요성을 인식한다.
2. 교사와 부모의 정신건강을 위해 인지도식을 이해하고 점검한다.
3. 교사와 부모의 정신건강을 위해 욕구 체계를 이해하고 점검한다.
4. 인지-정서-행동 간의 관계를 알아보고 건강한 생활을 위한 변화를 모색해 본다.

학습요약

1 인지도식

1) 인지도식의 정의
2) 인지도식의 내용

2 욕구 체계

1) 욕구 체계의 이해
2) 욕구를 통한 행동 이해

3 인지-정서(욕구)-행동 간의 연관성

1) 귀인
2) 정서
3) 행동

4 변화를 위한 제언

1) 변화를 시도하는 데 나타나는 일반적 오류
2) 변화를 위한 준비

주요개념 인지도식, 인지적 왜곡, 합리적 사고, 비합리적 사고, 욕구 체계, 생리적 욕구, 안전 욕구, 애정·소속 욕구, 자존 욕구, 인지적 욕구, 심미적 욕구, 자기실현 욕구, 결핍 욕구, 존재(성장) 욕구, 귀인, 자기효능감

들어가기

가끔씩 나는

1. 해야 할 일을 반드시 잘 해야 한다는 생각을 한다.
2. 다른 사람으로부터 지적이나 충고를 받으면 자책에 빠진다.
3. 다른 사람들로부터 좋은 평가를 받아야만 한다고 생각한다.
4. 내가 기대하고 원하는 일은 반드시 얻어야 한다.
5. 나는 늘 옳은 결정을 해야 한다.
6. 내가 실수를 하는 것은 다른 사람들로부터 비난을 받을 수 있기 때문에 용납할 수 없다.

이러한 생각은 우리를 낙담에 빠뜨리고 의욕을 떨어뜨려 우울감을 주는 대표적인 것들입니다. 각자 자신이 이러한 부정적인 생각에서 얼마나 자유로운지 생각해 봅시다. 또한 이러한 생각이 가지고 있는 오류는 무엇이며, 이러한 생각으로 인해 얻게 되는 감정과 행동은 어떤 것인지 생각해 봅시다.

- 그러한 생각은 현재 나에게 정말 중요한 문제인가?
- 그러한 생각은 사실(fact)인가?
- 우리는 보는 것을 믿는가? 믿는 것을 보는가?
- 그러한 생각은 바뀔 수 있는가?

교사와 부모는 모두 유아를 돌보는 사람들이다. 유아는 아직 스스로를 돌볼 수 없는 돌보아 주어야 할 존재이기 때문에 교사와 부모는 유아에게 책임감을 느끼게 되며 유아를 위한 많은 보살핌과 돌봄을 수행하게 된다. 우리는 유아의 정신건강의 중요성만 강조한 채 돌보는 이의 정신건강에는 상대적으로 소홀해 왔다. 돌보는 사람들이 건강하지 않으면 결코 유아도 건강할 수 없을 것이다. 또한 눈에 보이지 않고 드러나지 않는 정신적 건강의 문제가 신체적 건강에 비해 무시되거나 의지 혹은 책임감 부족과 같은 정신력의 문제로 다뤄지기도 한다. 심리적 건강은 신체적 건강과 밀접한 연관이 있을 뿐만 아니라 교사와 부모와 같은 돌보는 사람의 심리적 건강은 유아의 심리적 건강에도 깊은 영향을 주게 된다. 우리가 생각하는 것과 느끼는 것, 행동하는 것은 서로 밀접하게 연관되어 있으며 매 순간 일어나는 감정이나 기분은 우리의 생각에 기초하고 있다. 부정적인 생각으로 꽉 찬 사람에게 좋은 감정이 일어날 수 없고 좋지 않은 기분 때문에 일을 처리할 때에 영향을 주기도 한다. 또한 성인일지라도 우리는 누구나 욕구가 있다는 사실을 알아야 한다. 욕구가 해결되지 않으면 불만족을 경험하게 되고 불만족은 예기치 않은 부적절한 감정과 행동을 낳게 할 수 있다. 자신의 인지도식과 욕구 체계를 점검하는 것은 정신건강에서 필수적인 것이며, 자신의 인지도식과 욕구를 이해하는 것은 건강한 삶을 유지하는 데 많은 도움이 될 것이다. 자신이 가지고 있는 욕구나 감정을 인식하고 자신이 주로 사용하고 있는 사고의 도식을 이해한다면 내가 무엇을 생각하고 원하는지 그것을 통해서 어떤 감정을 가지게 되는지 통찰할 수 있게 된다. 그런 과정은 궁극적으로는 자신의 생각과 감정을 조절하고 가장 적절한 표현 방식으로 해결할 수 있게 한다. 본 장을 통해 교사와 부모 즉 돌보는 사람의 정신건강을 위해 점검해야 할 인지도식과 욕구 체계에 대해 다루면서 유아와 관련된 성인의 정신건강의 중요성을 이해하고자 한다.

01 인지도식

우리가 가지는 대부분의 정서는 주로 자신의 생각, 신념, 주관적인 평가, 판단, 해석에 의해 생겨난다. 이러한 인지적인 반응들은 어린 시기로부터 반복된 경험으로 형성되어 일정한 방식을 유지하면서 패턴화 혹은 공식화된다. 누구나 살아가면서 이러한 패턴을 형성하게 되고 그것을 통해 나와 타인 그리고 세상을 이해하고 감정을 형성하게 되는 것이다. 그렇다면 내가 생각하는 것은 모두 객관적 사실에 근거한 것인가? 그리고 그러한 자신의 생각은 옳은 것인가? 혹시 잘못된 생각의 패턴 때문에 현재 내가 어려움을 겪는 것은 아닌가? 각자의 인지도식을 확인해 보기로 한다.

1) 인지도식의 정의

인지란 생각하고, 기억하고, 이해하고, 판단하는 정신적 활동을 말한다(서울대학교 교육연구소 편, 1999). 인지(cognitive)는 사고 활동을 의미하며 눈에 보이지 않고 드러나지 않기 때문에 매우 개인적인 것이라고 할 수 있다. 도식(schema)은 여러 학문 분야에서 광범위하게 사용되고 있는 용어로 구조, 뼈대, 윤곽의 의미를 담고 있다(Young, Klosko, & Weishaar, 2003). 교육학과 심리학에서는 인지발달 분야의 피아제에 의해 사용된 후 광범위하게 적용되고 있다. 개인이 세상을 이해하기 위해 조직화한 틀 또는 구조로 해석할 수 있다. 이러한 도식을 통해 개인은 자신이 처한 상황이나 경험을 설명하고 지각하는 과정에 적용하며 반응하게 된다. 벡은 도식을 개인의 기본적인 신념과 가정을 담고 있는 대략적인 조직화 원리라고 설명하면서 '핵심신념' 이라는 용어를 사용하기도 하였다(Young, Klosko, & Weishaar, 2003 재인용). 이러한 인지도식은 합리적 사고나 분석 없이 자동적으로 이루어진다고 보았다. 따라서 인지도식은 인지와 도식의 합성어로 개인이 사용하는 일정한 사고의 틀 혹은 사고의 정형화된 구조로 해석할 수 있다.

인지도식은 우리의 생각이 일정한 틀을 유지하고 있고 그것을 통해 세상을 해석하고 판단하는 기능을 하게 한다는 것을 의미한다. 심리학에서는 주로 인지치료 분야에서 도식이라는 말을 사용하며 이러한 도식이 자기 자신에 대한 믿음과 느낌을 형성하는 데 핵심적인 역할을 한다고 본다(Young & Klosko, 1993). 어린 시기부터 형성된 이러한 사고의 방식은 확실한 믿음으로 작용하며 동일한 방식의 예측과 확실함을 주게 한다.

우리는 자신의 사고 방식대로 어떤 일을 판단하고 해석하며 그것에 대한 강한 확신과 예측을 가지고 있다. 나 자신을 포함한 세상의 모든 일들을 판단하고 예측할 때 일정한 방식의 틀에 맞추어 생각하는 것이 가장 편안하고 익숙한 방법이기 때문에 우리도 모르는 사이에 이러한 생각의 틀에 더욱 고정되는 것이다. 이러한 인지도식은 긍정적이든 부정적이든 우리의 생각을 일정하게 유지하며 과거로부터 현재에 이르기까지 끊임없이 형성되고 경험을 통해 더욱 굳건하게 자리 잡게 된다.

심리학에서 인지도식에 중요성을 두는 이유는 마치 안경의 렌즈처럼 세상의 모든 것을 바라보는 통로가 될 수 있으며 만일 부적절한 경험으로 인해 부정적인 도식이 형성된 경우에 많은 심리적 문제를 야기할 수 있기 때문이다. 우리가 하는 사고 가운데 객관적 상황이나 현실을 무시한 채 일어나는 인지적 왜곡이나 부정적 도식, 근거 없는 추론, 극단적인 사고, 잘못된 정의 등과 같은 것들은 인지치료의 분야에서 다루고 있는 내용에 해당된다. 예를 들어, 아직 일어나지 않은 일이나 일어나지도 않을 일에 대해 불안감을 느끼고 그런 감정이 일의 수행을 방해한다면 인지도식을 점검해야 할 대목이다. 혹은 다른 사람과 대인관계를 맺을 때에 반복된 형태의 문제가 발생된다면 자신의 인지도식을 점검해 보아야 할 것이다. 실제로 합리정서행동치료(REBT)에서 다루는 비합리적 신념의 내용은 이러한 인지도식의 문제를 통해 개인의 심리적 문제를 해결하고자 하는 것이 주된 가정이라고 하겠다.

2) 인지도식의 내용

인지도식의 정의를 통해 살펴본 바와 같이 인지도식은 우리도 모르는 사이에 우리의 사고 과정에 일정한 방향과 시각을 유지하게 한다. 우리의 인지도식 가운데 긍정적인 도식은 문제가 없지만 잘못된 도식 즉, 부정적 도식을 형성할 경우에는 일상생활에 영향을 주는 일이 생길 수 있고 성격 장애 및 심리적 문제의 원인이 될 수 있다.

인지치료 분야에서는 개인의 부적응적 정서와 행동의 문제를 인지도식의 수정을 통해 변화시킬 수 있다고 주장한다. 이러한 입장은 눈에 보이지 않는 사고도 행동처럼 수정가능하다고 믿는다. 인지치료의 기본전제는 우리가 생각하는 바(인지)가 느끼는 바(정서)를 결정한다는 것이다(Young & Klosko, 1993). 우리는 심리적으로 위축되거나 불안할 때, 화가 날 때, 극도로 슬플 때와 같이 정서적인 문제를 안고 있을 때 상황을 정확하게 판단하거나 결정하기 어려운 것을 경험하기도 한다. 결국 정서와 인지는 서로 맞물려 있으며 상황에 대한 바람직하고 긍정적인 인식과 판단은 정서의 안정에 도움이 될 수 있다.

합리정서행동치료 분야에서 잘 알려진 엘리스(Ellis)는 인간의 사고를 합리적 사고와 비합리적 사고로 구분하고 인간이 가진 자기보존, 행복추구, 사랑, 타인과의 대화, 성장 및 자기실현 같은 긍정적인 경향과 자기파괴, 회피, 게으름, 실수와 자기비난, 완벽주의 같은 부정적인 경향을 모두 인정하고 있다(Corey, 2001). 그러한 경향 가운데 주요 타인으로부터 비난받거나 타고난 경향성 때문에 비합리적 신념을 학습한다고 설명한다. 그렇게 형성된 비합리적 신념을 끊임없이 반복하며 더욱 강한 경향성을 형성하게 만든다.

비합리적 신념의 예로는 '나는 실패할 것이다', '다른 사람들이 나를 무시한다'. '반드시 성공해야 한다.', '모든 사람들이 날 인정해야 한다.', '이런 수치심은 견딜수 없다.' 와 같은 자기 패배식 표현과 부정적이고 극단적인 사고를 들 수 있다. 이러한 생각은 우리를 견딜 수 없는 분노와 우울로 빠뜨리게 되기도 한다.

엘리스의 비합리적 신념과 유사하게 인지적 요소가 개인의 감정과 행동을 변화시킬 수 있다고 가정한 벡(Beck)은 인지치료(CT: cognitive therapy)라고 알려진 통찰의 기법을 활용하여 인지도식의 변화를 제안했다. 인지치료에서는 개인의 신념은 주관적이어서 내성적 접근을 통해 자신의 신념을 스스로 발견할 수 있다고 본다. 잘못된 신념을 형성하는 데 작용하는 것이 인지적 왜곡이며 대표적인 인지적 왜곡은 |표 5-1|과 같다(Wright, Beck, & Thase, 2003).

표 5-1 인지적 왜곡 유형과 사례

인지적 왜곡 유형	설명	사례
근거 없는 추론	• 객관적인 상황에 기초하지 않고 자신만의 생각으로 가장 나쁜 상황으로 결론을 짓는 것을 말한다. 근거도 명확하지 않고 더구나 생각하는 것에 반대된 증거가 있어도 나름대로의 결론을 자동적으로 내리게 된다.	• 초임교사로 부임한 내가 얼마나 형편없는지 학부형들도, 우리 반 아이들도 모두 알고 있을 거야.
과잉 일반화	• 단 하나의 사건을 근거해서 과잉일반화하여 적용하는 것을 말한다. 한 번의 실패 경험으로 얻는 신념을 유사하지 않는 상황에도 적용하여 일반화시킨다.	• 선생님이 자신을 예뻐하지 않는 것 같다며 유치원에 다니기 싫다는 유아의 반응을 보고, "난 교사로서 자질이 없어. 모든 사람들이 내가 교사가 된 것을 싫어해."
확대 및 축소	• 실제 상황보다 확대하거나 축소해서 해석하고 지각하는 것이다. 어떤 사건의 부정적 의미를 과장하여 확대하거나 긍정적 의미는 축소함으로써 왜곡하는 경향을 말한다.	• 청첩장을 전달하지 못한 친구를 보고 "저 친구는 평소에 날 싫어했어." • 주말에 만나서 영화를 보기로 한 친구가 급한 일로 만남을 취소했고, 미안한 친구는 계속 문자와 전화로 미안함을 전했으나 "친구는 날 좋아하지 않아. 난 무시 당한거야."
개인화	• 다른 사람에게 일어난 사건을 그들의 상황과 입장에서 고려하지 않고 타당한 이유도 없이 자신과 관련지어 상황에 대한 모든 책임을 지는 것을 말한다.	• 새로 들어와 낯설어하는 지민이에게 최선을 다해 친밀감을 쌓으려 노력하던 중 감기로 유치원에 지민이가 오지 않자, "다 소용없었어. 나는 형편없는 교사이고, 지민이는 여전히 내가 맘에 들지 않아 유치원에 오지 않았어."

인지적 왜곡 유형	설명	사례
재앙적 사고	• 일어날 수 있는 사건의 결과를 긍정적 결과는 고려하지 않은 채 최악의 상황을 예측하는 사고이다. 가벼운 실수에도 그것을 자신의 전체로 해석하고 정체성의 정의를 내린다.	• 결석한 지민이에게 전화하는 것을 깜빡하고 퇴근한 후, "난 틀림없이 해고될 거야. 교사로서 자격도 없으니 자격증을 반납해야만 해."
이분법적 사고	• 흑백논리로 생각하고 해석하고 결정하는 극단적 사고 경향을 말한다. 양쪽으로 나누어 극단적인 분류를 하는데 완벽 아니면 실패, 선과 악, 전부(all) 또는 전무(nothing) 식의 이분법적 사고 방식을 채택한다.	• 제출한 리포트를 교수님께 돌려받았는데 수정 지시가 쓰여 있는 것을 보고 모든 학생들에게 해주는 교수님의 지도라는 것을 생각하지 않은 채, "교수님은 날 형편없는 학생으로 생각할거야. 내 리포트는 엉망이야."
선택적 추론	• 사건의 일부를 근거로 결론을 내린다. 전체적이고 논리적인 정보보다는 특별히 부정적인 부분을 가지고 판단한다. 주로 실패와 박탈 같은 부정적인 것들을 근거해서 해석하게 된다.	• 학교 성적도 좋았고 교수님들이나 친구들로부터 성실하고 책임감 있다는 평가를 들어왔다. 교사로 취업하기 위해 두 군데 면접을 보았는데 한 군데는 매우 만족스러워 하며 취업제의를 받았으나, 한 군데에서는 연락이 없자 "그래 내가 뽑힐 리가 없지. 난 형편없는 교사가 될 테니까. 이런 나를 아무도 좋아하지 않을 거야."

위에 제시한 인지적 왜곡은 실제 상황에 대한 객관적인 근거나 정황에 대한 이해 없이 개인이 가지고 있는 주관적이고 자동화된 사고에 불과하다. 따라서 부정적인 사고의 경향을 긍정적인 방식으로 전환하면 왜곡된 사고에서 벗어날 수 있다. 또한 인지적 왜곡을 통해 갖게 되는 부정적 감정에서도 벗어날 수 있게 된다. 인지치료에서는 이러한 왜곡된 도식에 대해 자각시키고 합리적 생각으로 전환하는 방법을 통해 개인의 감정을 조절하도록 하고 있다.

표 5-2 도식의 예(핵심 신념)

도식 범주	부정적/부적응	긍정적/적응
무력감	• 무엇을 하든 나는 실패할 것이다. • 나는 완벽해야 한다. • 실수를 한다는 것은 모든 것을 잃는 것이다.	• 만일 내가 어떤 일을 시도한다면 힘들겠지만 성공할 것이다. • 나는 도전을 두려워하지 않는다. • 내가 실수한다면 다시 할 것이다.
사랑(인정) 받지 못함	• 나는 어리석다. • 아무도 날 사랑하지 않는다. • 나는 형편없는 사람이다.	• 나는 사랑받을 만한 사람이다. • 다른 사람들은 나를 존중한다.

출처: 이정숙 외(2008). 정신건강 간호학. p. 244.

02 욕구 체계

인간의 욕구는 먹고 자는 기본적인 욕구뿐만 아니라 인정, 자기실현, 자존감, 잠재적 능력의 발휘와 같은 내재적인 성장의 욕구까지 포함한 본성이며 행동의 동기로 작용하게 된다. 인간의 욕구를 파악하고 이해하는 것은 자신뿐 아니라 타인의 행동을 통찰하게 한다. 어떠한 욕구든 욕구를 해결하고 만족하기 위해 끊임없이 동기를 부여하게 하며 해결하기 위한 행동으로 연결되기 때문에 욕구에 대한 이해와 통찰은 정신건강을 유지하는 데 또 다른 축이 될 수 있다.

1) 욕구 체계의 이해

욕구란 생리적 · 심리적 요구이며, 동시에 인간이 목표를 향해 움직이도록 동기화시키는 일종의 결핍 상태를 말한다(Darely, Glucksberg, & Kinchla, 1991). 욕구에 대한 본격적인 연구는 매슬로우(Maslow)에 의해 이루어졌다. 매슬로우는 인본주의 심리학에 정신적 아버지로 인간의 욕구 중에 특히 자기실현과 같은 성장 욕구에 관심을 가지고 그의 이론을 체계화하였다. 그의 이론은 낮은 단계에서 상위단계로 욕구를 위계적으로 나열하여 설명하고 있다. 총 7개의 욕구 중 하위 4개 즉, 생존, 안전, 소속, 자존은 결핍 욕구로 나뉘고 인지적 욕구, 심미적 욕구, 자기실현의 상위 3개의 욕구는 존재(성장) 욕구로 설명하고 있다.

사진설명: 매슬로우 (1908~1970)

출처: http://www.psico-idea.com/wp-content/uploads/2012/01/112707_abraham-maslow.jpg

(1) 결핍 욕구(deficiency needs)

매슬로우가 결핍 욕구라 부른 이유는 결핍 욕구는 만족되고 나면 그 이후 동기가 감소하기 때문이다. 결핍 욕구는 4개의 하위 수준으로 이루어져 있다.

① 생리적 욕구(physiological needs)

음식이나 물, 수면, 휴식, 성적 욕구와 같은 가장 기본적인 욕구를 말한다. 인간의 욕구 중에 가장 기본적이지만 강한 욕구이다.

② 안전 욕구(safety needs)

안전하고 예측 가능한 환경에 대한 욕구, 신체적 · 심리적 · 경제적 불안이나 공포로부터 벗어나려는 욕구를 말한다.

③ 애정 · 소속 욕구(belongingness and love needs)

타인과 애정관계를 유지하고 혼자보다는 집단에 소속되기를 원하는 욕구를 말한다. 생리적 욕구와 안전 욕구가 충족되면 나타난다.

④ 자존 욕구(esteem needs)

자신이 가치 있는 존재이며 자신의 능력을 인정받고 싶은 욕구를 말한다. 이러한 욕구가 충족되면 유능감 및 자아 존중감을 형성하게 되지만 그렇지 못하면 무기력에 빠지게 된다.

(2) 존재(성장) 욕구(being needs)

결핍 욕구와 달리 존재(성장) 욕구는 욕구가 어느 정도 충족되어도 끊임없이 동기가 지속된다. 결핍 욕구는 만족될 수 있으나 존재(성장) 욕구는 만족이 있을 수 없고 달성이 불가능하다.

① 인지적 욕구(cognitive needs)

알고자 하는 욕구를 말하며 호기심, 지적 탐구심과 같은 심리적 특성을 갖는다.

② 심미적 욕구(aesthetic needs)

아름다움을 추구하고 열망하는 욕구를 말한다. 완벽 추구, 진실 추구, 정의 추구도 심미적 욕구에 해당된다.

③ 자기실현 욕구(self-actualization)

가장 상위의 수준으로 자신의 가능성을 실현하고 발견하고자 하는 욕구이다. 하위 여섯 단계의 욕구가 충족되면 생길 수 있다. 자기실현에 이른 사람의 특징은 현실 지각이 뛰어나고 자신 및 타인에 대한 수용성을 보인다. 자기실현에 이른 사람들은 일반적으로 자발적이며 문제에 집중하는 능력을 갖추고 있고 독립적인 특성을 보인다. 또한 이들은 유머감각이 있으며 만족한 대인관계를 유지할 수 있고 윤리의식이 강한 것으로 나타났다.

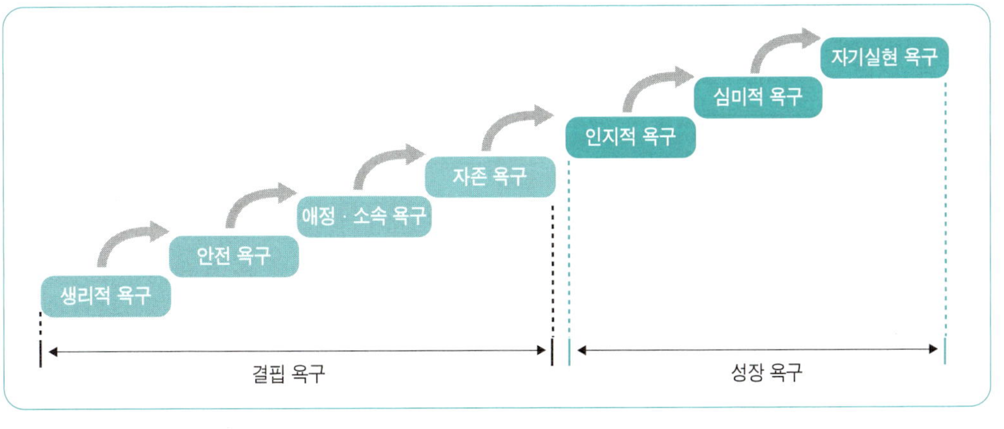

그림 5-1 매슬로우의 욕구위계론

출처: Herbert. L. P.(2001). Motivation: Theory, Research, and Applications(4th ed.); 박소현 · 김문수 역(2001). 동기: 이론, 연구, 그리고 활용. p. 466.

위의 그림을 통해 나타난 바와 같이 인간의 욕구는 위계적인 구조를 보인다. 매슬로우는 하위 욕구가 충족되기 이전에 상위 욕구가 활성화되기 어렵다고 보았다. 하위 욕구가 우선적으로 해결되어야 하며 적어도 85% 정도의 만족이 되어야 상위 욕구가 동기화된다고 설명한다. 만약 이보다 덜 충족될 경우에는 상위 욕구는 행동에 영향을 미치지 못한다. 매슬로우는 기존의 심리학자들이 병리적 상황에 놓인 사람들의 치료에 관심을 가진 것과 상반되게 건강하고 성숙한 자기실현을 한 사람들을 중심으로 연구한 것이 특징이다. 그의 이론을 살펴보면, 하위 욕구인 결핍 욕구의 단계에서는 결핍을 해결하려는 동기에 주목하고 있고, 상위 욕구인 존재(성장) 욕구에서는 인간이 가진 자기 발전이나 성장에 대한 욕구가 그 단계에 도달하면 할수록 더욱 높은 수준의 동기를 유발한다고 설명한다. 이것을 우리에게 적용해 보면 결핍의 욕구인 생리, 안정, 애정과 소속, 자존의 욕구가 충족되지 않은 사람에게는 상위 욕구를 기대하기 어렵다. 예를 들어, 부모님의 사업실패로 집을 이주해야 하고 이로 인한 부모님의 다툼이 빈번한 학생의 경우에 상위 욕구인 호기심이나 심미적 욕구를 충족하기 위한 동기를 가지기 어려울 것이다. 기본적인 결핍 욕구는 해결되어야만 하며 이것이 결핍되어 있는 상태에서는 자기실현과 같은 성숙한 동기를 가지기 어렵다는 것을 이해해야 한다. 사춘기에 접어든 청소년의 경우에 또래 문화나 집단에 대한 소속감이 커지고 집단 내에서 자존감을 지키는 것이 중요하다. 이때 만일 부모나 교사에 의해 또래 문화에서 자존감을 다치는 일이 생겼다고 가정해 보자. 부모나 교사와 잦은 충돌과 마찰을 야기하게 되고 학업에 전념하는 것이 어렵게 될 것이다. 이처럼 욕구는 인간 행동과 감정에 강력한 추동력을 발휘할 수 있는 요인임을 고려해야 한다.

매슬로우의 '자기실현'의 특징

❶ 정확하고 효율적인 현실 지각
❷ 자기, 타인, 그리고 세계에 대한 수용
❸ 사고나 정서에 대한 능동성 및 자연스러움
❹ 문제 중심의 태도: 외부의 문제에 대한 관심 및 다양한 조망
❺ 사생활에 대한 욕구와 욕망: 자신의 잠재력과 자신의 능력에 대한 믿음
❻ 자율성: 외부의 인정과 수용으로부터 자유로움
❼ 단순하고 일상적인 경험에도 새로움과 경이로움을 만끽
❽ 시간, 장소, 자연에 대한 신비로운 감정을 경험
❾ 인류에 대한 사회적 관심 및 타인에 대한 동일시, 동질감을 형성
❿ 몇몇 사람과의 깊은 대인관계 형성
⓫ 타인에 대한 편견 없는 민주적인 성격구조
⓬ 윤리의식이 강하여 수단과 목적, 선과 악을 구별
⓭ 적대감 없는 유머감각: 타인에게 상처주지 않는 유머감각
⓮ 창의성과 독창성
⓯ 변화와 향상을 추구하며 때론 부적절한 문화적 관습에 순응하기보다는 저항

출처: Maslow, A. H.(1968). Toward a psychology of being(2th ed.). p. 26.

2) 욕구를 통한 행동 이해

우리는 누구나 욕구를 가지고 있다. 따라서 자신의 욕구와 타인의 욕구를 알아차리는 것은 행동을 이해하는 데 매우 중요한 단서가 될 수 있다. 앞서 욕구의 체계에 대해 알아보았다면 이제 욕구의 결핍이 가져오는 결과에 대해 알아보고자 한다. 정신분석학의 프로이트(Freud)는 인간의 욕구와 성격의 연관성을 주장하였다. 인간은 욕구에 의해 살아가는 존재이며 욕구의 미충족의 결과가 성격 형성에 미치는 영향을 제시한 바 있다. 정신분석학의 또 다른 이론 중 대상관계 이론(Object Relation Theories)은 현대 심리학에서 두각을 나타내고 있는 이론이다.

대상관계 이론에 따르면 인간이 자신 이외의 사람이나 사물, 세상과의 관계를 맺는 기본적인 방식과 구조를 내적으로 갖게 되는데, 이러한 심리적 경향은 중요한 사람이

나 사물을 대하는 개인의 행동과 태도를 형성한다고 한다. 어린 시기 부모로부터 좋은 양육환경을 제공받으면 자신과 세상에 대한 긍정적인 대상 이미지를 형성하며, 이러한 내적 표상이 개인관계 및 세상에 대한 좋은 이미지를 형성하여 세상에 대한 신뢰감과 심리적 안정감을 형성하게 된다. 소아과 의사였던 위니캇(Winnicott)은 생후 24개월 이내에 '충분히 좋은(Good-enough)' 환경을 통해 좋은 대상 이미지를 형성한다고 설명한다. 아이에게 좋은 환경이란 안아주는 어머니의 역할과 공감적인 반응을 통해 아이는 세상과 자신을 포함한 사람에게 긍정적인 대상 이미지를 형성하는 것이다.

영과 클로스코(Young & Klosko, 1993)는 아기에게 위니캇이 말한 충분히 좋은 환경이란 욕구가 충족되고 아이의 욕구에 반응하는 양육환경을 의미한다고 보았고 아기에게 우선 해결되어야 할 6가지의 핵심적인 욕구를 제시하였다.

(1) 기본적인 안전감

어린 시절 안전하고 편안한 가족분위기와 환경의 보장은 핵심적인 인간의 욕구이다. 만일 자신의 안전에 대한 위협을 받고 가족 내 다툼과 분쟁이 계속되면 불안정함에 중독된다. 자신의 욕구를 해결해주고 부모로부터 지지와 적절한 대우를 받는다면 세상에 대한 신뢰를 형성할 수 있다. 기본적인 안전감 대신 버림받거나 학대를 받았다면 세상에 대한 불신과 불안정한 정서를 갖게 하며 이러한 불안정함에 만성이 되어 다른 발달을 이룰 수 없게 된다.

(2) 타인과의 연대감

인간은 누구나 사랑받고 인정받고 싶어 한다. 나에게 기울여지는 관심과 격려를 통해 타인과 좋은 관계를 유지하는 법을 배운다. 이러한 것들은 타인과 연대감을 형성하기 위해 배워야 할 것들이다. 양육과 훈육을 통해 다른 사람과 친밀감을 형성하는 방법을 배워나간다. 또한 다른 사람과 함께 지내기 위해 필요한 규칙을 익히고 사회적 관계를 형성하는 법을 배워나가는 것이다. 만일 양육에서 사랑, 인정, 관심, 훈육과 같은 것이 결핍된다면 타인과 좋은 관계를 맺는 법이나 타인에 대한 공감력, 친밀감 형성의 문제로 나타날 수 있다. 타인과의 연대감에 실패한 욕구는 만성적인 정서적 박탈감과 소외감에 시달리게 한다.

(3) 자율성

자율성은 부모로부터 독립된 인간이 스스로 자신의 인생을 계획하고 방향을 정하며 기능하는 것을 말한다. 더 이상 부모에게 의지하지 않고 자신의 힘으로 스스로 해결할 수 있는 능력을 배워야 하며, 독립된 인격체로 살아가기 위한 방법을 연습해야 가능하다. 자율성은 독립된 정체감의 형성을 돕게 되며 자신의 확고한 자아 확립을 위해 반드시 충족되어야 한다. 만일 자율성을 키우지 못하는 환경에서 자라 모든 일을 부모가 대신한다면 스스로 하려는 일의 좌절이 반복되어 무기력한 의존성을 갖게 된다. 또한 새로운 일을 시도하고 해결하는 능력에 유능감이 형성되지 않아 취약한 태도를 보이게 된다.

(4) 자존감

우리가 자신을 소중하고 가치 있는 존재라고 여기는 감정을 자존감이라 한다. 이것은 환경으로부터 존중받고 자랄 때 형성된다. 주변 사람들로 무시되거나 비난받는 환경에서 자라면 자신에 대한 소중한 감정을 형성하기 어렵다. 지지받고 격려 받는 환경은 자신과 타인에 대한 존중감을 형성하고 정서적 안정감을 준다. 비난이나 거부를 통해 얻어진 자존감의 손상은 개인적 업무에 집중하지 못하게 하는 실패라는 부정적 도식형성의 요인이 되며, 혹은 자신은 결함투성이로 태어나서 주변의 무시를 받는 것이 당연하다고 여기는 결함도식을 형성하게 된다.

(5) 자기 표현

우리는 누구나 자신의 욕구 및 감정, 생각 등을 표현할 수 있다. 자기 표현이 원활한 환경에서 자라면 자신의 관심이나 욕구에 관심을 기울이게 되고 적절한 표현을 연습한다. 그러나 이러한 자기 표현이 억제된 환경에서는 자신의 바람이나 욕구, 감정을 표현할 경우에 문제가 발생하거나 처벌받게 된다. 이런 환경에서는 자연스럽게 자신의 욕구가 감정을 억압하는 법을 배우게 되어, 지나친 체면치레를 한다거나 타인의 기준을 지나치게 따르는 종속도식을 형성하게 된다. 때로는 억압된 감정이 예측할 수 없거나 통제할 수 없이 폭발해 버리기도 한다.

(6) 현실적 한계

양육 과정에서 좋은 부모는 바람직한 행동과 표현에 대한 현실적인 한계를 명확히하여 자녀로 하여금 적절한 자기 표현과 함께 타인의 욕구를 고려하는 능력도 알려준다. 그러나 현실적 한계를 명확하게 알려주지 않은 경우에는 자신의 욕구만 중시하며 타인의 욕구나 입장을 고려하지 못하는 자기 중심적인 경향을 갖게 한다. 자기조절과 자기규율에 대해 지도받고 적절한 격려를 통해 현실적인 한계를 익혀나간다면 타인의 관점을 수용하고 이해하는 것을 배울 수 있다. 지나치게 허용적이거나 방임적인 태도 모두 현실적 한계를 어렵게 만들어 특권의식이라는 잘못된 도식을 형성하도록 한다. 특권의식에 빠진 사람은 다른 사람들을 지치게 하며, 살면서 만나는 어려운 문제를 이겨낼 수 없다. 또한 모든 일을 자신의 탓으로 여기며 규칙을 어기고 술과 마약 같은 자기 파괴적 행동을 하게 된다.

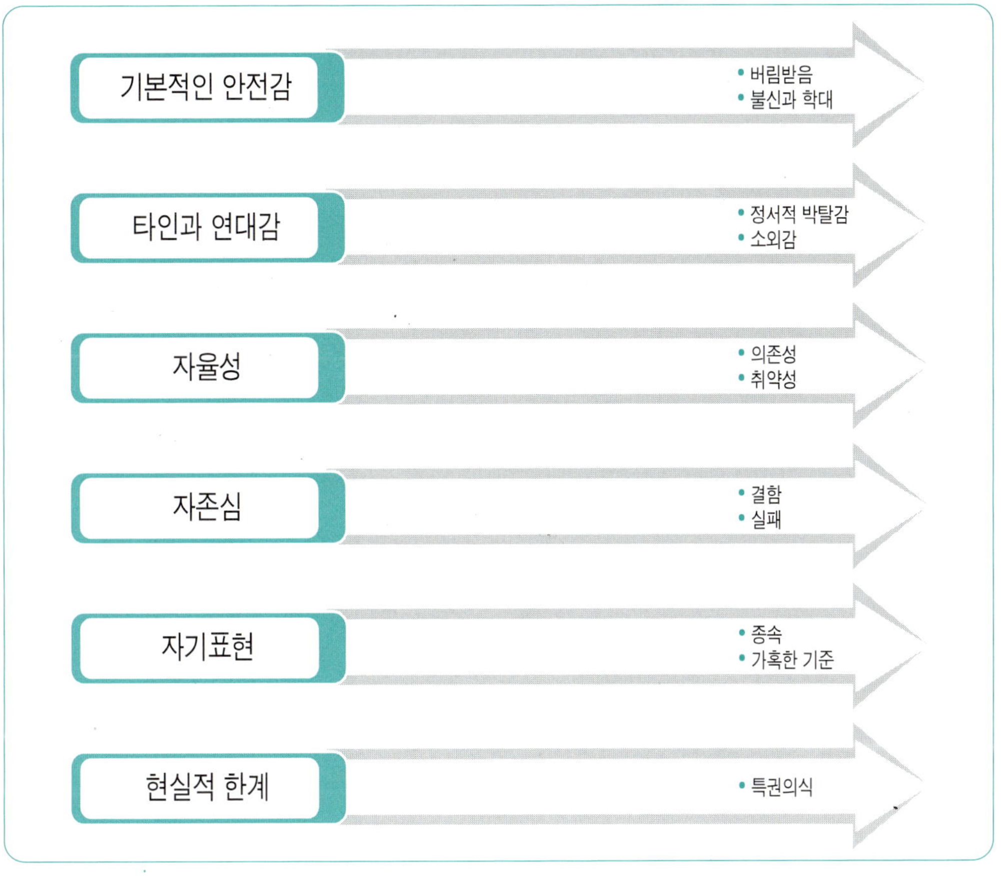

그림 5-2 욕구에 대한 좌절이 주는 결과

출처: Young, J. E., & Klosko, J. S.(1993). Reinventing your life; 최영민 · 김봉석 · 이동우 역(2004). 새로운 나를 여는 열쇠. p. 53. 참고, 재정리.

영과 클로스코(Young & Klosko, 1993)는 욕구가 해결되지 않는 환경에 결과로 나타난 11가지 결과를 '인생의 덫'이라고 표현했다. 우리가 살면서 부딪히게 되는 함정이라는 의미이다. 각자 자신의 인지적 · 심리적 특성을 통찰해보고 위의 11가지에 해당하는 함정은 없는지 살펴보는 것은 성장을 위한 기회가 될 것이다.

심리도식 치료

인지치료는 문제가 되는 행동과 감정의 원인을 일으키는 사고에 초점을 맞추어 사고를 재해석하고 재규정하는 것이 주요 관점이다. 벡의 인지치료를 수련하던 제프리 영은 심리도식 치료라는 분야를 개척하였다. 우리 삶에 부정적인 영향을 미치는 자기 패배적 양식에 대한 패턴을 파악하고 그 패턴으로부터 벗어나 새로운 도식을 만들어 가는 것이 필요하다고 보았다. 도식 중심 치료는 인지치료에 비해 치료적 관점을 더욱 강조하고 어린 시기 발달 과정에 대해 조망하면서 패턴의 기원을 파악하는 것이 특징이다.

주요 기법으로는 사고 과정의 변화를 시도하기 위해 자기와의 대화를 시도하여 건강한 자기를 통한 부정적인 도식의 극복을 시도한다. 자신의 내면적인 모습에 기초하여 역할극, 상상, 토론 등을 사용한다. 또한 자신의 대인관계에서 나타나는 문제 양식이나 자기 패배적 행동패턴에 대한 '패턴 깨기' 작업을 시도하고 생애초기 애착과 방임 문제를 평가함으로써 도식의 패턴을 깨도록 하는 방법을 쓴다.

03 인지-정서(욕구)-행동 간의 연관성

우리가 하는 행동과 인지와 정서를 분리하기는 어렵다. 우리는 객관적인 사실이나 상황을 보거나 믿는 것이 아니라 내가 믿는 것을 보기 때문이다. 어떤 사실이나 사건을 접할 때 주관적인 판단과 생각에 의해 해석하며 그에 따른 감정을 느낀다. 그러한 결과는 행동으로 이어지게 된다. 이러한 연관성을 인지-정서-행동에 대한 입장에서 차례로 살펴보고자 한다.

1) 귀인

인지와 정서 간의 연관성은 귀인 이론에서 찾을 수 있다. 어떤 사건이나 행동의 원인을 추론하는 것을 귀인이라 한다. 일의 성공이나 실패에 따른 원인을 찾을 때, 타인과의 관계에서 우리는 귀인의 과정을 거치게 되고 이러한 결과는 정서적 결과를 수반하게 된다. 특히 귀인은 자신이나 타인의 행동의 원인을 추론하는 신념으로 작용한다. 귀인 방식에 따라 성공과 실패에 대한 감정적 반응을 일으키고, 성공이나 성취에 대한 기대와 노력의 양을 결정하게 된다. 귀인 방식은 세 가지 차원에서 나뉜다.

(1) 내부적 차원/외부적 차원

사건이나 행동의 원인을 추론할 때 개인의 차원에서 개인의 성격, 능력, 경향성 등에서 찾는 것은 내부적 차원으로 볼 수 있으며, 외부적 차원은 상황이나 환경에서 이유를 찾는 것을 말한다.

(2) 안정성 차원/불안정성 차원

어떤 일에 결과를 안정성으로 볼 것인가 불안정성으로 볼 것인가의 차이로 나뉜다. 자신의 좋은 성적을 내적 안정성으로 볼 경우에 자신의 능력 있음을 의미하는 것이고, 내적 불안정으로 보면 노력을 많이 해서라고 귀인한다. 반면 외적 안정성이라면 시험 유형이 잘 맞아서라고 생각할 것이고, 외적 불안정성에 귀인한다면 운이 좋았다고 생각할 것이다.

(3) 통제가능 차원/통제불가능 차원

어떤 일의 결과가 개인의 통제력과 관련해서 통제가능인지 통제불가능인지를 나누는 것을 말한다. 개인의 능력이나 운은 통제 불가능하나 개인의 노력이나 시험 유형에 맞는 시험공부는 통제 가능한 차원이다.

귀인 이론을 통해 살펴본 바 우리가 느끼는 감정은 귀인에 따라 달라질 수 있다는 사실을 시사한다. 성공에 대한 내적 귀인은 자신에 대한 자부심이나 자기존중감과 같은 정서를 수반한다. 반면 외적 귀인은 별다른 영향을 주지 않는다. 성공에 대한 안정성에 귀인하는 경우에는 앞으로 수행하는 일에 대한 성공 희망이나 기대감을 줄 수 있으나, 불안정성에 귀인하는 경우에는 늘 실패를 예상하며 무기력에 빠질 수도 있다. 실패에 대한 내적 통제가 가능하다고 생각하면 노력부족에 대한 죄책감을 가질 수 있으며, 타인에 의해 통제되어 자신이 어쩔 수 없이 실패했다고 생각하면 타인에 대한 분노를 경험하게 된다. 만일 다른 사람이 실패했을 때는 연민이나 동정을 가질 수 있다. 이러한 감정을 행동을 결정한다. 일의 수행에 대한 자신의 노력 여부나 지속성을 결정하게 되며 타인에게 도와줄 것인지 제재를 가할 것인지를 결정한다(| 그림 5-3 | 참조).

예를 들어 경제적 사정이 어려워 돈을 구하려는 친구에게 개인의 통제가능성 즉, 낭비가 심하거나 저축을 하지 않는 무계획적인 생활 등에 원인으로 귀인할 경우에는 돈을 빌려주지 않을 것이다. 그러나 어려운 가정형편, 신체적 장애 등이 원인이라고 생각할 경우에는 동정과 연민을 느끼며 도움을 주게 된다. 이러한 귀인 방식도 지극히 주관적인 방식이며 개인의 경험을 통해 더욱 강화되고 편파되는 경향을 가지게 된다.

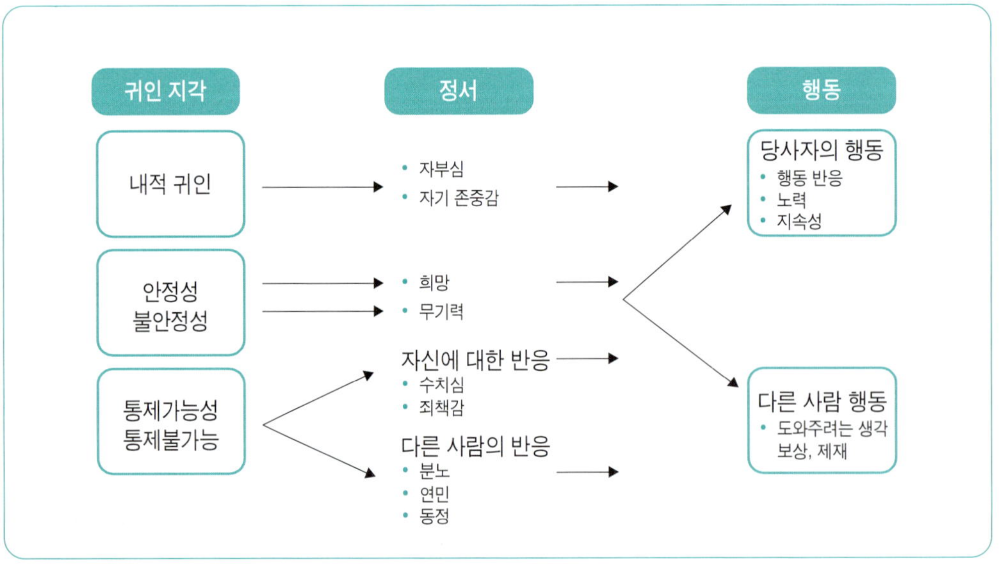

그림 5-3 귀인 지각, 정서, 행동 간의 관계

출처: 이옥형 외(2012). 교육심리학. p. 274.

에이브람슨(Abramson)의 귀인 척도

❶ 시험결과 자신의 성적이 어느 정도라고 생각하는지 해당하는 숫자에 체크하시오.

실패적이다	1	2	3	4	5	6	7	8	9	10	성공적이다

❷ 성공 또는 실패의 원인은 자신의 내부(예 능력, 노력, 기억, 집중, 기분 등)에 있는지 또는 자신의 외부(예 환경, 운, 기회, 문제의 난이도 등)에 있는지 해당하는 숫자에 체크하시오.

내부적 귀인	1	2	3	4	5	6	7	8	9	10	외부적 귀인

❸ 성공 또는 실패의 원인은 스스로 통제할 수 있다고 생각하는지 또는 그 원인을 통제할 수 없다고 생각하는지 해당하는 숫자에 체크하시오.

통제할 수 없다	1	2	3	4	5	6	7	8	9	10	통제할 수 있다

❹ 시험을 다시 보면 성공 또는 실패의 원인이 다시 작용할 것인지 또는 작용하지 않을 것인지 해당하는 숫자에 체크하시오.

다시 작용한다	1	2	3	4	5	6	7	8	9	10	다시 작용하지 않는다

❺ 성공 또는 실패의 원인은 다른 모든 장면에도 적용되는지 아니면 어떤 특수한 상황에서만 적용되는지 해당하는 숫자에 체크하시오.

적용된다	1	2	3	4	5	6	7	8	9	10	적용되지 않는다

※ **채점:** 귀인에 관하여 ❶ 은 결과에 대한 만족감, ❷ 내부적 귀인/외부적 귀인, ❸ 통제 가능성, ❹ 결과 예측, ❺ 귀인 일반화를 측정한 것이다. 자신의 귀인 성향에 대해 체크해 보자.

출처: 김연(1985). 우울증의 귀인모형에 관한 연구. 고려대학교 박사학위논문; 고려대학교 부설 행동과학연구소(1999). 심리 척도 핸드북 I.. p. 435.

2) 정서

인간의 정서는 다양하다. 일반적으로 기쁨, 놀람, 분노, 슬픔, 행복감, 공포 같은 것으로 구분지으며 그 밖에 초조함, 죄책감, 두려움, 외로움 등의 다양한 정서로 분류된다. 그리고 이러한 정서에는 긍정적인 정서와 부정적인 정서의 두 가지 차원이 있다.

인간의 정서에 대한 많은 이론 가운데 정서와 인지와의 관련성에 대한 연구는 쉬액터와 싱거(Schacter & Singer, 1962)의 각성-해석 이론(arousal-interpretqtion theory)을 들 수 있다. 정서는 일반적으로 신체적 · 생리적 변화를 수반한다. 심장이 두근거리거나 손이 떨리거나 하는 신체적 변화와 생리적 반응의 관련성을 주로 연구해오던 정서 연구에서 최근에는 인지적 요인의 중요성을 연구하였다. 즉, 정서는 신체적 · 생리적 각성과 함께 자신이 느끼는 정서에 대한 각성 해석 방식에 의해 다른 정서를 경험한다는 것이다. 이러한 주장은 정서도 개인의 경험에 따라 정서에 대한 인식이 달라지며, 개인의 인지해석은 정서에 가장 핵심적인 역할을 한다는 사실을 강조한다.

라자러스(Lazarus, 1982)도 우리가 느끼는 정서 경험에 개인이 평가하고 해석하는 인지 평가는 중요한 역할을 한다고 주장한다. 개인이 경험하는 정서의 질과 강도는 현재 상황을 어떻게 해석하고 평가하는가에 따라 달라진다는 것이다. 다시 말해서 우리의 정서는 신체적 증상만으로 느낌을 설명한다기 보다 상황적 단서를 통해 지각하고 해석하는 것에 의존한다고 본다. 동일하게 심장박동수가 빨라지고 혈압이 상승하고 체온이 오른다고 하더라도 그것이 화가 난 것인지, 겁이 나서인지, 기뻐서인지는 상황에 대한 단서를 통해 해석될 수 있다. 이런 정서의 해석은 환경과의 상호작용을 통해 계속해서 기억되고, 판단에 영향을 미치는 개인적 경험으로 누적될 것이다. 이러한 과정을 통해 우리의 정서는 반응하게 된다. 정서에 따라 행동도 바뀔 수 있다. 기분이 나쁠 때 보다는 기분이 좋을 때에 타인에게 호의적이거나 관대한 행동을 하기 쉽다. 따라서 정서도 주관적인 경험에 의해 해석되는 인지의 영향을 받게 되고 각자의 판단에 따라 행동을 결정한다.

3) 행동

우리가 자신뿐만 아니라 타인과 세상을 지각하고 알고 이해하는 방법을 사회인지라고 부른다. 결국 우리가 형성한 인지도식은 혼자 형성하는 것이라기 보다는 사회적인 피드백을 통해 형성된 것이다. 자녀의 실패에 대해 부모가 보였던 반응을 통해 형성했다거나, 주변 사람들로부터 받은 피드백을 통해 자신의 도식을 형성해 간다. 마찬가지로 타인에 대한 관점도 사회적 인지로부터 형성된 것이다. 우리가 세상을 바라보고 느끼는 것들은 결국 경험을 통해 얻어진 것들이라고 할 수 있다.

사회인지 이론에서는 개인의 행동이 다양한 피드백을 통해 얻어진 경험의 결과로 생긴 가치, 기대감에 따라 선택된다고 본다. 어떤 행동을 할 때 개인의 이러한 판단 과정은 행동에 영향을 미친다고 보았고 반두라(Bandura)는 자기 효능감의 개념을 통해 행동을 수정하는 데 적용했다. 자기 효능감이란 어떤 일을 할 때 가지는 개인적 신념으로 이러한 신념의 따라 결과가 달라진다고 설명한다.

예를 들어 어떤 일을 할 때 성공할 수 있다고 기대하는 신념은 성공을 위한 적극적인 행동을 돕게 되고 결과적으로 성공적인 수행을 가져온다. 반면 낮은 효능감을 가지면 실패할지도 모른다는 두려움과 위축된 행동으로 수행에 실패하기 쉽다는 것이다. 누구나 자신의 능력이나 특성에 대한 신념을 가지고 있고 이러한 신념은 자신의 행동을 결정하게 한다. 각자 가지고 있는 신념을 가지고 행동으로 옮길지 아닐지를 판단한다. 낮은 효능감은 부정적인 정서를 일으키게 하고 수행결과에도 나쁜 영향을 미치게 된다.

사회인지 이론에서는 개인의 행동 변화를 위한 조건으로 자기 조절이나 통제 양식, 개인이 중요하게 생각하는 가치나 기대, 효능감 같은 인지적 과정을 들고 있다. 특히, 동일한 자극일지라도 개인에 의해 선택되고 해석하고 범주화하는 과정에 인지적 과정에 따라 다르게 보게 된다. 이것은 행동에 미치는 인지적 · 사회적 영향력에 관한 설명이라고 할 수 있다.

지금까지 살펴본 바와 같이 인간의 인지 · 정서 · 행동은 서로 연관되어 있어서 어느 것이 먼저인지 혹은 더 중요한지를 가려내기 어렵다. 자신이 가지고 있는 부적응적 요소가 인지도식이나 정서의 문제일 수 있다. 때로는 좋지 않은 습관과 같은 행동의 문제일 수도 있다. 적응적인 삶을 유지하기 위해서는 첫째, 성공에 대한 자신의 능력과 같은 내적 귀인을, 실패에 대해서는 노력과 같은 통제 가능한 귀인을 하는 것이 바람직하다. 둘째, 긍정적인 인식은 긍정적인 정서를 일으킨다. 따라서 정서를 일으키는 데 필요한 상황 단서를 보다 긍정적으로 보는 것이 유리하다. 셋째, 자신에 대한 능력의 장점을 활용하여 효능감을 높이는 것이 일의 수행에 도움이 된다. 과거 자신이 했던 수행 중에 좋은 결과를 가져왔던 기억을 떠올리며 자신의 능력에 대한 긍정적 신념을 준다.

04 변화를 위한 제언

부모와 교사는 모두 유아를 돌보고 양육하는 데 최적의 환경을 만들기 위해 노력하는 사람들이다. 부모와 교사는 심리적으로나 신체적으로 건강한 유아로 양육하고 지도하는 것에 중요성에 대한 인식을 갖고 있다. 그러나 유아와 관계를 맺는 성인 자신의 건강에 대해서는 상대적으로 관심을 덜 갖는 경향이 있다. 남을 돌보기 위해서 자기 자신도 돌보아야 한다.

앞서 살펴본 바대로 자신의 어린 시기 양육환경이나 관계를 통해 형성된 자신의 사고패턴을 돌아보고 자신이 가지고 있는 감정과 욕구에 귀 기울이면서 자신의 내면에 대해 관심을 가져야 한다. 다행히 긍정적이고 적응적인 도식을 가지고 있고 대인관계나 그 밖의 일상생활에서 적응적이라면 심리적으로 건강한 상태를 유지할 수 있을 것이다. 그러나 몇몇의 부정적인 사고와 인지적 왜곡으로 인해 불편한 부분이 있다면 그러한 부분을 자각하고 개선하려 노력해야 할 것이다.

신체적인 건강의 중요성만큼 심리적 안녕감과 건강함은 행복한 삶을 사는 데 필수적인 요소이다. 신체적인 돌봄만큼 심리적 돌봄도 적극적인 관리가 필요하다.

1) 변화를 시도하는 데 나타나는 일반적 오류

부정적인 감정과 사고로 인해 불안하고 불편함을 느끼는 사람들이 보이는 일반적인 오류는 세 가지 형태로 구분할 수 있다. 우리는 살면서 일정한 패턴으로 나타나는 부정적인 생각과 감정에 대해 노예가 되거나 평생 도망 다니는 도망자가 되기도 한다. 혹은 용감한 전사가 되어 처절하게 싸우기도 한다. 이런 세 가지 유형의 사람들은 우리 주변에서 흔히 볼 수 있는 유형에 해당된다.

(1) 부정적인 도식의 무기력에 빠진 노예

일반적으로 볼 수 있는 유형으로 부정적인 도식과 감정의 노예가 있다. 이 유형의 사람들은 자신이 갖게 된 부정적인 도식과 감정을 쉽게 받아들인다. 아주 무기력한 모습으로 순순히 자신은 그런 사람이라고 인정하는 것이다. 저항하거나 반박하려는 노력이 없이 부정적이고 왜곡된 방식의 사고를 사실로 받아들인다. 감정도 부정적인 감정에 쉽게 동요되고 무기력에 빠진다. 이 유형의 사람들은 그것이 자신의 왜곡된 생각이라는 것을 인식하지 못하고 자신을 가치 없다고 여기거나, 자신은 사람들로부터 버림받을 만한 존재로 생각한다. 이러한 생각은 다른 사람에게 버림받지 않기 위해 더욱 집착하는 행동을 하게 할 것이며, 이런 행동은 다른 사람을 지치게 만들어 실제 떠나게 만드는 요인이 될 수 있다. 이런 경험은 자신의 생각을 더욱 강화시키게 되고 벗어날 수 없는 순환의 고리가 된다. 어떠한 변화를 위한 시도나 노력도 포기하고 노예처럼 계속된 인지적 왜곡을 통해 객관적인 상황을 인식하지 못하게 된다.

(2) 부정적인 도식으로부터 쫓기는 도망자

도망자는 자신이 겪고 있는 벗어나야 할 문제들을 피해 다니며 내면의 감정을 속이며 겉으로는 편안한 척 감추는 유형이다. 부정적인 생각과 감정으로 불편해지면 애써 피한다. 자신의 부정적인 생각과 감정이 드러날 상황은 피하는 방식으로 대응한다. 예를 들어 버림받을 것이라는 생각을 가진 사람은 버림받지 않기 위해 친밀한 관계가 되기 전에 미리 거리를 두게 된다. 애정관계를 유지해야 함에도 불구하고 냉소적이고 불손한 태도를 보임으로써 사전에 친밀한 관계를 차단해 버리는 방식이다. 실패에 대한 두려움이 있는 경우에는 실패할지도 모르는 어떠한 책임도 지지 않으려는 태도를 보일 수도 있다. 이러한 유형은 겉으로는 평온해 보일 수도 있으나 내면으로는 많은 불안과 분노, 슬픔을 가지고 있고, 이들 문제를 외면하기 때문에 해결하기 어렵다.

(3) 부정적인 도식에 대항하는 전사

이 유형의 사람들은 전투 상황에서 만난 적군처럼 자신의 부정적인 도식과 감정을 대한다. 자신의 부정적인 도식과 감정에 대항하여 정반대의 상황을 유지하려하는 유형이다. 사람들로부터 소외될 것이 두려워서 가장 주목받을 만한 행동을 하게 된다. 자신에게 쏟아지는 비난이 두려워서 듣기 좋은 말하는 사람만 만나기도 한다. 또는 버림받는 것이 두려워서 철저하게 복종시키고 자기 말만 듣게 한다. 무엇보다 자기 자신의 책임과 한계를 인정하지 않고 다른 사람의 탓으로 돌려버리는 경향이 강하다. 그러다보니 타인으로부터 공격도 많이 받게 된다.

이상의 세 가지 유형은 어떠한 경로로든 형성된 자신의 부정적인 도식과 감정에 대해 범하는 일반적인 오류이다. 어떤 사람은 하나의 형태로 또 어떤 사람은 둘 이상의 형태를 복합적으로 사용하면서 계속 반복하기 때문에 해결하지 못하는 숙제로 남게 된다.

2) 변화를 위한 준비

앞에서 우리는 왜곡된 형태의 도식을 형성했을 경우에 나타날 수 있는 감정과 행동에 대해 살펴보았다. 개인이 주관적으로 가지고 있는 인지도식은 감정에 영향을 주고 행동을 유발한다. 또한 자신이 가지고 있는 욕구가 무시되고 해결되지 않을 때 부정적인 감정에 빠지고 불필요한 에너지를 낭비하며 관계에 악영향을 미친다. 그렇다면 건강한 삶을 유지하기 위해 부정적인 도식을 어떻게 변화시킬 것인가?

인지치료 분야에서는 인지치료의 목표를 다음과 같이 설명한다(이정숙 외, 2008). 첫째, 부정적인 사고를 모니터하여 인식하도록 한다. 둘째, 내가 가지고 있는 생각이 어떠한 감정을 유발하고 행동으로 연결되어 있는지 알도록 한다. 셋째, 왜곡된 인지의 증거를 수집한다. 넷째, 잘못된 인지를 보다 현실적인 해석으로 대체한다. 다섯째, 왜곡된 신념을 변화시킬 방법을 익힌다.

부정적 정서를 초래하는 어떤 사건(A)이 생기고 그로 인한 비합리적 신념(B)이 촉발된다. 이러한 공식에 더 이상 노예가 되거나 도망자가 되거나 전사가 되는 것이 가져다주는 오류도 살펴보았다. 그렇다면 이러한 공식의 틀에서 벗어나 새롭고 건강한 방식으로 대응하는 방법은 무엇인지 알아보기로 한다.

(1) 자기 자신의 내면에 주의 기울이기

건강한 사람이라면 다른 사람을 돌보기 앞서서 자신의 내면의 소리를 듣고 자신을 돌보아야 한다. 부모나 교사는 유아의 욕구나 유아의 신체적 · 심리적 돌봄에는 민감하지만 정작 자신의 돌봄에 소홀할 수 있다. 남을 돌보기 앞서 자신을 돌보는 것은 자신의 역할에 유능감을 높이기 위한 필수적 조건이다. 자신의 욕구, 생각, 감정, 대인관계 등을 주의 깊게 모니터하고 이들이 보내는 위험신호에 반응하여 필요를 공급할 수 있어야 한다. 내가 원하는 것이 무엇인지, 지금 이 순간 떠오르는 생각은 어떤 것인지, 지금 내가 느끼는 감정은 무엇인지, 자신의 내면과 대화하고 그런 자신의 요구를 존중해야 한다. 어린 시절의 상처나 고통이 있었다면 떠올리고 아픈 자신을 위로해 준다. 환경에 대해 항변할 수 없었던 나약했던 시절로 돌아가도록 집중한다. 변화를 위해 제일 먼저 해야 할 것은 자신이 가지고 있는 다양한 내면의 소리에 집중하고 그 내면의 소리를 인정하는 일이다.

자기 자신의 내면에 주의 기울이기

❶ 지금 이 순간 떠오르는 생각은 무엇인가?

❷ 내가 생각하는 주된 생각이나 느낌은 어떤 것들이 있는가? (떠오르는 대로 적어보자.)

❸ 나의 어린 시절에서 가장 기억에 남는 것은 무엇이고 지금의 모습에 어떠한 영향을 주었는가?

❹ 자신의 생각이나 감정 혹은 바라는 것과 같은 자신의 내면의 이야기를 들어주고 있는지, 예를 적어보자.

(2) 자신의 도식을 인식하기

자신의 생각, 감정, 대인관계 등을 주의 깊게 살피면서 이 가운데 반복되는 문제를 적어본다. 특히 욕구의 미해결을 통해 얻게 된 반응 양식이나 부정적이고 왜곡된 방식의 사고가 있는지 확인해 본다. 해결의 첫걸음은 자신의 인식에서부터 비롯된다. 문제를 인지하는 사람은 자신의 도식으로 인한 문제의 결과를 이해하고 변화할 수 있다. 현재 자신을 괴롭히고 불편하게 하는 일에 대해 정확히 이해하고 그것의 원인이나 감정을 찾아볼 수 있다. 그러한 부정적 감정과 사고에 사로잡혀 모든 것을 체념한 듯 받아들이거나 불편한 상황이 예견되면 사전에 숨어버리고 아니면 전투태세로 다른 사람들의 탓을 하며 자신의 문제를 인정하지 않는다면 변화하기 어렵다. 당당히 자신의 문제를 인정하고 확인하고 인식한다.

자신의 도식을 인식하기

❶ 자신의 생활 중에서 가장 힘든 부분은 어떤 것이 있는가? (예 대인관계, 쓸데없는 걱정, 의심, 강박적 경향성, 자신에 대한 과장 혹은 과소평가, 나태한 생활습관 등)

❷ 나의 욕구 중 가장 강한 욕구는 무엇인가? (예 인정, 자존감, 완벽한 일처리, 타인과의 관계, 자기주장 등)

❸ 불편한 사건이 생기거나 부정적인 감정이 들 때 어떻게 해결하려 하는가? (예 잠을 잔다. 핸드폰을 끄고 혼자의 시간을 보낸다. 먹는다. 영화를 본다 등)

❹ 어떤 것을 가장 회피하는가? (예 남들에게 비난받을 때, 다툼이 일어나는 것 등)

❺ 실패했을 때 자신을 어떻게 평가하는가? (예 노력이 부족했다. 시험 문제가 이상했다. 나는 실패하는 것이 당연하다 원래 그랬으니까 등)

(3) 도식의 수정

부정적 도식의 대부분은 '항상', '늘', '반드시', '꼭', '해야만 한다'와 같은 극단적인 표현들이다. 도식의 수정은 이런 강박적인 생각을 수정한다. '반드시', '늘', '항상'과 같은 생각은 그렇지 않았을 때를 떠올리거나 사건의 결과에서 부정적인 측면보다는 긍정적인 측면을 찾아보며 수정해야 한다. '나는 늘 실패해왔으니 이번에도 실패할 줄 알았어', '친구들은 늘 나를 무시하지'와 같은 생각은 부정적인 감정을 만들게 된다. '이번에는 실패했지만 경험을 얻었어', '친구들에게 인정받고 싶지만 그렇지 않을 때도 있어'와 같이 수정한다. 또한 '해야만 한다'와 같은 강박적인 생각은 '하겠다'로 수정한다. '이번 시험에 반드시 A학점을 받아야만 한다'를 ' 이번 시험에

A학점을 받도록 하겠다'로 수정하는 것이 필요하다. 이처럼 자신이 가진 주된 사고의 정형화된 방식에서 극단적인 부분이 없는지 확인한 후에 그것을 도식화하고 수정하는 연습을 한다.

도식의 수정

내가 가지고 있는 부정적인 도식을 찾아보고 수정해 본다. 일상생활 중 떠오르는 생각 가운데 부정적인 도식을 합리적 사고로 전환하기 위해서는 '첫째, 그렇게 생각하는 이유가 무엇인가? 둘째, 현실이 아닌 단지 나의 판단이나 생각이 아닌지 확인해보고 같은 상황에서 다른 표현 방법은 없는가? 셋째, 내가 생각하는 것만큼 심각한 것인가? 좀 더 완화된 표현 방식은 없는가? 넷째, 그런 생각이 나에게 도움이 되는가?'의 단계에 따라 점검해본다. 아래 표의 빈칸에 자신의 예를 완성해보자.

사건	부정적 도식	합리적 사고
• 남자친구와 헤어졌다.	• 나는 가치 없는 사람이다. 누구도 나를 좋아하는 사람은 없다.	• 나는 가치 없는 사람이 아니다. 사귀던 남자 친구와 헤어졌다고 해서 모든 사람이 나를 싫어하는 것은 아니다.
• 입사 면접에서 떨어졌다.	• 세상은 늘 내겐 불리하다. • 나는 실패만을 반복한다. 누구도 날 뽑으려 하지 않는다.	• 이번 면접에서 떨어졌다고 늘 실패만 한 것은 아니다. 뽑으려 하지 않은 게 아니고 나보다 적합한 사람이 있었기 때문이다.

(4) 순환의 고리 끊기

나를 가장 힘들게 하는 것은 무엇인지 떠올려보자. 낯선 사람과 만나는 것, 새로운 일에 도전하는 것, 사람과 친밀감을 유지하는 것, 다른 사람에게 지나치게 의존하는 것, 비난 받는 것, 혹은 공격 받는 것 등 다양한 상황에서 자신에게 가장 부정적인 감정을 느끼게 한 상황에 대한 자신의 모습을 적어본다. 그러한 자신의 모습을 변화하기 위해서 문제해결의 대안을 같이 적어본다. 그리고 시도해본다. 우리가 지금껏 유지해온 틀을 깨는 것은 쉽지 않은 일이다. 다이어트를 시도했으나 실패하는 가장 큰 이유는 중도에 포기하기 때문이다. 즉, 체중이 변화될 시점 무렵에 '난 안되는 가보다.' 라고 포기해버려서 그동안의 노력이 수포로 돌아갔기 때문이다. 우리의 몸은 늘 일정한 방식을 유지하고 싶어하는 경향성 때문에 쉽사리 변화되지 않겠지만 포기하지 말고 계속 해야 한다. 생각의 변화도 포기하지 말고 노력해야 한다. 변화를 연습할 때에 고려해야 할 것은 생각만 바꾸는 것이 아니라 감정도 일치해야 한다는 점이다. 다시 말해서 이성적으로는 '그래 괜찮아, 모든 사람들에게 인정받을 수는 없어. 나를 좋아하는 사람도 많으니까….' 라고 생각했지만 감정이나 내면의 욕구는 여전히 예전과 같다면 수정되기 어렵다. 감정과 욕구까지 포함한 변화이어야 한다.

순환의 고리 끊기

❶ 나의 문제를 적어본다: (예 완벽한 일처리를 위해 늘 자신을 혹사한다.)

❷ 원인 찾기: (예 너무 무리하게 계획을 세우는 경향 때문에 계획을 지키는데 실패하고 자신에 대한 부정적인 생각이 반복되는 것 같다.)

❸ 문제해결을 위한 대안: (예 계획을 세우는데 실현가능한 만큼 짰는지 확인한 후 실현 가능한 계획으로 수정한다.)

변화를 위한 '마음챙김(mindfulness)'의 제안

마음챙김은 팔리어 'sati'에서 유래하였으며 자각, 주의, 기억의 의미를 가지고 있다. 현대 심리학에서는 마음챙김을 자신의 감각, 느낌, 욕구, 감정, 생각으로 벗어나 전기 스위치를 내리듯 자신의 모든 것을 내려놓고 현재 자신에게 집중하는 것을 말한다. 우리는 매 순간 자신의 내면의 다양한 과정에 사로잡혀 마음의 여유를 갖지 못한 채 살고 있다. 현재 수업을 듣고 있으면서도 자신의 다른 생각 예를 들면 "아까 내가 한 말 때문에 저 친구 안색이 좋지 않았는데 화가 난 것은 아닐까?", "교수님이 내 인사를 제대로 받아주지 않았는데 왜 그럴까?" 이런 생각들로 꽉 차 있다. 그러한 생각에 이어 걱정, 불안과 같은 감정에 휩싸이며 지쳐간다. 앞서 살펴본 습관화 되어 있는 자신의 인지도식과 욕구에 의해 부정적인 감정과 패턴이 이어진다.

마음챙김은 이러한 습관화된 욕구나 생각으로부터 자신을 알아차리는 것을 의미한다. 매 순간 일어나는 생각과 감정, 욕구, 동기, 의지와 같은 자신의 내면을 있는 그대로 받아주고 주의를 기울이는 것이다. 이런 과정을 통해 자기 자신을 객관적으로 바라볼 수 있으며 자기 자신에 대한 관찰을 통해 마음의 여유를 찾을 수 있다. 우리의 생각은 끊임없이 계속되고 있고, 그러한 생각은 감정을 일으키고 행동을 이끈다. 이러한 것에서 잠시 벗어나 지금 자신에 대해 순수하게 집중하고 알아주는 과정은 휴식과 여유를 줄 수 있다. 또한 마음챙김은 부정적인 도식과 패턴의 고리를 끊을 수 있는 방법으로 적용되고 있다. 현재 내가 보고 있는 것, 듣고 있는 것, 생각하는 것, 느끼고 있는 것을 읽어 주는 것이다. 큰 소리로 계속되는 소음으로 인해 불쾌한 기분이 들었을 때 우리는 자신의 감정에 대해 정확히 자각할 필요가 있다. 소음으로 인해 불안한 것인지, 잠을 잘 수 없어서 피곤한 것인지, 수업에 집중할 수 없어서 짜증이 난 것인지, 소음을 유발한 사람에게 화가 난 것인지, 현재 자신에 마음을 명확하고 또렷하게 알아차리고 객관적인 자신의 모습을 확인하는 것이다. "나는 지금 두려워하고 있구나.", "나는 지금 불안해하고 있구나.", "나는 지금 친구의 예쁜 치마를 보고 부러워하고 있구나. 갖고 싶어 하는구나."와 같은 자신의 마음을 살펴보고 깨닫는다.

이때 중요한 것은 자신의 마음에 대한 비판이나 평가를 배제해야 한다. "바보같이 친구의 치마를 부러워하고 있어. 어차피 나한텐 어울리지도 않을 텐데."와 같은 판단을 하는 것은 도움이 되지 않는다. 다만 현재의 자신의 감정과 생각, 욕구를 충실하게 관찰하면서 탐색한다. 즉, 자신에 대한 평가나 비판 없이 다른 사람에게 하듯 자신의 내면의 소리를 경청하는 것을 말한다.나 자신 만큼 나에 대해 잘 아는 사람은 없다. 따라서 자신의 내면을 경청해 주는 습관은 여러 가지 내면의 복잡한 과정으로 지친 자신을 치유해 주는 효과를 갖는다.

이러한 마음챙김은 자신의 욕구나 감정에 즉각적인 반응을 하지 않고 잠시 자신의 내면을 읽는 동안의 여유를 주어 결과적으로 감정을 조절하는 데 도움이 되며 자신의 내적인 욕구나 감정에 대해 수용적인 태도를 갖게 한다. 따라서 마음챙김의 수준이 높은 사람은 긍정적인 정서, 삶의 만족감, 자아 존중감, 낙관성이 높게 나타났고 반면 신경증적 성향, 우울, 불안, 부정적인 정서는 낮게 보고되었다(Brown & Ryan, 2003).

국내 연구로는 초등학교 교사들의 마음챙김이 교사의 정신건강에 긍정적인 영향을 미치며 직무 스트레스와 관련하여 불안, 적대감, 신체화 같은 부정적인 영향을 완화시키는 것으로 나타났다(홍순희, 2011). 마음챙김의 수준이 높을수록 우울, 불안, 대인예민성과 같은 수준이 낮아졌고, 교사가 갖는 정신적 고통에 대해 거리두기를 할 수 있도록 하여 대안적이고 생산적인 문제해결이 가능하다. 특히 타인을 돌보는 일과 관련된 사람들의 행복과 삶의 질의 향상을 위해 마음챙김은 효과적인 방안이 될 수 있다. 삶의 질과 행복의 원인 변인으로 마음챙김이 작용하고 있어서 삶의 질과 행복을 높이기 위해 마음챙김의 수준을 높이는 전략이 임상치료에서도 적용되고 있다(한정균, 2010).

아래 마음챙김 척도를 통해 자신의 마음챙김 정도를 확인해 보자. 그리고 지쳐있는 자신에 대해 집중하고 관찰하면서 자신과의 대화를 시도함으로써 정신적 휴식을 갖는 것을 제언한다.

마음챙김 척도

범주	번호	문항	매우 그렇다	상당히 그렇다	보통 그렇다	약간 그렇다	전혀 그렇지 않다
			1	2	3	4	5
주의집중	1	한 가지 과제나 일에 정신을 집중하기가 어렵다.					
	2	어디다 물건을 두었는지 기억하지 못해서 괴로운 경우가 많다.					
	3	책을 읽거나, TV를 봐도 무슨 내용이었는지 잊어버릴 때가 많다.					
	4	다른 사람들과 이야기할 때 사람들이 내게 한 말을 금방 잊어버리는 경우가 많다.					
	5	나는 내가 하고 있는 것에 대한 주의집중 없이 멍한 상태로 일하는 경우가 많다.					
탈중심적 주의	6	나는 미래에 대한 걱정 혹은 과거의 일에 몰두해 있는 때가 많다.					
	7	미래에 대한 걱정이 떠올랐을 때 불안에 휩싸이게 된다.					
	8	닥칠지도 모르는 불행에 대해서 걱정에 빠져 있는 경우가 많다.					
	9	고민을 털어버리지 못하고 계속 집착한다.					
	10	실망하면 그 타격이 너무 커서 그것을 떨쳐버릴 수가 없다.					
비판단적 수용	11	내가 어떤 감정을 갖는다는 것을 알면, 다른 사람들이 나를 이상하게 볼 것이란 생각이 든다.					
	12	나는 스스로에게 '내가 이런 것을 원해서는 안 되지' 라고 말하는 경우가 많다.					
	13	어떤 감정을 느낄 때, 내가 가져서는 안 되는 감정이라고 판단하는 경향이 있다.					
	14	내가 이런 생각 혹은 감정을 갖는다는 것에 대해 스스로에게 실망하는 경우가 많다.					
	15	어떤 생각이나 감정이 떠오를 때, 옳지 못한 것 같아 부끄러울 때가 많다.					

범주	번호	문항	매우 그렇다	상당히 그렇다	보통 그렇다	약간 그렇다	전혀 그렇지 않다
			1	2	3	4	5
현재자각	16	나는 현재 내 주변에 무슨 일이 일어나고 있는지를 놓치는 경우가 많다.					
	17	나는 순간순간 내 기분의 변화를 잘 알아차리지 못한다.					
	18	서운하거나 화나는 감정을 느껴도 어느 정도 시간이 지나기 전까지는 그것을 알아차리지 못한다.					
	19	나는 순간순간 내가 바라는 것이 무엇인지 알 수 없는 때가 많다.					
	20	때때로 나는 내 느낌이나 감정이 무엇인지 구별할 수가 없다.					

※ **채점:** 각 범주별로 5문항씩을 합하여 자신의 점수를 확인한다. 높을수록 마음챙김의 수준이 높은 것을 의미한다. 각자 자신의 점수가 낮은 범주는 어디인지 확인해 보도록 한다.

출처: 박혜민(2012). 마음챙김이 심리적 안녕감에 미치는 영향. 성신여자대학교대학원 석사학위논문.

생각해보기

개인의 인지도식에 대한 긍정적인 변화를 위해 긍정심리학을 활용해 봅시다.

❶ 자신이 가지고 있는 강점을 찾아 봅시다.

❷ 행복에 대해 각자 가지고 있는 정의를 내려 봅시다(자신감과 낙천적 사고 연습).

❸ 셀리그만은 행복한 사람들의 공통점으로 긍정적인 사고 습관, 신체적 건강, 효율적인 인간관계로 꼽았습니다. 자신의 사고습관은 긍정적인가, 규칙적인 운동을 통해 건강 관리를 하고 있는가, 대인관계에서 문제는 없는가 점검해 봅시다.

Chapter 6

성인기 스트레스

1 스트레스의 발생원인 및 관리

2 스트레스의 치료

3 교사 · 부모 · 직장의 스트레스

학습주제 성인기 스트레스

학습목표

❶ 스트레스 개념이 변천해온 과정을 이해한다.
❷ 성인기 스트레스의 반응과 대처방법을 탐색한다.
❸ 교사의 스트레스와 대처방법에 대하여 생각한다.
❹ 부모의 스트레스와 대처방법에 대하여 생각한다.

학습요약

1 스트레스의 발생원인 및 관리
1) 스트레스의 발생원인
2) 일반적 스트레스의 관리 및 대처

2 스트레스의 치료
1) 문제해결
2) 관계 속에서의 의사소통
3) 시간 관리

3 교사 · 부모 · 직장의 스트레스
1) 교사의 스트레스
2) 부모의 스트레스
3) 직장의 스트레스

주요개념 스트레스, 교사 스트레스, 부모 스트레스

들어가기

최근 내가 받았던 가장 큰 스트레스 상황을 적고 나누어 봅시다.

❶ 언제:

❷ 어디서:

❸ 누구와:

❹ 어떤 상황에서:

❺ 내가 들은 말:

❻ 내가 한 말:

❼ 내가 한 생각:

❽ 스트레스가 나에게 준 영향:

우리는 평소에 "아, 스트레스 받아."라는 말을 자주 사용한다. 아마도 계획된 일이 잘 안 풀리거나, 대인관계에서 갈등이 있을 때 그 상황에 대한 결과로 '내가 지금 이런 느낌이다.' 라는 것을 표현하기 위함인 듯하다. 가장 최근에 받았던 스트레스를 떠올려 보자. 스트레스의 원인을 분석할 수 있을까, 스트레스를 극복하게 되었는가, 아니면 그 스트레스가 나에게 꼭 나쁘기만 한 것이었을까? 본 장에서는 이러한 질문들에 답하기 위하여 스트레스에 대한 일반적인 개념과 스트레스를 받을 때에 우리 몸이 나타내는 다양한 반응 특성들을 살펴보기로 한다. 또한 스트레스는 연령이나 직업, 자신의 역할 등에 따라 여러 가지 양상을 나타내는데 우리나라의 상황에서만 특별히 느껴지는 스트레스가 있기 마련이다. 특히 그러한 특수성은 부모의 역할을 감당하는 것을 힘겹게 하는 경우가 대부분이다. 부모가 자녀를 양육한다는 것은 그 사회의 특수한 문화 속에서 이루어지기 때문일 것이다. 특히 대한민국 부모들은 양육에 대한 사회적 인프라가 부족한 상태에서 입시와 지나친 교육열까지 책임져야 하는 상황이기에 양육 스트레스를 더욱 많이 받는 것으로 나타나고 있다. 교사라는 직업도 예외에서 벗어날 수는 없는 것 같다. 교직이란 보람이 있는 고귀한 직업임에는 틀림없으나 역시 주어지는 책임감에 비하여 과중한 업무 및 감정노동을 희생이라는 미명 아래 강요받고 있다. 해결 방안이 없을 것처럼 느껴지는 부모 스트레스와 교사의 스트레스를 살펴보고 어떻게 하면 그 상황을 극복하고 긍정적으로 스트레스를 이용할 수 있을지 대처 방안을 생각할 수 있을 것이다.

01 스트레스의 발생원인 및 관리

우리는 다양한 상황에서 스트레스를 이야기한다. 어떤 사람은 원인으로, 어떤 사람을 결과로, 또 다른 사람은 질병의 한 종류로 스트레스를 이해하고 말한다. 스트레스 없는 현대 사회는 생각하기 어려울 뿐 아니라 스트레스가 꼭 우리 삶에 부정적인 영향만을 주는 것은 아니다. 본 절에서는 스트레스의 발생원인과 대처 방안을 살펴봄으로써, 스트레스를 긍정적으로 극복할 수 있는 힘을 받고자 한다.

1) 스트레스의 발생원인

(1) 환경적 원인

스트레스는 라틴어 동사 'stringere(조이다, 압박하다)' 에서 유래했다. 초기 연구에서는 스트레스를 '신체에 가해진 모든 자극에 나타나는 반응' 이라고 정의하고, 환경이 변할 때 특히 심한 압박이나 자극을 받는 경우에 우리에게 스트레스라는 반작용이 나타난다고 하였다. 이 초기 연구의 정의에 따라 우리가 일반적인 생활 속에서 '스트레스 받는다' 라는 이야기를 다양하게 적용시켜 할 수 있게 되었다. 그러나 초기 연구의 스트레스 개념에 따르면 인간을 둘러싼 모든 환경이 스트레스가 될 수 있다는 약점이 있다. 또한 같은 환경이더라도 사람마다 다른 특성으로 스트레스를 받아들이기에 누구에게는 큰 스트레스로 다가오는 일이 또 다른 사람에게는 아무것도 아닌 일로 받아들여질 수 있다는 사실을 설명하기는 어렵다(유수현 외, 2010). 우리들을 스트레스에 많이 노출 시키는 요인은 다양하지만 환경적 원인을 살펴보면 다음과 같다.

첫째, 갑작스러운 재난과 천재지변과 각종 사고들은 외상 후 스트레스 장애나 적응장애를 보인다. 각종 폭력 사건, 일본의 대지진, 우리나라의 삼풍백화점 붕괴 사건, 대구지하철 폭발 사고 등을 겪고 생존한 사람들은 일상생활에 다시 적응하는 것에 죄책감을 느끼고 정신적 후유증을 경험한다.

둘째, 사회의 변화가 급속도로 이루어지기 때문에 생활 속에서 일어나는 다양한 사건 자체가 스트레스의 원인이 된다. 슬픔과 어려움을 주는 사건뿐 아니라 결혼 자녀출산과 같은 기쁜 사건도 스트레스의 요인이 될 수 있다. 홈즈와 라쉬(Holmes & Rache, 1967)는 생활 속에서 일어나는 다양한 사건들이 좋던지 나쁘던지 새로운 적응을 필요로 하기 때문에 스트레스의 원인이 될 것이라고 판단하여 다양한 생활 속 사건들의 스트레스 정도를 표준화하여 제시하였다. 다음의 표에 따르면 승진, 휴가 등의 긍정적인 사건들도 어느 정도 스트레스를 포함하고 있음을 알 수 있다.

사회적 재적응 평정 척도

순위	생활 사건	가중치	순위	생활 사건	가중치
1	배우자의 사망	100	20	승진	29
2	이혼	73	21	자녀의 가출	29
3	부부간 별거	65	22	친척과의 갈등	29
4	감옥에 감	63	23	개인의 수상 및 업적	28
5	친척의 사망	63	24	부인의 출근이나 이직	26
6	자신의 질병이나 부상	53	25	학교입학과 졸업	26
7	결혼	50	26	생활환경의 변화	25
8	직장에서 해고됨	47	27	습관을 바꿈	24
9	부부싸움 후 화해	45	28	상사와의 갈등	23
10	퇴직	45	29	이사	20
11	가족의 질병	44	30	학교의 변화	20
12	임신	40	31	여가 활동 변화	19
13	성생활 문제	39	32	종교 활동 변화	19
14	가족 수 증가	39	33	사교 활동 변화	18
15	사업의 재적응	39	34	수면습관 변화	16
16	경제사정의 변화	38	35	식사습관 변화	15
17	친한 친구의 사망	37	36	휴가	13
18	직업 전환	36	37	크리스마스	12
19	대출이나 저당	31	38	사소한 법규 위반	11
지난 1년간 생활 사건의 가중치 총점을 더한 값은?					

- **점수평가:** 150 이하(생활 변화에 따른 스트레스 수준이 낮음)
  150~199: 경미한 생활 스트레스
  200~299: 견딜만한 위기 상황
  300 이상: 심각한 스트레스 상황

출처: Holmes, T. H. & Rache, R. H.(1967). The social readjustment rating scale. Journal of Psychosomatic Research, 11. pp. 213-218.

(2) 심리적 원인

천재지변과 같은 환경적 요인이 없음에도 스트레스를 받는다면 다음과 같은 심리적인 요인을 생각해 볼 수 있다(김혜금 외, 2011; 이동식, 1991; 이종호, 2011).

첫째, 결핍이다. 음식이나 물처럼 생존에 필요한 기본 욕구와 인권, 정의 등과 같이 사회에서 인간으로 누려야 할 욕구가 충족되지 않으면 스트레스가 따라 온다. 이처럼 개인의 욕구를 만족시킬만한 수단이 박탈되거나 제거된 상태를 결핍이라 정의하고 생존 문제, 인권 문제, 소외 문제 등에 처할 경우에 결핍감 및 스트레스가 증가한다.

둘째, 욕구 좌절이다. 욕구 좌절은 개인이 하고자 하거나 목표하는 것에 방해를 받아 좌절하고 실패하였을 때에 나타난다. 처음에는 분노와 공격성 등 정서적인 반응을 보이나, 계속되면 '학습된 무기력'이라고 불리는 무력감이 생겨 자신은 아무것도 할 수 없고 하고 싶은 일이 없는 상태에 이르게 된다. 이런 욕구 좌절은 원하는 것이 지연이나 지체 되었을 때, 돈이 없어 누구나 가지고 있는 상품 등을 가질 수 없을 때, 실연이나 죽음 등으로 사랑하는 사람들과 이별했을 때, 경쟁사회에서 여러 번 실패를 맛보았을 때, 모든 것을 다 가진 듯 하지만 삶에서 의미를 찾지 못했을 경우에 경험한다.

셋째, 갈등이다. 주로 어떤 것을 선택해야 하는 경우에 발생하는데, 모든 선택이 100% 만족감을 주는 것이 아니기 때문에 스트레스의 요인이 된다. 때로는 부정적인 결과를 알면서도 선택해야 하기 때문에 갈등이 되고, 때로는 두 가지의 긍정적인 상황 중에 하나를 결정해야 하기 때문에 갈등이 되기도 한다.

넷째, 과잉부담과 지루함이다. 과잉부담은 내가 할 수 있는 수준보다 높은 수준을 요구할 때에 느끼는 감정이며, 지루함은 일상이 너무나 반복적이거나 도전할만한 과업이 주어지지 않을 때 생긴다.

(3) 스트레스 강도

같은 수준의 스트레스라고 하더라도 개인차는 존재한다. 어떤 사람은 며칠 고민하다가 일상적으로 가볍게 툭툭 털고 극복하는 반면, 또 다른 사람은 치료의 단계를 밟아야 극복되는 경우도 있다. 개인적으로 다르게 느끼는 스트레스의 강도는 다음과 같다(이동식, 1991; 이종호, 2011; Andre et al., 1998; 김용채 역, 2003).

첫째, 예측의 유무이다. 신입생이나 신입사원들은 일 년 동안의 일정을 경험해 보지 않았기 때문에 학업과 업무의 강도가 어느 정도인지 예측할 수 없기에 더 힘들어 하지만, 고학년이나 회사에서 연차가 올라갈수록 일어날 일들이 예측되기 때문에 느껴지는 스트레스 강도에 차이가 있을 수 있다.

둘째, 통제가능성이다. 스트레스 사건을 내가 조절할 수 있다면, 업무량이 많더라도 내가 일정을 조절하고, 출퇴근 시간을 조절할 수 있기 때문에 일이 없어도 팀 분위기에 따라 무조건 야근해야 하는 것보다 덜 스트레스를 받을 것이다.

셋째, 개인의 사고이다. A+를 받던 사람이 A를 받는 것과 C를 받던 사람이 A성적을 받는 것과는 차이가 있다.

넷째, 자신에 대한 긍정성이다. 자신에 대한 긍정적인 사고를 갖고 있는 사람들은 어려움 속에서도 헤쳐나갈 수 있다고 느끼기에 스트레스의 강도가 약하게 느껴진다. 이는 개인의 타고난 기질이나 성격 유형과도 관계가 있다.

다섯째, 지원 체계이다. 사회적으로 지원해 줄 가족, 친구, 동료가 있는 사람들은 물질적 도움뿐 아니라 정서적인 안정감을 얻을 수 있어서 같은 스트레스를 받더라도 극복할 수 있다.

2) 일반적 스트레스의 관리 및 대처

스트레스를 오래 방치하면 건강상 질병으로 이어질 수 있고 같은 업무를 수행하더라도 효율적으로 수행하지 못할 가능성이 있다. 정신건강에 대한 지식과 정보가 없는 일반인들은 개인차는 있지만, 흔히 다음과 같은 방법으로 스트레스를 해소한다(| 표 6-1 | 참고).

표 6-1 일반인이 사용하는 스트레스 해소법

내용	• 목욕, 청소, 실컷 울기, 공상하기, 음주, 맛있는 음식이나 단 음식 섭취, TV 시청, 책읽기, 운동하기, 도박, 식물 기르기, 자위, 성행위, 운동, 명상, 영화감상, 노래 부르기, 음악듣기, 무엇인가 치고 차고 던지기, 옷장 정리, 자기처벌이나 비난, 뜨개질, 십자수, 쇼핑, 흡연, 혼잣말, 수다, 일에 몰입, 소리 지르기

출처: 장연집 외(2008). 정신건강. p. 137. 재구성.

그러나 이러한 일상적인 스트레스 해소방법이 단기적으로 효과를 보는 경우도 있고, 긍정적인 상승효과를 주는 경우도 있지만, 도박이나 쇼핑 등과 같이 지나치면 오히려 부정적인 결과를 가져오는 방법들도 있음을 찾아볼 수 있다. 그러므로 스트레스를 원인과 대상에 따라 효과적으로 관리하는 것은 중요하다. 앙드레 등(Andre et al., 1998; 김용채 역, 2003)은 다음과 같은 문제상황에서의 다섯 가지 스트레스 관리방법을 소개하였다.

•**문제상황**•

공용공간인 교무실을 함께 사용하는 동료교사가 자신이 사용한 물건의 뒷정리를 잘 하지 못하여 나에게 피해를 준다. 나는 교무실이 깔끔하게 정리되지 못한 상태가 싫고, 그 동료의 얼굴을 보는 것조차 이제는 싫어졌다.

첫째, 스트레스의 원인에 대한 대처방법이다. 교무실을 지저분하게 쓰는 동료에게 받는 스트레스에 대처하는 방법은 다음과 같이 찾아볼 수 있다.

- 공동으로 사용하는 교무실을 깨끗하게 사용해달라고 조심스럽게 말한다.

- 지저분하게 쓰고 나간 자리에 '정리해 주세요.' 포스트잇을 붙여 놓는다.
- 함께 사용하는 공간을 옮겨달라고 부탁한다.

둘째, 스트레스에 반응하는 나에 대한 대처방법이다. 교무실을 지저분하게 쓰는 동료를 보는 나의 입장을 관리한다.

- 약간의 지저분한 것에는 너무 심하게 예민해지지 않도록 해본다.
- 모든 사람에게 단점이 있으니 그 교사의 단점도 이해하고 수용해보려고 한다.
- 지저분한 교사실을 볼 때 순간적으로 올라오는 감정을 가다듬는다.

셋째, 스트레스에 대한 저항력 기르는 방법이다. 평소에 스트레스 상황을 대하는 나의 자세를 점검해보고 스트레스의 수준을 낮추기 위하여 노력한다.

- 어지러운 교사실이 화가 난다면 요즘 나의 업무가 늘어나 긴장 수준이 높아져서 받아들이기 힘든가보다고 생각한다.
- 긴장을 풀 수 있는 가벼운 운동이나 산책, 편안하게 즐길 수 있는 여가 시간을 확보하는 데 노력한다.

넷째, 근육이완과 관련된 방법이다. 스트레스 상황에서 우리 몸의 근육은 자동적으로 굳어지면서 수축된다. 간단한 체조, 심호흡, 명상, 요가, 단전호흡 등은 의식적으로 근육이 수축되어 있는 것을 풀어주어 스트레스 상황에서 벗어날 수 있는 신체 조건을 만들어 준다. 의식적으로 근육이완을 노력하면 불안한 심리도 줄어들 수 있다. "건강한 신체가 건강한 정신을 만든다."

다섯째, 인지(생각)변화와 관련된 방법이다. 인지(생각)는 객관적인 정보를 제공하고 상황을 통제할 수 있도록 만들어 스트레스 감소에 도움을 줄 수 있다. 반면에 인지(생각)를 잘못 활용함으로써 스트레스가 더 증가하는 경우도 많이 있다. 그러므로 스트레스를 주는 상황에 대한 나의 생각을 끊임없이 되새겨 보아 스트레스를 극복할 수 있도록 바꾸는 연습을 할 필요가 있다.

02 스트레스의 치료

1) 문제해결

스트레스가 되는 상황을 해결하고자 할 때 정확하게 상황을 파악하지 못하고, 기분이 상한 마음에서 사태를 지나치게 해석하여 행동하는 경우가 종종 있다. 문제를 객관적으로 파악하여 스트레스 받는 만큼만 행동이나 상황을 바꾸면 된다.

예를 들어 대학등록금을 마련하기 위하여 저녁 시간에 아르바이트를 하는 경우에 공부할 시간이 절대적으로 부족하기 때문에 성적장학금은 못 받을 수 있다. 아르바이트는 해야겠고, 좋은 성적도 유지하고 싶은데, 이 경우에 가장 잘못된 문제해결은 스트레스 때문에 학교를 자퇴하는 것이다. 등록금과 좋은 성적 둘 중의 하나를 택해야 하는 상황을 이해하고 둘 중 하나를 조금 소홀하게 하는 상황을 받아들일 수 있어야 한다. 또는 친한 친구들의 도움을 받을 수도 있다.

2) 관계 속에서의 의사소통

스트레스에서 의사소통은 적지 않은 영향을 준다. 착한 아이, 말 잘 듣는 아이로 교육되어진 사람들은 관계 속에서 "싫다.", "아니다.", "나는 그렇게 생각하지 않는다."를 이야기하는 것을 힘들어 하기 때문에 스트레스를 더 많이 받는 경우가 있다. 의사소통의 세 가지 경우의 수를 살펴보면 다음과 같다.

그림설명: 효과적인 의사소통의 출발

첫째, 착하기만 한 의사소통의 경우이다. 내일이 시험인데 친구가 영작 과제를 도와달라고 한 부탁을 거절하지 못한다.

둘째, 현명한 의사소통의 경우이다. "내가 정말 도와주고 싶은데 나도 내일이 시험이야. 영작과제 마감날짜가 언제니? 내 시험 끝나고 도와줄게."라고 자신의 상황을 차분하게 이야기하며, 상대방을 이해시킬 수 있다.

셋째, 공격적인 의사소통의 경우이다. "야, 넌 왜 너 혼자 못하고 항상 날 귀찮게 하니? 스스로 좀 해봐."라고 말하는 경우로 상대방에게 불쾌감을 주는 동시에 자신의 입장도 정확하게 전달하지 못하는 결과를 가져온다.

착하기만 한 의사소통의 경우는 스트레스에 심하게 노출되고, 공격적인 의사소통의 경우는 실수를 했다는 후회감과 관계가 깨지는 경험을 하게 되어 적합하지 못하다.

3) 시간 관리

업무가 지나치게 많거나 우리가 계획한대로 일이 흘러가지 않을 때 스트레스에 노출되는 경험을 해보았을 것이다. 따라서 스트레스를 줄이기 위하여 시간 관리는 필수적이다. 다음과 같은 방법으로 시간 관리를 통한 스트레스를 줄여보자.

첫째, 기본적으로 하루에 꼭 해야 하는 일들(예 수면, 식사, 샤워, 수업, 학과 교수님과의 대화 등)을 점검하여 어느 정도의 시간이 필요한지 예상해 본다.

둘째, 기본적인 일 이외에 가치를 두고 있는 일(예 독서, 친구관계 등)들을 정한다. 꼭 해야 하는 업무를 시간표에 배치한다.

셋째, 무리한 일정에 스트레스 받는 경우에 거절하는 것도 한 방법이다.

개인 시간 관리 계획

이번 주에 꼭 해야 할 우선순위를 체크해 보자.

월	화	수	목	금	토	일
오전						
오후						
밤						

03 교사 · 부모 · 직장의 스트레스

1) 교사의 스트레스

자신의 직업에 만족하는 사람은 아마도 거의 없을 것이라고 본다. 어느 직업이든지 애환이 있기 마련이고, 극복해야 할 관계들이 존재한다. 교직도 마찬가지로 극복해야 할 인간관계와 환경이 존재하는 직업이다. 교직에서 닥치는 어려움과 스트레스를 단지 '나는 교사체질이 아닌가보다.' 라는 단순한 해석으로 판단해서는 안 된다. 본 절에서는 다른 직업세계와 다른 교직의 스트레스와 대처 방안에 대하여 살펴보기로 한다(Barry & Faber, 1991; 장미선, 2007).

(1) 교직 스트레스의 유형

첫째, 공교육에 대한 불신으로 점차 사교육 시장(학원 등)에 비하여 학부모의 관심 있는 참여가 떨어지고 있다. 유아교육에서는 방문학습지 교사, 초등교육 이상에서는 학원 교사의 조언을 더 신뢰감 있게 받아들인다.

둘째, 질 높은 교육을 수행할 만큼의 재정 여건이 넉넉하지 않다. 어느 기관에서든지 재정은 넉넉하지 않고, 한쪽을 늘리면 다른 한쪽이 줄어드는 '파이 이론' 현상을 보인다. 그러나 교육 현장에서는 물리적 환경과 교육 시스템에는 적게 투자하면서도 교사의 역량을 발휘하여 교육의 효과가 크기를 기대하는 경향성이 더 짙다.

셋째, 교사가 열심히 연구하여 준비한 활동이나 수업에 다양한 이유(예 물리적 환경, 학생들의 컨디션, 날씨, 흥미, 동기 등)로 학생(유아)들이 관심을 보이지 않는다. 실제로 이 경우에 교사들이 '무력감'을 많이 느끼고 '나는 교직이 천직이 아니다.'라고 생각하여 이직을 고려하는 경우가 많이 있다.

넷째, 가정에서의 양육과 훈육(밥상머리 교육)이 절대적으로 부족해지고 있다. 가정교육의 부재는 교사의 생활지도와 상담을 더욱 어렵게 한다.

다섯째, 편부모가정, 조손가정, 다문화가정, 해체위기의 가정 등이 늘어나 학생(아동)을 돌보아야 하는 이해의 관점이 많이 달라져, 갖고 있던 기존의 틀을 바꾸어 행동해야 한다.

여섯째, 교직 그 자체만으로 존경받던 시기가 지났다. 또한 과거에 누릴 수 있었던 방학 등도 개인적으로 사용하기 어렵게 되었다.

일곱째, 많이 개선되기는 했지만, 교사-학생(유아) 비율이 아직도 높은 편이다.

여덟째, 수업에 충실하고자 하나, 행정적인 잡무에 투자해야 하는 시간이 더 많다.

아홉째, 전통적으로 교직은 정신적 · 육체적으로 고된 업무이나 타 직종에 비하여 급여가 상대적으로 낮은 편이다. 급여와 업무 시간에 있어서 교사만큼 절대적 희생을 미화하는 직종은 없다.

열 번째, 학교 조직 문화가 좋지 않을 경우에는 학급경영에 대한 원장(교장), 동료교사, 주임교사와의 갈등이 심화될 수 있다.

(2) 유아교사의 스트레스

위와 같은 일반적인 교직 스트레스 이외에 유아교사들이 교직을 수행하면서 느끼는 스트레스들이 있다. 장미선(2007)은 유아교사나 보육교사들이 느끼는 스트레스를 보육 활동, 업무 관련, 비지지적 근무환경 및 기관운영, 대인관계, 경제적인 요인으로 나누어 구체화하였다.

그림설명: 유아교사의 어려움

첫째, 보육 활동과 관련된 스트레스이다. 활동에 참여하지 않으려는 영유아에게 동기를 부여하는 데 힘이 드는 것, 맡은 반에 문제유아가 항상 있는 것, 교사 대 영유아의 비율이 높은 것, 연령차로 인하여 수업 및 돌봄에 어려움이 있는 것, 영유아를 적절히 통제하는 데 어려움을 겪는 것 등이 있다.

둘째, 업무와 관련된 스트레스이다. 보육 활동을 계획하고 조직하는 데 너무 광범위한 능력이 요구되는 것, 필요 이상으로 원의 행사가 많은 것, 교육과 보육 시간이 과다하여 건강에 무리가 따르는 것, 잡무(예 청소, 설거지, 차량 지도 등)가 너무 많은 것, 수업 및 학급운영을 위해 준비할 시간이 충분하지 않은 것, 영유아의 등원과 귀가 시간이 일정하지 않은 것 등이 해당된다.

셋째, 비지지적인 근무환경과 기관운영과 관련된 스트레스이다. 기관운영과 관련된 문제에 대하여 원장에게 허심탄회하게 말할 수 없는 것, 내가 맡은 반에 대한 원장의 간섭이 심한 것, 일관성 없는 운영자의 운영 방식과 독단적 운영, 교사를 위한 행정적 지원의 부재, 잡무가 많아 정시에 퇴근하기가 어려운 것, 나의 의견이 무가치한 것으로 받아들여지는 것 등을 들었다.

넷째, 대인관계 스트레스이다. 교사 간 경쟁이 심한 것, 자신에게 부여된 업무를 적절히 수행하지 않아 다른 교사에게 피해를 주는 동료교사가 있는 것, 갈등 분위기가 만연한 것, 교사 간 의사소통이 잘 이루어지지 않는 것, 협조가 아니라 경쟁적인 분위기인 것, 학부모가 지나치게 많은 것을 교사에게 요구하는 것, 영유아 간 다툼이나 안전사고 등으로 항의하는 학부모, 어린이집 문제에 지나치게 관여하는 학부모 등이다.

다섯째, 경제적 스트레스이다. 유아교사로서의 임무와 책임에 상응하지 못하는 보수체계, 월급이 정확한 날짜에 들어오지 않는 것, 시간외 수당이 이루어지지 않는 것 등이 해당된다.

(3) 교직 스트레스의 관리 및 대처

첫째, 교육 과정 및 행정에 적극적으로 참여할 수 있는 기회를 만들고 참여한다. 행정업무나 교육업무에 있어서 진행 과정을 운영자 또는 동료교사와 수시로 나누고(보고) 도움 받을 수 있는 영역을 찾아본다.

둘째, 최적의 환경에서 근무하고 요구하는 만큼 환경이 바뀐다면 좋겠지만, 물리적 환경과 시스템 구축은 단시간에 이루어지는 것이 아니므로 기관운영의 장기적인 계획에 포함시켜 변화될 수 있도록 노력한다.

셋째, 교사들과 동료애를 형성한다. 생일 등 개인적인 영역을 나누고 메신저 · 폰 · 메일 등으로 의사소통의 기회를 늘여 사소한 오해가 없도록 한다. 또한 현재 하고 있는 교육 활동을 서로 격려해 준다. 단, 지나친 간섭으로 느껴지지 않도록 한다.

넷째, 학부모나 지역사회가 교사에게 부당한 대접이나 요구를 할 수 없도록 사전에 안내한다. 부당한 요구는 감정을 상하지 않는 언어로 거절한다.

다섯째, 교사 협회나 운영위원회 등을 통하여 교사의 권리를 높일 수 있는 방법을 찾아본다. 교직의 처우개선을 위한 사회 활동에 꾸준히 참여한다.

여섯째, 지역사회의 자원봉사 학생 도우미에게 부탁하여 업무처리에 도움을 받을 수 있도록 한다.

일곱째, 조직문화 형성을 위한 연수와 프로그램을 계획하고, 운영에 적극적으로 반영시킨다. 또한 이런 분야의 연수가 개최될 때에는 적극적으로 참여한다.

여덟째, 자기조절을 위하여 꾸준히 노력한다. 스트레스 대처방법에서 제시한 다양한 기법을 참고로 하여 순간적으로 화가 나는 상황에서도 마음을 가라앉히고 적절한 대처를 해나가야 한다. 특히 유아교사의 자기조절 능력은 유아들과의 관계에서 극단적으로 가지 않고 불미스러운 일이 일어나지 않도록 도와줄 것이다.

자기조절이 힘들었던 유아교사의 사례

D시 소재 모 사립 유치원 점심 시간에 만 5세 유아들은 스스로 식판을 들고 배식을 받아 자기 자리에 앉았다. 그 중 한 유아가 식판을 들고 가는 도중에 친구와 잡담을 하다가 식판을 쏟았다. 그 광경을 본 담임교사는 식판을 쏟은 유아에게 다가와 손가락질 및 머리를 치고, 걸레를 던져주고 혼자서 음식물을 다 닦게 하였다. 우연히 CCTV를 통해 이 장면을 목격한 다른 학부모가 유아의 엄마에게 전화하고, 원에 정식으로 CCTV 공개를 요청한 부모는 항의 및 폭력 및 방임으로 소송을 걸었다. 교사는 유아에게 스스로 하는 생활습관을 길러주기 위하여 음식물을 혼자 닦게 하였다고 이야기하였다. 평소에 별다른 문제가 없었던 평범했던 이 교사는 무엇이 문제였을까?

자기조절력 지수 체크

지난 한달 간 있었던 일과 횟수에 체크하세요.

	항목	없다 (0점)	1~2회 (1점)	3회 이상 (2점)
1	버스가 늦거나 사람이 많아 그냥 택시를 잡았다.			
2	낮에 일어난 언짢은 일 때문에 잠이 오지 않았다.			
3	말을 꺼내놓고 금세 후회했다.			
4	담배, 커피 등 끊어야겠다고 생각한 것들을 다시 시작했다.			
5	스트레스를 참지 못해 자리를 박차고 일어섰다.			
6	식당에 갔는데 서비스가 마음에 안 들어 그냥 나왔다.			
7	우울한 기분이 이틀 이상 계속되었다.			
8	마음에 걸리는 일이 있어 일이 손에 잡히지 않는다.			
9	이유 없이 미적미적하다가 약속 시간에 늦었다.			
10	술을 마시고 이유 없이 울었다.			
11	누군가의 말에 욱해서 되받아쳤다.			
12	누군가를 상대하기가 어색해서 피했다.			
13	시간에 쫓겨 새치기나 얌체운전을 했다.			
14	동료의 일처리가 늦어 화가 났다.			
15	일하려고 책상에 앉았다가 10분 후에 딴짓을 했다.			
16	그만 먹겠다고 생각하면서 계속 먹었다.			
17	상대가 말하는 도중에 끼어들어 내 의견을 말했다.			
18	가족들의 잔소리에 화를 냈다.			
19	술자리에서 그만 가야겠다고 생각하면서 그러지 못했다.			
20	이유 없이 짜증나는 날이 있었다.			
점수 합계				

- **31점 이상:** 작은 일에도 쉽게 흔들리는 당신. 자신을 들여다보는 훈련부터 시작해야 합니다.
- **21~30점:** 의외로 충동적인 성격. 결정적 순간에 감정을 다스리는 기술을 배워야 합니다.
- **11~20점:** 무난한 성격. 전두엽 자극을 활용해 새로운 가능성을 더 찾아보세요.
- **10점 이하:** 자기조절력이 뛰어난 사람, 상황대처 능력이 뛰어나고 흔들리지 않습니다.

출처: 이시형(2010). 세로토닌하라. pp. 21-22.

이 세상에서 교직 스트레스가 사라지는 날이 올까? 교직의 길을 가게 될 여러분들의 생각은 어떠한가? 정답은 "아니다." 이다. 그러나 이러한 스트레스가 존재한다는 사실을 알고 있는 이상 현명한 대처 방안도 생겨날 수 있을 것이다.

2) 부모의 스트레스

가지 많은 나무에 바람 잘 날 없다고, 부모가 되는 그 순간 기쁨과 동시에 근심과 스트레스에 노출된다. 한국 사회는 다른 문화권과는 달리 부모 특히 어머니의 희생과 역할을 대단히 강조하는 풍토이기에 더욱 그러하다. 따라서 한국 사회의 부모가 받는 특수한 스트레스에 대하여 살펴보고, 대처 방안을 모색해 보기로 한다.

(1) 한국 부모 스트레스

그림설명: 지나친 경쟁 속의 한국 부모

첫째, 돌보아야 할 기간이 다른 나라에 비하여 길다. 평균적으로 서구는 3년 동안 돌보는 데 비하여 우리나라는 30년 동안 돌본다.

둘째, 육아에 대한 국가와 사회의 현실적인 지원 체계가 갖추어지지 않았다.

셋째, 포함 이론으로 인하여 자녀의 발달에 대한 책임이 다른 나라에 비하여 크다.

넷째, 육아와 교육, 떠나보내기(결혼)에 대한 비용이 상대적으로 많이 든다.

다섯째, 과도한 입시교육 등에 대한 자녀의 스트레스와 감정적 표현(짜증 등)을 부모가 받아주어야 한다.

여섯째, 부모역할도 타인과 비교 대상이 되어 강박감이 들게 한다.

일곱째, 지나치게 범람하는 육아정보 및 교육에 대한 조언으로 자신만의 교육철학을 유지하기 어렵다.

(2) 한국 부모 스트레스의 관리 및 대처

첫째, 우리 부모세대의 역사상 어쩔 수 없었던 자녀양육 방식에서 내가 상처받은 부분은 없는지 살핀다. 내가 받은 교육 중에서 좋았던 부분과 좋지 않았던 부분을 적어본다. 자녀교육에 대하여 명확히 인식하는 데 도움을 줄 것이다.

그림설명: 자녀의 독립

둘째, 자녀와 삶을 함께 하고 나누는 것에 최우선의 가치를 둔다. 학업에 앞서 의식주를 기본으로 한 삶을 나누고, 삶을 통하여 보여줄 때에 진정한 자녀교육이 될 수 있다.

셋째, 양육에 있어 사회적으로나 가정적, 개인적으로 도움을 청하고 받을 수 있는 관계를 형성한다. 일정 부분 가족과 가사도우미의 도움을 받는 것도 양육 스트레스를 줄이는 데 도움이 된다.

넷째, 국가와 사회가 자녀양육과 교육에 적합한 시스템을 갖출 수 있도록 꾸준히 의견 제시를 한다.

다섯째, 나와 자녀를 동일시하는 태도인 '포함 이론'에서 벗어난다. 부모의 정신건강에도 자녀의 정신건강에도 편안한 느낌이 들며, 자녀가 독립적으로 자신의 인생을 책임지는 존재로 성장하는 것을 도와준다.

여섯째, 자녀가 만 3세가 지나면 실수를 많이 하더라도 스스로 할 수 있는 부분이 점점 많아지도록 일상생활을 지도한다. 이 시기의 자녀가 실수를 많이 해보는 것은 부모의 스트레스를 줄여주고, 자녀는 자율감과 자존감을 얻게 된다.

일곱째, 자녀를 양육하는 방법은 이 세상의 아이들 수만큼 존재한다는 사실을 인정한다. 다른 사람의 양육방법을 참고할 수는 있지만 내 아이에게 적합한 방법은 아닐 확률이 더 높다. 부모들 간의 교류할 수 있는 모임을 가지며 '사교육 정보 모임'이 아닌 일상생활을 나누는 모임을 추구한다.

여덟째, 가정의 경제 내에서 사용할 수 있는 합리적인 교육비의 적정선을 자녀와 함께 나누고 정한다. 교육에 무한대로 투자할 수 없다는 사실을 부모도 자녀도 인식한다.

아홉째, 양육과 교육은 100을 투자하였다고 하여 100이 산출결과로 나오는 것이 아님을 절대적으로 인식한다. 자녀의 인생은 내가 계획한대로 되어가지 않는다는 사실을 인식할 때에 양육 및 교육 스트레스에서 벗어날 수 있다.

3) 직장의 스트레스

오랜 구직 과정을 거쳐 시험 및 면접을 거쳐 출근이 결정되면 우리 모두는 기대감을 가지고 첫 직장을 시작한다. 그러나 얼마 지나지 않아 다양한 문제에 부닥치게 되고, 자랑스럽게 생각했던 나의 첫 직장에 불만과 스트레스를 호소하는 사람들을 주변에서 많이 보게 된다. 과연 직장이 문제가 많아서 그런 것일까? 내가 적응을 못해서 그런 것일까? 여기에서는 일반적인 직장인들의 스트레스에 대하여 살펴보고 대처 방안에 대해 생각해 보기로 한다(Andre et al., 1998).

그림설명: 학력에 맞게 취업이 안 되는 현실

(1) 직장 내 스트레스의 유형

첫째, 제한 시간 동안 너무 많은 업무를 맡아야 할 때이다. 마감 시간이 있다는 사실 자체는 개인에게 강박 관념을 갖게 하기 마련이다.

둘째, 실수를 저질러 그 심각성이 드러났을 때이다. 일의 결과물이 중요한 현대 사회에서 사소한 실수이든 중대한 실수이든 결과에 영향을 줄 경우에는 심각한 스트레스를 초래한다.

셋째, 맡은 역할이 모호할 때이다. 주어진 환경 안에서 내가 무슨 일을 어떻게 해야 하는지, 어느 정도의 기대치에 부응해야 하는지 명확하지 않은 경우도 스트레스가 된다.

넷째, 업무가 너무 적을 때이다. 흔히 업무가 너무 적어 편안하면 스트레스가 없을 것이라고 생각하는 경향이 있으나 실직자, 대기발령, 내가 취할 행동은 없고, 상대방이 행동을 취해주기만 기다려야 하는 경우에 스트레스의 강도는 크다.

다섯째, 능력이 너무 뛰어날 때이다. 4년제 대학 졸업자가 고졸이나 전문대졸을 대상으로 하는 시험에 응시하거나 하향 업무를 배정 받을 때에는 불만 및 스트레스에 노출된다.

여섯째, 개인적 자질이 부족할 때이다. 자신의 역량이 부족하여 업무수행을 할 수 없다고 느끼는 자체가 가장 큰 스트레스임을 누구나 쉽게 공감할 수 있을 것이다.

일곱째, 상황이 불확실할 때이다. 일관성 없는 성격을 가진 동료나 상사, 미래가 불투명한 조직에서 일하는 것은 상황에 대한 예측이 불가능하므로 대처할 수 없어 스트레스를 받게 한다.

여덟째, 직원과의 갈등이다. 동료 간 긴장관계는 직장생활이 행복하지 못함을 나타낸다.

아홉째, 다른 사람의 업무를 책임져야 할 때이다. 내가 다른 사람의 업무까지 책임져야 하는 상황도 내가 통제하고 책임질 수 있는 범위를 벗어난다.

열째, 불만이 생겼을 때이다. 승진이나 상여금 등을 기대했다가 주어지지 않으면 나에게 스트레스로 다가오고 그 여파는 의외로 오래가는 것을 볼 수 있다.

열한 번째, 자신의 업무에 대하여 모호한 평가를 내릴 때이다. 평가 자체가 없거나, 평가의 결과를 정확히 알 수 없을 때 불안하다.

열두 번째, 역할 갈등이 생겼을 때이다. 누구나 이러지도 저러지도 못하는 상황에 처하기 마련이다. 동시에 두 사람의 직장 상사가 상반된 지시를 내린다면 그 스트레스의 강도는 어느 정도일지 예측할 수 있다.

열세 번째, 참여가 부족할 때이다. 조직 내에서 나의 의견이 반영되지 않는다고 느낄 때 스트레스의 원인이 된다.

열네 번째, 조직이 불안정 할 때이다. 한 가지 변화에 적응할 시간 없이 또 다른 변화가 찾아왔을 때 스트레스가 크다. 예를 들어 3월에 5세반으로 발령받았는데 한 학기도 마치기 전인 6월에 다시 3세반으로 옮겨지는 경우에 스트레스가 크다.

열다섯 번째, 회사와 직원 간 가치관에 갈등이 있을 때이다. 회사의 이익 때문에 불량품을 팔아야 하는 경우를 생각해보면 직원이 느끼는 가치혼란을 상상할 수 있을 것이다.

열여섯 번째, 외적 환경이 열악할 때이다. 작업환경이 나쁠 경우에는 좋을 때에 비하여 스트레스가 가중된다.

열일곱 번째, 외적 요구와 내적 통제의 관계성이다. 어려운 업무가(외적 요구) 맡겨지더라도 개인이 통제할 수 있는 여지가 크다면 스트레스의 정도는 상대적으로 감소할 것이다. 그러나 업무 자체도 어려운데 개인이 자율성을 가지고 관리할 수 없다면 긴장 상태가 오래 지속될 것이다.

(2) 직장 내 스트레스의 관리 및 대처

첫째, 건강한 신체를 유지하기 위하여 노력한다. 식사, 수면, 배변, 운동을 규칙적으로 하도록 한다. 특히 음주와 흡연으로 스트레스를 조절하는 습관은 정신건강에 악영향을 주기 때문에 직장을 얻기 전에 미리 조절해야 한다.

그림설명: 스트레스를 풀어주는 운동

둘째, 가능하면 직장을 얻기 전 다양한 성격과 직종의 사람을 대해보는 경험을 통해 대인관계의 폭을 넓혀두는 것이 좋다. 여건상 다양한 교류가 되지 않으면 독서와 문화생활 등을 통하여 간접적인 경험을 통해서라도 대인관계의 다양성을 모색한다.

셋째, 업무 능력도 중요하지만, 먼저 신뢰감을 형성할 수 있도록 한다. 신뢰감이 형성되지 않으면 업무 능력은 지속적으로 의심받기 때문이다.

넷째, 자신의 의사를 적절히 표현할 수 있는 언어 능력은 직장에서 스트레스를 줄이고 문제를 해결하는 데 중요한 요건이 된다. 자신의 생각과 느낌을 타인이 듣기에 기분 나쁘지 않으면서도 명료하게 표현할 수 있는 힘을 기른다.

다섯째, 출세나 성공, 승부 등에 직장생활의 모든 것을 걸지 않고, 관계 중심의 일상도 중요하다는 것을 인식하고 행동한다.

여섯째, 업무환경이 나쁠 경우에 장기적인 직장의 환경개선 방안에 반영되도록 의견을 모아 제시한다.

일곱째, 과중한 업무가 주어졌을 경우에 모든 것을 혼자 해결하거나 포기하지 말고, 지금 상황에서 내가 할 수 있는 것과 내가 할 수 없는 것을 구분해보고, 할 수 없는 일은 도움을 청한다. 일을 추진하기 위하여 약간의 도움을 청하는 것에는 상사도 동료도 긍정적인 반응을 보인다.

여덟째, 감정적인 업무의 경우에는 타인의 행동에 대하여 지나친 확대 해석이나 일반화를 하지 않도록 해석에 주의를 기울인다.

아홉째, 회의 시 회의 자료를 어느 정도 미리 준비한다. 업무파악에 도움을 주고, 상황을 통제할 수 있는 힘을 제공해 준다.

우리는 가정이나 학교에서는 주연배우로 살 것을 몸에 익혀왔다. 그러나 직장은 나에게 조연배우가 될 것을 요구하는 경우가 많다. 주연과 조연 사이에서 오는 역할갈등을 어떻게 해결하는가가 직장에서의 스트레스를 조절하는 데 영향을 줄 것이다. 다시 말해 만족스러운 직장은 없지만, 관계개선과 업무조절을 통하여 내가 직장에 적응한다면 의미 있는 생활이 될 것이다.

생각해보기

❶ 나는 내 일상의 스트레스를 줄이기 위하여 시간 관리를 잘 하고 있나요? 일주일의 시간 관리 계획을 세워 봅시다.

❷ 나는 영아반 교사인데 맡은 학생 수가 적다는 이유로 잡무를 유아반 교사보다 더 많이 배정받을 때가 자주 있습니다. 이 상황이 한 학기가 지속되다보니 스트레스가 됩니다. 이런 교직 스트레스를 어떤 방법으로 대처하면 좋을지 생각해 봅시다.

❸ 나의 부모님께서 나를 키우시면서 가장 힘들어하셨던 스트레스가 무엇이었는지 떠올려보고, 어떤 대처방법이 있었을까 고민한 결과를 나누어 봅시다.

❹ 나보다 경력도 적고, 나이도 어린 후배가 주임교사로 승진하였습니다. 스트레스를 극복하는 좋은 예와 나쁜 예를 토론해 봅시다.

Chapter 7

정신건강과 대인관계

1 자기 이해

2 타인 이해

3 대인관계

학습주제 정신건강과 대인관계

학습목표

❶ 자신에 대한 객관적인 이해를 위해 알아야 할 개념을 살펴보고 건강한 정신건강을 유지하기 위해 적용해 본다.
❷ 타인을 이해하는 데 필요한 정보가 무엇인지 알아봄으로써 대인관계에 적용해 본다.
❸ 대인관계에 관련된 원리와 이론을 살펴보고 갈등해결을 위한 방법을 익히고 적용해 본다.

학습요약

1 자기 이해
1) 자아 개념
2) 자아 존중감
3) 자기 지각
4) 자기 표현

2 타인 이해
1) 성격
2) 타인 지각과 오류

3 대인관계
1) 타인과 관계 맺기
2) 좋은 관계 유지하기

주요개념 자아 개념, 신체적 자아 개념, 정서적 자아 개념, 사회적 자아 개념, 학문적 자아 개념, 자아 존중감, 자기 지각, 자기 예언적 효과, 자기 표현, 성격, 특성 이론, MBTI, 귀인 양식, 호감형성, 초두효과, 단순접촉효과, 갈등해결

들어가기

각자 자신의 자아 개념이나 자아 존중감에 대해 살펴보도록 합시다.

❶ 남들의 평가에 대해 어떻게 반응하는가?
❷ 다른 사람으로부터 칭찬을 들으면 어색하지는 않은가?
❸ 자신에 능력에 대해 자신이 있는가?
❹ 다른 사람들은 주로 나와 협조적이며 나와 좋은 관계를 유지한다고 생각하는가?
❺ 다른 사람과의 관계에서 거북하고 불편함을 자주 느끼는가?
❻ 다른 사람들이 못마땅한가?

다음의 내용에 대해 자신의 입장을 체크해 봅시다. 만일 위의 내용에서 자주 문제가 나타난다면 자신의 자아 개념과 자존감 증진 방법을 모색해야 합니다.

우리는 누구나 행복하기를 원한다. 행복은 주관적인 개념이지만, 일반적으로 행복하다고 하는 것은 생활하는 데 불편함이 없는 몸과 마음의 안녕을 말한다. 인간은 사회적 동물이기 때문에 태어나면서부터 사회적 관계를 형성하게 되고 타인과 더불어 살아가야만 한다. 원만한 대인관계가 행복한 삶의 가장 중요한 요인이 되는 이유가 여기에 있다. 우리는 가깝게는 가족과 친구, 사회생활을 하면서 만나는 많은 사람들과의 관계 속에서 살아가게 된다. 원만한 대인관계는 개인의 일의 수행에 긍정적인 기여를 하게 되고, 심리적 안녕감에 결정적인 요인이 되기도 한다. 우리가 살아가면서 끊임없이 성장과 발달을 해나가게 되는데 원만한 대인관계는 이러한 성장발달에 결정적인 역할을 한다.

실제로 우리가 살아가면서 가장 어려움을 느끼는 부분은 다른 사람과의 관계에 있다. 가정에서도, 학교에서도, 직장에서도, 가장 스트레스를 받는 부분은 관계에 관련된 부분이다. 다른 사람과 관계를 맺다보면 오해가 생기기도 하고, 의견 충돌이 일어날 때도 있다. 뜻하지 않게 상처를 입힐 때도 있고 열등감이나 수치심으로 고통 받기도 한다. 사실상 우리는 업무와 관련된 스트레스보다 사람과의 관계에서 더 많은 불편감을 느끼게 된다.

다른 사람과 원만한 관계를 형성하고 유지하려면 무엇보다 자기 자신에 대한 이해가 필수적이다. 각 개인은 각자의 성격, 행동, 가치관 등에 차이가 있다. 본 장에서는 먼저 자기 자신에 대한 특성을 파악하고 나와 다른 타인에 대해 어떻게 이해해야 하는지에 대해 알아보기로 한다. 그리고 대인관계를 위해 알아두어야 할 개념과 문제가 나타났을 때 어떻게 해결해야 하는지에 대해 다뤄보기로 한다.

01 자기 이해

우리는 자신에 대해 얼마나 알고 있을까? 그러한 자신에 대한 평가는 객관적이고 타당하며 정확한 것일까? 때로는 자신이 이해할 수 없는 자신의 감정이나 태도 때문에 당황한 적이 있는가? 의외로 많은 사람들이 자신에 대해 정확히 모르는 경우가 있다. 자신에 대해 객관적이고 정확한 이해를 하는 것은 자신과 타인의 행동을 이해하는 데 중요한 단서가 된다.

1) 자아 개념

자아 개념(self-concept)[1)]이란 자신의 대한 특성, 지각, 행동에 대한 신념 및 평가에 대한 총체라고 할 수 있다. 자아 개념은 자신에 대해 생각하는 인지적 구조를 담고 있으며 우리는 누구나 자신에 대한 생각을 가지게 된다. 자아 개념은 자신의 과거, 현재, 미래의 행동이나 계획에 영향을 미친다.

다른 사람을 만나서 어떻게 행동해야 할지를 결정할 때에도 자신에 대한 생각이 기초가 된다. 다른 사람을 인식하고 외부 환경을 인식하는 것처럼, 우리는 자신에 대해서도

1) 자아 개념의 영문 표기는 'self-concept'으로 사용된다. 엄밀히 구분하자면 자아는 영문으로 'ego'로 표기하며 자신에 대한 대리자 역할을 수행하는 정신 기능을 의미하는 것이고, 'self'는 자신에 대한 총체적 의미를 담는 것으로 구분 지을 수 있다. 따라서 'self-concept'은 자기 개념으로 해석하는 것이 정확한 표현이지만, 교육학 분야에서 일반적으로 자아 개념으로 사용되고 있기에 혼동을 피하기 위해 자아 개념으로 표현하였다.

인식을 갖고 있고 이러한 인식은 신념이 된다. 자아 개념을 통해 우리는 자신의 행동을 결정하기도 하고 자신의 행동의 결과를 해석하기도 한다.

또한 자아 개념은 다면적인 특성을 지니고 있고 위계적 구조를 가지고 있다. 자신에 대해 지각하고 평가하는 영역에 따라 신체적 자아 개념, 정서적 자아 개념, 사회적 자아 개념, 학문적(지적) 자아 개념으로 나뉘며 위계적 구조를 가지고 있어서 각각의 영역에서 세부적으로 나뉘게 된다.

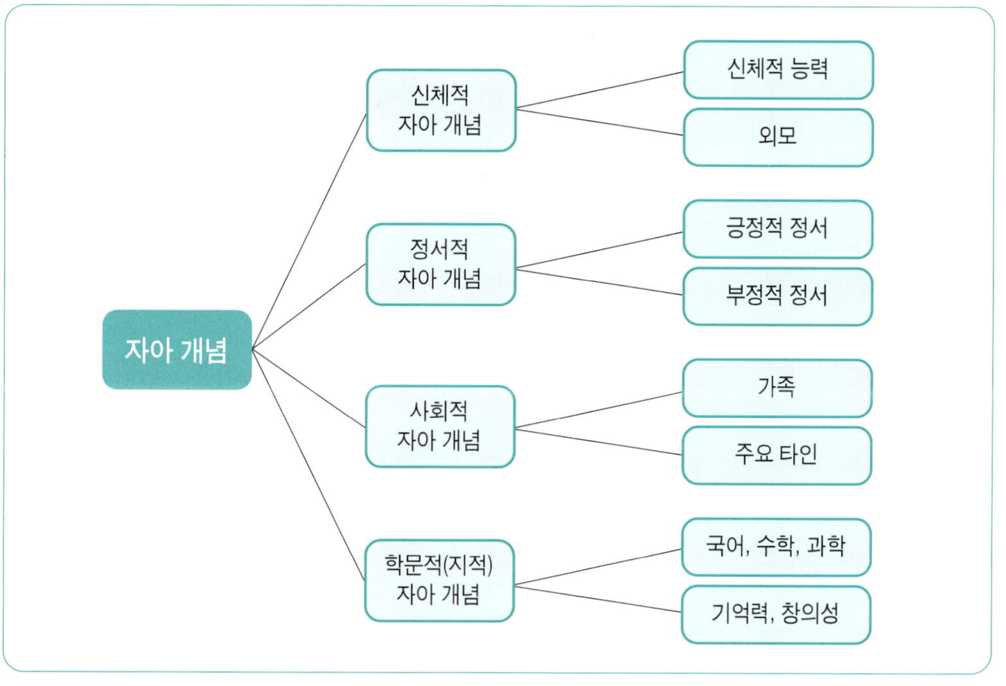

그림 7-1 자아 개념의 위계적 구조에 대한 가설 모형

출처: Shavelson, R. J., Hobner, J. J., & Stanton, J. C.(1976). Self-concept: Validation of construct interpretations. Review of Educational Research, 46. pp. 407-441.

자신에 대한 자아 개념은 각각의 영역에서 다르다. 신체적 자아 개념에서는 '키가 크다', '날씬하다', '예쁘다', '운동을 잘한다'와 같은 개념을 갖는다. 정서적 자아 개념은 자신의 정서에 대한 평가로 '화를 잘 낸다', '쉽게 불안해진다', '겁이 많다' 같은 평가를 말한다. 사회적 자아 개념에서는 가족이나 주요 타인과의 관계에서 '낯을 가린다', '어울리지 못한다', '사교적이다'와 같은 개념을 형성한다. 학문적 자아 개념은 주요 교과나 인지적 능력에 관련하여 '수학을 못한다', '기억력이 좋다'와 같은 개념을 형성하게 된다.

이러한 자아 개념은 각각 독립적으로 작용하며 상황에 따라 필요한 자아 개념이 발휘된다. 예를 들어, 운동 모임에 가서는 신체적 자아 개념을 활용하게 될 것이고, 학교에서는 학문적 자아 개념이 적용될 것이다. 자아 개념이 하위 영역으로 갈수록 세분화되는데 세분화가 많이 될수록 상황에 따른 감정의 영향을 덜 받으며 안정적인 수행을 하는 것으로 나타났다. 예를 들어 학문적 자아 개념에서 세분화가 적게 된 사람보다 복잡하게 세분화된 경우에 특정 부분의 수행 결과의 영향을 부분적으로 받게 된다. 수학과목에서도 연산, 도형, 함수와 같은 세분화된 자아 개념으로 나눌 경우에는 각각의 영향이 분산되어 훨씬 안정적인 감정을 유지할 수 있다.

이러한 자아 개념은 주요 타인이나 환경으로부터 받은 피드백의 영향을 받아 형성된다. 주로 유아기에 형성되며 이때 부모로부터 받은 평가는 자아 개념 형성에 결정적인 역할을 하게 된다. 한번 형성된 자아 개념은 비교적 안정적이며 쉽게 변화하지 않지만, 환경으로부터 받는 피드백이 변화한다면 자아 개념도 변화할 수 있다. 자아 개념은 자신에 대한 중요한 정보처리에 활용되기 때문에 자신의 감정과 행동에 강한 영향을 미치게 된다. 따라서 우리의 행동과 대인관계는 자아 개념의 영향을 받아 결정된다.

자아 개념(자기 개념) 척도

다음 문항을 읽고 자신에게 해당되는 번호에 체크하시오.

0	1	2	3	4
전혀 그렇지 않다	대체로 그렇지 않다	보통이다	대체로 그렇다	항상 그렇다

1_나는 나의 외모에 대하여 만족하고 있다. (　　)
2_나의 몸은 연약한 편이다. (　　)*
3_나의 용모는 매력 있는 편이다. (　　)
4_나는 몸의 불편을 별로 느끼지 않는다. (　　)
5_나에게는 성적 매력이 없는 것 같다. (　　)*
6_나는 대개 바른 일을 한다고 생각한다. (　　)
7_나는 나의 도덕적인 행동에 대해서 만족하고 있다. (　　)
8_나는 강한 도덕적 생각과 태도를 가지고 있다. (　　)
9_나는 나쁜 사람이다. (　　)*
10_나는 정직한 사람이다. (　　)
11_나는 내 성격에 문제가 있다고 생각한다. (　　)*
12_나는 모난 성격을 가지고 있다. (　　)*
13_나는 남의 미움을 받을 만한 성격의 소유자다. (　　)*
14_어떠한 상황에서도 나 자신을 잘 가누어 나갈 수 있는 강인한 성격을 가지고 있다. (　　)
15_나는 명랑하고 쾌활한 사람이다. (　　)
16_나는 행복한 가정에서 살고 있다. (　　)
17_나는 우리 집에서 사랑을 받지 못하고 있다. (　　)*
18_나는 집안 식구들과 잘 지내고 있다. (　　)
19_나는 지금껏 가족들과 마음을 터놓고 얘기하지 못하고 불신 속에 살아왔다. (　　)*
20_우리 식구들은 나를 신통치 않게 여기고 있다. (　　)*
21_나는 다른 사람들과 잘 어울린다. (　　)
22_나는 누구하고나 쉽게 친해질 수 있다. (　　)

23_사교적인 면에서 볼 때 나에게는 좋은 점이라곤 없다. (   )*
24_이만하면 나도 비사교적인 편은 아니다. (   )
25_나는 다른 사람에게 친근한 느낌을 준다. (   )
26_나는 어떤 일이든 잘 해낼 수 있다. (   )
27_나는 다른 사람들만큼 능력 있는 사람이다. (   )
28_나는 제대로 할 줄 아는 게 없는 것 같다. (   )*
29_나는 다방면에 능력이 있다. (   )
30_때때로 내가 무능하다는 생각이 든다. (   )*

* 표시문항(2, 5, 9, 11, 12, 13, 17, 19, 20, 23, 28, 30)은 역코딩한다.

- **평가방법:** 전혀 그렇지 않다(0), 대체로 그렇지 않다(1), 보통이다(2), 대체로 그렇다(3), 항상 그렇다(4)로 채점하여 합산한다. 점수가 높을수록 자아 개념이 높은 것을 의미한다.

출처: 이훈진(1997). 편집증과 자기 개념 및 귀인 양식. 서울대학교 박사학위논문; 고려대학교 부설 행동과학연구소(1999). 심리 척도 핸드북 I. pp. 173-174.

2) 자아 존중감

자아 개념과 비슷한 개념으로 혼동되어 사용하는 용어 중 자아 존중감(self-esteem)[2]이 있다. 일반적으로 자아 개념은 인지적 요소로 자아 존중감은 감정적 요소로 구분한다. 즉, 자아 개념의 지각적 속성에 대한 느낌이나 평가가 자아 존중감에 해당하며 자기의 가치에 대해 긍정적 혹은 부정적 감정이나 평가를 하게 되는 것이다. 따라서 자아 존중감은 일종에 자기 예언적 효과(self-fulfilling prophecy effect)를 가져온다. 자아 존중감이 높을수록 일의 수행이나 대인관계에 더욱 자신감이 있으며 만족도가 높게 나타난다. 반면 낮은 자아 존중감을 가져서 자신에 대한 가치를 낮게 평가하거나 부정적인 감정을 가지고 있을 경우에는 실제 수행에 소극적이며 만족도도 떨어진다.

자아 존중감도 주변 주요 타인과의 상호작용이나 평가에 의해 형성된다. 영유아기부터 부모로부터 받은 평가가 자아 존중감 형성에 영향을 미치고 그러한 결과로 형성된 자아 존중감은 자신에 대한 중요한 감정을 형성한다. 개인의 행동과 일의 수행뿐만 아

2) 앞서 자아 개념과 마찬가지로 자아 존중감(self-esteem)도 자기 존중감으로 사용하는 것이 정확한 표현이다. 그러나 유아교육 및 아동 분야에서는 자아 존중감이라는 용어로 사용되고 있기 때문에 자아 존중감으로 사용하였다.

니라 대인관계에도 적용된다. 자아 존중감이 높은 사람은 타인과의 관계에서도 적극적이며 활발한 참여를 하는 반면, 자아 존중감이 낮은 사람은 타인과의 관계에서 수동적이거나 대화에 참여하는 것을 꺼리는 등 위축된 행동을 보이게 된다. 특히 낮은 자아 존중감은 불안, 우울, 긴장, 공격, 분노, 소외감, 불행감 같은 정서적 문제가 상대적으로 높은 것으로 나타났다. 낮은 자아 존중감은 다음과 같은 행동으로 나타난다.

- **허풍과 과장**: 자신에 대한 자신감이 결여되어 있어 남들에게 더욱 눈에 띄게 인정받고 싶어 한다. 이런 유형은 명품 브랜드를 선호한다거나 좋은 차나 외모에 지나치게 집착하는 등 실제보다 자신의 능력을 과장되게 표현하려 애쓰고 이러한 행동은 타인들에게 좋지 않은 평가를 받게 한다.
- **타인에 대한 험담**: 다른 사람에 대한 단점을 비판하기를 일삼으면서 자신에 대한 낮은 자존감을 보상받으려 한다. 자신에 대한 비판의 화살을 타인에게 돌려 자신의 무가치함을 대신하려 한다.
- **완벽주의 혹은 자기합리화**: 자신의 낮은 가치는 완벽한 일처리로부터 모면할 수 있다고 생각한다. 그러나 실패할 경우에는 어떤 방법으로든 자신을 합리화하고 변명해서 자신의 무가치함을 들키지 않으려 한다.
- **수줍음과 단절**: 타인과의 관계에서 소극적이며 더욱 심하면 완전히 관계를 단절하는 방법을 사용한다. 그런 방법은 타인으로부터 가치 없다는 평가를 듣거나 거절당하는 것을 사전에 차단할 수 있기 때문이다.
- **무조건 좋은 사람**: 누구에게나 순응적이며 어떤 일에도 자기 표현을 하거나 거절하는 일이 없다. 무조건 좋은 사람으로 행동해야 자신이 받아들여질 수 있다고 여기기 때문에 자신의 감정이나 생각과 무관하게 무조건 순응해야 한다고 여긴다.

자아 개념이나 자아 존중감의 형성은 행동에 대한 주요 타인의 피드백으로 인해 형성된다. 어린 시절 부모로부터 받았던 피드백이 자신에 대한 긍정적인 것들이라면 자신에 대한 개념이나 존중감이 긍정적으로 형성되었을 것이며, 반대로 행동에 대한 비난은 낮은 자아 존중감이 형성되었을 것이다. 또한 타인과의 비교를 통해 자신의 평가가 이루어지기도 한다. 비교집단에 따라 자아 개념이나 자아 존중감은 달라지기도 한다.

자아 존중감 척도

로젠버그(Rosenberg, 1965)에 의해 개발되고 전병제(1974)가 번안한 검사이다.
다음 문항을 읽고 자신에게 해당되는 번호에 체크하시오.

1	2	3	4
전혀 아니다	아니다	그렇다	매우 그렇다

1_나는 내가 다른 사람들처럼 가치 있는 사람이라고 생각한다. (　　)
2_나는 좋은 성품을 가졌다고 생각한다. (　　)
3_나는 대체로 실패한 사람이라는 느낌이 든다. (　　)*
4_나는 대부분의 다른 사람들과 같이 일을 잘 할 수 있다. (　　)
5_나는 자랑할 것이 별로 없다. (　　)*
6_나는 내 자신에 대하여 대체로 만족한다. (　　)
7_나는 내 자신에 대하여 긍정적인 태도를 가지고 있다. (　　)
8_나는 내 자신을 좀 더 존경할 수 있으면 좋겠다. (　　)*
9_나는 가끔 내 자신이 쓸모없는 사람이라는 느낌이 든다. (　　)*
10_나는 때때로 내가 좋지 않은 사람이라고 생각한다. (　　)*

* 표시(3, 5, 8, 9, 10번 문항)는 역코딩한다.

- **평가방법:** 전혀 아니다(1), 아니다(2), 그렇다(3), 매우 그렇다(4)로 채점한다. 점수가 높을수록 자아 존중감이 높은 것을 의미한다.

출처: 고려대학교 부설 행동과학연구소(1999). 심리 척도 핸드북 I. p. 177.

일반적으로 자아 존중감이 낮을 경우는 학교생활에서나 직업 활동에서도 덜 탐색적이고 대인관계에서도 소극적인 경향을 보인다. 내가 어떤 사람인지에 대한 주관적인 평가가 자아 개념과 자아 존중감이다. 건강한 사람은 자신이 생각하는 나와 내가 바라고 원하는 이상적인 자아 사이에 차이가 적다. 어떤 사람은 실제 자신과 다르게 매우 높은 수준의 이상적 자아를 만들어 더 많은 긴장과 불안을 느끼기도 한다. 실제적 자아와 이상적 자아 사이에 격차가 클수록 자신에 대한 실망이 크기 때문에 자아 존중감이 떨어지게 되며 그로 인해 실패감을 더욱 빈번하게 경험하게 된다. 이러한 문제를 해결하기 위해서는 현실적인 자기 지각을 통해 자신이 이상적이라고 생각하는 모습을 수정하거나 아니면 이상적 자아를 이루기 위해 현재의 자신을 바꾸는 노력이 필요하다. 예를 들어, 실제는 낯가림과 수줍음이 있으나 자신의 이상적 자아는 사교적이며 사회성이 좋은 사람이라면, 이러한 차이를 발견할 때마다 낙담하거나 실패감에 빠질 수 있다. 이럴 경우에는 사교적인 이상적 자아의 모습을 실현하기 위해 다른 사람과의 접촉을 자주 갖거나 모임에 참여하는 노력을 통해 실제적 자아를 변화시키는 것이 건강한 정신건강을 위해서 도움이 된다.

3) 자기 지각

우리가 자신을 지각하기 위해 적용하는 것들은 주로 자신의 인지 양식, 귀인 양식이 있다. 자신에 대한 지각이 어떤 유형에 해당되는가에 따라 자신의 감정이 달라지며 그에 따른 행동 역시 달라진다. 제5장에서 살펴본 바대로 누구나 실패하는 순간이 있고 실패하는 순간 떠오르는 자신에 대한 감정이 있다. 부정적이고 비관적인 생각을 주로 하는 경우라면 실패에 대해 낙담하거나 쉽게 포기해 버리게 된다. 반면 긍정적인 생각과 해석을 하는 사람은 다시 시도할 수 있다.

표 7-1 귀인 양식의 비교

귀인 차원	상황 (실패나 불쾌한 일)	비관주의	낙관주의
내적/외적	발표 시 떨릴 때	난 한심한 겁쟁이야!	사람들이 많으니 당연해!
안정성/불안정성	엄마의 잔소리	매일 잔소리야!	용돈을 많이 썼더니 잔소리를 하시네!
전반성/특수성	데이트에 거절당했을 때	남자들은 나를 싫어해!	영철이는 나를 좋아하지 않는군!

출처: 이민규(2007). 현대생활의 적응과 정신건강. p. 135. 참조.

셀리그만(Seligman)은 이러한 지각의 양식을 낙관적 설명 양식과 비관적 설명 양식으로 설명하였다(이민규, 2007). 우리가 살면서 겪게 되는 성공이나 실패의 원인을 추론할 때 낙관적 설명 양식을 가지고 있는 사람은 실패에 대해서는 외부적 원인으로 두고 불안정성에 귀인하는 특성을 지닌다.

즉, 실패의 원인을 자기 자신의 문제로 보기 보다는 환경적인 문제나 다른 사람의 탓을 하며, 계속해서 일어나는 불행으로 보기 보다는 일시적 실패로 보는 경향이 있다. 또한 하나의 실패가 자신의 전반적인 문제가 아닌 부분적인 문제로 지각하는 경향이 있다.

반면 비관적 성명 양식을 가진 사람은 비슷한 실패에 대해서 내적 원인과 안정성에 귀인하여 자신의 능력을 비하하고 앞으로도 계속될 실패로 생각한다. 그리고 부분적인 자신의 단점으로 받아들이기 보다는 생활 전반에 적용시켜 자신감을 잃게 된다. 앞서 살펴본 자아 존중감과도 연결이 되어 있는데 낮은 자아 존중감을 가진 사람은 비관적 설명 양식을 갖게 된다.

4) 자기 표현

자아 개념은 자신에 대한 지각이라고 할 수 있다. 반면 자기 표현은 타인에게 자신이 어떻게 보여질지 고려해서 자신을 표현하는 것을 말한다. 다른 사람을 신경 쓰지 않고 사는 사람은 없을 것이다. 우리는 자신을 남에게 알리기 위해 생각이나 느낌을 표현하기도 하고 외모나 행동을 통해서 드러내기도 한다. 죠라드(Jourard)는 '자신을 개방한다는 것은 자신의 입장을 밝히고 자신을 남에게 드러냄으로써 타인이 자신을 이해할 수 있도록 하는 행위' 라고 정의하고 있다(정규훈, 2004).

자기 표현은 타인에게 보여질 자신의 이미지를 만들어가는 과정이며 때로는 체면과 겉치레 같은 가면을 쓸 수도 있다. 건강한 자기 표현은 자신에 대한 솔직한 표현이며 이것은 대인관계에 기본이 된다. 좋은 관계를 형성하기 위해서는 타인에게 자신을 있는 그대로 보여주어야 하며, 무엇보다 그러한 과정 중에 자기 자신에 대한 이해가 깊어질 수 있다는 점에서 중요하다.

자기를 표현하는 것이 타인으로부터 좋은 평가를 듣기 위한 목적만 있는 것은 아니다. 정확히 표현하자면 우리는 자신이 원하는 모습으로 만들어 나타낸다. 긍정적인 이미지를 보여주기 위해서 유능한 모습이나 호의적인 태도를 보일 때도 있지만, 때로는 불안한 모습이나 위협적인 모습을 상대에게 나타낼 때도 있다. 자기 표현은 타인과의 관계에서 자신의 영향력을 발휘하는 하나의 수단으로 활용되기도 한다. 결국 우리는 상황에 따라 우리에게 유리하다고 생각되는 방식으로 자신을 표현한다. 그러나 이러한 표현 방식이 늘 적합한 방식이 아니기 때문에 대인관계나 사회생활에서도 실패를 경험하게 된다. 그렇다면 자기 표현이 가져다주는 역할은 무엇이 있을까?

첫째, 적절한 자기 표현을 통해 자신의 좋은 이미지를 만든 경험이나 대인관계에서 유리하게 사용된 경험이 자아 존중감을 높이고 자신에 대한 정체감을 형성할 수 있다. 다른 사람이 나를 어떻게 생각할 것인가는 자신의 감정과 행동에 영향을 미치게 되며 그러한 자신의 이미지는 결국 정체감으로 형성된다.

둘째, 자기 표현을 통해 다른 사람에게 자신이 인정받게 되거나 수용된 경험은 좋은 감정을 유발할 수 있다. 우리는 좋지 않은 감정이 생겼을 때 타인에게 불편한 감정을 털어놓음으로써 기분이 전환되는 경험을 한다. 타인에게 화가 나거나 서운한 마음이 생겼을 때도 자신의 기분을 말하고 나면 후련하다. 더구나 그러한 자신의 마음을 타인에게 공감 받았을 때 효과는 더욱 커지게 된다.

셋째, 나를 알리는 전략이 된다. 대인관계는 물론 사회생활에서도 자신에 장점이나 능력을 알리는 것은 좋은 관계유지나 직업적 성공에도 전략이 될 수 있을 것이다. 현대사회에서는 자신에 대해 적극적으로 알리는 것은 중요한 능력으로 인식되고 있다.

현대에 이르러서 자기 표현은 단순히 공격성, 봉사, 순응, 귀인행동, 리더십과 같은 행동적 측면이나 불안, 수줍음, 공포 같은 감정적 문제를 다루는 것에서 확대되어, 행동을 통해서 타인에게 자신을 특정한 방식으로 인식시키려는 동기적 욕구에 초점이 맞추어지고 있다(Leary, 1996; 홍성태 역, 2003).

표 7-2 자기 표현의 방식

언어적 표현 방식	묘사하기	• 자신의 정보를 직접적으로 알리는 방법. 자신의 성격, 직업, 취미, 학력, 감정, 이력 등을 설명으로 알리는 방법으로 말이나 글로 표현한다.
	은유적으로 묘사하기	• 직접적인 표현 대신 돌려 말하는 방법으로 상대방으로 하여금 호기심을 갖도록 유도한다. 상대방이 질문을 하도록 유도하는 방법이다. 자신에 대한 표현을 일정 부분 편집하여 드러내는 과정이다. 예를 들어 출신 지역, 기혼사실 등과 같이 굳이 드러낼 필요가 없다고 생각하는 것은 편집하여 묘사한다.
	귀인	• 귀인을 통해 자신의 입장이나 상황을 다른 사람에게 알리는 기능을 한다. 성공에 대해 자신의 능력으로 귀인시키고 실패에 대해 외적인 이유를 대기도 한다. 경우에 따라서는 실패에 대해 자신이 책임을 지는 모습을 보임으로써 자신의 이미지를 관리하기도 한다.
	기억의 조작	• 자기 표현을 위해 기억력을 활용한다. 좋은 기억력을 공개적으로 과시하기도 하고 불리한 상황에서는 기억이 나지 않는 것처럼 표현하기도 한다. 약속을 지키지 못했을 때 가장 많이 하는 변명은 잊어버렸다는 말이다. 때로는 친구의 실수에 관대한 이미지를 보여주기 위해 자신은 다 잊었다고 말하기도 한다.
비언어적 표현 방식	태도	• 다른 사람의 의견이나 상황에 고개를 끄덕이는 것은 동의의 의미를, 반대로 동의하지 않거나 내키지 않는 상황에서는 얼굴을 찌푸리는 등의 표현을 통해 자신의 생각을 나타낸다.
	자세	• 당당하고 곧은 자세는 강한 이미지를 풍긴다. 반대로 움츠린 자세는 소극적인 이미지를 줄 수 있다. 자신의 이미지를 표현하기 위해 자세를 사용하여 다른 사람에게 힘을 과시할 때도 있고 때로는 약한 모습을 보여 동정을 불러일으킬 수도 있다.
	외모	• 옷, 화장, 머리 등 겉모습도 자신을 표현하는 수단이다. 자신의 외모가 다른 사람에게 어떻게 비춰질지에 대해 신경을 쓰게 되며 실제로 많은 공을 들이는 부분이다. 대인관계나 사회생활을 위해 상황에 적절한 외모를 갖추는 것은 자신의 평가에 큰 비중을 차지할 수 있다.
	감정	• 감정을 표현하는 것이 자신의 상태를 알리고 타인과의 관계를 유지하는 데 활용된다. 관심이 없을 때 지루한 표정을 짓거나 의도적인 무표정을 연출하여 알린다. 또는 자신의 감정을 과장되게 표현하기도 하고 때로는 자신의 감정을 숨기기도 하면서 자신의 이미지를 관리한다. 적절한 감정 표현은 자기를 타인에게 알리는 것뿐만 아니라 타인과의 관계의 질을 결정하는 요소이다.

자기 표현을 하는 데에는 몇 가지 고려해야 할 것이 있다. 먼저, 자기 표현을 할 때 사회문화적인 예절과 규범을 지켜야 한다. 우리나라의 문화에서 윗사람에게 자신의 생각을 표현하는 방식이 있으며, 그에 벗어난 표현 방식은 좋지 않은 평가를 받게 된다. 또

한 자기 표현을 할 때는 상대방과 수위를 맞추어야 한다. 예를 들어 상대방의 칭찬을 들으면 그에 상응하는 칭찬을, 상대방의 과시나 노출 수위에 맞게 자신의 자랑이나 개방 수위를 조절하는 것이 바람직하다.

건강한 자기 표현의 방법은 태도와 행동의 일치를 보이는 일관성을 유지하는 것이다. 자신의 생각과 행동이 일치하지 않을 때가 있다. 이럴 때는 행동의 변화를 통해 일관성을 유지하는 것이 바람직한 자기 표현의 방법이다. 마지막으로 고려해야 할 것은 자신의 위치, 역할, 직업에 맞는 자기 표현을 하는 것이다. 우리가 갖고 있는 사회적 역할과 지위에 맞는 자기 표현은 자신의 사회적 영향력과 직결된다. 자신이 리더일 수도 있고 때로는 협력자일 수도 있다. 자신이 어떤 곳에서는 교사이지만 어떤 곳에서는 학생일 때도 있다. 상황에 따라서 달라지는 자신의 역할을 고려해서 적절한 표현을 하는 것은 건강한 자기 표현의 방법이다.

02 타인 이해

우리는 원하든 원하지 않든 많은 사람들과 관계를 맺으며 살아가고 이때 다른 사람에 대한 이해 능력은 대인관계에 질을 결정하는 요인이 될 수 있다. 사람들은 모두 각각 다른 모습과 행동을 하고 다른 생각과 감정을 가지고 있다. 그렇다면 나와 다른 타인을 어떻게 이해해야 하는지에 대해 살펴보기로 한다. 개인차를 다룰 때 다양한 측면이 고려될 수 있으나 가장 뚜렷한 차이를 나타내는 성격 특성과 함께 우리가 타인을 바라볼 때에 가질 수 있는 오류에 대해서도 살펴보기로 한다.

1) 성격

성격은 개인차를 다룰 때 가장 중점적으로 다루는 부분이다. 성격이라는 말은 성품 성(性)과 격식 격(格) 자가 합쳐져 있다. 단어를 직역하면 성품이 격식을 갖추고 있어서 개인의 행동과 특성이 일정한 틀을 갖추고 있다는 말이다. 영어로 'personality' 라고 쓰이는 성격에는 핵심적인 요소들이 포함되어 있다.

첫째는 안정성이다. 다시 말하면 성격은 시간과 상관없이 변하지 않는 고정적인 특성을 가지고 있다. 둘째, 성격은 개인 내부에 있어서 외부의 상관없이 우리의 행동을 결정짓는다. 셋째, 성격에 따라 각 개인의 행동을 어느 정도 예측할 수 있다. 넷째, 성격은 사람마다 다른 행동 특성의 차이를 설명해 준다.

(1) 성격 이론

성격 이론에서는 개인의 신체적, 심리적 특성에 따라 성격 유형을 구분하고 그에 따른 성격을 다양하게 묘사하고 있다. 성격 연구는 크게 두 가지로 구분된다. 그 중 하나는 현재 속하고 있는 성격의 유형에 관심을 가지는 특성 이론이다. 히포크라테스(Hippocrates)는 신체적 체액에 따라 네 가지 기질로 유형을 구분하고 그에 따라 성격 유형을 제시하였다. 첫째, 화를 잘 내는 담즙질은 담즙의 분비가 왕성하여 정서적으로 불안하고 화를 잘내는 유형이다. 둘째, 침울한 우울형은 흑담즙의 분비가 과다하여 우울하고 쉽게 슬픔에 빠지는 유형이다. 셋째, 낙천적인 다혈질은 혈액질이 과다하게 분비되어 열정적인 유형이다. 넷째, 침착한 점액질은 점액이 왕성하게 분비되어 감정이 둔하고 행동이 느린 특성이 있다.

이러한 연구 계보를 이어 쉘던(Sheldon)의 체격과 기질에 따른 성격 유형 연구가 있다. 우선 내배엽형은 외형이 둥글고 비만한 특징을 가지고 있는데 이러한 사람의 기질은 내장 긴장형으로 먹기를 좋아하며 사교적이고 낙천적인 성향을 가진다고 보았다. 중배엽형은 외관상 근육이 발달되어 있고 강인한 인상과 체격을 가지고 있는데 이러한 사람의 기질은 모험을 즐기며 에너지가 많고 자기주장이 강한 특징을 가진다. 마지막으로 외배엽형은 마르고 키가 크며 구부정한 어깨가 외형상 나타나며 기질적으로는 내향적이며 조심성이 많아 비밀이 많고 예민한 특성을 가지고 있다고 보았다. 체격에 따른 이러한 결과들은 실제로 타인의 성격을 예측할 때에 빈번하게 적용된다. 우리가 다른 사람을 대할 때에 고정 관념처럼 마른 사람은 몸집이 큰 사람보다 예민할 거라고 생각하는 경향이 있는 것 같다. 신체가 성격을 만든다고는 볼 수 없으나 특정 신체는 성격형성에 영향을 미친다. 왜냐하면 신체에 따라 다른 사람들로부터 비슷한 반응을 받기 때문에 성격에 영향을 미칠 수 있기 때문이다.

심리학적 차원의 연구로는 아이젠크(Eysenck)의 특질 이론이 있다. 아이젠크는 성격을 측정하는 설문지(EPQ: Eysenck Personality Question)를 통하여 세 가지 성격 특성의 유형을 제시하였다. 외향성 차원에서 높은 점수를 받은 사람은 사교적이며 충동적인 반면 낮은 점수를 받은 사람은 비사교적이며 신중한 성향을 가진다. 신경증의 차원에서 높은 점수를 받은 사람은 불안정하고 자주 긴장되며 불안을 자주 느낀다. 반면 낮은 점수를 받은 사람은 안정적이며 편안한 정서를 갖고 있다. 정신증에 차원에서 높은 점수를 받은 사람은 자기 중심적이며 공격적인 특성을 보이고 타인 관계에서 차가운 특성을 보인다. 그에 비해 낮은 점수를 나타낸 사람은 타인에 대하여 공감적이며 따뜻한 관계를 갖는다고 보았다. 이러한 세 가지 차원에 특성이 결합하여 다양한 성격으로 나타난다고 보았다. 그리고 이러한 특성은 유전적 요인에 의해 결정된다고 설명하고 있다.

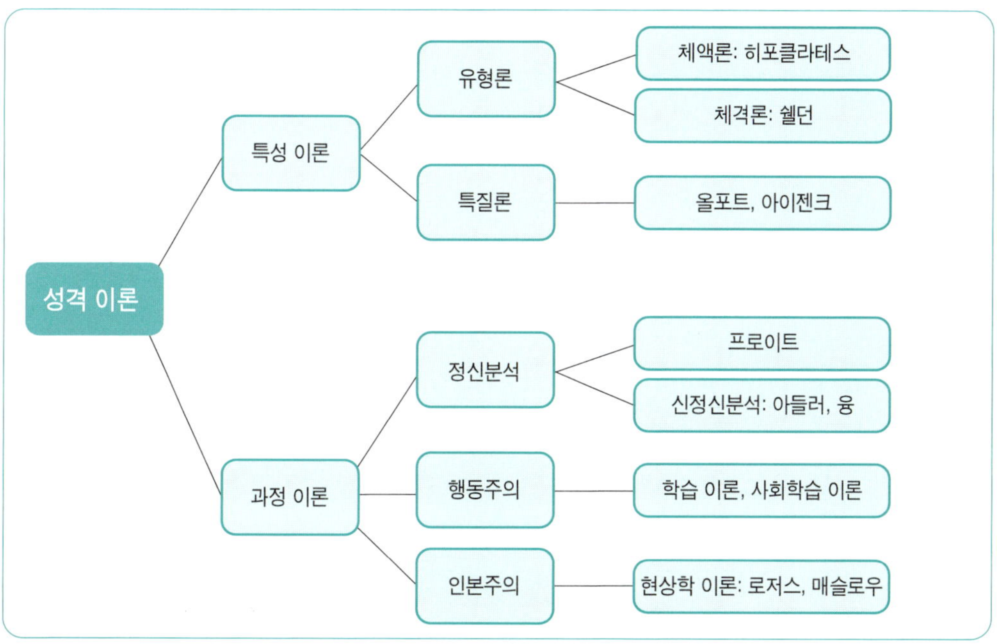

그림 7-2 성격 이론의 구분

이상과 같이 성격의 유형을 나누고 그 특성을 비교한 연구 외에 또 하나의 연구는 현재 나타난 성격의 유형이 아니라 성격의 형성 과정과 발달, 성격에 따른 생활 양식을 연구한 과정 이론이 있다. 과정 이론으로는 무의식과 어린 시절의 경험을 강조한 정신분석 이론, 개인과 환경과의 상호작용에 초점을 맞춘 사회학습 이론, 대인의 주관적인 경험과 자기실현을 중시하는 인본주의 이론 등이 여기에 해당된다.

성격 연구에서 가장 대표적으로 알려진 모형은 'Big 5 모형'이다. Big 5 모형에서는 성격을 이루는 요인을 분석하여 제시하였는데 경험에 대한 개방성, 성실성, 외향성, 우호성, 신경증이 그것이다.

- 경험에 대한 개방성(Openness to experience): 경험에 대한 호기심이 많고 적극적이며 창의적인 특성을 나타낸다. 상상력이 풍부하며 예술적 감수성도 뛰어나다.
- 성실성(Conscientiousness): 성실성과 관련된 특성은 부지런하고 신뢰로우며 자기절제가 잘 되는 특성을 말한다. 인내심이 강하며 자기 관리가 철저하며 조직화가 잘 되어 있다. 반면 반대 특성은 게으르고 신뢰롭지 못한 특성을 말한다.
- 외향성(Extraversion): 외향성은 사교적이며 다른 사람과의 관계를 선호하고 말이 많으며 적극적인 성향을 나타낸다. 낙천적인 경향이 있고 사회적 자극을 선호한다. 반면 내향적인 사람은 말이 없고 사회적 자극보다는 개인적 시간을 선호한다.
- 우호성(Agreeableness): 우호성은 대인관계에서 온화하고 협동적인 특성을 보인다. 특히 타인에게 예의가 바르며 협조적이고 이타적인 특성이 있다. 반면 우호성이 결여되면 냉정하고 비협조적인 특성을 보인다.
- 신경증(Neuroticism): 신경증이 높은 것은 정서적 불안정성이 높은 것을 의미하며 쉽게 불안을 느끼고 걱정과 분노가 많은 것이 특징이다. 반면 정서적으로 안정적인 사람들은 정서적 통제나 조절이 잘 되고 침착한 특징을 보인다.

이들 5가지 특성은 각각 독립적이어서 이러한 특성이 성격의 차이를 나타내며, 유전적 영향을 많이 받는다고 보았다. 이러한 5가지 특성은 인간의 성격을 기술하는데 가장 보편적인 동의를 얻고 있고 우리나라를 비롯한 비교문화적 차원의 연구에서도 지지를 얻고 있다.

Big 5 성격 검사 척도

다음의 문항을 주의 깊게 읽고 자신의 모습과 어느 정도 가까운지를 생각한 다음 일치하는 번호를 골라 체크하시오.

전혀 그렇지 않다	대체로 그렇지 않다	약간 그렇지 않다	그저 그렇다	약간 그렇다	대체로 그렇다	매우 그렇다
1	2	3	4	5	6	7

1_나는 걱정이 많다. (　　)
2_나는 남을 돕는 것을 좋아한다. (　　)
3_나는 모든 일을 계획을 세워서 한다. (　　)
4_나는 모임의 활력소이다. (　　)
5_나는 기발한 아이디어들을 많이 가지고 있다. (　　)
6_나는 쉽게 속상해진다. (　　)
7_나는 사람을 편하게 한다. (　　)
8_나는 물건을 쓰고 난 후 제자리에 갖다놓는 것을 자주 잊는다. (　　)*
9_나는 나서지 않는다. (　　)
10_나는 아이디어들로 가득 차 있다. (　　)
11_나는 기분 변화가 잦다. (　　)
12_나는 다른 사람의 감정에 무관심하다. (　　)*
13_나는 주어진 일정에 충실히 따르는 편이다. (　　)
14_나는 말수가 적다. (　　)*
15_나는 어렵더라도 도전적인 것들을 읽는 것을 좋아한다. (　　)
16_나는 쉽게 짜증낸다. (　　)
17_나는 다른 사람의 감정에 쉽게 공감한다. (　　)
18_나는 일을 대충한다. (　　)*
19_나는 다른 사람에게 쉽게 다가가지 못한다. (　　)*
20_나는 상상력이 부족하다. (　　)*
21_나는 자주 우울하다. (　　)
22_나는 마음이 따뜻하다. (　　)
23_나는 어차피 해야 되는 귀찮은 일들은 미루지 않고 바로 해치운다. (　　)

24_나는 대화를 먼저 시작하는 편이다. (　　)

25_나는 어떤 일을 늘 새로운 방법으로 해보기를 좋아한다. (　　)

26_나는 나보다 다른 사람을 먼저 생각한다. (　　)

27_나는 쉽게 스트레스를 받는다. (　　)

28_나는 방을 어지럽게 놔둔다. (　　)*

29_나는 모임에서 다양한 사람들과 이야기를 나눈다. (　　)

30_나는 많은 것을 잘한다. (　　)

* 표시(8, 9, 12, 14, 18, 19, 20, 28번 문항)은 역채점한다.

- **평가방법:** 전혀 그렇지 않다(1), 대체로 그렇지 않다(2), 약간 그렇지 않다(3), 그저 그렇다(4), 약간 그렇다(5), 대체로 그렇다(6), 매우 그렇다(7)로 채점한다.
- **채점:** 채점은 신경증(1, 6, 11, 16, 21, 26번), 우호성(2, 7, 12, 17, 22, 27번), 성실성(3, 8, 13, 18, 23, 28번), 외향성(4, 9, 14, 19, 24, 29번), 개방성(5, 10, 15, 20, 25, 30번)을 각각 합산하여 자신의 점수를 확인한다. 점수가 높은 것은 각 성격의 요인 특성이 높음을 의미하며 해석은 앞부분을 참조한다.

출처: 박성렬(2011). 성인용 대처반응 검사의 타당화. 경남대학교 석사학위논문. 재인용.

(2) MBTI 유형에 따른 인지 양식

MBTI(Myers Briggs Type Indicator)는 융(Jung)의 심리유형론을 근거로 마이어스(Myers)와 브리그스(Briggs)가 1941년 이후부터 20여년에 걸쳐 개발한 선호지표이다. 융의 심리 유형 이론을 경험적으로 검증하여 실생활에 이용하기 위해 제작한 것이며, 판단(J) 척도와 인식(P) 척도를 추가하였다. MBTI의 목적은 자기보고 형식을 사용하여, 각각의 인식과 판단 과정에서 나타나는 사람들의 선호성을 알아내고 각자의 결과들을 예측하여 실생활에 도움을 주려는 데 있다.

MBTI 이론이 가진 장점은 사람마다 행동의 차이가 우연에 의해 일어나는 것이 아니라, 사람마다 가지고 있는 기본적인 선호성향 때문에 일어난다는 것이다. MBTI의 선호경향을 살펴보면 다음과 같다.

첫째, 외향성-내향성(EI: Extraversion-Introversion)의 EI 지표는 융(Jung)의 이론에서 적용된 지표로 에너지와 관심의 선호 지표로서 내향형은 관심이 자신에게 향하고 외향형은 외부로 향해 있다. 에너지를 얻는 방향도 내향형은 자신에게서 얻는 반면 외향형은 외부에서 얻게 된다.

나는 내향형(I)인가 외향형(E)인가?

❶ 나는 말을 하기 전에 생각하는가(I), 아니면 말을 하고나서 생각하는가(E)?

❷ 다른 사람과 어울리고 나면 혼자만의 시간이 필요한가(I), 아니면 혼자 시간을 보내면 지치는가(E)?

❸ 혼자 깊은 생각에 자주 빠지는가(I), 아니면 다른 사람과의 모임을 즐기는가(E)?

에너지의 방향	내향형(Introversion)	외향형(Extraversion)
설명	• 깊이 있는 대인관계를 유지하며 조용하고 신중하며 이해한 다음에 경험한다.	• 폭넓은 대인관계를 유지하며 사교적이며 정열적이고 활동적이다.
대표적 표현	• 자기 내부에 주의집중 • 내부 활동과 집중력 • 조용하고 신중 • 글로 표현 • 이해한 다음에 경험 • 서서히 알려짐	• 자기 외부에 주의집중 • 외부 활동과 적극성 • 정열적, 활동적 • 말로 표현 • 경험한 다음에 이해 • 쉽게 알려짐

출처: (주) 어세스타. MBTI Form G 프로파일.

둘째, 감각-직관(SN: Sensing-iNtuition)의 SN 지표는 외부세계에 대한 정보를 받아들일 때에 감각을 사용하는지 직관을 사용하는지에 차이를 보인다. 감각형인 사람들은 주로 오감(五感)을 통한 정보수집을 선호하며 일의 순서나 체계를 중시한다. 이에 반해 직관형을 선호하는 사람들은 사물을 직관을 통해 인식하려는 경향을 가지고 있어 객관적인 사실보다는 감추어져 있는 의미나 관계, 가능성을 더 잘 인식하는 편이다. 또한 상상력과 영감에 더 큰 가치를 두고, 세부적인 사실보다는 전체적인 이미지를 강조하기도 한다.

나는 감각형(S)인가 직관형(N)인가?

❶ 나는 눈에 보이는 결과를 선호하는가(S), 아니면 미래나 장래에 대한 기대를 선호하는가(N)?

❷ 계획을 세울 때 세부적이고 체계적인 계획을 선호하는가(S), 아니면 대략적인 계획을 선호하는가(N)?

❸ 질문에 대답을 정확하게 하는 것을 선호하는가(S), 아니면 구체적인 대답을 요구받으면 당황하는가(N)?

인식 기능	감각형(Sensing)	직관형(iNtuition)
설명	• 오감에 의존하여 실제의 경험을 중시하며 지금, 현재에 초점을 맞추고 정확하고 철저히 일을 처리한다.	• 육감 내지 영감에 의존하며 미래지향적이고 가능성과 의미를 추구하며, 신속하고 비약적으로 일을 처리한다.
대표적 표현	• 지금, 현재에 초점 • 실제의 경험 • 정확, 철저한 일처리 • 사실적 사건 묘사 • 나무를 보려는 경향 • 가꾸고 추수함	• 미래 가능성에 초점 • 아이디어 • 신속비약적인 일처리 • 비유적, 은유적 묘사 • 숲을 보려는 경향 • 씨뿌림

출처: (주) 어세스타. MBTI Form G 프로파일.

셋째, 사고-감정(TF: Thinking-Feeling)의 TF 지표는 판단을 할 때에 나타나는 차이로 사고형인 사람은 맞다/틀리다로 감정형은 좋다/나쁘다로 판단하는 경향이 있다. 사고형은 논리적이고 객관적으로 정보를 조직하고 구조화하는 반면 감정형들은 동정심 많고 관계를 중시하고 일보다는 사랑이 중요하다고 여긴다.

나는 사고형(T)인가 감정형(F)인가?

❶ 사람의 감정보다는 공평과 규준이 중요한가(T), 아니면 사람의 감정을 고려하는 것이 중요한가(F)?

❷ 사람의 관계보다는 객관적인 일처리가 중요한가(T), 아니면 논리적이지 않더라도 다른 사람의 마음을 배려하는 것이 중요한가(F)?

❸ 말을 할 때 정확하고 단호한 편인가(T), 아니면 사람들과의 화목을 위해 양보하는 편인가(F)?

판단 기능	사고형(Thinking)	감정형(Feeling)
설명	• 진실과 사실에 주관심을 갖고 논리적이고 분석적이며 객관적으로 판단한다.	• 사람과 관계에 주관심을 갖고 상황적이며 정상을 참작한 설명을 한다.
대표적 표현	• 진실, 사실에 주관심 • 원리와 원칙 • 논거, 분석적 • 맞다/틀리다 • 규범, 기준 중시 • 지적 논평	• 사람, 관계에 주관심 • 의미와 영향 • 상황적, 포괄적 • 좋다/나쁘다 • 나에게 주는 의미 중시 • 우호적 협조

출처: (주) 어세스타. MBTI Form G 프로파일.

넷째, 판단-인식(JP: Judgement-Perception)의 JP 지표는 외부세계에 대한 태도와 열정을 나타낸다. 생활 가운데 행동이 차이가 가장 많이 나타나는 영역이다. 판단형들은 과제가 주어지면 계획을 세우고 철저하게 질서와 통제 속에서 가능하면 빨리 해결하는 반면 융통성이 없는 편이다. 인식형들은 느긋한 태도로 정보를 즐긴다. 마지막까지 과제를 미루고 상황에 따른 강한 임기웅변으로 일을 처리한다. 판단형들은 계획대로 진행되지 않고 갑자기 일정이 바뀌거나 급하게 새로운 일이 생기면 혼란을 겪게 되고 변화를 싫어하는 반면 인식형들은 변화에도 뛰어난 융통성을 발휘하여 일을 처리하는 능력이 있다.

나는 판단형(J)인가 인식형(P)인가?

❶ 약속 시간에 미리 나가는 편인가(J), 아니면 임박해서 가는 편인가(P)?

❷ 모든 것이 정리 · 정돈되어 있는 것을 선호하는 편인가(J), 아니면 정확보다는 편한 것을 선호하는 편인가(P)?

❸ 변화를 싫어하고 계획을 지키는 편인가(J), 아니면 새로운 일을 즐기고 계획보다는 상황에 따라 처리하는 편인가(P)?

생활 양식	판단형(Judging)	인식형(Perceiving)
설명	• 분명한 목적과 방향이 있으며 기한을 엄수하고 철저하게 사전계획하고 체계적이다.	• 목적과 방향은 변화가능하고 상황에 따라 일정이 달라지며 자율적이고 융통성이 있다.
대표적 표현	• 정리 · 정돈과 계획 • 의지적 추진 • 신속한 결론 • 통제와 조정 • 분명한 목적의식과 방향감각 • 뚜렷한 기준과 자기의사	• 상황에 맞추는 개방성 • 이해로 수용 • 유유자적한 과정 • 융통과 적응 • 목적과 방향은 변화할 수 있다는 개방성 • 재량에 따라 처리될 수 있는 포용성

출처: (주) 어세스타. MBTI Form G 프로파일.

MBTI 지표는 정보를 지각하고 판단하며 인식하는데 나타나는 차이를 보여주었고 대인관계에서 이러한 차이는 더욱 분명하게 나타난다. 4가지 지표들이 조합을 이루어 16개의 성격 유형으로 나타나는데 이러한 성격 유형을 알아둔다면 나와 다른 사람의 관계에서 유용하게 활용될 수 있다. MBTI는 어세스타에서 표준화 검사로 제작되었다. 정확한 검사는 어세스타(www.assesta.com)에 의뢰한 후 문항과 프로파일을 받아 전문가에 의해 해석할 수 있다. 자신의 정확한 성격 유형을 알아보기 위해서는 문항 전문을 통해 선호지표를 확인하는 것이 바람직하다.

직업에 따른 타인이해

우리가 타인을 접할 때 직업에 따른 차이를 고려해서 타인을 이해해야 한다. 직업은 직업적 흥미를 바탕으로 선택되어지고 또한 오랜 기간 직업에 종사하면서 직업적 특성이 개인의 특성으로 나타나게 되기 때문이다. 직업적성을 다룬 대표적인 연구인 홀랜드(Holland)의 직업 분류 체계는 성격 이론을 발전시켜 직업에 접목한 것이기 때문에 성격 특성과 밀접한 관련이 있다.

홀랜드의 직업 분류는 6가지 직업 영역으로 구분되어 있고, 심리적 기초에 근거를 두고 있다. 6가지 영역을 살펴보면 다음과 같다.

❶ **실재적(Realistic) 영역:** 주로 사물을 다루는 영역이며 실재 활동에 근거를 두고 있는 영역이다. 활동성이 강한 직업군이다. 해당하는 직업으로는 정비사, 농부, 건축기사 등이 있다.

❷ **탐구적(Investigative) 영역:** 주로 과학적, 논리적, 추상적 업무를 하는 지적인 영역을 말한다. 해당 직업으로는 화학자, 생물학자, 공학자, 우주과학자 등이 있다.

❸ **예술적(Artistic) 영역:** 이 영역은 주로 아름다움과 관련된 심미적 활동, 감각 활동을 다루는 영역이다. 해당직업으로는 화가, 조각가, 실내장식가, 음악가 등이 있다.

❹ **사회적(Social) 영역:** 사회적 영역은 대인관계 기술이 필요하고 사회적 관심과 봉사와 관련된 개인적 특성이 요구된다. 해당 직업으로는 교사, 상담사, 복지사 등이 있다.

❺ **설득적(Enterprising) 영역:** 외향적이며 설득적인 지도력을 요구하는 영역이다. 사회적 영역이 여성적인 영역이라면 설득적 영역은 남성적인 영역으로 구분된다. 해당 직업으로는 교육개혁가, 판매인, 경영인 등이 있다.

❻ **관습적(Conventional) 영역:** 틀에 박힌 활동과 체계성을 바탕으로 이루어진 영역이다. 조직 속에 자신을 맞추어야 하는 일이 많다. 해당하는 직업으로는 안전관리사, 행정사무원, 법무사 등이 있다.

이러한 6가지 영역을 육각형 모형으로 제시하였고 거리가 가까울수록 심리적 특성이 유사하다. |그림 7-3|은 홀랜드의 육각형 모형을 다시 사람과 사물로 나누어 세 가지씩 묶어 제시하였다. 관습적 영역, 실재적 영역, 탐구적 영역은 사물 지향적 특성을 설득적 영역, 사회적 영역, 예술적 영역은 사람 지향적인 특성을 보인다.

홀랜드의 6가지 직업 영역에서 나타난 바와 같이 직업은 심리적 특성에 따라 선택되어질 뿐만 아니라 주요 업무를 오랫동안 수행하다보면 개인의 특성에 영향을 미치게 된다. 타인에 대한 이해에서 직업에 대한 고려가 필수적인 이유가 여기에 있다. 예를 들어 직업선택 시 외향적인 사람은 대인관계가 많고 실용적인 직업을, 내향적인 사람은 이론적이며 업무지향적인 직업을 선택하는 경향이 있다. 따라서 내향적인 사람은 기자, 수학자, 의사, 약사와 같은 직업을 외향적인 사람은 사회사업가, 보험 판매원과 같이 대인접촉이 많은 직업을 선호할 것이다.

또한 사회적 영역에 해당하는 상담사, 치료자, 교사, 간호사, 복지사 같이 남을 돌보는 직업에 종사하는 사람들은 타인의 관점이나 욕구를 중요하게 생각하기 때문에 타인의 입장을 수용하는 것이 익숙하다. 자신의 욕구보다 타인의 욕구를 우선하며 대인관계에서도 민감성을 보인다. 탐구적 영역, 예술적 영역의 직업군에 해당하는 사람은 내향적이며 비사교적인 특성이 있고 관습적 영역에 해당하는 사람은 꼼꼼하고 치밀하며 다소 융통성이 없을 수 있다.

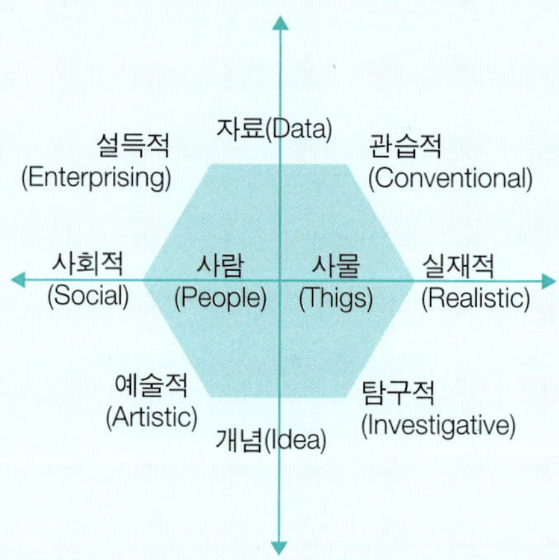

그림 7-3 홀랜드의 직업분류 체계의 관계도

출처: 김봉환 · 김병석 · 정철영(2000). 학교진로상담. p. 128.

그렇다면 유아교사들의 직업적 특성은 어떻게 나타날까 생각해보자.

❶ 학교를 다닐 때 '선생님' 하면 떠오르는 일반적인 특성은 무엇이 있는지 생각해보자.

❷ 유아교사들이 일반적으로 수행하는 업무를 생각해보고 이러한 직업 특성이 반영된 행동의 차이에는 어떤 것이 있을지 생각해보자.

❸ 나와 함께 일하게 될 동료 교사들을 이해할 때 고려해야 할 것은 어떤 것이 있을지 생각해보자.

2) 타인 지각과 오류

우리가 다른 사람을 지각하고 판단할 때 몇 가지 정보를 활용한다. 주로 다른 사람에 대해 판단할 때 사용하는 정보는 무엇인지 생각해보자. 처음 만난 사람에 대해 어떤 과정으로 평가하는지, 어떤 정보를 활용하는지 생각해 보기로 한다.

소개팅에서 이성을 만났을 때 제일 먼저 받아들여지는 정보는 외모, 인상, 태도와 같은 외형적인 것들이다. 그런데 이러한 외형적인 것들에 대한 판단은 그 사람의 내면적인 것들 예를 들면, 성격, 지적 능력, 가치관 등에 이르는 것의 판단에 영향을 미친다. 첫인상의 중요성이 여기에 있으며 이러한 영향은 비교적 지속적으로 유지되는 경향이 있다. 심리학에서는 초두효과라 부르고 개인에 관한 정보를 받아들일 때 가장 먼저 제시된 것이 나중에 제시된 정보에 우선하기 때문에 그 영향력이 크다고 설명한다. 신체적 특성에 따른 판단을 하거나 복장이 영향을 주기도 한다. 예를 들어 마른 사람은 좀 더 날카롭고 예민한 성격을 가졌을 거라고 생각한다거나 안경을 낀 사람이 보다 학구적이라고 생각하는 경향이 있다. 우리는 타인의 옷차림을 통해서 그 사람의 직업, 교육수준, 사회경제적 지위 그 밖의 성격 특성을 판단하기도 한다. 좋은 인상을 주기 위해서는 상황에 적합하고 자신의 역할에 맞는 옷차림과 태도를 갖추어야 한다.

타인에 대한 정보를 받아들일 때 가장 먼저 들은 것 이외에 가장 최근에 들은 것의 영향을 많이 받는다. 중간에 들었던 정보들은 주의를 기울이지 않게 된다. 또한 긍정적인 정보와 부정적인 정보 중 부정적인 정보에 더욱 집중하는 경향이 있다. 여러 가지 좋은 점을 들었으나 좋지 않는 특성 하나가 더욱 기억에 남는다. 예를 들어 학벌도 좋고 봉사도 많이 하고 매력적인 외모를 가지고 있으나 음주운전으로 사고를 낸 경력을 들으면 나쁜 인상을 갖게 된다. 일반적으로 긍정적인 인상은 부정적으로 바뀌기 쉽지만 부정적 인상은 쉽게 긍정적으로 바뀌지 않는다.

또한 평이하고 일반적인 정보에 비해 특이한 정보는 더 강하게 기억된다. 어떤 사람의 취미가 운동이나 음악 감상일 때보다 스쿠버 다이빙 같은 특이한 사항일 때 더 강력한 정보로 작용한다. 선입견이나 사전 정보도 중요한 영향을 미친다. 사전에 들었거나 알고 있는 정보와 그 사람의 행동이 일치할 때 강한 인상으로 남게 한다.

앞서 살펴본 대인 지각에 활용되는 정보가 판단 과정에서 오류를 범하게 되기도 한다. 타인을 자각하는 과정에서 생기는 일반적인 오류는 다음과 같다.

첫째는 고정 관념이다. 고정 관념은 광범위하고 빈번하게 적용되는 지각의 오류이다. 고정 관념의 예로는 성, 나이, 출신지역 등이 대표적이다. 성 고정 관념은 뿌리 깊게 자리 잡고 있으며 쉽사리 변화되기 어려울 듯 보인다. 출신지역에 따른 고정 관념도 강력하게 영향을 미친다. 다른 사람을 지각하고 평가할 때 이렇듯 쉽게 범주화해서 정보를 처리하는 경향은 우리의 정보처리 능력에 부담을 주지 않는 편리성 때문이다. 보다 쉽고 간단하게 처리하는 데 이러한 범주화가 자주 사용되며 이것은 불확실하며 편파적인 정보에 해당된다.

둘째는 편견과 차별이다. 일반적으로 편견과 차별에 사용되는 예는 인종, 성, 종교와 같은 것이 있고 편견은 태도에 해당되지만 차별은 실제 행동과 관련이 있다. 다문화 사회에 들어선 우리나라의 경우에도 거리에서 만난 외국인이 도움을 청할 때 백인인지 동남아인인지에 따라 도움의 수위가 달라지는 것을 실험을 통해 확인되었다. 이것은 편견과 차별이 나타난 결과로 볼 수 있다. 사회적 약자나 특정 집단에 대한 부정적인 인식과 차별적인 태도 때문에 대인 지각에 오류를 범하게 된다.

셋째는 귀인오류이다. 우리는 타인의 행동에 원인을 추론하고 타인을 평가하는 귀인을 하는 과정에서 논리적인 판단과 객관적인 해석을 하기보다는 내부적 원인으로 귀인하는 경향이 있다. 예를 들어, 다른 사람의 사업실패를 보고 내부귀인을 할 경우에는 그 사람의 사업적 능력이나 불성실한 생활태도로, 외부귀인을 할 경우에는 불경기나 사업과 관련된 정책 등으로 귀인하게 된다. 그러나 다른 사람의 실패에 대해 공정하게 평가하기 보다는 개인의 내부귀인을 하는 경향이 있다.

대인 지각에 사용되는 정보와 그 과정에서 생기는 일반적인 오류를 살펴보았다. 우리는 너무나 적은 정보로 짧은 시간에 다른 사람을 평가한다. 그리고 편리한 방법으로 범주화해 버림으로써 정말 중요한 정보를 놓치기도 한다. 타인에 대해 알고 이해하는 데 가능한 객관적인 정보를 활용하여 공정한 평가를 하는 것이 대인관계에 필요하다.

03 대인관계

우리는 태어나면서부터 다양하고 복잡한 대인관계에서 좋은 유대감을 맺기도 하고 때로는 불편한 관계가 형성되기도 한다. 좋은 유대감은 심리적 안정감과 애정, 행복, 인정을 얻게 되며 반대로 관계가 좋지 않을 때는 불행, 소외, 불안, 긴장과 같은 심리적 불편감을 갖게 된다. 단순히 심리적 문제만이 아니라 사회생활을 하는 데 필요한 많은 보상이 관계를 통해 얻어진다. 긍정적인 대인관계는 나와 다른 사람과의 관계뿐만 아니라 경제적이고 생산적인 활동에 이르는 생활 전반에 영향을 미치게 된다. 대인관계를 위해 알아두어야 할 것들은 어떤 것이 있는지 살펴보도록 한다.

1) 타인과 관계 맺기

타인에게 좋은 인상을 주고 싶은 것은 인간의 기본적인 욕구이다. 호감을 형성하고 적절한 관계를 유지하는 데 필요한 것들은 무엇이 있는지, 좋은 관계 형성에 원리는 어떤 것들이 있는지를 살펴보고자 한다.

(1) 호감 형성

우리가 다른 사람과 좋은 관계를 맺기 위해서는 좋은 인상을 심어주는 것이 중요하다. 누구라도 다른 사람에게 호감을 주는 사람이 좋다고 평가하며, 호감을 얻는 사람은 사회적 보상을 받게 된다. 호감을 주는 속성들은 우호적인, 지적인, 매력적인, 재미있는, 활발한, 성실한, 유머러스한, 남을 배려하는 등이며 반대 속성은 지루한, 거만한, 혐오스러운, 천박한, 자기 중심적인, 비열한 등의 속성이다(Leary, 1996; 홍성태 역, 2003).

우리는 자신과 비슷하거나 공통점이 있는 사람에게 좋은 인상을 받는다. 호감을 얻는 데 유사성은 강한 영향을 주는 요인이다. 우리는 출신지역이 같다거나 같은 취미와 관심사, 비슷한 행동 특성, 유사한 가치관, 자신의 유머를 이해하고 공유할 수 있는 사람에게 호의적이다. 특정 상대와 좋은 관계를 유지하기 위해서는 공감대를 형성한다거나 비슷한 이미지를 만드는 것이 도움이 될 수 있다. 공감대를 형성하기 위해서는 다른 사람의 생각과 의견에 동조하는 반응을 통해서도 친근감을 줄 수 있다.

좋은 인상은 태도를 통해서도 형성할 수 있다. 호감을 주는 태도는 반듯한 자세와 온화한 표정, 미소 같은 것이 있다. 활발하고 적극적인 태도도 호감을 줄 수 있다. 누구든 피곤해 보이거나 지친 표정의 사람에게 좋은 인상을 갖기는 힘들다.

(2) 상황

'눈에서 멀어지면 마음에서도 멀어진다' 는 속담이 있다. 물리적 근접성이 관계에 미치는 중요성을 말해주는 것이다. '이웃이 먼 친척보다 낫다' 고도 한다. 자주 마주치다 보면 더욱 친숙해지고 가까워진다. 가끔 보는 사람보다는 자주 보는 사람에게 더욱 좋은 인상을 갖게 된다.

자주 접촉하고 만나고 접하는 사람에 대한 긍정적인 효과를 단순접촉효과(Mere Exposure Effect)라고 한다. 우리는 일반적으로 사람뿐 아니라 보고 듣는 것도 생소한 것보다는 익숙한 것을 좋아한다. 자주 보는 사람에 대한 호감은 단순히 단순 접촉효과 이상의 기대를 포함한다. 앞으로의 상호작용에 대한 기대감과 유대감이 작용하여 좋은 관계를 위한 호감을 형성하는 것으로 보인다.

호감을 형성하기 위해서는 상황 요인이 중요하다. 우리가 다른 사람에게 "언제 밥 한 번 같이 먹자."라는 말을 많이 한다. 이 말은 형식적인 것 같지만 대인관계에서 중요한 상황 요인이 고려된 것이다. 데이트를 할 때에도 밥 먹는 것은 필수 코스다. 밥을 같이 먹는 것은 좋은 경험과 좋은 상황을 만들게 된다. 좋은 상황과 연결된 경험은 함께 한 사람에 대한 호감을 형성하도록 돕는다. 반면 기억하기조차 싫을 정도로 지루하거나 창피한 상황에 함께 있었던 사람에 대한 인상은 좋지 않을 것이다. 학습 이론에서 주장하는 것처럼 좋지 않은 경험에 대한 학습 효과로 해석할 수 있다. 다시 말하면 기분 좋은 경험과 연관된 사람에 대해서는 긍정적인 감정을 갖게 되고 불쾌한 경험과 연관된 사람에 대해서는 부정적인 감정을 갖게 된다.

(3) 타인의 성향

다른 사람과의 관계에서 고려해야 할 또 다른 부분은 상대가 갖고 있는 성향이다. 인지적인 도식이나 신념, 가치관, 그 밖의 기본적인 성향들이 인상을 형성하는 데 영향을 주기 때문이다. 개인이 형성하고 있는 도식들은 다양하다. 각자 형성하고 있는 각종 도식들에 맞추어 생각하기 때문이다. 이러한 도식들은 각자 살아온 경험에 따라 형성된 것이기 때문에 주관적이며 타인 평가에 강력한 영향을 미치게 된다. 스스로나 타인을 바라보고 해석할 때 작용하는 이러한 도식의 차이로 인해 타인에 대한 평가 방식과 상호작용의 방법도 달라지게 된다. 무엇보다도 행동 양식의 차이도 인지도식과 관련이 있다. 개인이 가지고 있는 신념과 가치관에 따라 다른 사람을 평가하고 만나는 데에도 행동의 차이를 보이게 되기 때문에 타인과의 관계에서 이러한 도식에 대한 이해가 필수적이라 하겠다.

또 다른 차이는 생물학적 기질의 차이이다. 태어날 때부터 보이는 기질의 차이는 근본적인 개인차의 범주에 해당된다. 내향성과 외향성 같은 기질의 차이는 대인관계에서 뚜렷하게 나타나는데 외향성의 성향을 가진 사람들이 대인관계에서 보다 활발한 상호작용을 하게 된다. 성차도 생물학적으로 결정되는 분명한 차이를 보인다. 남성과 여성의 차이는 일상생활에서도 쉽게 찾을 수 있다. 여성은 남성보다 감정에 민감하고 자신의 감정에 대해 표현하는 것을 즐긴다. 반면 남성은 여성에 비해 활동적이지만 타인에 대한 공감이 여성에 비해 어려운 경향이 있다. 이런 차이 때문에 남성은 '도구적, 성취 지향적' 으로, 여성은 '표현적, 관계 지향적' 으로 설명된다. 상호작용의 방식에서도 성차는 분명하다. 대화를 할 때 남성은 중단, 명령, 위협, 과시 등을 사용하는 반면 여성은 동의나 공감을 많이 사용한다(Maccoby, 1990).

이러한 타인의 성향에 차이는 우리가 대인관계를 할 때 상대에 따라 다른 방식의 상호작용을 해야 함을 시사한다. 상호작용을 하려는 상대방의 성향에 맞추어 그들의 선호 방식으로 접근해야 호감을 얻을 수 있다. 예를 들어 상대가 남성인지 여성인지에 따라 우리의 행동이 달라지는 것은 암묵적으로 상대에 따른 다른 대응을 하고 있는 것일지도 모른다.

(4) 대인관계의 원리

대인관계에서 고려해야 할 몇 가지 요인이 있다.

첫째는 근접성과 친숙성이다. 물리적 근접성과 접촉이 대인관계에 긍정적인 영향을 준다. 이것은 보다 유리하다는 것을 의미하는 것이지 반드시 긍정적이라는 것은 아니다. 그러한 예로 좋지 않은 사람과 가까이 있는 것은 더욱 부정적인 관계를 만들 수 있고, 첫인상이 좋지 않았을 경우도 마찬가지이다. 또한 오래된 연인이 권태기를 맞는 것은 친숙성이 가져오는 부작용으로 보이며 이것은 친숙성이 호감에 반드시 긍정적인 것만은 아니라는 예에 해당된다.

둘째, 유사성이 필요하다. 비슷한 사람끼리 어울리고 비슷한 생각과 서로 공통점이 많을수록 좋은 관계를 맺기 쉽다. 우리가 흔히 말하는 "성격이 맞는다.", " 잘 통한다."는 이러한 유사성에 근거한 것들이다. 같은 종교를 가지고 있거나 비슷한 생활 양식일 때 관계를 맺고 유지하는 데 유리하다.

셋째, 때로는 상보성이 요구된다. 타인과의 관계에서 나와 모든 것이 일치하기 보다는 어떤 부분은 나와 반대되는 특성 때문에 끌리는 경우가 있다. 상호보완적 의미에서 이러한 상보성은 관계나 일의 협력에 도움이 된다. 예를 들어 꼼꼼하지만 융통성이 없는 사람이라면 똑같은 사람보다는 계획적이고 치밀하지는 못하지만 아이디어와 순발력이 있는 사람과 함께 협력할 때 좋은 팀워크를 발휘하게 된다. 배우자를 만날 때도 이러한 상보성은 적용된다. 많은 부분 공통점을 가지고 있지만 서로의 단점을 보완할 수 있는 반대의 특성은 서로에게 매력적인 요인이 될 수 있다.

넷째, 호감은 상호성의 원리를 따른다. 나에게 호감을 갖는 사람에게 갖는 사람에게는 호감이 생긴다. 즉, 나를 인정해주고 나에게 좋은 감정을 가지고 있는 사람에게는 호감을 갖게 된다는 것이다. 반대로 나에게 좋지 않은 감정을 가지고 있는 사람에 대해 좋은 감정이 생기기는 어렵다. 어떤 사람이 나에 대해 좋은 감정을 가지고 있다고 느낄 때 그 사람에 대해 관대해지며 그 사람의 행동에 대해 우호적인 감정이 생겨날 것이다.

다섯째, 다른 사람과의 관계는 공평해야 한다. 관계에서 중요한 것은 두 사람 중 어느 한쪽에게 일방적으로 불공정하거나 불리해서는 안 된다는 점이다. 어떠한 관계도 일방적인 희생과 봉사를 요구하면 유지되기 어렵다. 둘 간의 공평성이 유지될 때 관계에 대한 만족도가 높아질 수 있다. 이러한 공평의 원리는 직장과 같은 상하관계에도 적용이 된다. 이러한 상하 혹은 수직관계에서는 균등한 분할의 의미보다는 각자 역할과 직급에 합당한 몫을 배분하게 된다. 이렇게 분배된 몫이 적어도 최소한의 만족을 줄 수 있어야 관계가 유지될 수 있다.

2) 좋은 관계 유지하기

다른 사람과 좋은 관계를 형성하는 것은 삶의 질을 높이고 각자의 건강한 삶, 행복한 삶을 위해 필수적인 요소이다. 그러나 생각보다 좋은 관계를 유지하는 일이 쉽지만은 않다. 각기 다른 사람과 함께 의견을 맞추어 살아간다는 것이 결코 간단한 일이 아니다. 우리는 나름대로의 방식과 이론으로 다른 사람과 대인관계를 맺는다. 주로 주관적인 경험과 판단에 의존하기 때문에 많은 허점이 있고 따라서 실패를 겪게 된다. 지금부터는 효과적인 대인관계를 위해 알아두어야 할 것이 무엇인지 살펴보면서 각자 가지고 있던 이론의 허점은 무엇인지 점검해 보기로 한다.

(1) 대인관계와 관련된 이론

효과적인 대인관계를 위해 사용되는 대표적인 이론은 사회교환 이론, 역할 이론, 교류분석 이론 등이 있다. 이를 구체적으로 살펴보면 다음과 같다.

첫째, 사회교환 이론에서는 대인관계의 보상과 비용을 통해 얻는 결과를 계산하는 방법을 설명하고 있다. 인간관계에서 얻는 보상은 주로 자신의 욕구 충족과 관련된 것들이다. 나에게 필요한 것, 기대하는 것을 말하며 인정, 승인, 애정, 수용 같은 심리적 요인과 물질적인 보상이 될 수도 있다. 반면 그러한 보상을 얻기 위해 하는 노력이나 시간은 비용에 해당된다. 보상 받은 것에서 비용을 뺀 것이 결과이다. 관계에서도 그 결과가 너무 작거나 손실이 생긴다면 그 관계는 위태롭게 된다. 다시 말하면, 어느 관계에서도 보상을 얻기 위해 드는 비용이 너무 커지면 불만족이 생겨난다는 것이다. 모든 관계가 이러한 계산의 방식으로 이루어진다는 것은 납득하기 어렵겠지만 최소한 서로를 인정하고 존중하는 관계를 지향한다면 서로의 관점에서 동등하고 공정한 관계를 유지해야 함을 시사한다.

둘째, 역할 이론에서는 자신의 역할과 지위에 받는 행동 방식이 관계에 중요한 요인임을 지적하고 있다. 관계에는 역할과 지위가 있기 마련이다. 예를 들어, 학생과 제자, 상사와 부하직원, 부모와 자녀와 같은 관계에 따른 역할과 지위가 있다. 우리는 관계에서 각 역할에 맞는 행동을 기대하게 된다. 학생에게 맞는 역할과 교사에게 맞는 역할이 있다. 이러한 역할을 벗어난 방식의 관계는 상대방과 갈등을 유발할 수 있다. 이런 역할기대는 동등한 것처럼 보이는 친구관계나 부부관계에서도 적용된다. 각각 서로가 기대하는 역할과 다른 행동을 하게 되면 갈등과 불화를 겪게 되며 우리 주변에서 쉽게 이러한 예를 찾을 수 있다.

셋째, 교류분석 이론에서는 자아 상태를 세 가지 유형으로 설명한다. 어버이 자아(P)는 개인이 가지고 있는 가치관, 신념, 도덕적 양심을 표현하는 것이고, 성인 자아(A)는 컴퓨터와 같이 객관적인 정보수집과 처리 부분으로 현실에 기초한 합리적인 의사결정을 하는 것이다. 반면 어린이 자아(C)는 충동이나 감정, 욕구와 관련된 행동을 담당한다. 이 세 가지 자아를 가지고 대인관계에 적용하였다. 교류란 두 사람이 서로에게 일정한 자극을 보내며 서로의 특정 자아와 접촉하는 것을 말한다. 교류에는 세 가지 유형이 있는데 먼저 상보적 교류는 두 사람이 같은 자아 상태에서 교류하거나 서로가 기대하는 자아로 의사소통을 하는 방식을 말한다. 서로 기대되는 자아로 반응이 이어진다면 의사소통은 효과적으로 지속될 수 있다. 그러나 만일 현실적인 질문을 했는데 자신의 욕구와 관련된 대답을 하면 대화는 중단된다. 이렇게 서로 다른 자아로 반응하는 것은 교차적 교류라고 한다. 예를 들면 그림의 설명처럼 찌개가 짜다고 말한 남편의 기대와는 다른 방식의 의사소통은 서로 어긋나게 되며 이러한 의사소통은 대화를 중단시키게 된다. 마지막으로 이면적 교류는 대화에서 표면적 내용과 다른 심리적 내용이 담겨 있는 것을 말한다. 이렇게 되면 겉으로 표현하는 메시지와 다른 의도를 상대가 파악하기 어렵기 때문에 의사소통을 위해 바람직하지 않다. 다른 사람과의 의사소통을 할 때 자신의 메시지를 명확하게 전달하는 것이 바람직하며, 그러기 위해서는 언어적 · 비언어적 메시지를 일치하는 것을 연습해야 한다. 교류분석에서는 이러한 의사소통의 방식을 분석하여 타인에게 자신의 의사를 전달할 때 명료화하도록 하는 것에 중점을 두고 있다.

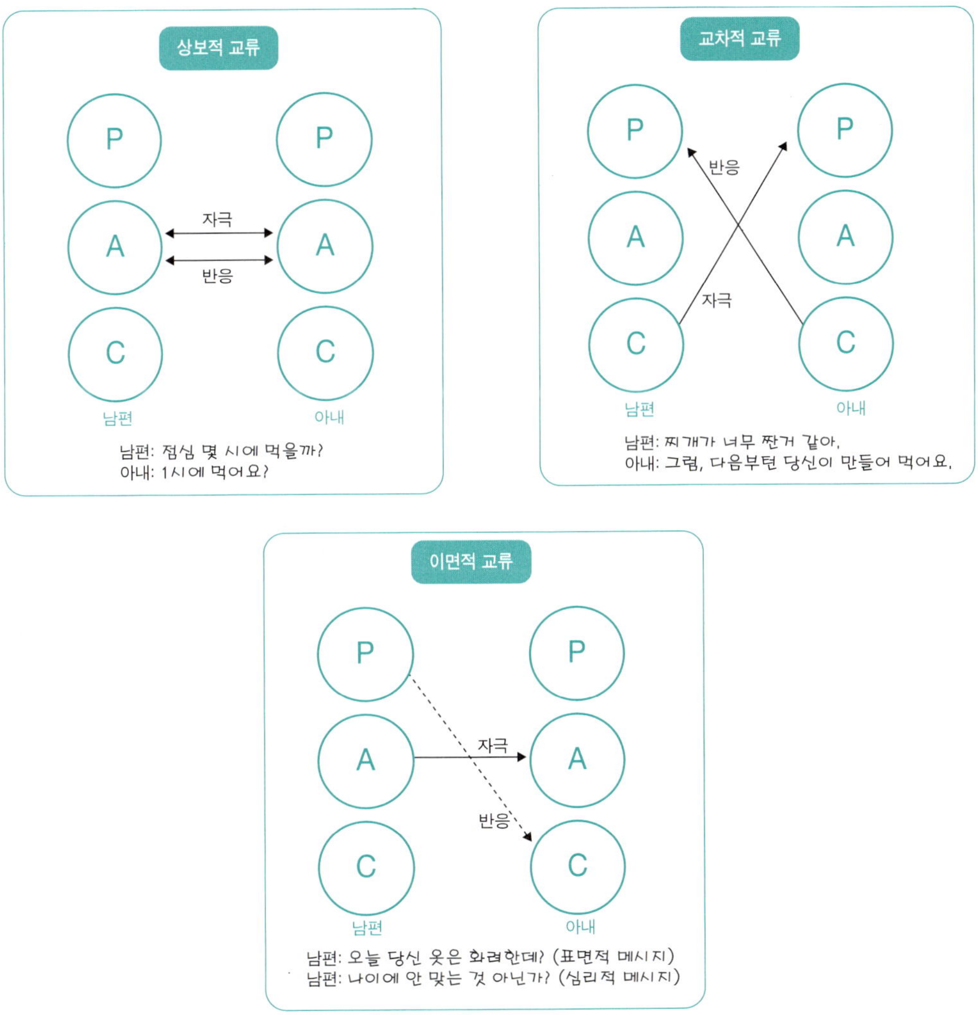

그림 7-4 교류의 세 가지 유형

출처: 김영진(2003). 심리학 역사 속에서의 상담 이론. pp. 269-270.

대인관계 유형

일반적으로 대인관계를 할 때 나타나는 유형에 대해 교류분석에서는 네 가지 형태로 제시하고 있다.

❶ **자기긍정-타인부정 유형:** 어린 시절 자신의 욕구가 수용되지 않은 결과로 생긴다. 자신은 인정하지만 다른 사람은 옳지 않기 때문에 타인을 수용하기 어렵다. 남의 말을 잘 듣지 않으며 자기 자신만을 믿는다. 타인으로부터 위로 받은 경험이 없기 때문에 자기를 위로할 사람은 자기 자신뿐이다. 경쟁적이며 독단적인 성향을 가지고 있고 다른 사람과의 갈등의 원인은 타인에게 있다. 따라서 다른 사람과 늘 거리를 유지하고 불신과 경계를 주로 활용하게 된다.

❷ **자기부정-타인부정 유형:** 가장 불행하고 위험한 유형이다. 어린 시절 타인에게 긍정적인 피드백을 받지 못해 자신에 대한 자신감과 타인에 대한 신뢰가 모두 결여되어 있는 상태로 극도로 비관적이며 비합리적 사고로 일관하게 된다. 삶의 의미나 의욕이 없기 때문에 위축되어 있으며 그 누구도 믿을 수 없는 상태이다. 타인과 세상에 대한 원망과 불신의 근본적인 원인은 자기 자신에 대한 불신이다. 자신이 믿을 수 없고 형편없는 사람이기 때문에 그러한 속마음을 방어하기 위해 타인과 세상에 화풀이를 하며 산다.

❸ **자기부정-타인인정 유형:** 타인에 대한 의존이 강한 유형이다. 어린 시절 인정받지 못하고 성공경험이 부족하면 자신에 대한 무능감을 학습하게 되고 결국 타인에게 의존적으로 살아간다. 학습된 무기력과 같은 모습으로 타인의 인정과 칭찬을 맹목적으로 추구하며 일상적으로 죄의식, 우울감, 불안, 공포를 자주 느낀다. 자기주장이 부족하고 열등감에 빠져 있으며 타인에게는 순종적으로 보이거나 약하게 보이려고 애쓴다.

❹ **자기긍정-타인긍정 유형:** 어린 시절 자신의 욕구가 반영되어 적절하게 충족된 결과로 자신에 대해 긍정적인 시각과 함께 타인에 대해서도 긍정적이고 수용적인 자세를 갖는다. 그러나 단순히 어린 시절의 경험만이 아니라 이 후의 성공경험이 쌓여서 누적될 때 이러한 도식은 완성된다. 긍정적 경험은 부정적 경험에 비해 쉽게 형성되는 것이 아니라서 매순간 유쾌한 경험을 누적하려는 노력이 필요하다. 자기긍정-타인긍정의 도식을 갖게 되면 나와 타인에 대해 합리적으로 판단하며 너그럽고 융통성이 있기 때문에 누구와도 원만한 관계를 유지할 수 있다. 정보를 습득하는 방법도 유연하기 때문에 문제상황에서도 쉽게 해결방법을 찾을 수 있다.

(2) 대인관계 기술

우리가 타인과 좋은 관계를 유지하기 위해서 우선 해야 할 것은 먼저 자신에 대한 관점을 어떻게 가지고 있는지 살펴보는 것이다. 자신에 대한 정확한 이해와 인식은 타인을 바라보는 관점을 결정하고 대인관계에 영향을 미친다. 자신에 대한 객관적인 이해와 함께 긍정적인 시각을 형성하는 것이 필요하다.

① 자신에 대한 이해

나를 다각도로 검토해 본다. 현재 자신의 성격, 장점 및 단점, 자아 개념 및 자아 존중감 등을 객관적인 자료를 통해 알아둔다. 다음으로는 과거의 나를 살펴본다. 지금까지 나의 양육 환경, 부모님과의 관계, 성장발달의 역사를 자전적으로 살펴보면서 현재의 나를 이해해본다. 마지막으로 내가 가지고 있는 심리적인 역동을 살펴본다. 신체적, 심리적, 사회적 욕구와 관련된 자신의 심리적 역동을 살펴본다. 자신의 감정과 욕구를 돌보아야 타인에 대해 수용적인 태도를 가질 수 있다.

② 자신의 감정 돌보기

대인관계에서 우리의 감정은 끊임없이 생겨나고 그 감정은 적절하게 표현할 때에 건강한 관계도 유지될 수 있다. 감정은 우리에게 다양한 측면의 신호를 보낸다. 감정이 보내는 신체적 증상으로 소화가 안 되거나 머리가 아픈 신호에 민감하게 반응해야 한다. 부정적 감정이 우리를 힘들게 할 때도 무시하지 말아야 한다. 만일 이러한 부정적 감정을 무시해버리거나 억압 또는 회피한다면 관계에 좋지 않은 영향을 준다. 우리가 가지고 있는 불편한 감정은 적절하게 표현하고 해소해 주어야 한다. 우리가 가진 감정은 긍정적인 것이든 부정적인 것이든 모두 자신의 것임을 인정해야 한다. 불편한 감정의 원인이 타인으로부터 비롯됐다고 생각하는 것은 감정해소에 도움이 되지 않는다. 감정을 해소한다고 즉각적으로 표현하는 것도 바람직하지 않다. 한 발자국 떨어져서 객관적으로 자신의 감정을 들여다보고 타인에게 자신의 감정은 '나 전달법'을 활용하여 털어놓는 것이 바람직하다.

③ 건강한 관계 형성

건강하고 성숙한 관계를 유지하기 필요한 특성들은 어떤 것일까? 우선 진실성과 신뢰성이 중요하다. 타인과의 관계에서 진실하고 신뢰로운 자신을 보여주는 것은 좋은 관계에 절대적인 요소이다. 진실성은 상대에게 신뢰를 주고 신뢰성은 어떠한 상황에도 행동을 예측할 수 있도록 한다. 어떤 사람이 말과 행동이 다르거나 거짓말과 속임수가 있다면 그 사람과 관계를 맺고 싶지 않을 것이다. 다음은 온정성과 공감성이다. 좋은 관계에서 꼭 필요한 것은 편안하고 안정적인 따뜻한 느낌과 상대방의 입장을 수용하고 받아들이는 공감성은 상대에 대한 친밀감을 높일 수 있다. 심리적 위안과 안정감을 주어 상대방과의 거리를 좁혀줄 수 있다.

다음으로는 좋은 경험과 좋은 활동을 함께 한다. 일상생활에서 얻는 많은 어려움을 해소할 수 있도록 좋은 경험을 함께하는 것이 도움이 된다. 심리적인 것(예 인정, 격려, 위로, 칭찬 등)일 수도 있고 실제 활동(예 등산, 운동, 여행, 노래방 등)일 수도 있다. 또한 관계는 언제나 공정하고 공평해야 하며 서로에게 관심이 있어야 좋은 관계로 발전될 수 있다. 한쪽에 일방적인 관계는 갈등을 유발하게 되며 쉽게 깨지기 쉽다. 서로의 관심사, 특징, 취미, 욕구나 동기 등이 존중되며 어느 한쪽으로도 치우치지 않는 동등한 관계를 유지하는 것이 관계에 긍정적인 역할을 한다. 좋은 관계를 유지하기 위해서는 적절한 자기개방이 필요하다.

관계에서 가장 중요한 것은 서로에 대한 지식과 이해이다. 자신과 상대에 대한 깊이 있는 정보는 관계를 유지시키고 발전시킨다. 자기개방은 이러한 측면에서 자신을 적절한 수위에 따라 알리고 상대방으로 하여금 관계에 몰입하도록 도울 수 있다. 물론 자기개방은 관계에 따라 수위가 결정되며 적절한 시기를 고려해서 시도해야 한다. 예를 들어 어느 정도 친밀한 사이인지에 따라 어느 선까지 공개할지를 결정하고 그 시기도 신중하게 고려해야 한다. 피상적인 관계에서 갑자기 상대가 너무 심각한 자기개방을 한다면 이 또한 관계를 악화시킬 수 있기 때문에 적절한 선을 결정해야 한다.

④ 갈등 해결

어떠한 관계에서도 갈등은 피할 수 없다. 갈등은 피하는 것이 아니라 해결해야 할 문제이다. 갈등을 피하기만 한다면 좋은 관계를 유지하기 어렵다. 갈등을 해결하기 위한 방법으로는 어떤 것들이 있는지 살펴보기로 한다.

- 갈등이 생기면 먼저 자신과 상대의 감정을 파악하는 과정이 필요하다. 갈등 상황

에서는 잠시 내적 대화를 통해 자신과 타인의 기분이나 감정의 문제를 인지적으로 파악한다.

- 문제에 대해 정확한 정의를 내리고 신중하게 검토한다.
- 그 다음 서로의 감정을 이해하고 서술해본다. 다음으로는 구체적인 요구를 반영적 기법을 사용하여 서로에게 말해야 한다. 말할 때는 나 전달법, 건설적인 평가, 문제해결의 방법, 자기 표현 등의 내용을 사용하는 것이 좋다.
- 대안적 행동이나 말을 전달하고 해결책에 동의를 얻어 긍정적인 결과를 유도해 낸다.

생각해보기

관계에 도움이 되는 의사소통의 방법을 소개합니다. 각자 갈등을 해결하기 위한 의사소통의 방법을 다음에 내용에 적용하여 연습해 봅시다.

❶ 직접 말한다: 상대에게 자신이 원하는 바를 구체적으로 말한다.
❷ 적극적으로 주의 깊게 경청한다: 나와 상대의 감정, 바람, 욕구, 기대 등에 대해 불편함 없이 이야기할 수 있는 분위기를 만들고 공유한다.
❸ 공정하게 싸운다: '내 생각은', '내 느낌은'과 같은 나 전달법을 사용하는 법을 연습한다.
❹ 성격이 아닌 행동에 초점을 맞춘다: 현재 문제나 행동에 초점을 맞춘다. 인신공격이나 근본적인 성격을 거론하지 않는다.
❺ 감정을 쌓아두지 않는다: 상대에게 받은 분노나 적개심을 쌓아두지 않는다. 시시콜콜 예전의 일까지 거론하며 지난 감정을 터트리면 관계를 악화시킨다. 현재 다루어지는 문제에만 초점을 맞춘다.
❻ 둘 다 이기는 방법을 선택한다: 좋은 관계는 갈등에서도 어느 쪽도 이기고 지지 않고 둘 다 이기는 방법을 선택한다. 그때그때 적절한 수준의 관리와 조정을 통해 관계의 지속을 유지할 수 있다. 공정한 싸움을 위해서는 먼저 갈등해결을 위한 시간을 요청하고 구체적인 자신의 불만을 말한다. 그리고 상대에게 자신의 이야기에 대한 반응을 요구한 후 자신의 감정을 이해해준 것에 대한 감사를 표한다. 그리고 구체적 행동을 요청한 후 그것에 대한 상대의 반응을 듣는다. 마지막으로 감사한 마음을 다시 한 번 전하는 것으로 마무리한다.

출처: Rosemary, A. T.(2003). Counseling techniques(2th ed.); 김춘경 역(2007). 상담기법. p. 399.

Part... III

아동의 정신건강

Chapter 8

아동정신건강의 이해

1 아동정신건강의 개념과 특징

2 정신건강에 영향을 미치는 환경

3 아동정신건강의 증진 방안

학습주제 아동정신건강의 이해

학습목표

❶ 아동정신건강의 이해를 위한 이론적 기초를 탐색한다.
❷ 발달적 특징에 따른 아동의 정신건강의 문제를 파악한다.
❸ 아동정신건강과 관련된 여러 상황을 살펴보고 아동정신건강 증진 방안을 실생활에 적용해 본다.

학습요약

1 아동정신건강의 개념과 특징
1) 아동정신건강의 개념
2) 아동정신건강의 특징

2 정신건강에 영향을 미치는 환경
1) 주위 환경
2) 각종 매체

3 아동정신건강의 증진 방안
1) 독립심
2) 자아 존중감
3) 복원력

주요개념 아동정신건강, 정신적 탄생, 학교거부증, 컴퓨터 중독, 유아비디오 증후군, 독립심, 자아 존중감, 복원력

들어가기

•즐거운 시간 보내기•

1. 즐거운 시간이 언제인지 이야기해 봅시다.
2. 가족이나 친구들과 즐거운 시간을 보내는 방법을 알아봅시다.
3. 하루를 즐겁게 보내는 방법이 무엇인지 발표해 봅시다.

부모들은 자녀의 출산 후 아기의 손가락과 발가락을 비롯한 모든 신체가 정상인지 살펴보며, 정상인 것을 확인했을 때에 안도하게 된다. '건강하게만 자라다오' 하는 자녀를 향한 바람을 가지는 것은 부모라면 지극히 당연한 마음일 것이다. 하지만 아이가 자라는 동안 신체적 건강뿐 아니라 정신건강까지 세심히 돌볼 수 있는 준비가 되어있는 부모가 과연 얼마나 많을지 의문을 던져본다. 때로는 아동의 정신건강상의 문제가 신체적인 문제로 표출되기도 하지만 부모가 인식하지 못하는 사이에 아동의 정신적인 문제가 깊어질 수 있다.

자녀에 대한 높은 기대치를 설정해 놓고 성취를 강요하는 부모들은 아동의 요구와 관심을 파악하기 보다는 다른 아이와의 경쟁에서 승리하기 위해 일찍부터 준비한다는 명분을 가지고 아동에게 여러 종류의 학원을 다니게 하고 각종 대회에서 좋은 성과를 내도록 압박한다. 자신의 자녀가 타인에게 어떻게 보여지는가에 민감한 부모는 아동을 치장하여 대리 만족을 얻기도 한다. 부모의 과도한 강요와 집착은 아동에게서 원형탈모증 등의 신체적 증상과 소아정신과적 치료를 요하는 상황에 이르게 하기도 한다.

이와 반대로 아동의 기본적인 요구와 필요도 충족시키지 못하는 부모의 자녀는 상대적 박탈감을 경험할 수 있다. 경제적 충족뿐 아니라 정신적인 지지는 아동이 건강하게 자라나는 데 필수 요인이다. 아동의 요구에 귀 기울이지 않고 무관심한 태도로 일관한다면 아동은 건전한 자아를 형성하기에 어려움을 겪게 된다.

아이들이 두려움이나 불안 등의 정서를 경험하기보다 기쁨이나 성취감 등의 정서를 경험하도록 하기 위해 의미 있는 성인의 관심과 배려가 요청된다. 아동정신건강의 특징과 아동의 정신건강에 영향을 미치는 요소를 파악하여 현대의 아동이 직면할 수 있는 문제들이 무엇인지 살펴보고 정신건강에 긍정적인 영향을 미치는 방법을 탐색해 보고자 한다.

01 아동정신건강의 개념과 특징

성인의 신체발달과 아동의 신체발달에 큰 차이가 있어 성인에 대한 잣대로 아동의 신체건강을 진단할 수 없는 것과 마찬가지로 아동의 정신건강은 그 독특한 특성을 고려하여 다루어져야 한다.

1) 아동정신건강의 개념

아동정신건강에 대한 접근은 우선 아동정신건강이 무엇을 의미하는지 그 개념의 정의부터 시작되어야 한다. 아동의 보편적 발달과 발달과업을 이해하는 노력에서 아동정신건강에 대한 접근이 시작되어야 하겠다.

아동정신건강은 각 발달 특성에 맞추어 살펴보아야 한다. 영아의 건강은 생태, 관계, 문화의 상호 연관된 맥락 속에서 발달에 적합하게 성장하는 영아가 보이는 정서적, 사회적 유능성의 상태라고 할 수 있다(Zeanah & Zeanah, 2001). 영아의 건강을 이해하기 위해 영아 본인뿐 아니라 주위환경과의 관계성을 파악하여야 정신건강을 올바로 이해할 수 있음을 뜻한다.

유아나 아동의 정신건강은 연령과 성별, 각각의 발달 단계에 따라서 다르게 다루어져야 한다. 이 시기는 건강한 정신을 가지기 위해 계속 발달해 가는 시기이고 아직은 성인의 정신건강에 요구되는 조건들을 적용시킬 수 없는 시기이다. 아동이 신체적, 행동적, 정서적으로 대부분의 같은 연령의 친구들이 보이는 행동을 보이고, 발달에 방해 요인이 없고, 발달할 능력을 가지고 있으면 아동이 정신적으로 건강하다고 일컬을 수 있다(홍강의, 2005).

아동정신건강은 발달에 맞는 고유한 방식으로 접근한다. 인격은 아동이 성장함에 따라 점차 형성되고 변화하기에 아동정신건강은 인격발달 단계에 대한 광범위한 지식을 기반으로 하여야 한다. 아동정신건강은 아동이 갖고 있는 행동 장애와 정서 문제를 다루게 된다. 아동의 정신건강을 위해 장애의 요인이 되는 유전적, 신체적, 기질적 요소들이 다루어지며 부모와 자녀의 관계가 행동 장애의 원인이 되는지도 고려한다(한국브리태니커, 2013).

아동이 정신적으로 건강하다는 의미는 크게 네 가지 기준으로 살펴볼 수 있다. 첫째, 마음에 부적당한 고통이나 불편이 없음을 의미한다. 둘째, 아동정신 기능이 조화롭게 활동하며 그 기능을 최적으로 발휘함을 뜻한다. 셋째, 또래와 비교하여 볼 때 차이가 너무 많이 나지 않는 것을 정상이라고 한다. 넷째, 아동들이 공통적으로 거치게 되는 발달 과정에서 너무 늦거나 후퇴하거나 하는 등의 어긋남 없이 공통적이고 보편적인 발달을 보이는 것을 의미한다(김학룡 · 서현아, 2000).

이를 종합하면 아동정신건강은 '아동이 주위 환경과의 맥락 속에서 신체적, 정서적, 사회적으로 적합한 발달을 하며, 조화로운 정신 기능 활동을 하는 상태'라고 할 수 있다.

2) 아동정신건강의 특징

아동이 성장함에 따라 경험하게 되는 정신건강의 과제는 변화한다. 각 시기에 다루어져야 하는 과제를 살펴보고 적절한 도움을 줄 수 있는 방법을 모색해야 한다.

(1) 영아기(0~2세) 정신건강의 특징

영아가 스스로 할 수 있는 일들이 적고 전적으로 양육자에게 의존해야 하는 시기로 양육자와의 관계는 영아가 세상에 살아남을 수 있는지의 문제와 직결된다. 양육자와의 애정 어린 관계로 인해 아이가 안락함과 평안을 느낄 수 있는 동시에 양육자와의 관계에서 오는 문제는 영아의 정신건강에 영향을 미치는 중요한 요소로 작용한다.

영아에게 안정적인 정신건강을 위한 환경을 조성하기 위해 우선되어야 하는 것은 양육자의 정신건강이다. 불안한 정서를 지닌 양육자는 영아에게 기본적으로 필요한 영양 등의 문제를 해결하는 데 일관적이기 어렵고 영아를 방치하거나 양질의 환경을 공급하는 것에 실패할 수 있다. 물리적 환경의 제공뿐 아니라 양육자와 영아의 애착과 상호 정서적 교감은 영아기 발달에 중요한 역할을 한다. 영아는 양육자와의 신뢰적 관계의 안정감을 바탕으로 발달해나가는데, 양육자가 정서적으로 안정되지 못할 경우에는 영아에게 우울 증세나 발달지연이 발생할 수 있다(Coddington & Wallick, 1990; 진혜경 · 이경숙 · 박영숙 역, 2002 재인용).

애착이 영아기에 형성되어야 하는 발달과제인 것처럼 영아와 양육자의 정신적 분리도 이 시기에 이루어져야 하는 과제이다. 정서적으로 친밀한 유대감이 형성되었다고 하여도 영아와 어머니는 각각 개별적인 개체이므로 독립이 이루어져야 한다.

어머니로부터 영아가 정신적으로 독립하는 것을 '정신적 탄생'이라고 한다. 이러한 분리 개별화는 생후 4~5개월에 시작되며 아이가 처음으로 어머니와의 공생에서 벗어나려는 시도를 하게 된다. 생후 6~7개월에 아이는 새로운 경험과 낯익은 경험을 비교하면서 경험의 폭을 넓혀가게 된다. 어머니와의 공생적 바탕이 튼튼한 아이는 주위를 활발히 탐색하게 되며 낯선 대상에게 두려움보다는 흥미를 가지게 된다(이태연 · 최명구, 2007). 양육자는 애착형성과 함께 영아가 독립심을 경험할 수 있도록 허용하는 여건을 제공해 줌으로써 아이가 성장하면서 경험하게 될 많은 정신적 문제를 극복해 나갈 수 있는 초석을 다지도록 주의를 기울여야 한다.

영아기의 자녀를 둔 부모는 자녀를 애정으로 대하며 자녀의 발달을 돕기 위해 여러 노력을 기울이게 된다. 하지만 모든 양육자가 영아에게 필요한 물리적, 정신적 환경을 조성하기 위한 충분한 노력을 하고 있다고 볼 수 없다. 부모로부터 애정과 보살핌을 충분히 받지 못한 영아들은 정신건강을 위협받게 된다. 아기가 순해서, 어머니가 몸이 불편해서, 아기 돌보기가 싫어서 등 여러 이유로 부모가 아이에게 따뜻하고 애정적인 신체적, 감각적 자극을 주지 않으면 아이가 비록 정상으로 태어났을지라도 1~2년 후에는 정신 기능 장애를 가지는 감각 박탈을 경험할 수 있다(김진호 · 이병래 · 김덕희, 2012).

그림설명: 부모의 보살핌을 받지 못하는 영아

또한 어려서 부모의 보살핌 없이 자란 영아는 모성결핍으로 인한 모성박탈을 경험할 수 있다. 열악한 환경에서 자란 영아들은 일반적 가정에서 자란 영아에 비해 비사회적, 공격적 행동을 보이며 애정결핍, 부적응으로 인한 불안정 등과 같은 발달지연을 경험하게 된다. 모성박탈을 경험한 영아는 후에 청소년, 성인기 반항, 반사회적 성격 등의 장기적인 후유증을 가질 수 있다(김희경 · 김옥숙 · 이숙희, 2011).

(2) 걸음마기(2~3세) 정신건강의 특징

걸음마기의 아이는 영아기보다 능숙한 신체 조절 능력을 지니게 되며 다양한 방식으로 세상을 경험하게 되는 기회를 지니게 된다. 이 시기의 중요 과업 중 하나는 배변 훈련이며 이 과제를 수행하는 과정에 많은 갈등과 성취감을 갖게 된다. 아이는 이전과 비교하여 자유롭게 신체를 움직이면서 스스로 할 수 있는 일들을 시도하게 되고 자신의 뜻대로 하려는 주장을 강하게 펼치게 된다.

걸음마기 아이들은 놀이에 집중하고 끊임없는 탐색을 통하여 감각과 운동 기능을 발달시켜 나간다. 또한 자율성이 형성되는 시기로서 모든 일을 자기 힘으로 해내려는 욕구가 강하다. 의사소통 능력을 갖춘 걸음마기 아이는 자신을 하나의 독립된 자아로 인식하고 자기주장을 한다(김영숙 · 이경화, 2007).

유아 스스로 문제를 해결하려는 시도를 해보지만 이전에 경험해보지 못한 새로운 문제를 만나 스스로의 힘으로 해결할 수 없을 때는 주변 사람의 도움을 요청하기도 한다. 자신의 문제를 해결해 나가는 방법, 주위의 도움을 구하는 방법, 문제상황을 직면하는 태도 등이 아이의 발달에 중요한 요소로 작용을 한다.

아이가 독립적인 존재로 스스로 해내려는 의지를 표출한다는 것은 격려 받을 만한 일이다. 아이의 안전을 위협하는 상황처럼 아이의 주장을 수용할 수 없는 경우를 제외한 많은 경우에는 성인이 인내하고 기다려준다면 아이의 자기주장은 건전한 독립심으로 발전할 수 있게 된다.

(3) 유아기(3~6세) 정신건강의 특징

이 시기의 아동은 유치원이나 어린이집에서 친구들과 같이 어울리는 기회가 많아지고 친구들의 영향이 커진다. 직접적인 경험, 책이나 대중매체를 통한 간접경험, 다른 사람들을 통해 듣게 된 내용 등 경험의 폭과 지식의 폭이 이전보다 넓어지게 되며 이러한 경험은 긍정적인 요인으로 작용할 수도 있지만 새로운 불안을 촉발시키는 요인이 되기도 한다.

유아기에 자아발달의 중요한 부분인 양심의 발달이 나타난다. 아동은 처음에 부모가 인정 또는 인정하지 않는 것에 따라 옳고 그름을 판단하고 이러한 가치들이 아이에게 내면화되는 과정을 거친다. 초기에 아동은 부모나 다른 사람이 인정하지 않는 행동을 하는 데 두려움을 느끼지만, 시간이 경과하면 타인의 판단 없이도 자기 스스로 죄의식을 느끼게 된다(Coddington & Wallick, 1990; 진혜경 외 역, 2002 재인용).

유아는 자신의 존재나 능력을 타인에게 알리고 싶은 욕구를 보이며 성인으로부터 행동의 제한을 받으면 고집을 부리며 반항하는 특성이 나타난다. 지나치게 강압적으로 아이에게 잠자기 등을 강요하는 것은 불안감을 증가시킨다. 어두운 것을 두려워하는 유아에게는 낮은 밝기의 등을 켜주는 것이 도움이 된다. 아이가 이불에 소변을 싸는 것에 대해 부모가 지나치게 염려를 하거나 부모의 요구 수준이 높을 경우에는 아이는 불안해서 잠을 제대로 이루지 못할 수 있다(강문희 · 장연집 · 정정옥, 2000).

유아기의 아동은 명확한 이유 없이 불안을 느끼거나, 자극에 비해 지나친 불안을 보이는 불안 장애, 특정 동물이나 상황을 두려워하는 공포 장애, 소변을 가리지 못하는 야뇨증, 자다가 벌떡 일어나 소리를 지르고, 울고, 긴장하는 악몽 등의 정신적인 문제를 경험할 수 있다(김학룡 · 서현아, 2000). 부모가 유아의 자아가 성장해가고 있음을 인정하고 독립된 존재로 인정하며 배려하는 태도를 가지며, 유아가 불안해하는 요소가 무엇인지 파악하고 문제해결을 위해 적극적인 태도를 취해야 할 것이다.

(4) 아동기(6~12세) 정신건강의 특징

초등학교에 입학하게 되면서 아동은 학교라는 낯선 환경에서 친구들을 만나게 되며 학업과 관련된 여러 문제도 겪게 된다. 새로운 사회의 일원으로 적응해가는 과정에서 갈등과 좌절을 경험하게 되며 소속감을 느끼지 못하는 경우에 정서적으로 힘든 시간을 보낼 수 있다.

아동기에 친구와 교사와 새로운 관계형성을 하게 되며 사회생활의 반경이 질적, 양적으로 변화한다. 초등학교 저학년 시기에는 유아기의 특징이 남아 성인에게 의존하는 경향을 보이고 부모나 교사의 말에 순종하는 경향을 보인다. 반면에 고학년은 성인 의존성이 줄어들고 또래와의 관계가 생활의 중요한 비중을 차지한다. 아동의 또래와의 사회관계를 통해 대인관계를 배우고, 우정과 적대감을 나타내고 처리하는 기술을 익히게 된다(강문희 · 장연집 · 정정옥, 2000). 삶에서 또래가 차지하는 부분이 증가하면서 또래와의 관계가 원활한 아동은 친구와 함께 여러 활동을 공유하고 서로의 생각을 교환하며 즐거운 생활을 할 수 있다. 반면에 또래와의 관계형성이 제대로 형성되지 않은 경우는 어려움을 겪게 된다.

이 시기에 집단 따돌림(왕따)을 경험한 아이는 대인관계에서 자신감이 결여되고, 주변 사람과 친구들에 대한 신뢰감 형성이 어렵게 된다. 대인관계의 폭은 좁아지게 되며, 자신을 외부의 세계에서 단절시켜 고립된 생활을 하게 되어 사회성이 결여되기도 한다. 언제 왕따를 당할지 모른다는 불안감은 만성적이고 잦은 두통, 복통, 근육통 등의 다양한 신체 증상을 동반하기도 하며 피해의식이나 피해망상을 불러오기도 한다(손석한, 2008). 아동이 자주 복통 등의 문제를 호소한다면 병원을 찾아가 신체적인 상태를 점검해보는 것과 함께 아동에게 고통을 유발하는 정신적 원인이 무엇인지 살펴볼 필요가 있다.

아동기에 쉽게 볼 수 있는 문제에는 학교에 가기 싫어하고 집에 있고자 하는 학교거부증이 있다. 학교에 가야 한다는 사실을 알면서도 가지 못하는 강박 상태로 그 유형에는 무단결석, 신경증이나 인격 장애, 학습 장애, 학교공포증 등으로 드러난다(김희경 · 김옥숙 · 이숙희, 2011). 전학을 하여 학교에서 친구를 새롭게 사귀어야 하는 경우와 친구가 전학을 가서 더 이상 쉽게 어울릴 수 있는 친구가 없는 경우에도 학교 가는 것이 싫을 수 있다. 학교환경, 선생님, 학업에 대한 부담도 등교를 거부하는 원인으로 작용할 수 있다.

학교거절증을 보이는 아동들은 대체로 약한 자아 기능으로 인해 새로운 환경을 접하면 불안, 초조, 우울, 짜증 등의 정서적 증상을 경험하며, 이러한 증상을 장기간 방치하면 학교생활에 적응을 못할 수도 있다. 가장 큰 원인은 부모와 떨어지기 싫어하는 분리불안 장애가 대부분이며, 학교거부증은 주로 부모의 보호나 기대가 높은 가정의 아동에게서 많이 나타난다(이태연 · 최명구, 2007). 부모가 자녀를 다른 아동과 비교하며 아동이 부담스러움을 느끼는 성취를 기대하는 것은 아동의 정신건강에 해를 미치는 것임을 기억하고, 아동이 안정감을 느끼며 성취하고자 하는 동기를 부여할 수 있는 방법을 찾아야 한다.

02 정신건강에 영향을 미치는 환경

인간은 자신이 처한 환경으로부터 지대한 영향을 받게 된다. 아동에게 영향을 미치는 환경이 무엇인지 살펴보고 건강한 정신건강 형성을 위하여 주의를 기울여야 하는 부분이 무엇인지에 대한 고민이 있어야겠다.

1) 주위 환경

(1) 가정

생활의 터전인 가정은 아동정신건강에 있어 가장 큰 영향력을 발휘하는 곳이다. 부모의 양육 방식, 형제 · 자매와의 관계, 가정의 물리적 환경 등이 아동의 정신건강 형성과 밀접하게 연결되어 있다. 가정에 냉랭한 기류가 흐르고 부모가 아동에게 억압적인 태도로 대하는 가정도 있고, 아동이 가정에서 편안함을 느끼도록 따뜻한 분위기를 제공하는 가정도 존재한다. 형제들 간에 서로 도와주며 격려하는 가정도 있지만 반목과 질시로 불편한 관계를 지닌 가정도 있다. 가정의 물리적인 환경도 정신건강 형성에 중요한 요소로 작용한다. 가정이 아동건강에 긍정적 요소로 작용할 수도 있지만 안타깝게도 부정적 요소로 작용할 수 있음을 부인할 수 없다.

아동의 가정에서의 초기 경험은 아이의 심리 · 정서적 안정뿐 아니라 신체적 · 사회적 발달 등 모든 면에서 영향력을 지닌다. 자녀를 과잉보호하는 부모의 경우에 아동은 스스로 문제를 해결하는 것을 두려워하게 되고 사회적 관계를 확장하는 데 어려움을 겪게 된다. 부모가 아동 간의 경쟁심을 자극하게 되면 조화로운 사회성 발달에 해결하는 것을 배우지 못하고, 부모가 지나친 기대를 자녀에게 강요할 때에 자녀는 좌절과 갈등을 경험하게 된다(김영숙 · 이경화, 2007).

부모와의 관계를 통해 아동은 관계형성을 배우게 되며 부모의 사랑에 대한 확고한 믿음은 긴장된 상황이나 이전에 경험해보지 못한 상황을 만날 때 불안을 덜게 된다. 가정은 아동에게 안전기지를 제공하고 이를 바탕으로 주위의 세계와 환경을 탐색하게 된다. 가족은 아동이 어떤 문제에 직면했을 때 위로를 제공해주고 문제해결을 도와주는 원천이 되며, 아동은 가정에 돌아와 밖에서 경험한 좌절과 실망을 해소하고 자신감을 회복하게 된다(홍강의, 2005).

가정에서 아동은 가족의 모습을 통해 많은 것을 배워나가는데 부모가 두려움에 대처하는 방법도 배우게 된다. 부모가 두려움을 겪게 되는 상황에서 도움과 격려를 친구, 친척, 배우자에게 어떻게 구하는지 아동은 지켜보고 있으며, 부모가 자신의 감정을 고백하고 어려운 시기를 헤쳐 나가는 모습은 아동이 자신의 어려움을 이겨내기 위한 모델이 될 수 있다(Nolte & Harris, 1998; 김명렬 역, 2000 재인용).

(2) 사회 환경

여러 사회적 환경이 아동에게 영향을 미치지만 그 중 유치원과 학교는 아동이 큰 의미를 부여할 수 있는 환경이다. 유치원과 학교에서의 경험이 즐거운 아동도 있지만 불안감이나 공포 등의 부정적 정서를 발생시키는 공간으로 아동에게 비쳐질 수도 있다.

유치원과 학교가 어떤 모습으로 아동에게 영향을 미치는지 살펴볼 때에 유치원의 물리적 환경은 유아들의 생활에 지대한 영향을 미친다. 넓고 쾌적한 바깥놀이 공간을 지닌 학교나 유치원에서 아이들은 자유롭게 다니며 탐색할 기회를 지니게 된다. 이에 반해 좁은 교실 공간에 여러 영역이 배치되어 있고 아동들이 활동할 공간이 지극히 제한된다면 혼잡한 교실환경에서 유아들은 쉽게 다른 친구들과 부딪힐 수 있는 상황들이 발생하게 된다. 교사의 숫자와 태도도 영향을 미치는데 교사가 잠시 화장실을 가거나 간식이나 식사를 가지러 교실을 떠나야 할 상황들이 발생하면 다른 성인이 아동을 돌보아 줄 여건이 되지 않는다면 사고의 위험은 증가하게 된다. 교사가 유아들에게 강압적인 태도를 보이는지 아니면 친절한 태도를 보이는지의 여부도 아동이 유치원이나 학교에서 정신적으로 안정감을 느끼도록 하는 데 영향을 미치게 된다.

교사는 교실이 아동에게 지식만을 전달하는 것이 아니라 사회적으로 성숙할 수 있는 경험을 제공한다는 것을 인식한다. 사회적 행동은 교사 자신이 학생들에게 모범을 보임으로써 형성될 수 있다. 교사는 전문적 지식을 가지고 좌절 대신 만족감, 협동, 효율성, 유대감, 신뢰, 상호공감과 같은 방식으로 교실 안에서의 상호작용을 지휘할 수 있다(Wolff, 1969).

2) 각종 매체

(1) 컴퓨터

아동에게 컴퓨터는 가정이나 유치원에서 사용할 수 있는 친숙한 사물이다. 부모님들의 컴퓨터 사용을 흔히 접하게 되며 아동의 컴퓨터 사용이 일찍부터 허용되는 분위기이다. 자유롭게 컴퓨터를 사용하면서 아동이 새로운 정보를 습득하는 통로로 컴퓨터가 사용될 수도 있지만 동시에 컴퓨터 사용으로 인한 문제점도 대두되고 있다.

컴퓨터는 TV에 비하여 아동 스스로 능동적으로 통제하고 조정할 수 있는 매체적 특성을 지니고 있다. 개인 컴퓨터의 보급은 아동이 전자게임을 하는 연령을 낮추었다. 전자게임은 아동에게 즉시 피드백을 제공하며, 예측 불가한 상황의 전개, 시각적이며 동적인 그래픽과 음향효과 등의 아동의 흥미를 유발할 수 있는 여러 조건들을 갖추고 있다(오채선 외, 2008).

컴퓨터가 아동에게 미치는 영향은 컴퓨터가 아동의 자아 개념을 증진시키고, 아동의 놀이를 자극하는 매개자 구실을 하며, 아동의 개념을 구성하고 수정하도록 도와준다는 긍정적인 영향을 지니기도 한다. 반면에 신체적 활동이 중요한 시기의 아동에게 수동적인 활동을 제공할 우려가 크고, 상징매체인 컴퓨터가 아동에게 적합하지 않다. 또한 주변 사람과 언어사용의 기회를 제한하여 언어발달을 지연시키고, 게임이나 통신 기능 등에 아동이 몰입할 수 있어 아동의 균형 있는 생활을 방해하는 단점을 가지고 있다(이소희, 1997). 유아의 게임 중독은 주의집중 부족, 시력의 저하, 사회성 문제 등을 야기할 수 있으며, 학령기의 아동은 공격성과 폭력성 등의 모방행위가 나타나며, 공감 능력과 친사회적 기술 부족, 모방 범죄를 일으킬 수 있다(홍기묵, 2007).

유아 및 초등 저학년 게임 중독진단

• 성별: 남 · 여　　　　• 나이:　　　　• 거주 지역:

번호	항목	전혀 그렇지 않다	그렇지 않다	그렇다	매우 그렇다
		1점	2점	3점	4점
1	부모의 형편상(예 직장생활, 질병 등) 집에서 아이의 하루생활을 관리하는 데 어려움이 있다.				
2	우리 아이는 혼자서 시간을 보내는 경우가 많다.				
3	우리 아이가 게임을 하는데 보내는 시간이 얼마나 되는지 알고 있다.				
4	아이가 하는 게임의 종류나 시간에 대해 일관된 양육 기준을 가지고 관리한다.				
5	우리 아이는 친구들과 만나는 것보다 집에서 게임하는 것을 더 좋아한다.				
6	우리 아이는 또래와 놀 때도 주로 게임을 한다.				
7	우리 아이는 가족이나 친지의 모임에서도 게임만 하려고 한다.				
8	우리 아이는 외출을 할 경우 (게임을 하고 싶어) 집에 빨리 들어오려고 한다.				
9	우리 아이는 게임 아이템을 사달라고 하거나 캐시 충전을 해달라고 조르는 경우가 많다.				
10	우리 아이의 놀이나 대화 내용은 주로 게임과 관련된 것이다.				
11	우리 아이는 게임 이외의 다른 활동에는 별 흥미가 없다.				
12	우리 아이는 일상생활 중에도 게임에 대한 생각을 많이 한다.				
13	우리 아이는 밖에서 노는 것보다 집에서 게임하기를 원한다.				
14	우리 아이는 게임을 못하게 하면, 불안해하거나 다른 일에 의욕을 보이지 않는다.				
15	우리 아이는 게임을 하지 못한 날에는 괜한 심통을 부리거나 사소한 일에 화를 낸다.				

번호	항목	전혀 그렇지 않다	그렇지 않다	그렇다	매우 그렇다
		1점	2점	3점	4점
16	우리 아이는 게임을 할 때 자기도 모르게 욕을 하거나 흥분된 모습을 보인다.				
17	우리 아이는 게임을 할 때 컴퓨터가 느리거나 게임 사이트에 문제가 생기면 안절부절 못하며 과격하게 행동한다.				
18	우리 아이는 폭력적이거나 잔인한 게임 장면에 아무렇지도 않게 반응한다.				

※ 만 5~8세 자녀 대상 부모용 검사로 인터넷에 입력하면 진단결과가 게임 중독 행동 특성과 환경 특성에 따라 위험군/잠재군/환경개선군/일반군으로 분류

출처: 인터넷 중독 상담 대응센터
(www.iapc.or.kr/dia/survey/addDiaSurveyNew.do?dia_type_cd=GABO)

컴퓨터에 중독된 아동은 다양한 경험을 할 시간을 빼앗기게 되며, 못마땅해 잔소리를 하는 부모와의 대화를 거부하려고 한다. 부모가 보여야 하는 대처 방식은 컴퓨터를 일방적으로 없애 반감을 사기보다 부모가 먼저 컴퓨터를 배우고 활용하는 모습을 보이며 아동에게 컴퓨터의 다양한 활용법을 알려준다. 아동이 좋아하는 게임을 파악하고 컴퓨터를 공개적인 장소에 두고 게임하는 시간을 정해 두며 축구나 자전거 타기 등의 운동에 흥미를 느끼게 유도함으로써 아동이 컴퓨터 중독에서 벗어나도록 도움을 줄 수 있다(오은영, 2009).

컴퓨터에 중독이 된다는 것은 그 중독으로부터 벗어나기 위해 많은 노력이 요구됨을 의미한다. 부모가 평소에 아동에게 관심을 보이고 시간을 할애하여 아동과 함께 즐거운 시간을 보내려는 적극적인 노력을 기울여야 하며 다급한 마음을 접고 인내심을 가지고 지켜보는 태도가 요구된다.

(2) 인터넷

가정의 인터넷 보급은 이미 일반화된 추세이고, 성인뿐 아니라 아동도 쉽게 인터넷에 접근할 수 있는 세태이다. 아동을 위한 동요, 동화 등의 유익한 정보를 제공하는 사이트도 있지만 유해한 사이트로 접근할 수 있는 위험성이 존재하게 된다.

우리나라 만 3~5세 유아의 인터넷 사용률은 47.9%이며, 만 5세의 경우는 인터넷 사용률이 64.3%, 만 4세는 44.6%, 만 3세는 33.5%에 이르는 것으로 조사되었다. 인터넷을 사용하는 최초 사용연령은 5세 유아의 경우는 3.8세, 4세 유아는 2.9세, 3세 유아의 경우는 2.3세로 점점 어린 시기에 인터넷을 접하게 되는 추세이다. 만 3~5세 유아의 인터넷 사용 시간은 주간 평균 4.8시간으로 나타났다(정보통신부, 2005).

인터넷에서 아동은 여러 사람을 만날 수 있으며, 대부분 서로가 누구인지 알지 못하기에 현실에서는 하지 못할 부적절한 말이나 표현을 거침없이 하게 되기도 한다. 자신의 충동에 따라 감정을 자제하지 못하고 분출하는 행동은 아동의 인격형성에 악영향을 끼치게 된다. 아동이 인터넷 게임을 할수록 참을성이 없고 충동적인 아이로 변화해가며, 게임에 중독이 되어가고 또래와의 사회적 기술을 학습하지 못하게 된다. 온라인 상에서 친구를 사귀는 것이 현실의 친구를 사귀는 데 도움이 되지 않으며 오히려 현실에서 친구들과 사귀고자 하는 동기 자체를 감소시켜 사회성에 큰 손상을 입게 된다(김현수, 2005).

인터넷 중독의 기준은 첫째, 접속하지 않았을 때로 접속한 경험에 대한 생각에서 헤어나지 못한다. 둘째, 인터넷 사용 시간을 늘려야 만족할 수 있다고 여긴다. 셋째, 인터넷 사용중단을 결심했다가 실패한 경험이 있다. 넷째, 인터넷 사용을 중단하며 불안하고 우울해진다. 다섯째, 계획했던 시간보다 인터넷을 오래 사용하는 경향이 있다. 여섯째, 인터넷 사용으로 인해 대인관계 등의 어려움을 겪게 된 경험이 있다. 일곱째, 도피나 불쾌감의 경감을 위해 인터넷을 사용하는 것이다(Young, 1998).

일반적으로 자존감이 낮은 아이는 현실에서 자기 마음대로 되지 않는 좌절을 이기지 못하고 자신이 통제할 수 있는 가상의 세계로 도피하고자 한다. 온라인에서 만난 친구와 채팅을 하고 게임을 통해 자신의 능력을 발휘할 수 있는 가상세계에서 즐거움과 행복을 느끼게 된다.

온라인 게임의 세계에서 캐릭터가 자신을 대신하고 게임 아이템이 많거나 점수가

유 · 아동 대상 인터넷 중독 진단

• 성별: 남 · 여　　• 나이:　　• 거주 지역:

번호	항목	전혀 그렇지 않다	그렇지 않다	그렇다	매우 그렇다
		1점	2점	3점	4점
1	식사나 휴식 없이 화장실도 가지 않고 인터넷을 한다.				
2	인터넷을 하다가 그만 두면 또 하고 싶어서 조를 때가 많다.				
3	인터넷을 못하게 되면 초조하고 안절부절 못해 한다.				
4	인터넷을 하고 있을 때만, 흥미진진해 보이고 생생해 보인다.				
5	인터넷을 안 할 때, 다른 것에 집중하지 못하고 불안해 보인다.				
6	다른 할 일이 있을 때로 인터넷을 사용한다.				
7	인터넷을 못하게 되면 지루하고 재미없어 한다.				
8	인터넷을 하는 시간이 하루 중 가장 편안해 보인다.				
9	과다한 인터넷 사용으로 인해 공부에 집중하지 못하고 산만해 보인다.				
10	게임에서 빨간 피를 튀는 장면을 볼 때 무덤덤하게 반응한다.				
11	인터넷 사용으로 인해 불규칙한 생활을 하는 것 같다.				
12	정해진 시간을 하겠다고 약속하지만 대부분은 약속을 지키지 않는다.				
13	인터넷을 오래 하느라 아이 체중이 변화한 것 같다.				
14	인터넷을 하지 못하게 하면 화를 내거나 짜증을 부린다.				
15	정해진 사용 시간을 잘 지킨다.				

※ 유 · 아동 대상 관찰자용(부모 혹은 교사) 검사로 홈페이지에 입력하면 진단결과는 고위험군/잠재적 위험군/일반 사용자군으로 분류

출처: 인터넷 중독 상담 대응센터(www.iapc.or.kr/dia/survey/addDiaSurveyNew.do)

높으면 인정을 받을 수 있기에, 보잘것없이 느껴지는 현실 세계보다 가상세계에서 만족을 느끼려 하는 경향을 보인다(정지은 · 김민태, 2011).

현실에서 충족되지 않는 만족감을 찾기 위해 인터넷에 중독이 되는 경우가 많으므로 부모와의 대화나 친구와의 관계, 흥미를 느낄 수 있는 활동 등을 통하여 점차적으로 가상세계에서 현실세계로 이동하여 기쁨을 찾을 수 있도록 주위의 격려와 관심이 요구된다.

(3) 스마트미디어

스마트폰과 태블릿 PC 등의 스마트미디어 보급이 보편화된 현실에서 스마트미디어를 가지고 노는 아동의 모습을 평상시에도 흔하게 볼 수 있다. 자녀의 안전을 목적으로 아동에게 스마트폰을 주는 부모도 있다.

하지만 많은 아동이 스마트미디어 중독에서 자신과의 일체화에 이어 모바일 종속에 빠져있다. 스마트미디어에 빠진 아동은 자극이 덜 심한 오프라인 영역에 흥미를 잃어가는데 책을 읽거나 친구들과의 상호작용보다 스마트폰으로 채팅이나 게임을 하는 데 익숙하다. 이동하거나 밥을 먹는 순간에도 휴대폰을 손에서 놓지 않고 스마트폰 게임을 즐기는 모습을 보이는 아동들이 증가가고 있는 시점에 유해한 콘텐츠를 비롯한 스마트폰 사용으로 인한 악영향에 대한 우려의 목소리가 높아가고 있다(매일경제, 2013. 3. 30.).

아동이 휴대폰을 통하여 친구들과 소통하는 수단으로 사용하며 시도 때도 없이 휴대폰을 사용하는 것을 본다. 잠시라도 휴대폰이 옆에 없으면 불안해하고 다른 일상생활에 집중하기 어려워진다. 부모의 눈을 피해 끊임없이 휴대폰의 집착하는 모습을 보이며 다른 활동에 대한 흥미보다 휴대폰의 사용이 우선하는 경우가 많다. 스마트미디어는 휴대가 가능하기에 부모가 허락하는 경우에 아동의 스마트미디어 사용을 장소와 시간의 구애를 받지 않고 언제든지 가능하다. 이러한 특성은 아동의 스마트미디어 사용 중독으로 연결될 수 있으므로 되도록 어린 나이에 아동에게 스마트미디어를 제공하지 않아야 하며, 제공하는 경우에는 시간에 제한을 두어 사용하도록 한다.

스마트미디어 예방가이드 유아학부모용

스마트미디어를 지나치게 사용하는 우리 아이! IT신동이 아니라 미디어 중독자가 될 수 있습니다. 아이가 스마트미디어를 달라고 보채고 있나요? 자녀의 스마트미디어 사용습관은 부모하기 나름입니다. 한 달만 노력해 보세요!

❶ 아이가 스마트미디어를 사용할 때는 반드시 부모님이 함께 해주세요.
스마트미디어는 부모와 자녀가 상호작용하는 도구로 활용되어야 합니다.

❷ 최대한 스마트미디어를 접하는 시기를 늦추어 주세요.
따뜻한 대인관계를 통해 아이의 지능과 정서가 충분히 발달할 수 있도록 보호가 필요합니다.

❸ 가정에서 스마트미디어가 허용되는 장소와 시간을 정해주세요.
거실 등 열린 공간에서 보호자와 함께 1회 20분 미만으로 스마트미디어를 사용하는 등 우리 가정만의 규칙을 정합니다.

❹ 아이 스스로 스마트미디어를 끝낼 수 있도록 도와주세요.
사소한 행동이지만 스스로 사용을 끝내는 행동을 통해 아이는 조절 능력을 기르고 성취감을 느낄 수 있습니다.

❺ 스마트미디어를 지나치게 사용하면 위험하다는 것을 아이에게 가르쳐 주세요.

❻ 아이와 스마트미디어 사용 시간을 정할 때는 아이의 연령과 수준을 고려해서 "30분까지만 하자." 보다는 "한 번(게임)만 더 하자."라고 구체적으로 가르쳐 주세요.

❼ 스마트미디어를 끄고 나면 아이가 좋아하는 활동이나 재밌는 놀이를 부모님이 함께 해주세요.

부모님의 스마트미디어 사용습관! 아이들이 그대로 따라합니다.

출처: 인터넷 중독 상담 대응센터
(www.iapc.or.kr/site/summainfo/showGuideSmtMediaDetail.do)

03 아동정신건강의 증진 방안

아동이 신체적, 정신적으로 건강하며 행복한 삶을 살아가도록 돕기 위해서 주위에서 의미 있는 성인인 부모나 교사의 지원이 절대적으로 필요하다. 부정적 정서를 없애고 긍정적 정서를 지닌 아동으로의 성장을 돕기 위한 방법들을 모색해보고자 한다.

1) 독립심

스스로 어떠한 일을 해낸다는 것은 인생을 적극적으로 개척해 나갈 수 있는 힘을 가지게 되는 것이다. 부모나 선생님이 시키는 것을 따르는 순응적이고 복종적인 모습은 말 잘 듣는 아이도 착한 아이로 비칠 수 있겠지만, 다른 사람의 지시를 기다리며 자신의 결정을 스스로 신뢰하지 못하는 성향이 강해진다면 의타적인 아이로 성장할 수 있다.

독립심에 대한 요구는 아이가 스스로 할 수 있다고 주장하며 끊임없이 부모의 권위에 대한 도전으로 나타나게 된다. 하지만 아동이 독립심을 가진다는 것은 능력의 표현이다. 부모는 아이에게 많은 관심을 가지고, 독립할 수 있는 기회, 시간, 환경을 제공하며, 아이가 제한된 공간에서 자유로이 놀도록 허용해주며, 아이에게 혼자 보내는 시간이 필요하다는 것을 인정해주어 아동의 독립심을 기르도록 도울 수 있다(Kuczen, 1987; 강영자 외 역, 2002 재인용).

부모가 자녀에게 지나치게 높거나 낮은 기대감을 보일 때에 아동은 자율성과 독립감을 경험하기 어렵다. 기대가 너무 높은 경우는 아동이 실패를 두려워하여 새로운 일을 시도하기 어려워하게 되며 부모에게 자신의 행동을 일일이 확인받으려 하게 된다. 반면에 자녀에 대한 기대치가 낮은 경우에는 아동은 부모가 자신에게 아무런 기대를 하지 않는다고 생각하며 성취하려는 노력을 보이지 않고 나태해지게 된다(손석한, 2008).

어떠한 문제에 부딪혔을 때 아동 스스로 문제를 해결하지 못하고 항상 성인의 의견을 구해야 한다면 끊임없는 긴장감과 불안에 노출될 수밖에 없다. 아동이 자신의 인생을 주도적으로 이끌어갈 수 있도록 부모는 기다려주며 격려해 주어 독립심을 형성하도록 도와주어야 한다.

아이에게 독립심과 책임감을 가르쳐 주기 위해서는 첫째, 아이들이 스스로 시도할 수 있도록 허락하기 둘째, 아이들이 새로운 도전을 하도록 적극적으로 격려하기 셋째, 아이의 생각이 미숙하고 통합적 사고가 이루어지지 않으므로 성인만큼 다양한 경우를 고려하지 못하는 점 인정하기 넷째, 부모가 독립심과 책임감의 모델 되기 다섯째, 아이 스스로 해결하는 과정을 적극 격려하기 여섯째, 부모는 아이의 실패나 실수를 두려워하지 않고 직면하도록 격려하기 일곱째, 아이가 부모의 도움을 필요로 할 때 적극적으로 돕기 여덟째, 알맞은 규율과 규칙을 설정하기 아홉째, 아이가 책임감 있고 독립적인 행동을 보였을 때 칭찬하기 열째, 아이의 연령에 맞는 책임감 부여하기를 실행해야 한다(오은영, 2009).

아동이 스스로 해결해 나가는 경험을 통하여 성취감을 느끼고 자신에 대하여 긍정적인 느낌을 가질 수 있도록 부모나 교사는 아동에게 독립의 기회를 제공해주고 지지해주며 기다릴 수 있어야겠다.

2) 자아 존중감

자신의 존재를 긍정적으로 받아들이고 가치 있게 여긴다면 다른 사람과의 관계에서 자신감을 가지고 되며, 긍정적 상황뿐 아니라 부정적인 상황을 만나게 될 때에도 적극적으로 풀어가려는 태도를 보이게 된다.

아동은 발달하면서 자신에 대한 이해의 폭을 넓히고 자기 스스로를 묘사할 수 있을 뿐 아니라 자신의 특징을 평가할 수 있다. 자아 존중감은 자신의 가치, 역량, 유능함에 대한 총체적 평가로 개인의 환경 적응 및 인성발달, 자기실현에서 중요한 요인이다(권민교 외, 2007).

아동의 자아 존중감에 영향을 미치는 요인으로 문화, 성, 주위 사람들의 행동 등 여러 요인이 존재하지만 가장 큰 영향을 미치는 것은 부모, 형제, 친구, 교사 등 아동이 일상적으로 만나면서 상호작용하는 의미 있는 사람들이다. 주변의 사람들이 아동을 어떻게 수용하고 거부하느냐에 따라 아동은 자신은 누구이며 어떤 가치를 지니는지에 대한 답을 얻는다(Harter, 2006).

부모나 형제, 선생님과 같이 아이에게 중요한 인물들이 아이를 믿어주며 애정과 지지를 보여줄 때 아이는 긍정적인 자아 존중감을 갖게 된다. 아동은 자신을 충분히 사랑받을 만한 존재로 인식하며, 의미 있고 가치 있는 존재로 여기게 된다.

높은 자아 존중감을 가진 아동은 다른 사람들이 다른 사람들의 평가에 크게 상처입지 않고 어려움을 잘 해쳐나갈 수 있는 반면, 자존감이 낮은 아이는 타인의 행동과 시선에 신경을 많이 쓰게 된다(EBS 제작팀, 2009). 자존감이 낮은 아이는 스스로를 소중히 여기지 못하기에 도전을 두려워하고, 도전 전에 이미 실패를 예견한다. 실패를 예상한 아동은 게임이나 과제를 잘 완수하지 못하는 경우가 많았고 실패한 후 자책하거나 다른 사람을 비난하기도 한다(정지은 · 김민태, 2011). 자녀가 낮은 자존감으로 인해 도전하기를 꺼려하는 경우, 부모는 자녀를 다른 아이와 비교하고 자신의 기대에 부응하지 못하는 것에 대해 질타와 비난을 하는 경우가 있다. 이러한 행동은 자녀의 마음을 아프게 할 뿐이다. 이에 반하여 자신에 대한 존중감이 형성된 아동은 주위사람들이 자신을 인정하고 받아들인다고 여기기 때문에 자신에 대한 긍정적 인식을 지니게 되며 스스로나 타인에게 비교적 관대하게 대할 수 있는 여유를 지니게 된다(정미라 · 배소연 · 이영미, 2008).

어린 시절에 성공의 경험뿐 아니라 실패의 경험도 중요하다. 아이가 실패했을 경우에 부모가 아이를 질책하거나 비난하게 되면 아이는 큰 상처를 받아 실패를 헤쳐 나가는 것이 어렵게 된다. 반면, 아이가 실패하였을 때 가장 속상한 사람은 아이 자신이라는 것을 인정하며 부모가 아이를 격려해주면 좌절감 대신 자신감과 용기를 지니고 다시 시도할 수 있는 힘을 얻게 된다.

부모는 자녀가 자신을 가치 있는 존재로 생각하기를 원하며 건전한 자존감은 성장하면서 인격형성에 긍정적인 영향을 끼치게 된다. 건전한 삶의 기초는 영유아기에 형성된다. 부모를 포함한 주위 사람들에게 사랑을 받고 수용 받은 영유아는 고난과 시련이 닥치더라도 잘 견뎌낼 수 있다. 아이가 받은 사랑은 인성의 근본을 형성하게 되며 부모가 아이 자체를 사랑하며 온전히 수용할 때에 아이의 자존감을 발달한다(김신옥 · 민혜영, 2005).

아동의 자존감을 높이기 위해 가정에서 실천할 수 있는 방법은 10가지의 방법은 첫째, 아이의 장점에 집중하기 둘째, 벌칙은 현실적이 되며 꼭 지키기 셋째, 집안의 큰일을 결정할 때 아이의 의견을 묻기 넷째, 부모가 화가 났을 때 평정심을 유지하는 방법을 찾기 다섯째, 아이를 놀리거나 굴욕감이 들게 하지 않기 여섯째, 부모도 사과할 줄 알기 일곱째, 아이에게 선택권을 주고 그것을 존중하기 여덟째, 답을 제시하기 말고 힌트를 주기 아홉째, 함께 책을 읽기 열째, 봉사를 통해 공감을 유도하기이다(조세핀 킴, 2012).

자녀가 높은 자아 존중감을 가지고자 원하는 부모의 바람과는 반대로 현실에서의 부모는 자녀의 자아 존중감을 낮추는 데 영향을 미치기도 한다. 아이에게 상처를 주는 언어를 사용하고 아동을 함부로 여기는 행동을 보이기도 하며 고압적인 자세로 자녀를 위축되게 만들기도 한다. 진정 자녀를 위한다면 우선적으로 자녀의 마음을 읽어주고 아동이 스스로를 가치 있게 여길 수 있도록 자녀를 존중하는 태도를 보여야 한다.

3) 복원력

고무줄은 잡아당기면 늘어났다가, 힘을 빼면 원상태로 돌아가는 놀라운 복원력을 보인다. 나무의 복원력을 살펴보면 대나무는 구부러졌다가도 다시 제자리로 돌아가며, 버드나무도 구부러졌다가 원상태로 돌아가는 특성이 강한 나무이다. 하지만 소나무는 구부러지는 특성이 약하고 곧 꺾어지고 만다. 각각의 나무들이 서로 다른 복원력을 지니고 있는 것처럼 아동도 각기 슬픔이나 스트레스에서 원래의 상태로 돌아가는 능력에 차이를 보인다. 고통스러운 상황에서 헤어나기 위해 많은 시간이 필요한 아동이 있는 반면 굉장히 힘든 상황에서도 자신의 인생을 적극적으로 꾸려나가고자 하는 노력을 보이며 빠른 시일에 자신의 자리를 찾아가는 아동도 있다.

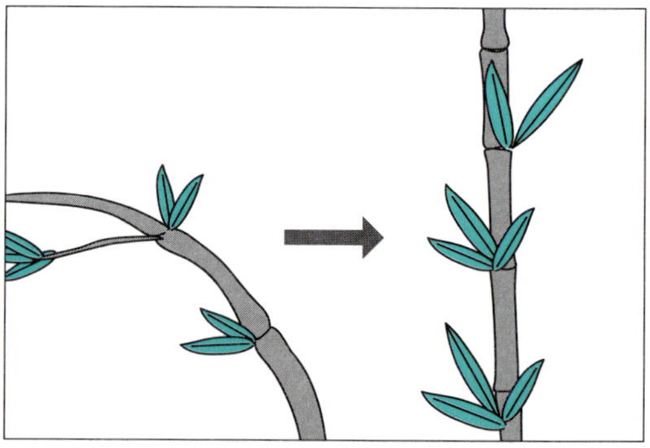

그림설명: 대나무의 복원력

복원력은 아동발달 혹은 적응에 대한 심각한 위협에도 불구하고 좋은 결과를 가져오는 현상을 지칭하며 아동이 인지발달, 행동의 규제, 양육자와 환경과의 상호작용을 포함하는 정상적인 발달 과정에 적응해 가는 동안 복원력은 발생한다. 아동 복원력의 핵심은 스트레스와 자신감 사이의 관계를 중재하는 과정이라는 것이다. 양육의 질, 지적인 기능, 사회경제적 상태, 긍정적인 자아 개념이 복원력에 영향을 미치는 것으로 보인다(Masten, 2001).

강한 복원력을 지닌 아동은 위험 요인에 노출되더라도 여러 위기와 부정적 결과를 피하기 위한 능력을 보이며, 위험한 환경에 의해 구부려지고, 짓눌려질지라도 긍정적인 발달을 계속해 나간다(Rak & Patterson, 1996). 극복하기 힘들어 보이는 어려운 상황에서 주저앉아 울기보다 앞을 바라보며 전진해 나가는 아동은 강한 복원력을 지니고 있으며, 이러한 특성은 내적 · 외적인 요소의 영향을 받게 된 결과이다.

아동의 복원력에 영향을 미치는 내적 요소로는 건강, 유전적 성질, 기질, 성별의 생물학적 요소와 지능과 인지 양식을 포함한 인지적 능력, 적응 능력, 개인 내/개인 간 성격 유형을 들 수 있다. 외적 요소로는 가정환경, 양육, 부모, 형제, 조부모를 포함하는 가족 내 요소와 성인, 또래, 학교, 교회, 유치원/어린이집, 어린이단체, 의료건강/사회복지 기관을 포함하는 가족 외 요소가 있다(Mandleco & Peery, 2000).

아동이 위기 상황에서 스스로 복구할 수 있는 능력을 키우기 위해서는 부모는 자신의 양육 방식을 살펴보고 아동에게 충분한 사랑과 관심을 제공하며, 긍정적 부모-자녀관계를 형성하며 긍정적 자아 개념을 형성하도록 지지해 주어야 한다.

생각해보기

참 좋은 말

장지원 작사 · 김완기 작곡

사랑해요 이 한마디 참 좋은 말
우리 식구 자고 나면 주고받는 말
사랑해요 이 한 마디 참 좋은 말
엄마 아빠 일터 갈 때 주고받는 말
이 말이 좋아서 온종일 신이 나지요
이 말이 좋아서 온종일 일 맛 나지요
이 말이 좋아서 온종일 가슴이 콩닥콩닥인대요
사랑해요 이 한마디 참 좋은 말
나는 나는 이 한 마디가 정말 좋아요
사랑 사랑해요.

출처: 쥬니어네이버(jr.naver.com) 동요세상.

❶ 아동에게 사랑을 표현하는 방법에는 어떤 것이 있는지 토의해 봅시다.

❷ 주위의 친구들과 긍정적인 언어를 서로 나누어 봅시다.

Chapter 9

아동 스트레스

학습주제 아동 스트레스

학습목표

❶ 아동 스트레스의 특징과 원인을 탐색한다.
❷ 발달 단계에 따른 아동 스트레스와 스트레스 반응을 탐색한다.
❸ 스트레스 대처방법을 익히고 실제 생활에 적용해 본다.

학습요약

1 아동 스트레스
1) 아동 스트레스의 개념
2) 아동 스트레스의 특징

2 아동 스트레스의 요인
1) 일상적 스트레스 요인들
2) 위기 사건들

3 발달 단계에 따른 아동의 스트레스
1) 영아기 스트레스
2) 걸음마기 스트레스
3) 유아기 스트레스
4) 학령기 스트레스

4 스트레스에 대한 대처
1) 아동의 스트레스 대처 방식
2) 아동의 스트레스를 줄이는 방법

주요개념 아동 스트레스, 위기 사건, 애도우울증, 막연한 불안, 기질, 사회적 지지

들어가기

•스트레스 풀기•

❶ 스트레스를 받을 때 어떻게 반응하는지 이야기해 봅시다.

❷ 스트레스를 어떻게 해결하고 있는지 이야기해 봅시다.

❸ 스트레스 해소에 좋은 방법을 알아봅시다.

일상생활에서 흔히 듣게 되는 단어 중 하나는 '스트레스' 일 것이다. 긴장감을 유발하거나 불안한 상황을 만나게 되면 '스트레스 받는다' 는 표현을 사용하며, 건강과 관련하여 '스트레스는 만병의 근원' 이라고 말한다. 학업을 수행하는 과정에서, 직장생활을 하는 과정에서, 가족과 친척들과의 관계에서도 스트레스를 경험하게 된다.

이렇듯 성인의 세계에서 널리 사용되는 스트레스라는 표현을 아동을 대상으로 사용하면 아이에게 무슨 스트레스가 있냐며 아동의 스트레스를 인정하지 못하는 사람들이 있다. 그렇다면 아동은 항상 유쾌한 존재일까? 아동을 긴장하게 만드는 상황은 존재하지 않을까?

성인의 세계에서 스트레스가 존재하듯 아동은 그 속한 사회에서 스트레스를 겪게 된다. 때로는 성인들이 가볍게 여기는 상황도 아동 자신에게는 굉장히 중요한 사건이며 그로 인한 스트레스를 경험할 수 있다. 성인에게는 쓰레기로 여겨지는 물건을 잃어버린 후 아동들을 애타게 찾기도 하고, 물건을 다시 찾은 후 기뻐하는 모습을 보이기도 한다. 성인의 시점으로는 이해하기 어려운 부분이 존재한다.

스트레스는 때로는 낯선 사람과 낯선 상황을 통해 발생하기도 하지만 일반적으로 우리 주변의 사람과 환경을 통해 경험하는 경우가 많다. 아동은 자신이 속한 사회를 통해 갈등을 경험하게 되고 갈등을 풀어나가는 과정에서 스트레스의 문제를 해결하는 능력을 갖추어 가게 된다. 부모나 교사는 아이의 가장 가까운 사람이며 가장 많은 시간을 보내는 대상이기에 사랑뿐 아니라 스트레스를 제공할 수 있는 가능성도 높다.

아동에게 의미 있는 성인들이 아동을 적극적으로 도울 수 있도록 본 장에서는 아동 스트레스와 관련한 기본적인 정보의 제공과 함께 실제 아동이 경험하게 되는 사건, 스트레스 해결방법 등을 살펴보고자 한다.

01 아동 스트레스

현대 사회를 살면서 우리는 스트레스를 피해서 살 수 없는 환경에 놓여있다. 스트레스는 성인에게만 주어지는 것이 아니라 아동도 스트레스를 받는 상황에 처하게 된다. 아동 스트레스에 대한 이해를 높이는 과정을 통하여 아동이 스트레스에 직면했을 때 슬기롭게 해결할 수 있도록 돕고자 한다.

1) 아동 스트레스의 개념

스트레스는 아이가 위협을 느낄 때 겪게 되는 정신적 · 정서적 반응을 유발하는데 모든 스트레스가 해로운 것은 아니다. 해로운 스트레스(distress)는 신체기관을 해치고 약화시키는 경우에 발생하며 유익한 스트레스(eustress)는 상대적으로 신체기관에 별 영향을 미치지 않으며 긍정적인 자극을 주고 어떤 과업을 분발하여 성취하도록 하는 원동력이 되기도 한다. 스트레스는 해로운 스트레스와 유익한 스트레스 모두를 포함하는 개념이다(Kuczen, 1987; 강영자 외 역, 2002 재인용).

신나게 경기를 하는 것, 재활용품으로 자동차를 완성하는 일에 흥분하는 것, 어려운 피아노 곡을 숙달하기 위해 도전하는 것과 같은 일상생활에서 느끼는 가벼운 흥분은 필요하며 좋은 것이다. 일상 수준 이상으로 자극이 강해지면 흥분을 느끼기도 하고 압력을 느끼기도 한다. 학교에서의 시험과 같은 자극은 일상적이고 즐거운 경험은 아니다. 원하면 그 자극을 피할 수 있지만 공부를 해야 하는 동기유발과 같은 긍정적인 목적을 지니고 제한된 시간에 한정된다면 각성된 상태가 꼭 해로운 것만은 아닐 수 있다(Hart, 1992).

스트레스는 심리적 압박이나 근육긴장과 같은 생체 반응처럼 정신과 몸과의 예측할 수 있는 흥분 상태를 의미한다. 스트레스는 스트레스를 유발하는 요인에 대한 생리적 · 정서적 반응을 뜻하며, 스트레스를 유발하는 요인은 개인의 내적 균형 상태를 무너뜨리고 스트레스 반응을 초래하는 외적 요구, 상황, 환경을 뜻한다. 개인에게 스트레스가 된다는 것은 사건 자체보다 그 사건을 받아들이는 사람에 따라 달라진다. 동일한 일에 대해 모두가 같은 스트레스를 느끼지 않으며, 사람마다 다른 반응을 보일 수 있다(이영호, 2010).

이를 종합하면 아동 스트레스란 정신과 신체 사이의 예측 가능한 흥분 상태를 의미하며, 내적 균형 상태를 무너뜨리는 스트레스 요인에 대한 신체적 · 정서적 반응이라 할 수 있다. 각 아동에 따라 스트레스 반응에 차이가 생기며 해로운 스트레스와 유익한 스트레스 모두를 포괄하는 개념이다.

2) 아동 스트레스의 특징

성인에게 다양한 스트레스가 존재하는 것과 같이 아동에게도 그 속한 사회에서 각종 스트레스가 발생한다. 성인이 스트레스의 요인이 무엇인지 파악하고 대처하는 방법을 간구할 수 있는 것과 달리 특히 어린 유아의 경우에는 자신의 상황을 알리고 주위에 도움을 구하기에 언어적 능력과 기술이 부족하여 필요한 도움을 공급하지 못하는 일들이 발생한다.

아동은 성인과 달리 스트레스 상황에서 참는 능력이 부족하고, 현실을 정확히 인식하는 능력도 부족한 특성을 지니고 있어 성인에게는 충분히 참을 수 있는 상황이 아동에게는 훨씬 괴로운 상황으로 스트레스를 유발하게 된다.

아동에게 스트레스가 생겼을 때 면역 체계가 약해지기 때문에 질병이 증가하거나 감기에 쉽게 걸리거나 심리적인 문제로 인해 발생하는 위통, 두통, 신경과민 등의 문제를 보이는 경우가 많다. 바람직하지 못한 행동을 보이는 것이 스트레스의 신호일 수도 있다. 스트레스가 심한 아동은 과잉행동을 보이거나 자신의 분노를 조절하는 데 어려움을 겪고 수면이나 집중에 어려움을 겪을 수 있다(Hart, 1992).

02 아동 스트레스의 요인

아동은 작은 스트레스 상황에서에서부터 마음의 커다란 상처로 남아 쉽게 치유되지 못하는 사건까지 여러 스트레스 상황을 만나게 되고 그 문제상황을 풀어나가야 하는 과제를 안게 된다. 아동이 접하게 되는 여러 스트레스를 유발하는 원인에는 무엇이 있는지 살펴보고자 한다.

1) 일상적 스트레스 요인들

(1) 가정

아동이 가장 밀접한 관계를 맺고 일반적으로 가장 많은 상호작용을 하는 사람은 부모이다. 부모와 자녀 간의 상호작용 과정에서 여러 가지 갈등의 요소가 존재한다. 아이가 새로운 기술을 배우고, 식생활습관을 형성하고, 배변 훈련을 하는 등의 과정에서 부모가 기대하는 바처럼 자녀가 따라주지 못할 때에 부모는 실망하고 자녀를 다그치기 쉽다. 윽박지르거나 아이를 재촉하는 행동은 유아의 스트레스를 유발하게 된다. 일상생활의 사소한 것 하나하나가 문제상황이 될 수 있으며, 이 갈등을 어떻게 해결하냐의 문제가 부모와 자녀에게 스트레스 상황으로 다가갈 것인지 아닌지의 차이를 가져올 수 있다.

부모가 아동에게 스트레스를 주는 대표적인 상황으로는 첫째, 아동이 다른 사람들처럼 훌륭하지도 않고 앞으로도 결코 훌륭하게 되지 못할 것이라고 훈계하는 것 둘째, 이겨야 한다고 강요하는 것 셋째, 주변의 모든 사람들에게 잘해야 한다는 요구 넷째, 고상한 행동의 요구 다섯째, 세상에는 잘못된 것이 많다고 단정하는 것 여섯째, 부모와 같아지도록 요구하는 태도 일곱째, 아이가 할 수 있는 일은 없다는 생각 여덟째, 집 밖에서는 아무것도 할 수 없다는 생각 아홉째, 일상적 스트레스 상황을 가벼운 일로 지나쳐버리는 행동이 있다(김진호 · 이병래 · 이덕희, 2012).

가정 내에서 한 자녀를 특별히 편애하는 행동, 남자 아이와 여자 아이를 차별하는 행동, 자녀에 대한 과도한 기대, 필요한 관심을 제공하지 않는 것 등은 아동을 힘들게 하는 스트레스 요인으로 작용한다.

아동의 생활 스트레스-변화는 스트레스다!

생활의 변화는 긍정적이든 부정적이든 아동의 스트레스를 더한다. 아동의 생활에 스트레스를 유발하는 몇몇 예는 다음과 같다.

- 가족구성원의 죽음
- (사춘기의 시작과 같은)발달적 이정표
- 부모의 재혼
- 학교 전학
- 새로운 도시나 이웃으로 이사
- (조부모와 같은) 친척이 집으로 이사 옴
- 가족 생활 수준의 변화
- 수면 계획의 변화
- 아동 자신이나 가까운 사람의 부상 또는 질병
- 생일 또는 휴일
- 부모의 갈등이나 별거
- 아기의 탄생
- 어머니의 직장 복귀
- 가족 구성원이 집을 떠남
- 가족의 실직
- 교회 활동의 변화
- 휴가 떠나기

출처: Hart, A.(1992). Stress and Your Child. W Publishing Group. p. 40.

(2) 유치원과 학교

아동들은 유치원과 학교생활을 하며 많은 규칙과 변화를 체험하게 된다. 유치원에 도착하기 위해서 유치원 버스가 오는 시간에 맞추어 준비가 끝나 있어야 한다. 기관에 다니지 않고 집에 있을 때에는 조금 더 자는 것이 허용되었으나 이제는 아침에 늦잠을 자면 유치원에 제 시간에 도착하기가 어려워진다. 학교에 다니는 아동도 유치원에 다닐 때보다 일찍 일어나 준비하고 학교에 가야 하는 상황이 긴장감을 일으키게 된다.

유치원이나 학교에서의 생활은 단체생활로 가정에서 개별적으로 받았던 관심과 도움을 즉각적으로 받기 어려워진다. 대집단으로 있을 경우에도 발표를 하기 위해 선생님의 허락을 먼저 구해야 하고 자신의 순서를 기다려야 한다. 선생님이 나를 좋아하지 않는다는 생각이 들거나 다른 아이들과 차별받는다고 느낀다면 유치원이나 학교에서 생활하는 것이 더욱 어렵게 느껴질 것이다.

아동은 가족을 벗어난 사회를 경험하며 가족과 다른 문화와 규칙, 새로운 교실에서 친구와의 단체생활을 해야 하는 부담감을 갖게 된다. 가족에서의 생활과는 다른 가치관과 기대행동에 부응해야 하며 학습에 대한 부담감을 느끼기도 한다. 또한 아동의 발달적 특성을 충분히 고려하지 못한 시설환경도 아동의 스트레스를 가중시킨다. 화장실에 가야 하는데 화장실이 멀리 있거나 아동의 신체 발달 정도를 무시한 바깥놀이 구조물 등은 아동의 좌절감을 가중시키고 불안감을 조성하여 스트레스 수준을 증가시킨다.

2) 위기 사건들

아동이 일상적으로 겪는 스트레스보다 정도가 심한 형태의 스트레스가 존재한다. 아동의 삶에 커다란 영향을 주는 상황에서 아동은 때로는 감당하기 어려운 스트레스와 직면하게 된다. 이러한 위기를 가져올 수 있는 사건들을 살펴보며 아동이 겪게 되는 스트레스에 대하여 살펴보고자 한다.

(1) 가족의 죽음

아동이 일상생활에서 죽음을 경험하게 되는 일은 다양한 모습으로 발생한다. 길에서 죽어있는 곤충이나 고양이의 모습을 발견할 수도 있고 집에서 키우던 애완동물의 죽음을 경험할 수도 있다. 때로는 다른 사람의 사고 장면을 목격할 수도 있고 조부모나 가까운 친척이나 가까운 친구의 죽음을 경험했을 수도 있다. 주위에서 죽음을 경험하게 된다는 것은 아동에게 엄청나게 충격적인 사건으로 다가올 수 있다. 여러 형태의 죽음이 있겠지만 아동에게 가장 큰 영향을 미치는 죽음은 가족의 죽음일 것이다.

유아들은 죽음을 의도적으로 계획된 것으로 생각하여 누군가가 죽음에 책임을 지게 된다고 생각한다. 부모 특히 어머니의 죽음은 큰 충격으로 받아들여지는데, 그것은 유아 자신의 생존과 직결된 문제이기 때문이다(홍강의, 1998). 자신을 돌봐주던 엄마나 아빠가 더 이상 세상에 존재하지 않고 그 보살핌을 받을 수 없다는 사실은 아동에게 의지할 수 있는 성인이 사라져버리며 자신이 살아가는 데 버팀목이 없어져 버렸다는 것을 의미한다. 이러한 현실을 어머니나 아버지를 더 이상 볼 수 없다는 슬픔과 함께 불안감을 일으키게 된다.

가족의 죽음을 맞이하며 부모는 아이가 느낄 수 있는 감정을 말로 표현하는 것도 좋다. 이러한 말을 들으면 아동은 부모가 자신의 감정과 생각에 주의를 기울이고 있다고 느끼며 자신이 갖고 있는 두려움과 상상을 이야기할 수 있는 용기를 내게 된다. 아이들은 죽게 되면 아픈지, 죽은 사람이 다시 돌아올 수 있는지, 자신과 부모도 언젠가 죽게 되는지 알고자 한다(Ginott, 1965).

가족의 죽음은 남은 가족에게 커다란 슬픔으로 남아 정상적인 생활로 복귀하는 데 많은 시간과 노력이 요구된다. 부모의 죽음으로 인한 상실감과 함께 다가올 미래에 대한 중압감이 커지면서 아이들은 이전에 경험하지 못했던 삶의 무게를 느끼게 되며 상처를 간직한 채 살아가야 하는 어려움을 겪게 된다. 가족의 죽음을 현실로 인정하려면 시간이 필요한다. 사랑하는 가족의 죽음을 맞게 되면 누구나 애도 과정을 겪지만 슬픔의 정도가 커서 일상생활에 지장을 끼치고 2개월 이상 지속된다면 '애도우울증' 일 수 있다. 자신이 죽지 않았다는 죄책감을 느끼고 환각이나 망상 등의 증상을 보인다면 아동에게 도움의 손길이 요구된다(손석한, 2008).

부모의 죽음과 함께 충격적인 죽음이 형제나 자매의 죽음이다. 함께 놀이하고 싸우고 어울려 지내던 형제나 자매가 더 이상 없다는 것은 아동에게 큰 상실감을 안겨주며 상처를 남기게 된다.

아동은 그 죽음이 자신의 잘못이라는 죄책감을 느끼게 되고 예전과 같이 즐겁게 생활하기가 어려워지기도 한다. 부모는 형제 자매의 죽음에 대해 아동에게 간략히 설명을 해주도록 하며 아동의 잘못이 아니라는 것을 알려주어야 한다. 아동의 부모는 가족을 잃은 자신의 슬픔을 슬기롭게 극복하려는 노력과 함께 남아있는 아동의 정신적 고통을 치유할 수 있어야 하겠다. 아동이 슬픔의 시기를 벗어나 정상적인 생활로 돌아갈 수 있도록 지지해주는 부모의 역할수행이 요구된다.

(2) 부모의 불화 및 이혼

부모가 이혼한다는 것은 한 부모와는 한 집에서 같이 살지 못한다는 것을 의미하며 때로는 다른 형제와도 헤어져야 하는 아동 생활에 커다란 변화를 가져오는 일이다. 이사를 통하여 새로운 환경에 놓이게 되며 주변사람과의 관계에도 변화가 온다. 부모의 이혼결정은 불화의 과정을 거치고 난 후 결정되는 경우가 대부분일 것이다.

부부의 불화는 가정의 불안을 가져오며 아동에게 무서운 분위기를 느끼도록 한다. 부모의 싸움, 냉랭한 분위기, 비난하는 언어 등은 아이를 불안하게 만들며 부부 서로에 대한 불만으로 인하여 화가 그 자녀에게 향하게 된다. 부부는 두 사람의 문제로 싸우면서 때로는 아이에게 신경질을 내고 아이의 사소한 잘못에 격하게 화를 내는 등 자신들의 감정을 주체하지 못하고 아이에게 상처가 주는 말과 행동을 하게 된다. 아동의 행동에 대해 지적하는 부모의 불만은 아동이 자신감을 잃게 만들며, 부모가 이혼할 경우는 자신의 잘못으로 부모가 화가 나 이혼하게 되었다는 잘못된 결론에 이를 수도 있다.

가정의 불화가 있을 때 부모는 아이의 환심을 사려고 서로 경쟁을 하기도 하며 때로는 거짓말을 하여 아이의 애정을 차지하려고 한다. 아이는 부모의 싸움에서 중립을 지키기는 힘들며 부모 중 한쪽 편을 들게 된다. 어머니로부터 아버지를 보호하고, 또 아버지에 맞서 어머니를 보호하기도 하는 것은 아이의 인격에 상처를 남기며 인성 발달에 큰 해를 가져오게 된다(Ginott, 1965).

부모가 헤어지게 되면 아동은 어느 쪽이 자신을 돌봐줄지 불안감을 느끼게 되며 같이 살지 못하는 한 부모와 만날 수 있을지 걱정을 한다. 함께 하던 시간을 추억해보고, 이제는 함께 지내지 못하는 부모나 형제 자매로 인해 가슴 아파할 수 있다.

이혼한 가정의 아동은 주위 친구들이 가정의 부모가 함께 하는 모습을 보면서 특히 학교행사에 다른 친구들은 부모님이 모두 참여하는 것을 보며 마음 아파하는 경우가 발생한다. 유치원이나 학교에서 아버지와 어머니의 참여도 부모 모두가 참석하기를 독려하는 행사에 양부모가 있는 가정의 아이들도 엄마나 아빠가 참여할 수 없는 사정이 되면 크게 실망하게 된다. 하물며 아버지나 어머니가 함께 살지 않아 참여할 수 없는 가정의 아이들은 크게 상처를 경험할 수밖에 없다.

아동에게 미치는 이혼으로 인한 변화는 가정이 나뉘었다는 사실뿐 아니라 주위 사람들과의 관계에도 영향을 미친다. 이전에 만나던 사람들과의 만남을 회피하거나 관계가 어려워지는 것을 느끼게 된다. 이혼을 한 부모는 인생을 실패했다는 느낌을 가지게 되며 분노, 우울, 상실감, 자존감 감소, 불안 등을 경험하게 된다. 이전에 존재했던 부부, 며느리, 사위, 손자와 조부모의 관계가 끊어지며 변화된 관계를 형성할 수 없다. 특히 배우자와 연관된 사람과 관계가 어려워지며 대인관계를 두려워하는 현상이 발생한다(박선환 외, 2011).

아동은 부모의 결별로 인하여 함께 살지 않는 한 부모와의 교류뿐 아니라 외가 혹은 친가의 친척들과도 교류에도 어려움이 생긴다. 자신을 예뻐해 주시던 할머니와 할아버지, 친하게 지내던 사촌들도 전혀 또는 거의 교류가 없어지게 된다. 자신에게 사랑을 주던 사람들과의 관계 변화를 경험하면서 자신을 곁에서 지지해주던 사람들과 더 이상 만날 수 없다는 사실은 슬픔으로 다가올 수 있다.

일반적으로 부모가 이혼을 하면 아이에게 배우자에 대한 원망을 말하는 경우가 생기게 된다. 하지만 아이에게 엄마와 아빠는 같이 살 수 없어 헤어졌지만 아빠 또는 엄마는 좋은 사람이라고 이야기해 주고 이혼이 아이의 잘못이 아니라는 점을 분명히 전달할 경우에 아이는 건강하게 성장발달할 수 있다. 어머니가 아이와 이혼 후 긍정적이고 적극적인 모습으로 살 경우에는 아이에게 이혼 후유증은 크게 나타나지 않는다(존 가트맨 · 최성애 · 조벽, 2011).

가정이 깨어지는 것은 아이에게 충격으로 다가올 수밖에 없는 사건이지만 이혼을 어떻게 아이에게 설명하고 이혼 후에 어떤 삶을 영위해 나가는지에 따라 아이에게 미치는 스트레스의 강도에는 차이가 있다. 아이가 새로운 여건에서 잘 적응해 나가도록 하기 위해 우선적으로 부모가 건설적인 삶의 태도를 갖추는 것이 필요하다.

(3) 학대

아동에 대한 학대는 신체적, 정신적, 언어적인 방법으로 발생할 수 있으며 대부분의 학대는 가정에서 발생한다. 위협과 불안으로부터 자녀를 지켜주어야 하는 피난처가 아니라 오히려 아동에게 고통을 가하는 행위가 가정으로부터 특히 부모로부터 가해진다는 것은 참으로 안타까운 일이다.

가정학대는 인간의 존엄성을 해치는 행동으로 학대를 당한 아동은 무서움, 고통, 불안 등을 경험하게 된다. 학대가 일어나는 가정에서는 정상적인 가족관계를 기대할 수 없으며 가정이 편안함의 장소가 아니라 벗어나고 싶은 공포의 장소가 됨으로써 아이가 필요한 정서적, 물리적 지지를 제공할 수 없는 곳이 된다. 정도가 약한 학대가 지속되어도 부모와의 관계를 제대로 형성하기 어려우며 하물며 심한 학대가 일어날 경우에는 아동에게 돌이킬 수 없는 상처를 입히게 된다.

학대하는 부모들은 자신이 어렸을 때 학대받은 과거력을 가지고 있는 경우가 많이 있으며 자신의 학대를 훈육의 올바른 방법으로 생각하고 있거나 잘못된 것임을 알고도 적절한 방법을 알지 못하여 그대로 답습하는 경우가 있다(홍강의, 2005). 가정폭력을 행사하는 성인은 자신의 남성다움을 나타내는 수단으로 공격성을 이용하며, 쉽게 좌절하며, 충동성을 억제하기 힘들어 하며, 정서적으로 아내와 자녀에게 의존하려는 성향이 있다. 이러한 성인은 아내가 자신을 자극할 때, 자신의 충동을 억제하지 못해, 또는 생활 속에서 스트레스를 크게 느꼈을 때 이를 제대로 해소하지 못하여 폭력을 행사하게 된다(박선환 외, 2011).

신체적 학대와 함께 언어적 학대, 정서적 학대, 방임 등으로 인하여 아이는 고통스러운 시간을 보내야 한다. 학대에 노출된 아동은 외적인 상처뿐 아니라 심리적 위축, 자신에 대한 무가치함을 느끼면서 불안과 공포를 느끼기 쉽다. 자녀를 보호해주고 따뜻하게 위로를 주어야 하는 위치에 있는 부모가 불안과 공포의 원인이 되고 있으므로 부모 자신이 적절한 치료 등을 통하여 정상적인 부모의 역할을 감당할 수 있어야 아동이 더 이상 상처를 받지 않을 수 있다.

(4) 동생의 출생

아동에게 동생이 생긴다는 것은 지금 받고 있는 부모의 사랑과 관심을 뺏기게 된다는 것을 뜻한다. 부모님과 함께 놀이하는 시간도 줄어들며 성인들의 관심이 새로 생긴 아기에게 집중되어 아동은 관심의 주대상자의 자리를 동생에게 자리를 내어주어야 한다.

동생으로 인한 스트레스는 엄마의 임신 시기에서부터 시작하는데 예전에 함께 놀아주던 엄마는 힘들다며 잘 놀아주지 않고 쉽게 짜증을 낸다. 아동은 임신한 엄마의 상태를 이해하지 못하며, 엄마의 변화가 자신을 더 이상 사랑하지 않기 때문이라고 생각하게 되며 엄마의 애정을 확인하기 위해 아이는 엄마에게 더 매달리는 행동을 보인다(오은영, 2012).

그림설명: 동생의 출생

동생이 태어나서 자신의 위치가 작아짐을 느끼며 동생이 없어졌으면 하는 생각을 하기도 한다. 때로는 동생으로 인한 분노로 인하여 동생을 때리거나 심한 경우는 동생에게 위험한 행동을 하기도 한다. 이러한 행동은 동시에 죄책감을 느끼게 하여 아동을 위축되게 만들기도 한다.

대부분 동생이 태어나면 아동은 일시적으로 분리불안을 보이거나 심해지는 경우가 많아진다. 동생에게 엄마를 빼앗길지 모른다는 두려움을 가지고 엄마 주위를 떠나지 않으려고 한다. 아이의 분리불안이 적절히 해소되지 않으면 아이의 불안이 일반화되어 매사 걱정하고 소극적이며 부정적인 아이가 될 수 있다(손석한, 2008).

동생의 출생으로 인하여 자신이 이전에 받았던 관심과 사랑을 받지 못한다고 느끼게 되며 부모는 동생을 양육하는 시간에 많은 시간을 할애해야 하므로 아이에게 이전과 같은 관심과 시간을 투여하는 것이 실제적으로 불가능할 수밖에 없다. 부모는 임신과 출산의 과정에서 동생이 시기와 질투의 대상이 아닌 가족으로서 함께 있으면 즐거운 존재라는 긍정적 인식을 가질 수 있도록 도우며 아기를 맞이할 준비에 아동을 참여시킨다면 아동은 좌절과 분노 대신 기쁨에 함께 동참할 준비를 할 수 있다. 가장 중요한 부분은 부모가 아동을 사랑하고 있다는 확신을 주는 것이다.

(5) 본인이나 가족의 질병이나 입원

깁스를 장시간 하고 있어야 하는 상태나 결핵이나 류마티스 고열과 같이 장시간 침상에서 쉬어야 하는 만성적 질병의 경우에는 신체 움직임에 제한을 받게 되며 이것은 아동에게 부가적인 스트레스를 준다. 일반적으로 움직임의 제한은 아동에게 공격적인 감정을 증가시킨다. 공격성은 언어적 공격, 불안이나 성급함으로 나타나기도 한다. 깁스를 한 아동들은 종종 자신이 깁스를 풀게 되면 자신의 상태가 마술과 같이 즉각적으로 좋아진다고 믿기도 한다. 아동이 현실을 받아들일 준비 없이 실상과 직면하게 되면 실망감은 퇴행, 아기처럼 행동하며 관심을 끄는 행동, 배설 장애와 같은 예상하지 못한 방법으로 표출되기도 한다(Wolff, 1969).

입원하고 있는 기간 동안 정상적인 생활을 하고 있는 친구들과는 다른 삶을 살아가고 있는 두려움과 다시 친구들을 만나서 예전처럼 어울릴 수 있을지의 문제도 아동을 힘들게 하는 요인으로 작용한다. 중병에 걸린 아동은 병원에 입원하여 가정, 유치원이나 학교생활을 정상적으로 할 수 없는 위치에 놓인다. 질병은 신체 활동의 에너지의 변화를 가져오고 외모의 변화를 일으키며 식사, 운동, 투약 등의 일상생활의 변화를 가져올 뿐 아니라 감염의 위험이나 신변 비밀 유지를 위하여 사람들과의 접촉이 제한되기도 한다. 아동은 질병을 겪는 동안 병 자체로 인한 고통뿐 아니라 사회적 관계에서 멀어짐으로써 생기는 외로움도 겪게 된다(Krulik, 1987).

질병이나 사고 못지않게 아동에게 고통을 주는 요소는 아동의 외적인 변화이다. 아동에게 외적인 모습은 상당히 신경이 쓰이는 부분인데, 질병이나 사고, 장기적인 병원입원은 아동의 외형의 변화를 가져오는 요인으로 작용하게 된다. 수술로 인한 흉터, 치료로 인한 탈모, 지속되는 침대 위에서의 생활로 인한 비만과 같은 신체적 변화는 질병이나 사고 못지않게 아이들에게 상처가 될 수 있는 일이며 다른 사람들이 자신을 이상한 눈으로 쳐다보고 받아주지 않을지 모른다는 두려움을 가질 수 있다.

중병에 걸린 아동은 자신의 신체의 변화, 새로운 투약과 수술, 주변 사람들의 자신에 대한 태도 변화 등을 통하여 상황을 인지할 수 있다. 의사나 부모가 아동에게 질병의 경과와 앞으로 다가올 일들에 대하여 솔직하게 이야기해 주는 것이 아동의 불안과 초조함을 경감시켜주는 일이다.

03 발달 단계에 따른 아동의 스트레스

아동이 성장함에 따라 발달 시기별로 겪게 되는 스트레스도 변화를 하게 된다. 각 시기별로 아이가 주로 경험하게 되는 스트레스의 유형을 살펴보아 적절하게 대처할 수 있는 방법을 강구할 수 있도록 한다.

1) 영아기 스트레스

영아는 스스로 살아갈 능력이 없으므로 전적으로 양육자에게 의지하여야 하고 양육자와 친밀한 관계를 형성하는 것은 생존의 필수요건이 된다. 이러한 양육자로부터 떨어져야 하는 상황은 영아에게 엄청난 스트레스 요인이 되며 이로 인하여 떨어지지 않으려고 하는 분리불안이 나타나게 된다.

스트레스로 인하여 영아기에 발생할 수 있는 문제행동으로는 손가락을 빠는 행위, 구토, 늦은 발육, 자주 보채는 행동, 쉽게 놀라는 행동, 사시로 눈을 뜨는 현상, 턱이나 손발을 순간적으로 자지러지게 떠는 행동들이 발생할 수 있다(가족스트레스연구회, 1994).

2) 걸음마기 스트레스

걸음마기는 자신의 생각을 표현할 수 있는 능력이 생기는 시기이지만 한정된 단어로 충분히 의사전달을 하기는 어려우므로 고집을 피우게 된다. 부모나 교사가 자신의 생각을 이해하지 못하거나 수용하지 않을 때 강한 반발을 보인다.

이 시기는 스스로 할 수 있는 일들이 하나둘씩 생기고 성인에게 자신이 독립된 존재인 것을 알리기 위한 과정에서 갈등을 빚게 된다. 자신이 주장하는 대로 받아들여지지 않으면 심통을 내기도 하고 자신의 방식대로 되지 않는 상황에서 스트레스를 경험하게 된다.

2세 유아들은 걷기, 달리기, 기어오르기 등의 신체적으로 탐색할 수 있는 일과 스스로 옷 입고 벗기, 식사하기, 성인을 도와 식사를 준비하기 등의 신체적인 과제의 수행을 요하는 상황에서 성공적으로 대처하기 어려움을 느낄 때에 스트레스를 받을 수 있다(장혜순, 2006).

3) 유아기 스트레스

유아들이 일상생활 중 받게 되는 스트레스 상황으로는 자신이 하고 싶은 일을 제지당했을 때, 싫은 음식을 억지로 먹도록 요구받았을 때, 나쁜 꿈을 꿀 때, 부모님이 동생만 예뻐할 때, 유치원에서 돌아왔을 때 엄마가 없을 때, 엄마와 아빠가 부부 싸움을 할 때, 더 놀고 싶은데 그만하라고 할 때, 유치원을 가고 싶지 않은데 가야 할 때, 병원에 가야 할 때, 선생님께 야단맞을 때 등의 경우에 스트레스를 받게 된다(양혜영, 1998).

보통 아이들은 만 3세 이후에는 배변 훈련이 끝나고 대변을 가릴 수 있음에도 불구하고 옷에다 대변을 보는 현상이 발생할 수 있는데 이를 유분증이라고 하며, 그 원인은 대개 정신적 스트레스인 경우가 많다(김진호 · 이병래 · 김덕희, 2012).

유아가 가정뿐 아니라 유치원이나 어린이집에서 지내게 되는 시간이 증가하면서 선생님의 꾸중, 친구들과의 갈등, 기관의 규칙 등은 유아가 경험하게 되는 스트레스의 요인에 합류하게 된다.

4) 학령기 스트레스

유치원이나 어린이집과는 달리 학교에서는 시험을 치루고 성적표를 받게 됨으로써 공부에 대한 스트레스가 증가하게 되며, 아동에게 과도한 학습이나 성취결과를 요구하는 부모의 태도, 교우관계의 문제, 학교폭력의 문제 등이 아동에게 스트레스를 주게 된다.

10세 전후의 아동은 스트레스를 받으면 가라앉은 기분이 지속되기 쉽다. 자신감을 상실하고 환멸을 느끼거나 다른 사람들을 불신하기도 하며, 맹목적 복종에서부터 반항과 일탈 등의 극단적인 행동을 보이기도 한다. 때로는 무단결석, 도둑질 등의 행위에 빠지기도 하는데, 이러한 일을 방치하면 우울증에 걸리고 자살이나 자해를 시도하는 위험성을 배제할 수 없게 된다(Lee, 2003; 안진이 역, 2007 재인용).

04 스트레스에 대한 대처

비슷한 스트레스 상황에 처했다 할지라도 사람에 따라 스트레스에 대처하는 방법은 각기 다르다. 아동들도 스트레스를 직면하게 될 때 적절한 방법으로 상황을 호전시킬 수 있으며, 반대로 적절하지 못한 방법을 선택함으로써 상황을 더 악화시키기도 한다.

1) 아동의 스트레스 대처 방식

(1) 비효율적인 대처

아동이 스트레스 상황에 직면할 때 사회에서 용인되지 않는 행동을 통해 대처하는 모습을 볼 수 있다. 소리를 지르기, 친구나 어른을 때리기, 물건 집어 던지기, 땅에 앉아 울기 등의 방식으로 대처하는 것은 효과적으로 상황을 처리하는 방법이 되지 못한다.

과도한 스트레스를 경험하는 아동은 괴로운 상황에서 잠시 벗어나기 위해 방어기제의 도움을 받는다. 하지만 지나친 방어기제의 사용은 정신적 불균형을 초래한다. 아동에게 흔히 볼 수 있는 방어기제는 초기 발달 단계로 되돌아가는 퇴행, 어떤 대상이나 상대에 대한 감정이나 충동을 다른 대상으로 옮겨 표현하는 치환, 위협적 현실의 상황을 부정하는 부인, 자신이 받아들이기 힘든 감정과 생각을 다른 사람의 탓으로 돌리는 투사 등이 있다(장연집, 2003).

스트레스에 적응하지 못하는 경우의 아동은 스트레스 상황에서 스스로를 지키기 위해 회피나 충동적 행동을 보이기도 한다. 힘든 상황에서 도망을 가거나, 도망을 가기 힘든 경우에는 애완동물이나 물건에 몰두하거나 공상에 빠진다. 충동적으로 행동하고 허세를 부리거나 다른 사람이 자신에게 화를 내도록 만들어서 비참함을 숨기려 하기도 한다. 이러한 방법은 일시적인 해결책은 될 수 있을지 모르지만 결과적으로 스스로를 파괴하고 있는 것이다(Kostelnik et al,. 2009; 박경자 외 역, 2011 재인용).

(2) 효율적인 대처 방안

아동이 스트레스에 직면하여 스트레스를 감소시킬 수 있는 효과적인 방법을 3가지로 나누어 볼 수 있다. 첫째는 사회적 지지이다. 부모에게 말을 할 수 있고, 부모나 형제 또는 친구에게 포옹이나 도움을 요청하는 것이다. 둘째는 인지적인 행동이다. 문제에 대해 생각해보고, 혼잣말을 해보고, 문제에 대해서 쓰고, 방법을 구상하고, 무엇을 할지 계획한다. 셋째는 회피 행동이다. 주제를 바꾸고 걱정을 하지 않도록 한다. 여기에서 건강한 회피와 건강하지 않은 회피를 구분해야 하는데, 주의를 다른 곳으로 돌리는 방법(distraction)은 도움이 되는 반면 문제를 작게 생각하거나 현실에 눈을 감아버리는 부인(denial)은 해로운 방법이다(Hart, 1992).

그림설명: 아동을 지지해주는 어머니

아동이 스트레스를 받을 때 순간을 모면하기 위한 방법을 사용하게 되면 근본적인 스트레스 해소법을 찾지 못해 스트레스가 계속하여 축적이 되어 간다. 부모는 아동이 스트레스에서 벗어날 수 있도록 자녀의 감정과 생각을 수용할 준비를 하며 관심을 가지고 아동의 상태를 주시해야 한다.

2) 아동의 스트레스를 줄이는 방법

(1) 안전한 환경 조성

아동의 스트레스를 줄일 수 있는 가정환경의 기본은 물리적 환경을 잘 조성하는 것이다.

정리가 잘 되어 있고 아동이 편안함을 느낄 수 있는 분위기를 조성하여 아동이 스트레스 없이 편안함을 느끼도록 할 수 있다. 가정의 정서적 분위기도 중요한 요소로 작용하는데 부모가 자녀를 포용하며 지지해주는 환경에서 아동은 편하게 놀이하며 스트레스 없이 지낼 수 있게 된다. 아동을 강압적으로 대하거나 무리한 기대를 가지는 부모의 태도는 아동에게 스트레스를 제공한다. 아동에게 물리적, 정서적 안정감을 주는 환경을 제공할 때 아동은 스트레스 없는 안전감을 경험하게 될 것이다.

언어적 환경도 아동에게 큰 영향을 미칠 수 있다. 아동에게 함부로 말을 하거나 존중하지 않는 태도, 위협적인 언어는 아동의 마음에 상처를 주고 스트레스를 유발하게 된다. 부모가 자녀에게 욕을 하는 등의 부적절한 언어를 사용하게 될 때 아동은 위축되며 스트레스를 받게 된다. 용기를 북돋아주는 사랑의 언어를 통하여 아동이 어려움을 이겨나갈 수 있는 힘을 기를 수 있도록 부모는 자녀를 격려하고 존중하는 태도를 가져야 한다.

부모들은 자신도 모르는 사이에 언어적 폭력을 사용할 때가 있다. 자녀를 비난하는 대화, 경멸하는 대화, 화제를 바꾸거나 대꾸하지 않는 태도, 방어하는 대화, 마음의 문을 닫는 대화, 죄책감과 불안감을 일으키는 대화, 명령하고 훈계하는 대화 등은 자녀의 마음에 상처를 주는 대화법이다. 이에 반하여 경청하는 대화, 수용하는 대화, 아이의 속마음을 이해하는 대화는 자녀의 마음을 열게 만드는 대화법이다(존 가트맨 · 최성애 · 조벽, 2011).

자신이 상대방에게 소중한 존재이며 존중받고 있다고 느끼는 것은 안정감을 갖게 되는 기본 바탕이 된다. 부모나 교사는 아동이 편안히 느낄 수 있는 물리적, 정서적, 언어적 환경을 제공하여 아동이 스트레스에서 벗어날 수 있는 안식처를 제공할 수 있어야겠다.

(2) 다양한 활동

부모가 아동과 함께 힘들고 어려웠던 상황을 재현해 보며 생각해보며 그 긴장감을 해소할 수 있다. 웃으면서 점토로 만들기, 미술 활동, 인형놀이, 쌓기 놀이, 게임이나 음악 활동, 상상하기, 스트레스 상황과 연관된 이야기를 구성하여 해결 가능한 방법 찾아보기 등의 활동을 통한 역할놀이를 함으로써 정서를 표출할 수 있는 기회를 제공할 수 있다(장연집, 2003).

아이가 절망을 호소할 때에 신체적인 통로를 마련해주는 것이 필요하며, 아이가 압박을 느끼고 힘들어한다면 신체적 활동에 참여하도록 도울 수 있다. 수영, 달리기, 정원 가꾸기 등의 활동을 부모가 아이와 함께 참여하면 아이의 부정적 긴장을 해소할 수 있으며, 특히 아이가 스트레스를 심하게 받는 시기에 휴식을 취하도록 하고 균형 있는 식단을 섭취하도록 하면 긴장 해소에 도움이 된다(Lee, 2003; 안진이 역, 2007 재인용).

그림설명: 자녀와 함께 즐거운 시간을 보내는 아버지

활동에 몰입을 하여 아동이 자신의 감정을 밖으로 끄집어내는 과정을 통하여 아픔이 치유의 경험을 할 수 있으며 불안을 해소할 수 있는 시간을 가질 수 있다. 아이의 스트레스를 해소하기 위해 부모나 교사가 놀이에 함께 참여하며 아이의 말에 귀 기울여준다면 아이는 위로를 얻으며, 스트레스를 이겨내기 위한 힘을 낼 것이다.

생각해보기

아이들은 생활에서 배운다

도로시 로 놀테

꾸지람 받으며 자란 아이들은 비난하는 것을 배우고
미움 받으며 자란 아이들은 싸움을 배우고
두려움 속에 자란 아이들은 근심을 배우고
동정 받으며 자란 아이들은 자기 연민을 배우고
놀림 받으며 자란 아이들은 수줍음을 배우고
질투 받으며 자란 아이들은 시기심을 배우고
부끄러워하며 자란 아이들은 죄책감을 배우고
칭찬받으며 자란 아이들은 자신감을 배우고
너그러움 속에 자란 아이들은 인내심을 배우고
격려 받으며 자란 아이들은 고마워하는 것을 배우고
사랑받으며 자란 아이들은 사랑을 배우고
관심 속에 자란 아이들은 자긍심을 배우고
인정받으며 자란 아이들은 목표 세우는 것을 배우고
함께 나누며 자란 아이들은 관대함을 배우고
정직함 속에 자란 아이들은 진실된 삶을 배우고
공정한 대우를 받으며 자란 아이들은 정의를 배우고
친절함 속에 자란 아이들은 남을 존중하는 법을 배우고
평안함 속에 자란 아이들은 사람에 대한 믿음을 배우고
다정함 속에 자란 아이들은 세상에 살기 좋은 곳임을 배운다.

출처: Nolte. D., & Harris, R.(1998). Children learn what they live: 김명렬 역(2000). 칭찬받으며 자란 아이는 자신감을 배운다. p. 3.

❶ 부모가 일상생활에서 흔히 하는 말과 행동 중 아동에게 스트레스를 주는 것은 무엇일까요?

❷ 아동의 스트레스를 해결하기 위해 가정에서 부모와 아동이 함께 할 수 있는 놀이는 무엇이 있을까요?

Chapter 10

아동기 행동 및 정서 장애의 유형과 지도

1 분리불안 장애

2 소아우울증

3 틱 장애

4 선택적 함구증

학습주제 아동기 행동 및 정서 장애의 유형과 지도

학습목표

❶ 아동기에 나타나는 주요 행동 및 정서 장애의 유형과 특징에 대해 안다.
❷ 아동기 행동 및 정서 장애의 원인에 따른 지도방법을 이해한다.

학습요약

1 분리불안 장애
  1) 정의 및 특징
  2) 원인
  3) 지도방법

2 소아우울증
  1) 정의 및 특징
  2) 원인
  3) 지도방법

3 틱 장애
  1) 정의 및 특징
  2) 원인
  3) 지도방법

4 선택적 함구증
  1) 정의 및 특징
  2) 원인
  3) 지도방법

주요개념 분리불안 장애, 소아우울증, 틱 장애, 선택적 함구증

들어가기

서울 강남구 대치동은 '사교육 1번지'로 불린다. 대략 500~600개의 학원이 있다. 그 다음으로 많은 게 아마도 소아청소년 정신건강의학과일 것이다. 일일이 세어 본 것은 아니지만 대치동 5층짜리 건물에 들어서면 대체로 1층 은행 일반상가, 2~4층 학원, 5층 소아청소년 정신건강의학과, 학습클리닉, 한의원이다. 아이들은 4층 이하 학원에서 공부하다가 '학원 약발'이 떨어지면 5층에서 치료를 받는다.

출처: 정성희(2013. 2. 15.). '마음이 아픈 아이들' 일부 발췌. 동아일보.

행동 장애란 행동에 지속적이고 심각한 문제를 가지고 있는 것으로 정서 장애, 품행 장애, 사회적 부적응, 반사회적 행동 등의 개념과 함께 사용되고 있다. 행동 장애는 자신의 행동을 조절하지 못하거나 위축이나 불안 등으로 자신을 지나치게 억제하거나 표현하지 못하는 기타 장애들과 중복되어 나타나는 경향을 보인다. 이러한 문제는 학업, 성격, 또래관계, 사회적인 측면 등 아동의 현재뿐 아니라 진로와 직업, 인간관계와 의사소통 등 이후의 성장 발달에도 부정적인 영향을 미칠 수 있다. 따라서 주의 깊은 관찰을 통해 적절히 지도해 나가는 것이 필요하다.

학교보건진흥원에서는 2005년 서울 시내 6~17세 소아청소년을 대상으로 장애 범주에 따라 구분하여 조사하였다. 그 결과 행동 장애 범주에 속하는 주의력결핍 과잉행동 장애, 적대적 반항 장애, 품행 장애 등이 전체 응답자의 25.71%(687명)로 가장 많아 행동 장애나 불안 장애로 인한 아동기의 정신건강의 문제가 심각한 수준임을 보여 주었다. 특히 여러 장애가 공존하여 나타나 최대 9개까지 복합적인 장애를 보이는 아동도 있는 것으로 조사되었다(연합뉴스, 2007. 4. 15.). 또한 건강보험심사평가원 조사에서도 2005년부터 2009년까지 5년 동안 소아기 및 청소년기에 주로 발생하는 행동 및 정서 장애의 진료인원이 연평균 약 14% 증가한 것으로 나타났다(건강보험 심사평가원 보도자료, 2010. 5. 13.).

그러나 아동기의 행동 문제들은 환경적 요인에 의한 스트레스로 나타나는 문제나 행동과 충동조절의 문제와 연관되어 출현하는 경우가 대부분이기 때문에 적절한 개입과 지도가 이루어진다면 잘 극복될 수 있다. 중요한 것은 이 시기의 행동 문제들에 대해 적절히 대처하지 못하거나 무심코 지나쳐 버린다면 이후 삶에 심각한 문제를 유발시켜 개인적, 사회적으로 건강한 삶을 살기 어려워진다는 것이다. 따라서 사회 전반에 걸쳐 올바른 교육관을 가지고 아동기에 진정으로 필요로 하는 것이 무엇인지 알고, 가정과 교육기관, 사회가 협력적인 관계를 가지고 적절한 배려와 지원을 하여야 한다. 이에 본 장에서는 최근 들어 가정이나 교육기관, 또래 및 사회관계에서 문제를 유발하는 아동기 행동 및 정서 장애를 중심으로 그 특징과 원인을 살펴보고, 이를 지도하기 위한 지원방법에 대해 살펴보고자 한다. 참고로 장애의 진단적 특징을 알아보기 위해 미국 정신의학회에서 제시하고 있는 DSM-IV의 내용도 함께 제시하였다.

01 분리불안 장애(Separation Anxiety disorder)

4살 홍주는 온종일 엄마에게 딱 붙어 떨어지지 않는다. 눈 뜨는 순간부터 잠드는 순간까지 엄마를 그림자처럼 따라다니며 엄마가 잠시 화장실만 가도 울음을 터뜨리고, 엄마가 집안일만 해도 업어 달라, 안아 달라, 매달리며 짜증을 내고 떼를 쓰며 엄마 품에 안겨있어야 직성이 풀리는 아이이다. 그런데 온종일 엄마와 함께 있어도 편안해보이지 않는다. 엄마와 떨어져 있을 때나 엄마와 함께 있을 때나 늘 불안하기만 한 홍주는 왜 그러는 걸까?

출처: SBS 우리 아이가 달라졌어요, 328회(2012. 5. 8.). 엄마 찰거머리 홍주.

1) 정의 및 특징

불안 장애(Anxiety disorder)는 불안이라는 감정 상태에 근거하여 만성적으로 걱정, 근심이 많아 신체적인 증상이나 정신적인 증상이 나타나는 것이다. 걱정이나 근심의 대상은 건강, 학업, 성적, 취직, 경제적 문제 등 구체적인 것이기도 하지만, 무언가 끔찍한 일이 일어날 것 같은 막연하고 근거 없는 것으로 인해 불안이 유발되기도 한다.

불안한 느낌은 다양한 신체증상을 동반하기도 한다. 젊은층의 13% 정도가 아동기나 청소년기에 불안을 경험하는데 이들 중 50% 정도는 한 가지 이상의 정신 장애를 동반하기도 한다(Cooley, 2007; 최나야 · 최인화 역, 2012). 일반적으로 불안 장애는 특징에 따라 공황 장애, 범불안 장애, 사회 공포증, 특정 공포증, 외상 후 스트레스 장애, 강박 장애 등으로 분류되지만, 본 절에서는 아동기에 나타나는 분리불안 장애를 중심으로 살펴보고자 한다.

분리불안 장애(Separation Anxiety disorder)는 애착관계를 형성하고 있는 사람과 분리되어야 할 때 심한 불안증상을 보이는 것을 일컫는다. 분리불안이 최소 4주 이상 지속될 때는 장애를 의심해 보아야 한다. 이 장애를 보이는 아동은 부모와 함께 있지 않거나 친숙하지 않은 상황에서 극도의 불안을 느끼며 심한 경우에는 공황증상을 보인다(Sarason & Sarason, 1996; 김은정 외 역, 2002). 분리불안 장애를 가진 아동에게서 나타나는 특징을 살펴보면 다음과 같다.

- 울며 떼쓰면서 매달리는 행동을 보인다.
- 등원과 등교를 거부하는 행동을 보인다.
- 복통, 두통, 메스꺼움 등을 동반하며 신체적 불편함을 토로한다.
- 부모에게 지나치게 집중하며 끊임없이 질문한다.
- 지나친 두려움으로 부모가 없으면 잠을 잘 자지 못하고, 잠이 들기도 힘들다.
- 부모가 없으면 집중을 할 수 없으며, 마음이 항상 불안하고 초초하여 안절부절 못한다.
- 부모가 놀라서 반응하는 사건이나 질병에 대해 과장된 두려움을 갖는다.
- 분리 시간이 다가오면 불안과 공황증상을 보인다.
- 사소한 일에도 지나치게 염려하고 작은 일에도 불안해하며 자주 운다.
- 신경질적인 행동, 손톱 물어뜯기, 반복적으로 손 문지르기, 눈 깜빡이기 등의 행동을 보이기도 한다.
- 어떤 장소에 혼자 가는 것을 두려워하며 피한다.

DSM-IV 분리불안 장애의 진단 기준

A. 집 또는 애착 대상과의 분리에 대한 불안이 발달 수준에 부적절하게 지나친 정도로 나타나며, 다음 3가지(또는 그 이상) 상황에서 드러난다.

❶ 집 또는 주된 애착 대상과 분리되거나 분리가 예상될 때 반복적으로 심한 불안을 느낀다.

❷ 주된 애착 대상을 잃거나 그에게 해로운 일이 일어날 거라고 계속적으로 심하게 걱정한다.

❸ 운 나쁜 사고가 생겨 주된 애착 대상과 분리될 거라는 비현실적이고 지속적인 걱정(예 길을 잃거나 납치되는 것)을 한다.

❹ 분리에 대한 불안 때문에 학교나 그 외의 장소에 지속적으로 가기 싫어하거나 거부한다.

❺ 혼자 있거나 주된 애착 대상 없이 지내는데 대해 지속적이고 과도하게 두려움을 느끼거나 거부한다.

❻ 주된 애착 대상이 가까이 있지 않은 상황이나 집을 떠나는 상황에서는 잠자기를 지속적으로 싫어하거나 거부한다.

❼ 분리의 주체와 연관되는 반복적인 악몽을 꾼다.

❽ 주된 애착 대상과의 분리가 예상될 때 반복적인 신체 증상(예 두통, 복통, 오심, 구토)을 호소한다.

B. 장해 기간이 적어도 4주 이상이어야 한다.

C. 18세 이전에 발병한다.

D. 사회적, 학업적(직업적), 또는 다른 중요한 기능 영역에서 임상적으로 심각한 고통이나 장해를 일으킨다.

E. 광범위성 발달 장애, 정신분열증, 다른 정신증적 장애 기간 중에만 증상이 나타나는 것이 아니어야 하고, 청소년과 성인에서는 광장공포증이 있는 공황 장애로 잘 설명되지 않아야 한다.

※ **세분할 것:** 조발성(6세 이전에 시작된 경우)

출처: 미국정신의학회(1994). DSM-IV. p. 158.

2) 원인

분리불안의 일반적인 원인은 애착의 대상이 되는 양육자로부터 물리적, 신체적으로 떨어지는 것에 대한 불안 때문이다. 영유아의 대부분은 낯선 사람이나 양육자로부터 분리될 때 대한 불안을 경험하며, 유치원이나 어린이집에 처음 등원하여 공동생활을 시작할 때도 분리불안의 증상을 보인다. 따라서 섣부르게 장애로 판단하기 전에 면밀한 관찰이 전제되어야 한다. 분리불안 장애의 일반적인 원인은 다음과 같다.

- 유전적 요인: 분리불안 장애는 유전적 요인에 의해 직계가족에 공황 장애가 있는 어머니의 자녀에게서 빈번하게 발생된다(박선환 외, 2012).
- 기질적 요인: 영아기 때 부정적이고 불규칙적인 일상을 경험하며 예민하고 까다로운 기질을 가지고 있었던 경우에 분리불안 증상을 보이기 쉽다. 까다로운 기질의 아동은 긴장과 불안으로 인해 자율신경이 날카로워져 집중력이 떨어지고 사회적 관계에서 장애를 보이기도 한다.
- 심리적 요인: 아동이 양육자와 분리되어 심한 두려움을 경험한 경우도 분리불안이 나타날 수 있다. 예를 들어 아동이 준비되지 않은 상태에서 독립심을 키우기 위해 어두운 방에서 혼자 자게 한다든지, 아이가 자고 있는 사이에 부모가 잠깐 외출했을 때 아이가 깨어 주위에 아무도 없는 것을 경험한다면 아이는 불안을 경험하여 부모로부터의 분리되기를 두려워하게 된다. 그밖에도 아동에게 훈육하는 것을 목적으로 협박적인 어휘를 사용하는 경우(예 엄마가 너 버리고 갈 거야, 귀신이나 두려움의 대상이 되는 사물이 와서 잡아 갈 거야 등)에 심리적인 공포감으로 인해 분리불안을 경험하게 된다.
- 환경적 요인: 자녀가 또래와 놀이하며 스스로 생활할 수 있는 능력이 있음에도 불구하고 모든 것을 대신해 주는 경우나 아이의 작은 실수에도 지나친 반응을 보이며 과잉 반응을 보이는 경우, 부모가 불안해 하는 경우 등 부모의 성격이나 양육 태도에 의해서 분리불안이 나타날 수 있다. 이런 경우의 아동은 일상적인 경험이나 기회가 부족하며, 새로운 상황과 환경에 두려움과 불안을 느낌으로써 부모와 분리되는 것을 두려워하게 된다. 또한 잦은 부부 싸움이나 이혼, 별거 등 아동이 불안을 일으킬 수 있는 가정 환경에 의해 아동은 자신이 버려질 것을 불안해하여 부모로부터 분리되는 것에 민감한 반응을 보이게 된다.

3) 지도방법

분리불안 장애를 가진 아동의 문제는 유아기를 지나 아동, 청소년기에 나타나는 대인관계와 사회적 활동에서 겪을 수 있는 향수병, 공황증상으로 이어질 수 있으므로 주의를 기울일 필요가 있다. 특히 현실적으로 위험이 없는 상황에서도 대상에 대해 불안을 느끼며 과도하게 불안을 느끼는 것이 지속된다면 예방적 차원에서 심리적인 안정을 가질 수 있는 환경을 조성해 주는 것이 필요하다. 또한 분리불안 장애를 지도할 때 부모의 태도가 중요한 데 부모가 아동이 혼자 있게 두는 것을 어려워하는 것은 분리불안 지도를 실패하는 원인이 되므로 주의가 필요하다(Sarason & Sarason, 1996; 김은정 외 역, 2002). 분리불안 장애의 구체적인 지도방법은 다음과 같다.

- **심리적 지원**: 변화하는 상황이나 새로운 환경에서 안정적으로 적응을 잘하는 아동이 되기 위해서는 아동의 기질, 심리, 정서적 상태를 파악하여 접근해 나가는 것이 필요하다. 분리불안은 아동이 부모와 좋은 느낌을 경험하고 신뢰감이 형성되어 안심이 될 때 해결되므로 분리가 이루어지기 전에 주 양육자와 안정된 관계를 형성해야 한다. 또한 아동이 양육자와 분리되어 새로운 환경에 적응해야 할 경우에 양육자와 억지로 떼어놓으면 불안감이 증가할 수 있으므로 갑작스런 분리가 되지 않도록 분리 시간을 단계적으로 늘려나간다.

- **부모교육 및 가족지원**: 분리불안은 아동의 기질적 요인과 부모의 양육 태도 및 가정환경이 복합적으로 작용될 수 있다. 따라서 분리불안을 줄일 수 있는 양육 태도나 방법을 알려주어 가족 환경을 안정적으로 변화시켜 나갈 수 있는 부모교육이 우선되어야 한다. 분리불안을 극복하기 위해 부모 및 양육자는 분리 후 다시 만났을 때에 스킨십을 나눌 수 있는 특별한 시간을 가지도록 한다. 또한 부모가 아동과 분리되었다가 만나기로 한 시간이 있다면 약속한 시간을 정확히 지켜 분리에 대해 편안하고 안정적으로 받아들이도록 한다.

- **약물 치료**: 분리불안 증상이 심한 경우에는 정신치료 및 인지 행동 치료와 함께 정신건강 전문가의 처방에 따라 항우울제나 항불안제를 단기간 사용하기도 한다.

02 소아우울증(Depressive disorder)

강원도의 정선군에서 6학년 초등학생이 현수막 거치대에 목을 매 자살한 사건이 일어났다. 이 초등학생은 전 년 11월부터 두 달 여간 소아우울증 등으로 정신과 치료를 받은 적이 있던 것으로 밝혀졌다. 우울증으로 진료를 받은 19세 이하 어린이 및 청소년 수는 지난 2004년 1,038명에서 2005년 1,143명, 2006년 1,207명, 2007년 1,370명 등으로 꾸준히 늘어나고 있다. 일반적인 생각으로는 우울증은 30, 40대의 성인에게서 많이 발생할 것으로 생각되었으나 최근 그 발생 연령대가 점차 낮아지는 경향성을 보이고 있는 실정이다.

출처: 연합뉴스(2009. 9. 9.). 사회 질환 소아우울증의 원인과 해결 방안.

1) 정의 및 특징

우울증은 최근 급증하는 자살의 원인으로 사회적으로 많은 관심을 보이고 있는 증상이다. 세계보건기구에서는 2020년이 되면 인류를 괴롭힐 수 있는 3대 질병 중 하나가 될 것이라고 하였다. 우울증(depressive disorder)이란 우울한 기분을 주요증상으로 하는 심리적 문제가 동반된 기분 장애이다(권석만, 2003). 다시 말해 기분이나 의욕의 저하와 함께 우울감을 주요증상으로 하는 적응 장애로 일시적인 우울감과는 달리 개인의 의지로 없앨 수 있는 것이 아니라는 특징을 가진다.

대부분의 사람들은 가끔 자신이 우울하다고 느끼거나 자신이 하는 일에 대해 흥미가 떨어져 힘들어 하는 시기가 있는데 짧은 시간 동안 이와 같은 현상이 나타나는 것은 지극히 자연적인 것이다. 그러나 일시적인 우울감과는 달리 과민하고 우울한 증상이 한 번에 여러 주씩 계속된다면 우울 장애를 가진 것으로 볼 수 있다. 소아우울증의 증상들은 분리불안, 공포증, 행동 장애, 과잉행동, 공격적이고 파괴적인 행동 등 다른 정신적인 문제들과 공통적인 요소를 가지고 있어 독립적인 정신질환으로 보아야 하는지는 지속적으로 논란이 되고 있다.

미국 정신의학회의 정신장애 진단 및 통계편람(DSM-IV)에 의하면 성인, 청소년, 아동 모두 동일한 범주에서 기분 장애의 일차적 양상을 적용하고 있어 소아우울증은 '주요 우울증'에 해당하는 증상이 역할 기능의 장애와 함께 2주 이상 지속될 경우로 본다. 6~8세 사이 아동의 우울증은 울고 슬퍼하며 무력감과 절망감 및 은둔현상이 주요 특징으로 나타난다. 한편 8~12세 사이 학령기 아동은 부정적 자아상으로 인해 자존심이 저하되고, 자기폄하적인 사고, 두려움, 실패에 대한 기억으로 인해 비관적 사고의 특징을 보인다.

쿨리(Cooley, 2007; 최나야 · 최인화 역, 2012)는 우울을 한 번 경험한 아동은 2년 내에 다시 우울을 경험하는 특징을 보인다며 우울 장애 아동의 일반적인 증상으로 다음의 내용을 제시하였다.

- 슬픔, 불안, 과민함을 동반하여 우울한 기분이 나타난다.
- 또래로부터 소외되어 사회적으로 위축된 모습을 보인다.
- 학업에 대한 흥미 저하로 학업의 실패와 성취도에 급격한 변화를 보인다.
- 일상적인 활동에 흥미와 즐거움이 상실된다.
- 우울함과 낮은 성적은 학교에 대한 반감으로 이어져 결석과 지각이 잦아진다.
- 지속적인 피로감으로 인해 무기력하고 갑작스런 에너지 저하 현상을 보인다.
- 수면의 방해로 인해 피로와 피곤이 유발된다.
- 낮은 자아 존중감으로 인해 말, 행동, 몸가짐에서 자기 가치 상실과 죄의식이 나타난다.
- 집중하기 어려워 부주의한 모습을 보이고 우유부단하다.
- 정서적 괴로움으로 식생활 습관에 변화를 보이고, 심각한 체중 증가나 감소를 보인다.
- 반항적이고 도전적이며 방해하는 행동을 한다.
- 자살과 죽음에 대해 반복적으로 생각한다.

2) 원인

우울증은 주로 외부적 요인에 의하여 발생하지만 다른 정신적 장애와 마찬가지로 명확한 원인이 밝혀지지 않은 경우가 많다. 우울증은 20세기 후반에 들어 아동들에게서도 급격하게 증가하고 있는데 우울증의 주요원인을 살펴보면 다음과 같다.

- 유전적 요인: 유전적 요소로 우울증의 원인을 모두 설명할 수는 없지만, 유전적인 영향이 큰 것으로 나타나고 있다. 부모가 우울을 경험한 자녀는 우울을 경험할 가능성이 높으며, 일란성 쌍둥이의 경우는 한 명이 주요 우울증을 앓고 있으면 다른 한 명도 우울증에 걸릴 확률이 50% 정도 되는 것으로 나타났다(김혜금 외, 2011).
- 생물학적 요인: 최근 뇌 신경과학의 발전으로 우울병의 원인 규명이 활발히 이루어지고 있는데 뇌과학 측면에서 보면 우울증은 대뇌에서 생성되는 감정과 행동을 조절하는 중요한 신경전달물질인 노르에피네피린이나 세로토닌의 분비 과정의 결함으로 우울한 기분이 유발되어 나타나기도 한다.
- 환경적 요인: 우울증은 환경적인 스트레스가 중요한 요인이 되어 발생되는 것으로도 알려져 있다. 부모나 가족의 죽음, 이별, 이혼, 경제적인 어려움 등으로 인한 정신적 충격은 강한 스트레스 유발 요인으로 삶에 대처하는 것을 어렵게 하며 우울증을 발생시키기도 한다. 또한 어린 시절 사고나 폭행, 따돌림이나 거부, 방임과 성적 학대를 겪은 경험은 우울 수준을 높인다(Sarason & Sarason, 1996; 김은정 외 역, 2002).

이밖에도 사회적 지지가 결여되어 있는 경우에도 소아우울증이 유발될 수 있다. 사회적 지지는 개인의 정서 생활 유지에 필수 조건으로 오랜 기간 가족과 떨어져 지냈거나 마음을 나눌 친한 친구 없이 피상적인 대인관계 속에서 생활해 온 경우 우울감에 의한 무기력함과 의욕상실을 경험하게 된다(권석만, 2003).

3) 지도방법

우울증은 가능한 빠른 시기에 조기치료가 이루어질 때 문제를 최소화할 수 있으며 사회적으로 발생되는 위험을 줄일 수 있다. 아동의 우울증상 치료 및 지도를 위해서는 반드시 정신건강 전문가에 의한 진단과 치료, 지도로 연결되어 복합적인 전략에 의해 접근되어야 한다. 기본적으로는 약물치료를 통해 도울 수 있으나 지속적인 개선과 호전을 위해서는 부모와 교사의 도움이 반드시 동반되어야 한다. 일반적인 우울증의 치료 및 지도방법을 소개하면 다음과 같다.

- **심리적 지원:** 아동의 관심과 삶에 공감함으로써 아동의 행복한 삶에 관심이 있음을 보여주는 것은 우울증 완화에 도움이 된다. 언어적 표현이 어려운 유아나 아동의 경우에는 놀이치료를 통해 자신의 생각과 감정을 표출할 수 있는 기회를 제공해 줌으로써 자신의 내적 갈등을 완화시킬 수 있다.

- **부모 교육 및 가족지원:** 아동의 우울증 치료를 위해서는 아동의 삶의 터전이 되는 가정과의 협조가 매우 중요하다. 특히 아동의 우울증에는 가족의 유전적 요인이 작용하는 경우가 많으므로 부모와 가족의 치료와 지도가 함께 이루어지는 것이 바람직하다. 또한 다른 가족의 우울증 예방과 대처를 위해서도 가족치료 및 부모교육은 효과적인 치료방법이 되므로 반드시 수반되는 것이 바람직하다.

- **행동치료:** 아동의 부정적인 경험을 최소화하기 위해서는 긍정적인 생각을 유발시킴으로써 자신이 처한 상황에 대해 긍정적으로 깨닫게 하는 것이 우울증 개선에 도움이 된다. 자신과 처한 상황에 대해 부정적인 감정을 줄이기 위해서 긴장완화 훈련, 호흡연습, 이미지 훈련 등의 인지행동치료 방법을 사용할 수도 있다(Cooley, 2007; 최나야 · 최인화 역, 2012).

- **약물치료:** 우울증을 일으키는 신경전달물질인 노르에피네피린이나 세로토닌의 분비 과정의 결함을 해결하기 위해서는 항우울제와 세로토닌 재흡수 억제제, 삼환계(三環系) 약물 등을 투여하여 신경계의 기능을 향상시킴으로써 우울증의 증상을 기본적으로 호전시킬 수 있다(권석만, 2003).

03 틱 장애(Tic disorder)

틱 장애로 인해 마음의 문을 걸어 잠그고 외톨이가 된 아이가 있다. 8살 때부터 틱 장애를 앓아왔다는 주인공은 중학생이 되면서 친구들의 놀림 때문에 학교를 특수학교로 옮겼다. 당시만 해도 밝고 명랑한 아이였지만 주변 사람의 편견 어린 시선 때문에 특수학교마저 그만두게 되면서 폭력적인 아이로 변해갔다. 사춘기에 접어들어 한참 예민할 나이, 친구들의 놀림에 학교까지 그만두면서 큰 상처를 받은 아이는 세상이 두려워서 집 밖으로 나오지 못하게 되어 버렸다.

출처: SBS 긴급출동 SOS 24, 175회(2009. 7. 7.). 열여섯, 생떼 부리는 아들.

1) 정의 및 특징

틱(Tic)은 스스로 조절할 수 없는 빠르고 반복적인 근육의 움직임이나 음성이 나타나는 증상이다. 틱의 증상은 유아기에 쉽게 발병하기 쉬운데 눈을 깜빡거리거나 헛기침과 코를 킁킁거리고 훌쩍거리는 등 알레르기 증상과 비슷하여 틱이라고 생각하지 못하는 경우가 있다. 그러나 지속적으로 이런 행동이 반복되어 나타난다면 틱 장애로 볼 수 있다.

틱 장애(Tic disorder)는 크게 운동 틱과 음성 틱으로 구분된다. 운동 틱은 얼굴, 목, 어깨, 몸통, 손 등의 부분에서 나타나는데 눈을 깜빡거리거나 어깨 움츠리기, 코 실룩거리기 등 하나의 근육에서 특이한 움직임이 반복되는 단순 운동 틱과 특이한 얼굴 표정 짓기, 뛰어오르기, 박수치기, 발 구르기 등 여러 근육이 함께 움직이는 행동인 복합 운동 틱으로 구성된다. 한편 음성 틱에는 헛기침, 킁킁 소리내기 등의 단순 음성 틱과 음담패설이나 외설스러운 단어를 반복하거나 상황에 맞지 않는 말을 반복적으로 하는 복합 음성 틱으로 구분해 볼 수 있다(권석만, 2003; Cooly, 2007; 최나야 · 최인화 역, 2012).

이와 같은 운동 틱과 음성 틱은 양상에 따라서 뚜렛 장애, 일과성 틱 장애, 만성 운동 틱과 음성 틱 장애로 분류할 수 있다. 각각의 틱 장애 특징을 살펴보면 다음과 같다.

(1) 뚜렛 장애(Tourette's syndrome)

뚜렛 장애는 프랑스 의사 뚜렛(Gilles de la Tourette)에 의해 발견된 증상으로 2~3가지의 운동 틱과 최소 한 가지의 음성 틱이 함께 나타나며, 여러 차례 증상을 보이는 것이 1년 이상 나타나는 경우를 말한다. 뚜렛 장애를 가진 아동은 자기만의 특이한 소리를 반복하거나 외설적인 내용을 담은 음성 틱을 보이기도 하고, 마지막에 들은 단어나 소리를 반복하거나 다른 사람의 동작을 따라하기도 한다. 뚜렛 장애에서 나타나는 특징을 정리해 보면 다음과 같다.

- 다양한 운동 틱과 한 가지 이상의 음성 틱이 함께 나타난다.
- 두 가지 틱이 반드시 동시에 나타나지는 않으나 복합적으로 나타나기도 한다.
- 틱이 없는 기간이 3개월 이상 지속되지는 않는다.
- 18세 이전에 발병하여 평생에 지속되기도 한다.
- 하루에 몇 차례씩 발작적으로 여러 번 나타나기도 하고 1년 이상 간격을 두고 간헐적으로 나타나기도 한다.

(2) 일과성 틱 장애(Transient Tic disorder)

일과성 틱 장애의 경우는 유아기와 초등학교 저학년 시기에 흔히 나타나는 증상으로 여아보다는 남아에게서 더 많이 발견되고 있다. 일과성 틱의 증상은 일시적으로 눈을 깜빡이거나 코를 킁킁거리는 등 가벼운 증상이 거의 매일, 하루에도 몇 번씩 나타나 몇 주에서 몇 달간 지속되지만 1년 미만에 자연스럽게 사라진다. 미국 정신의학회(American Psychiatric Association)의 정신 장애 진단 및 통계편람(DSM-IV)에서 제시하고 있는 일과성 틱 장애의 진단 기준은 다음과 같다.

DSM-IV에 따른 일과성 틱 장애의 진단 기준

A. 1가지 또는 여러 가지의 운동 틱 또는 음성 틱(갑작스럽고, 빠르고, 반복적, 비율동적, 상동증적인 동작 또는 음성)

B. 틱은 적어도 4주 동안 거의 날마다 하루에 몇 차례씩 일어나지만, 연속적으로 12개월 이상 지속되지는 않는다.

C. 장해는 사회적, 직업적, 또는 다른 중요한 기능 영역에서 심각한 고통이나 장해를 일으킨다.

D. 18세 이전에 발생한다.

E. 장해는 물질(예 자극제)이나 일반적인 의학적 상태(예 헌팅턴 병 또는 바이러스성 뇌염)의 직접적인 생리적 효과로 인한 것이 아니다.

F. 뚜렛 장애, 만성 운동성 장애, 또는 음성 틱 장애의 진단 기준에 맞지 않아야 한다.

※ **세분할 것:** 단일 삽화 또는 재발성

출처: 미국정신의학회(1994). DSM-IV. pp. 147-148.

(3) 만성 틱 장애(Chronic tic disorder)

만성 운동 틱이나 음성 틱 장애는 주로 18세 이전에 발병하는데 하루에도 몇 번씩, 매일, 1년 이상 만성적으로 지속되며 두 가지 증상이 함께 나타나지는 않는 특징이 있다. 만성 틱 장애는 고등학생 무렵이면 증상이 안정되고 호전되어 환자의 3/4 정도는 일상생활에 문제가 없는 경미한 틱 증상만을 보이게 된다(김진호 외, 2009). 그러나 사회적으로나 직업적으로, 또는 다른 기능적 측면에서 고통이나 장해가 심각하게 나타날 수 있다. 미국 정신의학회(American Psychiatric Association)의 정신 장애 진단 및 통계편람(DSM-IV)에 기초하여 만성 틱 장애를 가진 아동의 특징을 정리해 보면 다음과 같다.

- 한 가지나 그 이상의 운동 틱이나 음성 틱이 일정 기간에 나타나지만 두 가지 증상이 함께 나타나지는 않는다.
- 틱은 1년 이상의 기간 동안 거의 매일 또는 간헐적으로 하루에 몇 차례씩 일어나고, 이 기간 동안에 틱이 없는 기간이 연속적으로 3개월 이상 지속되지는 않는다.
- 18세 이전에 발병한다.

2) 원인

틱 장애는 그 원인이 잘 알려져 있지는 않지만 스트레스나 긴장, 신경전달 물질이 대사 과정에서 이상을 일으킨 것이 주요 원인으로 언급되고 있다. 뚜렛 장애와 만성적 틱 장애는 유전적 원인이 가장 큰 요인으로 제시되고 있고, 일과성 틱 장애의 경우에는 기질이나 심리적인 불안 요인이 복합적으로 작용한 것으로 추정되고 있다. 틱 장애의 원인을 정리해 보면 다음과 같다.

- 유전적 요인: 부모가 어릴 때 틱 증상을 보인 경우나 가족 중에 틱 장애나 강박 장애가 있는 경우에 틱 장애 발병률이 높게 나타난다. 특히 일란성 쌍생아의 경우에 틱 장애가 동시에 발병할 비율이 높으며, 남아가 여아에 비해 틱 장애의 발병률이 높은 경향을 보인다.

- 심리적 요인: 스트레스는 틱 장애의 가장 큰 요인으로 알려져 있다. 조기 교육에 대한 압박, 학업에 대한 스트레스, 가족 간의 관계로 인한 심리적 스트레스가 주요 원인이 된다. 특히 가족이나 교사, 또래의 지적이 스트레스를 유발하여 그 증상을 더 악화시킬 수 있다.

- 기질적 요인: 뚜렛 장애의 40%는 강박 장애를 동반하고, 50%는 과잉행동 주의력 결

필 장애를 함께 나타내는 경향을 보여 개인의 기질적 성향과 관련하여 틱 장애가 유발될 수 있다.

- **환경적 요인:** 출산 과정에서 뇌의 손상을 받거나 산모의 스트레스, 출생 시 체중은 틱 장애와 연관이 있다. 출산 전후 산모의 합병증도 틱 장애의 원인으로 주장되기도 한다. 또한 결막염이나 인후염 등 눈이나 목에 자극을 일으키는 증상이 틱 장애를 발생시키는 요인이 될 수 있다.
- **뇌 기능 장애의 문제:** 중추신경계 신경전달 물질인 도파민의 활동 과잉이 틱 증상을 활성화시킴으로써 발생될 수 있다. 또한 운동 기능을 조절하여 감각과 운동의 조화를 담당하는 기저핵의 이상이 운동 장애를 일으킬 수 있다는 점에서 운동 증상을 보이는 뚜렛 장애가 기저핵의 손상과 관련될 수 있다(권석만, 2003).

3) 지도방법

아동기의 틱 증상이 지속적으로 이어진다면 아동은 위축과 열등감, 자아 존중감의 저하를 비롯해 학업부진을 경험하게 되고, 나아가 사회 · 정서적으로 부정적인 영향을 미쳐 삶에 어려움을 초래하게 된다. 따라서 사소한 틱 증상이라도 정확하게 관찰하여 즉각적으로 지도를 하는 것이 중요하다. 틱 장애의 지도를 위해서는 다음의 방법을 사용할 수 있다.

- **부모교육 및 또래교육:** 증상이 심하지 않는 일과성 틱 장애의 경우에는 가족, 교사, 또래가 틱 장애를 가진 아동에게 어떤 반응과 태도를 보이는가가 중요하다. 틱 증상을 지적하거나 놀리게 되면 증상은 더욱 악화될 수 있다. 따라서 부모는 자녀를 어렵게 하는 요인을 제거하고 장점을 찾아 격려해 줄 수 있는 방법에 대해 지속적인 교육을 받을 수 있다. 또래도 틱 증상을 보이는 아동을 이해하여 집단 따돌림을 없애고 안전한 학습 환경에서 또래 관계를 형성하여 안정감이 강화될 수 있도록 또래교육을 받을 필요가 있다.
- **환경적 지원:** 틱 증상은 스트레스를 받거나 피곤하고 불안할 때 악화되지만 반면 차

분한 활동을 할 때나 취미 활동으로 스트레스가 줄어들 때, 수면 중에는 완화되는 것으로 나타났다. 따라서 환경에 의해 오는 긴장이나 불안감을 제거해 주는 것은 틱 증상 완화에 효과적이다. 또한 증상을 보일 때 그 자체를 금지시키는 것은 아동이 그 증상에 더 부정적인 주의를 기울이게 할 수 있다. 따라서 틱에 대해 언급하지 않고 아동이 환경에 보다 잘 적응할 수 있도록 지원해 주는 것이 중요하다.

- 행동 치료: 일과성 틱 장애나 만성 틱 장애의 경우는 증상이 심해지면 자기관찰, 인식 훈련, 이완 훈련 등의 행동수정치료를 실시하기도 한다(채경선 · 김주하, 2007).
- 약물 치료: 뚜렛 장애나 만성 틱 장애의 심한 틱 증상은 본인에게 스트레스가 되고, 타인의 시선과 지적으로 이어져 악순환이 반복될 수 있다. 또한 틱 장애는 주의력 결핍 과잉행동 장애나 강박 장애와 함께 나타나기도 한다. 따라서 전문가의 정확한 진료에 의해 약물치료로 증상을 완화시킬 수 있다.

04 선택적 함구증(Selective mutism)

집에서는 한 없이 귀엽고 애교 많고 수다쟁이인 일곱 살 은서는 유치원에만 가면 표정도 행동도 입도 얼음처럼 꽁꽁 얼어붙어 교사뿐 아니라 친구들에게도, 유치원에서 만난 그 누구와도 아무 말을 하지 않는다. 은서가 유치원에서 말하지 않았던 이유는 무엇일까?

출처: SBS 우리 아이가 달라졌어요, 294회(2011. 8. 23.). 얼음공주 은서.

1) 정의 및 특징

선택적 함구증(Selective mutism)은 말을 듣고 이해하고, 말을 할 수 있는데도 특정한 장소나 상황, 사람 앞에서는 입을 다물고 말을 하지 않는 것을 일컫는다. 의사표현은 말 대신 주로 소리나 몸짓, 고개 움직임 등으로 나타낸다. 대부분 5세 이전에 발병하며 여아에게 더 흔하게 나타나는데 이 증상은 주로 몇 달 정도 지속되지만 때로는 더 오래 지속되기도 하고, 심지어 몇 년 동안 계속될 수도 있다(미국정신의학회, 1994). 선택적 함구증 아동은 단순히 수줍어서 말을 하지 않는 것과는 다르지만 가정에서 부모와 지내는데 문제가 없기 때문에 부모들은 낯가림이 심할 뿐이라고 생각하며, 시간이 지나면 나아질 것이라고 믿어 방치하기 쉽다(김진호 외, 2009). 그러나 특정한 상황에서 심하게 수줍어하고, 불안해하고, 위축된 모습을 보이고 말을 하지 않기 때문에 선택적 함구증의 증세가 계속되면 또래관계의 형성뿐 아니라 사회적 능력 발달에 어려움이 유발될 수 있다. 선택적 함구증을 가진 아동의 특징을 정리해 보면 다음과 같다.

- 특정 상황에 대해 두려움과 불안을 보인다.
- 지나친 부끄러움과 사회적으로 위축된 모습을 보인다.
- 강박적인 행동을 한다.
- 나이에 맞지 않는 철없는 행동을 하기도 한다.
- 지나치게 의존적이고 매달리는 행동을 한다.
- 통제에 반항하는 행동을 보인다.
- 말을 하지 않는 대신 몸짓으로 표현하거나 고개를 끄덕이거나 가로젓는 모습을 보인다.

미국 정신의학회(American Psychiatric Association)의 정신 장애 진단 및 통계편람(DSM-IV)에서 제시하고 있는 선택적 함구증의 진단 기준은 다음과 같다.

DSM-IV에 따른 선택적 함구증의 진단 기준

A. 다른 상황에서는 말을 할 수 있지만 특정한 사회적 상황(예 말하기가 요구되는 상황이나 학교)에서는 지속적으로 말을 하지 못한다.

B. 장애가 학업적, 직업적 성취나 사회적 의사소통을 저해한다.

C. 장애의 기간이 적어도 1개월은 지속되어야 한다(예 입학 후 처음 1개월은 포함되지 않는다).

D. 말을 하지 못하는 이유가 사회생활에서 요구되는 언어에 대한 지식이 없거나 그 언어에 대한 불편과 관계가 없는 것이어야 한다.

E. 장애가 의사소통 장애(예 말더듬기)로 설명되지 않아야 하고, 광범위한 발달 장애, 정신분열증, 다른 정신병적 장애의 기간 중에만 발생되는 것은 아니어야 한다.

출처: 미국정신의학회(1994). DSM-IV. p. 161.

2) 원인

선택적 함구증은 다음과 같은 원인에 의해 나타난다.

- 심리적 요인: 영아기의 지나친 억압의 경험에 의해 버림받지 않을까 하는 공포심, 의존성과 관련된 것으로 심리적 상처와 정신적인 충격에 의해 말을 하지 않을 수 있다. 이런 경우에 부모를 비롯한 주변 사람들이 말을 하지 않는 원인에 대해 이해하지 못해 말을 할 것을 재촉한다면 심리적인 부담에 의해 아동은 말을 더하지 않게 된다. 한편 어머니와의 강한 애착과 정신적인 유대가 형성되어 있는 상황에서 갑자기 어머니와 분리되었을 때도 함구증을 보일 수 있다.

- **유전적 요인**: 부모를 비롯한 친인척들의 언어 발달에 병적 증상이 있는 경우에 유전적으로 말이 늦어 말을 하지 않는 경우가 있다. 또한 가정 내에서 언어적 상호작용의 경험이 적기 때문에 언어발달이 늦어지고 이로 인해 또래관계에 어려움이 유발되어 의사소통에 문제가 발생하기도 한다.
- **기질적 요인**: 성격 특성상 지나친 수줍음과 두려움을 강하게 느끼는 기질을 가진 경우 말하지 않는 행동을 보이기도 한다.
- **환경적 요인**: 가족 내의 문제나 아동의 주변 환경이 말을 하지 않는 원인이 되기도 한다. 예를 들어 부모의 폭력, 부부 간의 불화, 가족 상호 간의 불신감, 어머니의 우울증, 부모의 과잉보호, 가족의 사회적 고립 등에 의해 증상이 나타날 수 있다.

3) 지도방법

선택적 함구증의 기간이 길어질 경우 아동은 언어발달뿐 아니라 정서 및 사회성 발달에 동반적인 문제를 보일 수 있다. 따라서 선택적 함구증에 대한 조속한 도움이 필요하다. 선택적 함구증의 발생원인은 여러 가지가 있으나 주원인은 심리적인 것이므로 무엇보다 아동 스스로 자신이 정상적으로 말을 할 수 있는 능력을 가지고 있다는 확신을 갖는 것이 필요하다. 선택적 함구증의 지도방법은 다음과 같다.

- **부모 교육**: 선택적 함구증의 지도를 위해서는 무엇보다 부모-자녀의 관계가 중요하다. 특히 어머니에게 지나치게 의존할 경우에는 분리와 개별화 과정에 효과적으로 개입하여 도움을 주도록 한다.
- **가족지원**: 가족 내 구성원의 심리적 문제나 가족 관계의 원인에 기인한 선택적 함구증이라면 부모와 가족이 겪는 어려움을 해결할 수 있도록 효과적으로 개입하고 지원해 나가는 것이 중요하다.
- **환경적 지원**: 심리적 상처와 정신적인 충격에 의한 증상이라면 아동의 심리 상태를 이해해주고, 아동에게 말을 하도록 재촉하지 않는 편안한 환경을 제공해 주는 것이 필요하다. 따라서 초기에는 몸짓이나 표정 등 비언어적인 대화를 시도하고, 일

상생활에서 자연스런 놀이를 통해 간단한 단어로부터 점차 복잡한 문장으로 대화할 수 있도록 도와준다.

- 언어치료: 선택적 함구증이 언어발달의 지연이나 장애에 의한 것이라면 언어치료가 함께 이루어져야 한다.

생각해보기

1. 각 행동 장애 유형별로 제시된 동영상을 보고 아동의 행동 특성과 원인, 지도방법에 대해 토의해 봅시다.

2. 아동기 행동 장애와 관련한 보도 자료를 찾아 스크랩한 뒤 부작용 사례별로 내가 그 아이의 부모라면 혹은 교사라면 어떻게 행동할 것이지 계획서를 작성하여 논의해 봅시다.

Part... IV

정신건강 문제 이해

Chapter 11

정신건강 문제 진단을 위한 심리 검사

1 유아용 검사

2 성인용 검사

학습주제 정신건강 문제 진단을 위한 심리 검사

학습목표

❶ 대표적인 유아용 객관적 검사인 지능 검사(K-WPPSI)와 아동행동 평정 척도(K-CBCL)의 세부 구성 요인을 이해하고, 이들 검사 결과에 대한 판독 능력을 기른다.

❷ 대표적인 성인용 객관적 검사인 지능 검사(K-WAIS)와 성격 검사인 다면적 인성 검사(MMPI-2)의 세부 구성 요인을 이해하고, 이들 검사 결과에 대한 판독 능력을 기른다.

학습요약

1 유아용 검사

1) 한국판 웩슬러 유아용 지능 검사(K-WPPSI)

2) 한국판 아동행동 평정 척도(K-CBCL)

2 성인용 검사

1) 한국판 웩슬러 성인용 지능 검사(K-WAIS)

2) 다면적 인성 검사(MMPI-2)

주요개념 심리 검사, 지능 검사, 인성 검사

들어가기

'내 속에 내가 너무도 많아 당신의 쉴 곳 없네!'

가요의 한 구절입니다. 자신을 완벽히 다 안다고 말할 수 있는 사람이 얼마나 될까요? 또 타인에 대해 훤히 안다고 자신할 수 있는 사람은 얼마나 될까요? '열 길 물 속은 알아도 한 길 사람 속은 모른다' 라는 속담처럼 사람은 오묘하고 끊임없이 역동적으로 움직이는 존재입니다. 사람을 대하는 교사로서 자신과 타인에게 겸손한지, 그들을 알고 싶어 하는지 되돌아보는 시간을 가져 봅시다.

인간은 본질적으로 생물학적 존재이며 심리사회적 존재이다. 따라서 행복한 삶을 영위하기 위해서는 신체적 건강과 심리적 안정의 요소가 기본적으로 확보되어야 한다. 태어나서 생을 마감할 때까지 이러한 두 가지 요소의 온전성을 확인하기 위해 다양한 종류의 검사를 받는다. 갓 출생한 신생아는 아프가(Apgar) 검사를 통해 기본적인 생물학적 기능수행의 온전성을 평가받는다. 이후 성장하면서 정상적인 신체발달에 대한 확인을 넘어서서 인지 및 정서발달, 문제해결 능력, 성격 등에 대한 평가를 통해 심리사회적 존재로서의 건강함을 확인받게 된다.

인간의 신체적 · 심리사회적 측면에서의 온전성을 평가하기 위해 대표적으로 사용되는 도구로 행동관찰, 면접법, 사례연구, 심리 검사 등이 있다. 체계적이고 종합적인 심리평가가 되기 위해서는 위의 네 가지 측정도구를 모두 사용하는 것이 이상적이다. 특히 유아교육과 보육기관의 교사는 근접해서 아동을 관찰하고 면접할 수 있는 환경에 있기 때문에 아동의 정신건강에 대한 주요한 정보수집의 최적의 인적자원이라 할 수 있다. 그러나 교사가 관찰 및 면접을 통해 아동의 장애나 특정 부적응 문제를 가진 아동 혹은 장애성향이 높은 아동을 발견하고 보호자에게 이를 전달하게 될 때에는 여러 어려움을 겪을 수 있다. 부모들의 경우는 내 자녀에 대해 객관적이기 보다는 주관적인 태도를 취하기 쉽고 특히 내 자녀의 문제점을 겸허히 수용하고 직면할 수 있는 경우는 많지 않다. 따라서 관찰 및 면접 결과와 더불어 보다 객관화된 정보를 제공할 필요가 있다. 이는 심리 검사를 통해 가능하다. 부모들은 내 자녀가 또래의 다른 아이들에 비해 얼마나 동떨어진 발달궤적을 그리고 있는지를 객관적인 심리 검사를 통해 파악할 수 있다. 그리고 이를 통해 전문가의 치료개입의 필요성을 인식할 수 있게 된다.

한편 유아의 심신의 건강한 발달을 위해서 돌봄을 제공하는 성인들의 정신건강도 중요하다. 심리사회적 존재로서 유아가 자기 자신과 타인, 그리고 세상에 대한 긍정적인 인식을 가질 수 있어야 심리적으로 안정감을 느낄 수 있고 타인들과 신뢰로운 관계를 구축해나갈 수 있게 된다. 처음부터 '자기감(sense of self)'을 인식하는 유아는 없다. 타인을 통해 자기를 경험한다. 타인으로부터 긍정적인 피드백 경험을 얻게 되면 '좋은 자기'로 느끼게 되고 부정적인 피드백 경험을 얻게 되면 '나쁜 자기'로 느끼게 된다. 이렇듯 타인을 통해 '자기감'을 형성하는 유아이기 때문에 특히 많은 시간동안 다양한 상호작용을 주고받는 부모와 교사는 유아 인성 발달에 매우 중요한 존재이다. 유아에게 기분 좋고 안정된 상호작용과 긍정적인 피드백을 제공할 수 있기 위해서는 부모와 교사 자신이 정신적으로 건강해야 함은 거듭 강조해도 모자람이 없다. 따라서 유아교사 자신의 정신건강에 대한 종합평가를 한번쯤은 받아볼 필요가 있다.

그러나 스스로 관찰하고 면접하고 심리 검사를 실시하는 것이 어렵기 때문에, 전문적인 심리기관의 도움을 받는 것이 효과적이다. 그리고 자신의 심리 검사 결과에 대한 자가 판독 능력을 갖추는 것은 자기이해에 도움이 크다. 또한 유아와 부모가 함께 전문기관을 통해 심리평가를 받았을 경우에는 그 결과를 교사가 전문적으로 이해할 수 있고 유아 생활지도와 부모교육에 활용할 수 있다면 교사 개입 효과는 증대될 수 있다. 따라서 본 장에서는 유아교육과 보육기관 현장에서 유아를 대상으로 사용할 수 있는 대표적인 심리 검사 도구들과 성인(교사와 부모)들의 정신건강 평가에 유용한 심리 검사 도구들을 살펴보고자 한다.

01 유아용 검사

심리 검사는 심리평가의 한 부분으로서, 어떤 행동표본(behavior sample)에 대한 객관적이고 표준화된 측정방법을 의미한다(정옥분, 2012). 심리 검사는 검사 실시 목적, 검사 구성, 측정방법, 해석 과정 등에 따라 매우 다양하다. 유아교육과 보육기관 현장에서 심리 검사를 사용하는 주된 목적은 유아의 정상발달 여부 확인이나 적응 · 부적응에 대한 변별이 일차적이다. 이러한 목적으로 현재 가장 많이 사용되고 있는 진단용 검사는 객관적 검사와 투사적 검사로 구분된다. 객관적 검사는 검사과제가 구조화되어 있으며, 채점 과정이 표준화되어 있다. 또한 해석적 규준이 제시된다는 특징이 있다. 따라서 검사자와 상황적 변수에 대한 영향을 적게 받아 신뢰도를 확보할 수 있으며, 검사 실시, 채점, 해석 과정이 비교적 간편하다는 장점이 있다. 그러나 피검사자의 의도에 따라 사회적 바람직성이 작용할 수 있거나 성의 없이 무작위적으로나 일정방향으로 반응할 가능성이 존재한다는 단점이 있다.

대표적인 유아 대상 객관적 검사로 성격적 특성을 포함하여 인지 기능을 평가하는 한국판 웩슬러 유아용 지능 검사(K-WPPSI)와 한국판 유아 장애 성향을 가늠하는 데 많이 사용되는 한국판 아동행동 체크리스트(K-CBCL)가 있다. 한편 성인(교사나 부모)의 정신건강을 평가하는 대표적인 객관적 검사로는 웩슬러 성인용 지능 검사와 다면적 인성검사를 들 수 있다.

1) 한국판 웩슬러 유아용 지능 검사(K-WPPSI)

웩슬러(Wechsler) 지능 검사에는 유아용(WPPSI), 아동용(WISC), 성인용(WAIS)으로 구분된다. 이 중 유치원 교육 대상자에 해당하는 유아용 지능 검사에 대해 살펴보고자 한다.

(1) 검사 대상

웩슬러 유아용 지능 검사(WPPSI: Wechsler Preschool and Primary Scale of Intelligence)는 만 5~15세 아동용의 지능 검사(WISC)를 하향 확대한 검사로 주로 만 4~6.5세 연령의 유아를 대상으로 실시한다. 우리나라에서도 만 3~7세 3개월 아동의 지능을 측정하기 위해 박혜원 · 곽금주 · 박광배(1996)에 의해 한국판 웩슬러 유아용 지능 검사(K-WPPSI)가 개발되었다.

(2) 검사목적

유아의 교육, 치료, 연구를 위해 주로 사용되며, 특히 특수교육이 필요한 영재아동이나 발달지체 아동을 변별하는 데 활용된다(정옥분, 2012).

(3) 검사 구성

한국판 웩슬러 유아용 지능 검사(K-WPPSI)는 크게 언어성 검사와 동작성 검사로 구성된다. 언어성 검사부분을 구성하는 하위 소검사 6개는 상식, 이해, 산수, 어휘, 공통성, 문장(보충) 문제이다. 비언어적 능력을 측정하는 동작성 검사의 하위 소검사 6개는 모양 맞추기, 도형, 토막 짜기, 미로, 빠진 곳 찾기, 동물 짝짓기(보충) 문제이다. 각 소검사가 측정하는 세부 내용과 대표적인 임상적 의미는 다음과 같다(박혜원 외, 1996; 임창재, 2000).

표 11-1 한국판 웩슬러 유아용 지능 검사(K-WPPSI) 구성 내용

구분	소검사	측정 내용과 임상적 의미
언어성 검사	상식 문제	• 일상의 사건이나 물건에 대한 지식 수준을 측정한다. 선천적 능력, 풍부한 초기 환경조건, 문화적 경험 등으로 누적된 지식이 어느 정도인지를 측정하는 내용으로 구성된다. 〈임상적 의미〉 • 낮은 점수는 가정에서의 문화적 기회 제공과 독서량이 부족함을 반영한다.
	이해 문제	• 행동의 원인과 사건의 결과에 대한 인과적 관계를 파악하고 그에 근거하여 효율적인 문제해결 방안을 찾아내는 등 적절하고 의미 있는 방법으로 자기의 과거 경험을 평가하고 종합하는 능력을 측정한다. 〈임상적 의미〉 • 과거경험에 대한 평가와 활용 능력이 떨어지거나 가정에서의 양심과 도덕 개념 교육이 부족할 때 낮은 점수를 얻게 된다.
	산수 문제	• 기본적으로 수 개념에 대한 이해 능력을 측정한다. 사고력, 수리 능력 및 주의 집중력과 사고의 유연성을 파악할 수 있다. 〈임상적 의미〉 • 기본적인 수 개념 형성이 미숙하고, 시간적 압박 하에서의 수행에 대한 부담감이 많고, 주의를 기울일 수 있는 범위가 좁거나 불안 수준이 높을 때 낮은 점수를 얻게 된다.

구분	소검사	측정 내용과 임상적 의미
언어성 검사(계속)	공통성 문제	• 사물의 공통성을 찾는 검사로 언어적 개념형성 능력을 측정한다. 사물들에 대한 단순한 개념형성을 넘어 고차원적인 추상적 사고 능력을 의미한다. 〈임상적 의미〉 • 앎에 대한 흥미, 호기심이 부족하고 다방면에 관한 독서나 생활경험이 부족할 때 공통성 점수가 낮아진다.
	어휘 문제	• 구체적인 실물인 '칼'의 의미부터 추상적인 의미인 '골칫거리'까지 낱말의 의미를 묻는다. 즉 아동의 문화적 경험, 교육적 환경과 밀접히 관련된 아동의 학습 능력, 개념의 풍부성, 기억력, 개념형성, 언어 능력 등 개인의 지적 능력을 측정한다. 〈임상적 의미〉 • 기본적인 단어지식과 정상적인 언어발달이 이루어지지 않을 때 낮은 점수를 얻게 된다. '상식'과 '공통성'처럼 초기 환경의 풍요로움, 학습경험, 가정에서의 문화적 기회 제공 요인에 의해 영향을 받는다.
	문장 문제(보충)	• 큰소리로 기록용지에 있는 문장을 읽어주면 아동은 이를 그대로 따라해야 한다. 이를 통해 단기 기억 능력과 주의력을 측정한다. 〈임상적 의미〉 • 주의를 기울일 수 있는 범위가 좁고 불안 수준이 높거나 주의가 산만한 경우에 단기기억 능력이 떨어져 낮은 점수를 얻게 된다.
동작성 검사	빠진 곳 찾기	• 일상적인 물건 그림에서 빠진 부분을 찾아내야 한다. 사물의 중요한 부분과 지엽적인 부분을 구별하는 능력을 측정한다. 또한 집중력, 시각적 예민성, 시각적 구성력 및 기억력 등을 파악할 수 있다. 〈임상적 의미〉 • 낮은 점수를 얻는 경우에는 시각적 구성 능력과 언어적 이해 능력이 떨어져 자극에 대한 정확한 이해가 결여되어 효율적인 문제해결이 힘들어진다.
	토막 짜기	• 제시된 모양과 같은 모양을 제한된 시간 안에 두 가지 색깔로 된 토막들로 재구성해야 하는 검사이다. 시각-운동 협응 능력과 지각 구성 능력 및 공간 시각 능력을 측정한다. 또한 운동 능력과 색채-지각 능력도 파악할 수 있다. 〈임상적 의미〉 • 낮은 점수의 경우에는 전체와 부분의 관계성을 파악하는 능력이 떨어져 시간적 제한이 있는 수행에 있어 전략적으로 접근하지 못하고 시행착오적 접근을 통한 비효율적인 문제해결 경향성을 띤다.
	도형 검사	• 도형 검사는 제시된 4개의 도형 중에서 제시된 그림과 똑같은 도형을 찾는 과제와 아동이 그림을 보고 따라 그리는 과제로 구성되어 있다. 시각운동 협응력, 정신적 조작의 민첩성 및 단기 기억 능력을 측정한다. 〈임상적 의미〉 • 낮은 점수의 경우에는 모형 재구성 능력과 시각운동 통합 능력이 떨어지거나 지필기술이 부족할 가능성이 높고 단기 기억 능력이 떨어져 기초 학습수행 수준이 저하될 수 있다.

구분	소검사	측정 내용과 임상적 의미
동작성 검사(계속)	모양 맞추기	• 모양 맞추기는 여러 조각들을 나열하여 제시하고 제한된 시간 안에 이 조각들을 맞추어 하나의 구체적인 모양을 파악하는 검사이다. 시각-운동의 협응 능력과 지각 구성 능력 및 공간 시각 능력을 측정한다. 〈임상적 의미〉 • 낮은 점수의 경우에는 전체와 부분 간의 관계성 파악이 힘들고 불확실함에 반응하는 능력이 떨어져 학습한 내용들을 통합하여 고차적인 지식으로 체계화하지 못할 가능성이 높다. 또한 다양한 퍼즐경험이 결여되었을 가능성이 높다.
	미로	• 미로 검사는 제한된 시간 안에 점점 더 어려워지는 미로의 통로를 찾는 검사이다. 계획 능력, 지각 구성 능력을 측정하며, 시각-운동 협응 능력과 수행 속도 및 정확성을 파악할 수 있다. 〈임상적 의미〉 • 미로 문제에 대한 이전 경험이 많거나 시각적 패턴을 예견하는 능력이 발달된 경우는 높은 점수를 얻을 수 있지만, 점점 어려워지는 과업에 대한 인내나 좌절에 대한 내성이 낮은 경우 낮은 점수를 얻게 된다.
	동물 짝짓기(보충)	• 동물 짝짓기는 동물 그림 밑에 있는 구멍에 그 동물에 맞는 색깔의 원통막대를 끼우는 것이다. 다른 동작성 검사와 마찬가지로 지각 구성 능력과 시각-운동 협응 능력을 측정한다. 시간이 충분하지 않거나 아동의 집중력이 떨어지거나 거부적일 때는 생략가능하다.

출처: 임창재(2000). 유아심리측정. pp. 225-250.

유아교육 현장 교사들이 전문적인 세세한 지능 검사 결과 해석 절차를 따르는 것은 어렵다. 그러나 유아의 정상성과 독특한 성격적 특성을 파악하기 위한 대략적인 기준을 숙지하는 것은 필요하다. 지능검사 결과를 이해하는 몇 가지 기준들은 다음과 같다.

첫째, 언어성 지능과 동작성 지능의 차이를 확인한다. 일반적으로 12점 이상의 차이가 있을 때에는 임상적으로 설명할 가치가 있다고 본다. 만약 25점 이상의 차이가 있을 때는 신경학적 역기능의 문제를 시사한다. 문화적 경험이 결여되거나 학습이나 읽기 장애를 갖고 있는 아동은 동작성 지능이 언어성 지능보다 유의하게 높다. 또한 시간제한을 둔 수행에 대한 부담감을 많이 느끼는 아동은 일반적으로 언어성 지능이 동작성 지능보다 유의하게 높다. 이럴 경우에는 시계에 대해 부주의하거나 불안 혹은 산만한 아동이거나 심사숙고하여 애매모호한 문제 이해에 많은 시간을 소요하는 경우일 수 있다. 혹은 완벽주의 성향이 있는 아동은 토막 짜기나 모양 맞추기 검사에서 완벽해질 때까지 조각들을 움직이느라 시간을 초과해버리게 된다.

둘째, 언어성 검사와 동작성 검사의 하위 소검사 점수들 간의 기복을 살펴보고 유의미한 개인의 강점(strength)과 약점(weakness)을 파악한다. 각 하위 소검사의 점수와 해당 검사 평균치와의 차이를 비교했을 때에 평균보다 3점 이상 크면 의미 있는 강점으로, 3점 이상으로 작으면 의미 있는 약점으로 추정한다. 그 다음 강점을 보이는 소검사 중 하나를 선정한 다음에 그 소검사가 관련된 모든 공유 요인을 찾아본다. 언어적 이해 능력을 공통적으로 측정하는 소검사는 '상식, 공통성, 이해, 어휘 문제' 이며, 지각적 구성 능력과 공간 능력을 공통적으로 측정하는 소검사는 '빠진 곳 찾기, 토막 짜기, 모양 맞추기, 미로 검사' 이며, 산만성과 계열화 능력을 측정하는 소검사들은 '산수, 문장, 도형 검사' 가 있다. 따라서 공통적인 능력을 측정하는 소검사 점수들이 일괄적으로 평균 이하로 떨어지는지도 살펴봐야 한다. 산만성 측정 3개 소검사 중에 어느 하나라도 유의미하게 평균치에서 이탈되었다면 신중히 검토해야 한다.

셋째, 아동의 프로파일에서 시사되는 강점이나 약점은 아동의 성장배경, 검사 시의 행동 관찰, 다른 검사 점수들에 대한 정보와 함께 통합하여 고려한다.

한편 특정 진단에 따라 두드러지는 지능 검사 결과 특징들이 있다. 진단별 특징을 이해하는 것은 전문적 치료개입이 필요한 사례인지 아닌지를 파악하는 데 용이해진다(김재환 외, 2006).

첫째, 정신분열 장애의 경우이다. 정신분열 장애는 망상, 환청, 언어 기능 와해, 정서적 둔감 등의 증상과 더불어 사회적 기능에 장애를 일으키는 질환이다. 이 경우에는 상식과 어휘 문제를 중심으로 극단적으로 점수가 분산되어 있으며, 언어성 지능이 동작성 지능에 비해 14점 이상이 높다. 쉬운 문항에서의 잦은 실패를 보이고 문제 자체를 잘못 이해하는 경향성을 보인다. 또한 이해, 공통성, 빠진 곳 찾기, 토막 짜기, 차례 맞추기 점수가 유의하게 떨어지는 양상을 보인다. 마지막으로 비논리성, 말의 앞뒤 조리가 없고 괴이한 언어표현을 보인다.

둘째, 불안 장애의 경우이다. 불안 장애는 다양한 형태의 비정상적, 병적인 불안과 공포로 인하여 일상생활에 장애를 일으키는 정신 질환을 통칭하는 것이다. 불안과 공포는 정상적인 정서 반응이지만, 정상적 범위를 넘어서면 정신적 고통과 다양한 신체적 증상을 초래한다. 불안 장애의 경우에는 지능 검사에서 문장과 산수 점수가 낮고, 정신 분열 장애의 경우처럼 혼란된 사고와 같이 현실 검증력의 결핍은 보이지 않는다.

셋째, 강박 장애의 경우이다. 강박 장애는 불안 장애의 하나로서, 반복적이고 원하지 않는 강박적 사고(obsession)와 잦은 손 씻기, 숫자세기, 재차 확인하기와 같은 강박적 행동(compulsion)을 특징으로 하는 정신 질환이다. 이 경우에 전체 지능 점수가 110이상이면서 상식 문제, 어휘 문제 점수가 높은 반면 이해 문제 점수는 낮게 나타난다.

넷째, 우울 장애의 경우이다. 우울 장애는 의욕 저하와 우울감을 주요 증상으로 하여 다양한 인지 및 정신 신체적 증상을 일으켜 일상 기능의 저하를 가져오는 질환이다. 우울 장애는 평생 유병율이 15%, 특히 여자에서는 25% 정도에 이르며, 감정, 생각, 신체 상태, 행동 등에 변화를 일으킨다. 우울 장애의 경우에는 언어성 지능이 동작성 지능이 유의하게 높고, 난이도가 어려워지면 쉽게 포기하는 행동을 보인다. 전반적으로 반응속도가 느리고 언어 표현의 유창함이 부족하다. 공통성 문제 점수가 다른 언어성 검사에 비해 떨어지며 수행 실패에 대해 자신을 비판하는 행동 특성이 나타날 때가 많다.

다섯째, 전환 장애의 경우이다. 전환 장애는 심리적인 갈등이나 부담으로 몸이 마비되거나 운동 기능과 감각 기능에 이상이 생기며, 심한 경우에는 경련과 발작까지 일으키는 질환이다. 이 경우에는 산수 문제에서 쉽사리 포기하는 경향이 있으며, 언어성 지능보다 동작성 지능이 올라가고, 상식 문제에 비해 이해 문제 점수가 높게 나타난다. 또한 와해징후는 없으나 도덕적인 내용이 많이 보고된다.

여섯째, 대뇌 기질성 장애의 경우다. 대뇌 기질성 장애는 뇌조직의 일시적 또는 영구적 손상이나 기능 장애로 인해 사고 및 정서적 문제가 초래되는 질환이다. 이 경우에 토막 짜기, 도형, 모양 맞추기 점수가 유의하게 떨어지며, 통합적 사고 능력 저하로 인해 공통성 문제 점수가 현격히 저하되어 나타난다.

다음은 K-WPPSI 실제 사례를 통해 정상적인 지능 검사 프로파일과 부적응적인 지능 검사 프로파일을 살펴보도록 하자.

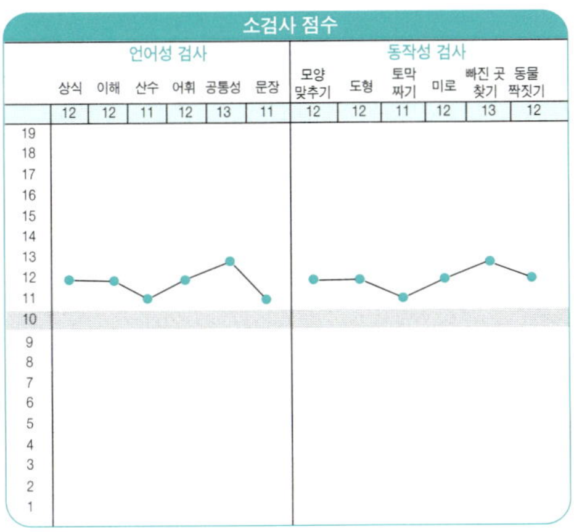

〈사례 1〉

- 6세 남아
- 전체 지능 점수: 119(언어성 지능 점수: 116, 동작성 지능 점수: 119)

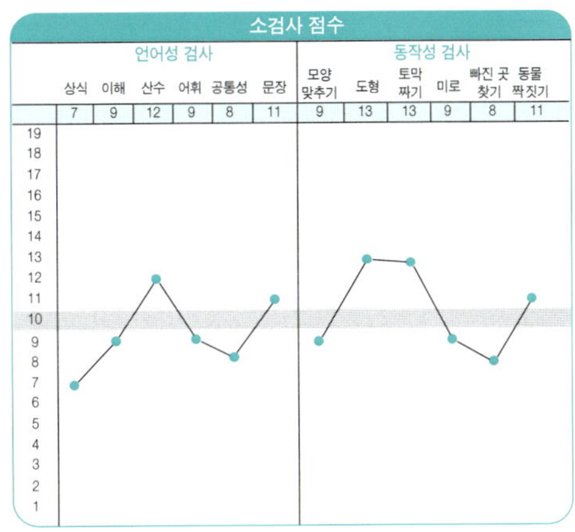

〈사례 2〉

- 7세 3개월 남아
- 전체 지능 점수: 101(언어성 지능 점수: 99, 동작성 지능 점수: 102)

※ 본문 내용 중 K-WPPSI, K-WAIS 프로파일 예시는 다음을 기준으로 한다.
전체 지능 점수는 언어성 지능 점수와 동작성 기능 점수의 합을 2로 나눈 값이 아님. 피검사자의 연령집단의 규준 점수를 따르기 때문에 '(언어성 지능 점수 + 동작성 지능 점수)/2' 값과 일치할 수도 있지만, 일치하지 않을 수도 있음. 그러나 크게 차이 나지 않는 경향이 있음.

그림 11-1 K-WPPSI 프로파일 예시

사례 1과 2 모두 언어성 지능과 동작성 지능 점수가 12점 차이가 나지 않는다. 그러나 소검사들 간의 점수 분산이 사례 1의 경우는 크지 않다. 즉, 언어성과 동작성 소검사 점수 모두 곡선의 기울기가 원만하다. 이는 다양한 인지 기능들과 시각-운동 협응 능력들이 고르게 발달되어 있음을 의미한다. 소검사 수행을 고려할 때 '평균 상'에서 '우수' 수준의 지적 잠재력을 추정해볼 수 있다. 그러나 사례 2의 경우에 전체 지능 점수는 '평균'에 해당되지만 언어성과 동작성 소검사들에서 점수 분산이 사례 1보다는 큼을 알 수 있다. 인지 기능이 고르게 발달되지 못하고 있음을 의미한다. 강점으로 볼 수 있는 것은 언어성 검사 중에 '산수', 동작성 검사 중에는 '도형과 토막 짜기'라 할 수 있다. 기본적인 수 개념은 양호하게 발달해 있으며 구체적이고 명확한 수행과제 자극이 제시될 때는 어렵지 않게 과제를 성공할 수 있을 가능성이 높다. 그러나 기본적으로 언어이해 능력(상식, 이해, 어휘, 공통성)과 시공간적으로 자극들 간의 개연성을 파악해야 하는 '모양 맞추기'와 사물의 본질과 비본질을 구분하는 '빠진 곳 찾기'에서 수행 수준이 떨어지고 있는 것으로 보아 고차적인 인지 기능이 미숙하다고 보인다. 따라서 사례 2의 경우는 다양한 문화적 학습경험을 통해 언어이해 능력과 논리적인 분석 능력을 향상시킬 수 있도록 도와줄 필요가 있다.

2) 한국판 아동행동 평정 척도(K-CBCL)

아동행동 평정 척도(CBCL: Child Behavior Checklist)는 토마스 아첸바흐(Thomas Achenbach)와 크레그 에데브록(Craig Edelbrock)이 1983년에 아동의 정신과적 질병을 가질 위험이 높은 아동을 신속하게 분류하기 위해 제작한 것이다.

(1) 검사개발

아동 및 청소년기의 대표적인 문제행동에 관한 문항들을 작성하여, 정신과 전문 진료기관에 내원한 4~16세의 아동 및 청소년들을 대상으로 설문을 실시하였다. 설문자료를 요인분석하고 그 결과를 토대로 검사의 하위 척도를 구성하였는데, 크게 사회 능력에 관한 20문항과 문제행동에 관한 118문항으로 구분된다. 한편 CBCL은 아동을 잘 아는 부모나 양육자가 평정하도록 되어 있는데, 아동의 문제가 부모에 의해 관찰되지 않고 가정 밖 교육장면에서 목격될 때가 많다. 따라서 아첸바흐는 1991년 개정판에서 교사용 행동평정 척도(TRF: Teacher Report Form)를 개발하였다.

(2) 한국판 아동행동 평정 척도(K-CBCL: Korea-Child Behavior Checklist)

한국에서는 오경자 · 이혜련 · 홍강의 · 하은혜(1997)가 아첸바흐와 에델브록(1983)이 개발한 CBCL을 한국 실정에 부합하게 문항 수정 및 보완 과정을 거쳐 CBCL을 표준화하였다.

(3) 검사 대상 및 검사 구성

K-CBCL 실시 대상 연령은 4~17세에 이르기까지 폭넓다. K-CBCL은 크게 사회 능력 척도와 문제행동 척도로 구성되어 있다. 사회 능력 척도는 사회성과 학업수행 하위 2개 척도의 13개 문항으로 구성되어 있으며, 문제행동 척도는 위축을 포함한 총 10개의 하위 척도 113문항으로 구성되어 있다. 그러나 신체증상에 해당되는 56번이 8개 하위 문항으로 구성되어 있기 때문에 총 120문항이라 할 수 있다.

총 문제행동 점수 산출은 120개 문항 점수에서 문항 2와 4번과 개방형 문항인 113번 문항을 제외한 117개 문항의 점수를 합산한다. 아래에 K-CBCL 구성과 대표문항이 제시되어 있다.

표 11-2 K-CBCL의 전체 구성

전체 척도	하위 척도	문항수	비고
사회 능력 척도	사회성	6	사회 능력 척도는 6세부터 적용
	[문항 내용] 친구는 몇 명 정도 있는가?, 부모와의 관계는 원만한가?		
	학업수행	7(6)*	학업수행 척도는 초등학교 이상에만 적용
	[문항 내용] 과목별 학업성취 수준은?		
	총 사회 능력	13(12)	사회성과 학업수행 점수 합산
문제행동 증후군 척도	위축	9	[문항 내용] 말을 하지 않으려 한다. 수줍어 한다.
	신체증상	9	[문항 내용] 어지럽다. 몸이 쑤시고 아프다.
	불안/우울	14	[문항 내용] 잘 운다. 나쁜 생각이나 행동을 할까봐 두려워 한다.
	사회적 미성숙	8	[문항 내용] 너무 어른들에게 의지하고 매달리는 경향이 있다.
	사고의 문제	7	[문항 내용] 이상한 소리를 듣는다.
	주의집중 문제	11	[문항 내용] 가만히 앉아 있지 못하고 안절부절못하고 지나치게 많이 움직인다.

전체 척도	하위 척도	문항수	비고
문제행동 증후군 척도 (계속)	비행	13	[문항 내용] 거짓말을 하거나 남들을 속인다.
	공격성	20	[문항 내용] 말다툼을 자주한다. 다른 사람을 괴롭히고 못살게 군다.
	내재화 문제	31**	위축, 신체증상, 불안/우울 척도의 합-문항 103**
	외현화 문제	33	비행, 공격성 척도의 합
	총 문제행동	117	문항 2, 4를 제외한 전체 문항의 합
	성문제	6	4~11세만 적용
	정서 불안정	10	6~11세만 적용, 한국판에만 추가한 특수 척도

* 초등학생은 영어 제외하여 6임
** 문항 103은 위축과 불안/우울 척도에 모두 포함되므로 한번 뺌

출처: 정옥분(2012). 아동심리검사. pp. 466-474.

사회 능력 척도는 사회성 척도와 학업 수행 척도의 표준 점수인 T점수가 30점 이하이면 문제가 있다고 판단되며, 총 사회 능력 척도의 T점수가 33점 이하이면 문제가 있는 것으로 판단할 수 있다. 반면 문제행동 증후군 척도는 총 문제 척도의 T점수 63점 이상(90% 이상), 각 문제 증후군의 T점수 70점 이상(97% 이상)이면 임상적으로 유의미한 부적응을 보이고 있다고 판단할 수 있다. 아래 제시된 K-CBCL 프로파일을 보면 사회 능력 척도에서 사회성과 학업수행 T점수가 30점 이하로 가정과 교육장면에서 사회성이 떨어지고 학업수행에 어려움을 경험할 가능성이 있다. 그러나 문제행동 증후군 척도에서는 T점수가 63점 이상으로 상승하는 것이 없는 관계로 사회성과 학업성취도가 떨어지는 것이 해결하기 힘들 정도의 과도한 스트레스 원으로 작용하고 있지는 않는 것으로 판단된다. 따라서 본 프로파일의 아동에게는 효율적으로 학습을 수행할 수도 있도록 조력해줌과 동시에 적절한 사회적 기술 훈련을 통해 대인관계 능력을 향상시킬 필요가 있다.

02 성인용 검사

1) 한국판 웩슬러 성인용 지능 검사(K-WAIS)

기본적으로 성인을 대상으로 한 개인의 지적 기능을 평가하는 도구인 한국판 웩슬러 성인용 지능 검사(K-WAIS: Korean Wechsler Adult Intelligence Scale)는 1992년 염태호 · 박영숙 · 오경자 · 김정규 · 이영호에 의해 16~64세 연령을 대상으로 표준화되었다.

(1) 검사목적

K-WAIS는 개인의 현재 지능 수준뿐 아니라 질병 발생 전의 지능 수준과 발달 가능성의 정도를 양적으로 알아볼 수 있고, 문제해결 방식과 그 효율성, 개인의 활용 가능한 지적 능력과 개발해야 할 지적 영역에 대한 정보도 구할 수 있다.

(2) 검사의 장점

구조화된 객관적인 검사이고 시간제한이 있는 소검사들과 투사적 함축성을 지닌 문항들이 포함되어 있어서 개인의 반응 내용, 반응양상, 반응속도, 검사에 임하는 태도 및 표정, 검사 시의 행동 등을 주의 깊게 관찰하거나 분석함으로써 개인의 다양한 성격 특성, 동기 및 정신병리 양상 등을 파악하는 데 용이하다.

(3) 검사 구성

K-WAIS는 K-WPPSI와 마찬가지로 크게 언어성 검사와 동작성 검사로 구성되어 있으나 소검사 구성이 다소 차이가 있다. 각 검사의 하위 소검사 구성과 측정하는 내용 및 임상적 의미를 살펴보면 다음과 같다(김재환 외, 2006).

표 11-3 한국판 웩슬러 성인용 지능 검사(K-WAIS)

<table>
<tr><th>구분</th><th>소검사</th><th>측정 내용과 임상적 의미</th></tr>
<tr><td rowspan="4">언어성 검사</td><td>상식 문제</td><td>• 개인의 상식 범위는 일반적으로 그의 지적 기능을 잘 반영한다. 따라서 상식 문제는 일반적인 지식 수준을 측정한다. 지식의 습득은 초기 교육환경에 의해 자극되면 교육이나 경험을 통해 풍부해짐으로 '상식 문제'는 개인의 기억 기능이나 지적 포부 수준을 반영한다.
〈임상적 의미〉
• 만성불안이 있으면 쉬운 문항도 실패한다.
• 쉬운 문항에서 실패하고 어려운 문항에서 성공하면 기억을 인출하는 과정에 장애가 있을 수 있음을 시사한다.
• 지적 야심이 높고 이지적인 방어성향이 있는 경우는 높은 점수를 얻는다.
• 낮은 점수를 설명할 만한 근거가 없는데 다른 언어성 검사 점수와 함께 낮을 때는 좌반구 대뇌손상을 시사한다.</td></tr>
<tr><td>이해 문제</td><td>• 사회생활에서 과거의 경험과 지식을 문제해결 장면에 적용하는 능력 및 해결 방안을 언어적으로 표현하는 능력을 측정한다. 즉 건전한 이해 및 판단 능력, 현실검증 능력 등을 측정하는 것이다.
〈임상적 의미〉
• 사회 적응상의 문제가 있거나 외국 출생 혹은 거주의 경력이 있는 경우에는 낮은 점수를 얻을 수 있다.
• 보편적인 문제해결 방식을 사용할 경우에 높은 점수를 얻게 된다.
• 지나치게 세부적인 반응을 하는 경우는 강박적 성향을 반영하며, 반응 내용에 따라 개인의 대처 능력이나 방식에 대한 정보를 얻을 수 있다.</td></tr>
<tr><td>산수 문제</td><td>• 일차적으로 주의집중력을 측정한다. 문항들은 교육적 배경을 요구하지 않는 일상생활에서 학습할 수 있는 내용으로 구성되어 있으므로 정상적인 응용 능력과 문제상황에서의 집중 능력을 재는 것이다.
〈임상적 의미〉
• 요구되는 계산 기술은 초등학교 수준이므로 반응 실패는 집중력 장애, 연상두절로 인한 일시적 실패, 종이와 연필이 주어지지 않는 과제에 대한 과민한 반응경향 등을 시사한다.</td></tr>
<tr><td>공통성 문제</td><td>• 개념형성이나 추상적, 논리적 사고 능력을 측정한다. '공통성 문제'는 일반지능을 가장 잘 나타내는 소검사이다. 개념형성은 일상생활에서의 대상이나 사건이 함께 속한다는 것을 의미하는 것으로 여러 형태의 부적응이나 정신병리의 침해를 받을 때 사고 과정의 다른 측면에서보다 개념형성에서의 장애가 더 일찍 발견되는 경향이 있다.
〈임상적 의미〉
• 다른 검사에 비해 학습, 형식적 교육, 환경적 배경, 과거경험에 가장 적게 영향을 받는 소검사이지만, 만성적 불안이 있으면 쉬운 문항도 실패한다.
• 중추신경계의 장애가 있을 때 '공통성 문제' 점수가 특히 떨어지며, 반면 강박적이거나 편집증적 경향이 있는 개인은 점수가 높아지는 경향이 있다. 어휘 및 이해 문제와 같이 공통성도 틀린 반응만이 임상적 가치가 있는 것이 아니고 정답이나 부분적 정답도 그 내용에 중요한 임상적 의미가 있을 수 있다.</td></tr>
</table>

구분	소검사	측정 내용과 임상적 의미
언어성 검사(계속)	어휘 문제	• 학습 능력과 언어적 지식의 정도 및 일반적인 개념의 범위를 측정한다. '공통성 문제'와 더불어 일반지능을 잘 나타내주는 소검사이다. 개인의 교육 정도가 반영되며 이 검사의 반응에서 개인의 사고 방식과 내용의 질적 특수성을 파악할 수 있다. 〈임상적 의미〉 • 내적 갈등을 의식적으로 해결하려 노력하지 않고 무의식에 억압하는 경향이 심할 때는 단어의 습득과 회상 모두가 저하되기 때문에 점수가 낮아지는 반면, 지적 야망이 높고 주지화[1] 방어를 주로 쓰는 경우는 점수가 높아진다. • 대부분의 정신병리와 뇌손상에 덜 민감하므로 질병이 발병하기 전 지능의 좋은 지표가 된다. • 반응 내용으로 개인의 불안과 관련한 사고 내용과 관심사를 파악할 수 있다.
	숫자 문제	• '주의력'을 재는 소검사로 언어성 검사 중에 가장 취약성이 크다. 주의는 외부자극을 비교적 노력을 하지 않고 수동적, 비선택적으로 의식하는 과정으로 볼 수 있는데 감정이나 불안이 통제되지 않거나 균형을 잃을 때 '숫자 문제' 점수가 저하된다. 〈임상적 의미〉 • 반응실패가 기억력 장애, 불안, 주의력 장애, 반항, 낮은 동기, 낮은 지능 중에 어떤 것으로 인한 것인지 파악하는 것이 중요하다. • 다른 소검사보다 높은 점수를 얻었을 경우 단순한 과제에 집중하는 능력을 시사한다. • 상태불안이 높은 사람은 만성불안보다 숫자 외우기에 실패할 가능성이 높다.
동작성 검사	빠진 곳 찾기	• 이 소검사는 시각적 주의집중이 요구되며 지각과 개념형성의 기초적인 능력을 측정하며, 사물의 본질적인 부분과 비본질적인 부분을 구분할 수 있는 능력을 측정한다. 따라서 논리성이 미발달된 개인은 이 검사 점수가 크게 저하되는 반면, 강박적이고 꼼꼼하고 현실적인 경우는 높은 점수를 얻게 된다. 〈임상적 의미〉 • 편집증적 경향성이 높은 경우 세밀히 찾아내는 것을 잘 하기 때문에 '빠진 곳 찾기' 점수가 높게 된다. • 점수가 낮은 경우는 현실접촉 능력에 장애가 있을 수 있다.
	토막 짜기	• 사물에 대한 분석 능력뿐만 아니라 공간적 표상 능력 및 시각-근육운동의 통합 능력을 측정한다. 동작성 소검사 중 가장 안정성이 있는 소검사로서 일반지능을 재는 가장 오래된 척도이다. 또한 임상적으로 기질적 장애를 진단하는 데 유용하다. 기타 동작성 검사 점수보다 높게 나오는 경우는 분열증적 장애를 의심하게 하며, 다른 동작성 검사와 마찬가지로 저하되어 있으면 우울 장애를 고려해야 한다. 〈임상적 의미〉 • 맞추어야 할 카드를 보면서 토막을 맞추는 검사로 '시각적 조직화 능력'이 가장 요구되는 검사이다. 그 다음은 토막 간의 관계성을 분석하고 종합하는 시각-운동의 협응력을 요구한다. 따라서 불안이 높거나 조급한 행동수행으로 인해 실패가 많아 제한 시간을 넘겨 낮은 점수를 얻게 될 가능성이 높다.

구분	소검사	측정 내용과 임상적 의미
동작성 검사(계속)	차례 맞추기	• 어떤 사회적 장면의 전체를 이해하고 파악하는 능력 및 결과를 예기하고 효과적으로 계획하는 능력을 측정한다. 제시된 자극의 특성을 근거할 때 대인관계의 예민성 혹은 대인관계에서의 장애 여부를 파악할 수도 있다. 앞서 '이해 문제'가 직관적인 방법으로 문제해결을 시도한다면, '차례 맞추기'는 문제해결이나 판단이 합리적 차원에서 이루어진다. 〈임상적 의미〉 • 예측력이 부족하고 과도하게 하나의 생각에 몰두하는 경향이 있으면, 생각이 편협하고 하나의 일에 매우 집착하거나 얽매이게 되어 다양한 가능성을 생각하지 못하여 낮은 점수를 얻게 된다. • 낮은 점수를 받는 경우는 사회적 상황을 이해하고 예견하고 계획하는 능력이 부족하기 때문에 사회성 문제가 나타날 수 있다.
	모양 맞추기	• 시각-근육운동의 협응 및 전체적인 연관성을 파악하는 능력을 측정한다. '모양 맞추기' 수행은 예측 능력과 시각조직 능력에 의해 좌우된다. 개인의 지각양상, 시행착오에 의존하는 정도, 틀렸을 때의 태도 등에서 의미 있는 단서를 찾을 수 있다. 〈임상적 의미〉 • 우울 증상이 있는 경우 운동속도가 느리고 제한 시간을 경과하여 점수가 낮아진다. • 시행착오적 수행이 무계획적이거나 충동성 혹은 불안이 높은 경우 낮은 점수를 얻게 된다.
	바꿔 쓰기	• 모방운동 혹은 대치 활동을 통해 정신운동 속도 및 정확성을 측정하며, 숙련된 시각-근육운동의 통합 또는 협응 능력을 측정한다. 이 검사 수행에는 시각적 예민성, 근육운동조정 및 학습 능력이 포함된다. 〈임상적 의미〉 • 에너지 수준이 떨어지는 우울 장애나 정신병적 혼란 상태에 있는 경우는 점수가 매우 낮아진다. • 강박적인 사람의 경우에도 지나치게 정확하게 모방하려다 제한 시간을 넘겨 점수를 얻지 못하게 된다. • 자신의 지적 능력을 벗어나는 높은 성취 욕구를 가지고 있거나 과도하게 순응적인 성향의 소유자들은 다른 소검사 점수보다 높은 점수를 받을 수 있다.

출처: 김재환 외(2006). 임상심리검사의 이해. pp. 81-89.

K-WAIS 프로파일 해석 기준과 진단별 특징들은 앞서 K-WPPSI에서 언급한 내용들을 따른다. 다음에 제시된 만성우울증을 앓고 있는 34세 성인 기혼 여성의 K-WAIS 프로파일을 보면서 해석 기준에 근거하여 판독해보도록 하자.

1) 주지화: 내적인 불편한 정서를 있는 그대로 느끼고 인식하는 것이 아니라 그 정서가 일어난 원인에 대해 논리적으로 추론 및 분석하는 사고 활동을 통해 불편한 정서로부터 자신을 방어하려는 것

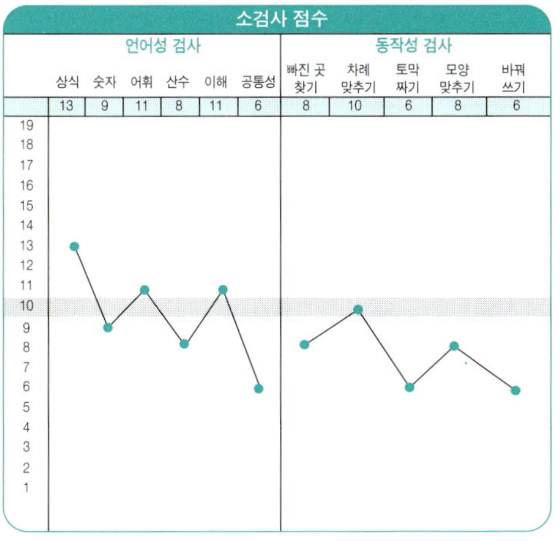

〈사례〉

- 35세 기혼 여성, 대졸, 일반사무직
- 전체 지능 점수: 102(언어성 지능 점수: 110, 동작성 지능 점수: 94)

그림 11-2 K-WAIS 프로파일 예시

위 프로파일은 언어성 지능이 동작성 지능보다 16점이 높고, 공통성 문제 점수가 다른 언어성 검사에 비해 떨어지며 특히 어휘 점수보다 공통성 점수가 3점 이상(5점 차이) 낮다. 또한 집중력과 끈기, 기민성을 요구하는 '숫자, 산수, 토막 짜기, 바꿔 쓰기' 점수가 떨어지고 있다. 이는 우울증 환자의 경우에는 전반적으로 사고와 행동반응 속도가 느리기 때문인 것으로 이해할 수 있으며, 고차원적인 추론 능력이 매우 저하되어 있는 정신증적 우울을 의심해 볼 수 있다. 이러한 상태에서 정상적으로 사무 활동을 수행하는 것은 매우 어렵기 때문에 약물치료와 심리치료를 병행하는 것이 요구된다.

2) 다면적 인성 검사(MMPI-2)

다면적 인성 검사(MMPI: Minnesota Multiphasic Personality Inventory)는 1943년 미국 미네소타 대학의 심리학자 호서웨이(Hathaway)와 정신과 의사 맥킨리(McKinley)가 함께 개발하였다. 1943년 처음 개발된 이후 개정 작업이 없었기 때문에 현재 상황에 맞지 않거나 성차별적 단어들과 맞춤법에서 어긋난 문항들에 대한 개정 작업이 요구되었다. 1989년 제기된 문제점들에 대한 수정 보완 작업을 실시하여 567문항의 MMPI-2가 개발되었다(박영숙 외, 2010). 한국판 MMPI-2는 미국에서 개발된 MMPI-2를 (주)마음사랑에서 2005년 번역하여 표준화되었다.

(1) 검사목적

질문지형 자기보고식 성격 검사인 MMPI-2 검사는 개인의 성격 특성과 그 정상성, 다양한 심리적 부적응 징후를 진단하는 데 목적을 두고 있다.

(2) 검사 대상 및 실시

대학생 이상의 성인을 대상으로 실시하며, 응답자들은 567문항 각각에 대해 자신에 해당되는 내용인지를 판단하여 '그렇다/아니다' 중에 하나를 선택하게 된다. 자신과 완전히 일치하는 문항이 아니다 하더라도 조금이라도 더 부합하는 방향으로 선택하고, 한 문항도 빠짐없이 반응해야 한다.

(3) 검사 구성

MMPI-2 검사 구성은 크게 타당도 척도와 임상 척도로 이루어져 있으며, 이외에도 문항들의 재구성을 통해 성격병리 5요인 척도, 내용 척도, 보충 척도 등과 같은 여러 가지 정보를 제공하는 세부 척도들이 있다.

표 11-4 MMPI-2 검사 구성

척도	측정 내용
타당도 척도 (9개)	• VRIN, TRIN 척도: 피검사자의 비일관적인 반응 경향 평가 • F(B), F(P), FBS, F 척도: 피검사자 자신의 증상에 대한 과대보고 경향성 평가 • L, K, S 척도: 피검사자 자신의 증상에 대한 과소보고 경향성 평가 • L, F, K 척도: 개인 방어성의 성숙 수준 – 얼마나 자신의 모습을 있는 그대로 진솔하게 개방하고 장점과 단점을 인정할 수 있는가? – 다른 사람의 평가에 대해 얼마나 민감한가? – 자신의 당면 문제에 대해 적절하고 효과적으로 대처할 수 있는가? 등 ※ L-F-K 척도 점수가 깊은 V자를 나타낼 때는 내적인 어려움이 있어도 '나는 아무 문제가 없다'는 것을 주장하고 있을 가능성이 높으며, 반대로 역 V자를 나타낼 때는 현재 심리적 고통을 경험하고 있으며 도움을 요청하고 있을 가능성이 높다.

척도	기호	기본적 성격 특성	특성역기능적 특성(높은 점수일 때)
임상 척도 (10개)	1: Hs	신중성	건강염려증
	2: D	자기평가성	우울증
	3: Hy	정서표현성	히스테리
	4: Pd	자기주장성	반사회성
	5: Mf	역할유연성	남성성-여성성
	6: Pa	호기심(대인민감성)	편집증
	7: Pt	조직성	강박-불안증
	8: Sc	창의성	정신분열증
	9: Ma	열정	경조증[2]
	0: Si	자율성	사회적 내향성

척도	기호	측정 내용
재구성 임상 척도 (9개)	RCd	의기소침(정서적 불편감과 낙담)
	RC1	신체증상 호소(신체 기능에 대한 걱정과 심인성 신체증상)
	RC2	낮은 긍정 정서(부정적인 비관적 사고와 주관적 우울감)
	RC3	냉소적 태도(타인에 대한 경계 및 의심하는 태도, 이기적인 타인으로 인식)
	RC4	반사회적 행동(사회적으로 요구되는 규칙, 규율, 법률 등과 충돌하여 문제를 일으키는 태도)
	RC6	피해의식(다른 사람들이 자신을 악의적으로 이용하고 피해를 입힌다고 인식)
	RC7	부정적 정서(걱정, 불안, 공포 경험)
	RC8	기태적 경험[3](비현실적인 감각 경험을 포함한 현실 검증력 문제)
	RC9	경조증적 상태(비약적으로 사고하고 흥분된 상태에서 자아팽창감을 느낌)

척도	기호	측정 내용
성격병리 5요인 척도 (5개)	AGGR	공격성(상대를 향한 침착하고 냉정하고 과감한 공격성을 발휘하는 경향)
	PSYC	정신증(지나치게 비현실적인 반응 경향과 기태적 경험)
	DISC	통제결여(사고, 감정, 행동적 측면에서 조절 능력 결핍)
	NEGE	부정적 정서성/신경증(타인에 비해 쉽게 우울, 화, 짜증, 불안, 놀람 등의 반응을 보임)
	INTR	낮은 긍정적 정서성(밝고 명랑한 면의 결여)
내용 척도 (15개)		• 위 임상 척도에 근거한 해석을 보다 정확하고 풍부하게 해주는 참조 정보 척도: 불안, 공포, 강박성, 우울, 건강염려, 기태적 정신 상태, 분노, 반사회적 특성, A유형 행동, 낮은 자존감, 사회적 불편감, 가정 문제, 학교 문제, 직업적 곤란, 부정적 치료지표
보충 척도 (15개)		• 기타 개인의 특성과 스트레스 이해를 돕는 척도: 불안, 억압, 자아강도, 지배성, 사회적 책임감, 적대감, 적대감 과잉통제, 대학생활 부적응, 결혼생활 부적응, 남성적 성역할, 여성적 성역할, 중독인정, 중독 가능성, 머캔드루(MacAndrew)의 알코올 중독, 외상후 스트레스 장애

출처: 김중술(1999). 다면적 인성 검사. pp. 73-123; 한경희 외(2011). 다면적 인성감사 II 매뉴얼 개정판. pp. 87-142.

MMPI-2 결과를 이해하기 위해 다음과 같이 단계적으로 접근하는 것이 효율적이다(한경희 외, 2011).

첫째, 타당도 척도를 통해 전체 검사결과의 타당성 정도를 평가한다. 본 검사가 자기보고식 검사이기 때문에 자신의 모습을 있는 그대로 진솔하게 보고하지 않으면 해석은 무의미하다. 검사 프로파일에 타당성이 확보되는 점수 기준 범위가 표시되어 있으며 이 범위 내에 위치하는지를 살펴본다.

둘째, 타당성이 확보되었다면 임상 척도 점수를 평가한다. 임상 척도에서 보여주는 기본적인 성격 특성이 준거집단과 비교해서 보통의 정도에 해당하는 점수는 45~54점 사이다. 55~64점은 '약간 높음', 65~74점은 '높은', '75점 이상'은 '매우 높음'을 의미한다. 임상적인 해석이 가능한 점수는 55점 이상이다. 이는 임상 척도가 55점 이상으로 높게 나오게 되면 역기능적 개인 특성이 일상생활 상에서 드러나고 있음을 추론해 볼 수 있다는 의미다.

2) 경조증: 정신에너지가 고양되어 마음이 침착하지 못하고 행동이 신중하지 못한 불안정한 상태
3) 기태적 경험: 눈으로는 아무 것도 보이지 않으나 자신의 몸에 벌레들이 기어가는 듯한 느낌을 경험하거나 누군가가 자신의 귀에 뭔가를 속삭이는 소리를 듣는 것과 같은 사람들은 흔히 경험하지 않는 이상하고 기이한 경험을 하는 것을 의미

셋째, 임상적으로 유효하게 상승한 임상 척도가 있다면 재구성 임상 척도를 살펴보고 어떤 요인이 상승에 기여하고 있는지를 살펴본다. 상승 임상 척도와 재구성 임상 척도 내용이 피검사자의 주요 문제일 가능성이 높다.

넷째, 10개의 임상 척도들(1번 척도~0번 척도) 중 2개 이상의 척도가 동반 상승하고 있는지를 살펴본다. 각각의 임상 척도 점수도 중요하지만 두 가지 이상의 임상 척도가 동반 상승한 경우에 이들 특성들이 어떤 조합으로 역기능적 특성들을 강화하고 있는지, 상호 갈등하고 있는지를 고려해야 한다. 예를 들어 2번과 7번 척도가 동반상승하게 되면, 성실하고 책임감 있는 편이나 자신에게 매우 엄격하여 자기질책 경향성과 불안이 높은 편이다. 또한 2번과 7번 척도가 상승하는 이들은 자기 자신에 대한 부적절감이 높고 평가에 대한 두려움이 클 때는 사람들과의 관계를 회피하는 경향이 있어 0번 척도가 함께 상승하는 경우가 많다. 한편 4번과 9번 척도가 동반상승하게 되면, 열정적이고 원하는 것을 이루기 위해 노력은 하지만 체계적이지 않고 자기주장만 앞서는 경향이 크다. 자신을 제한하거나 목표성취가 지체되는 상황이 일어나면 좌절에 대한 인내심이 약해 쉽게 흥분하고 공격적인 행동을 할 가능성이 높다.

다섯째, 내용 척도와 보충 척도 점수들을 살펴보고, 다양한 타당도 지표를 충분히 감안하여 피검사자가 나타내는 증상 및 문제, 성격 특성들에 대해 일관되고 통합된 요약을 만들어 나간다.

마지막으로 보다 정확한 피검사자 이해를 위해서 '자살사고, 반사회성, 신체증상 호소 등' 위기나 심각성을 파악하는 데 도움이 되는 문항들에 어떤 응답을 했는지 살펴보는 것이 필요하다.

아래에 25세 미혼인 취업준비생 여성의 MMPI-2 결과 프로파일 예시가 있다. 위 단계적 접근법을 적용하여 결과를 판독해 보도록 하자.

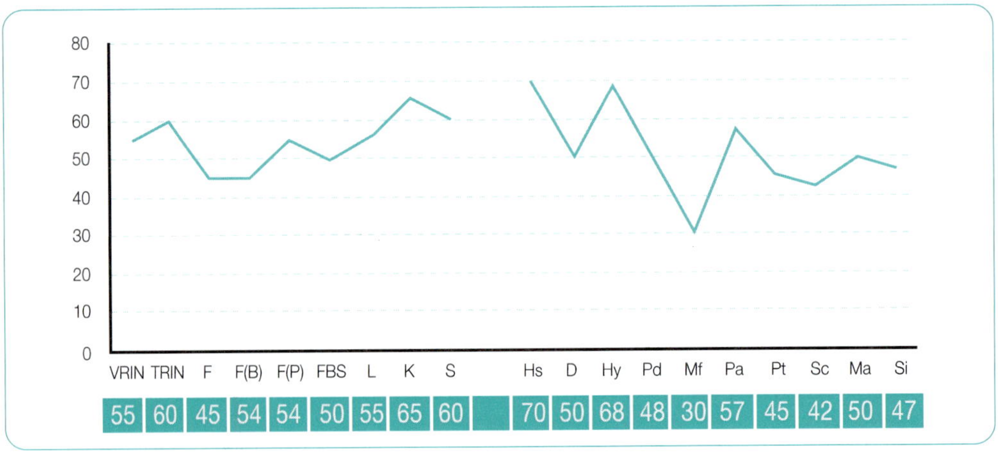

〈기타 주요 척도〉

- 재구성 임상 척도: 신체증상 호소(72), 냉소적 태도(65), 피해의식(63)
- 내용 척도: 건강 염려(70), 분노(65)
- 보충 척도: 자아강도(69), 사회적 책임감(68), 여성적 성역할(67)

그림 11-3 MMPI-2 프로파일 예시

우선 검사결과를 내담자의 성격 특성을 잘 반영하고 있는지를 확인하기 위해 타당도 척도 L-F-K 척도를 살펴보면, 다소 자기개방을 조심스러워하고 타인의 시선을 많이 의식하여 사회적으로 바람직하게 보이려 애쓰는 특성이 보이지만 해석에는 문제가 없는 것으로 판단된다. 내담자의 임상 척도를 살펴보면 준거집단과 비교해서 보통의 정도에 해당하는 45~54점 대를 넘어가는 것은 1, 3, 6번 척도이다. '건강염려증' 척도와 '히스테리' 척도는 70점과 68점으로 '높은' 점수라 할 수 있다. 피검사자는 실제 질병이 없는데 병이 있다고 혹은 병이 생길까봐 과도하게 걱정할 수 있으며, 실제 병이 있는 경우는 더 과장되게 걱정을 할 가능성이 있다. 대체로 신체적 호소는 의존 욕구가 신체적 증상으로 전치되어 나타나는 경우가 많다. 다양한 신체증상과 함께 만성적인 피로감, 통증, 무력감을 호소하며, 자신이 힘들고 지쳐있기 때문에 자기 중심적인 특성이 있고, 염세적으로 세상을 바라보고 타인에 대해 냉소적이기 쉽다. 타인에게 의존하고 요구적일 수 있으며 자신에게 요구해오는 것들에 대해서는 매우 비판적이고 짜증스러워 한다. 즉, 히스테리 척도가 동반상승함으로써 겉으로는 사교적이고 외향적으로 보일 수 있으나, 현실적인 문제나 갈등을 회피하고 문제의 원인을 남 탓으로 돌리려 할 수 있다. 상황에 따라 감정 기복이 심하고 감정을 억압하거나 신체적 증상으로 전환시키려하기 때문에 다양한 신체 증상을 호소하게 된다.

현재 내담자는 타인들에게 좋은 모습을 보이고 인정받고 싶은 욕구가 높은 특성이 있는 사람이나, 대학 졸업 이후 직장을 잡지 못해 자존감이 많이 떨어져 있는 상태이다. 의식적으로는 아무런 문제없다고, 곧 자신이 원하는 미래를 가질 수 있을 것이라고 생각할 수 있으나, 뜻하는 대로 되지 않은 현실에 대해 세상에 대한 원망과 내적으로 분노하는 감정을 억압하느라 다양한 신체증상을 호소하고 있다고 보여진다.

생각해보기

심리 검사는 비교적 단시간에 인지, 정서, 행동적 특성을 포함한 다양한 개인의 내적 상태와 심리적 적응 여부를 평가하는 데 활용할 수 있는 유용한 도구입니다. 그러나 검사도구의 유용성은 '검사 실시자'와 '피검사자'의 신뢰로운 관계 위에서 빛을 발할 수 있습니다.

1. 여러분이 피검사자의 입장이라면, 검사에 임할 때의 심정과 검사 실시자에게 어떠한 바람이 있을지 생각해 봅시다.

2. 검사결과에만 의존하는 해석은 '기계적인 해석'이 될 수 있습니다. 특히 투사적 검사의 경우에는 보다 풍부하고 역동적인 해석이 되기 위해서 피검사자와의 '심층 면담'이 요구됩니다. 앞서 살펴본 기본적인 추가 질문들을 숙지하고, 파트너를 정해 서로 투사적 그림 검사를 실시하고 해석하는 시간을 가져 봅시다.

3. 검사 실시자와 피검사자로서의 경험을 통해 무엇을 느꼈는지 나누어 봅시다.

Chapter 12

상담 사례를 통한 정신건강 문제 이해

1 성인 사례

2 아동 사례

학습주제 상담 사례를 통한 정신건강 문제 이해

학습목표

❶ 성인 상담 사례를 통해 아동 조력자들의 정신건강의 중요성을 이해하고, 자신의 정신건강을 점검하는 태도를 갖춘다.

❷ 대표적인 부적응 아동 사례의 주요 인적 정보와 심리 검사 결과를 토대로 부적응 문제를 논리적이고 분석적으로 이해하고 적절한 교육적 개입 방안을 모색해본다.

학습요약

1 성인 사례

1) 사례 1: 우울한 교사 – '하루하루 버티기가 너무 힘들어요'

2) 사례 2: 화난 부모 – '아이들이 미워 죽겠어요'

2 아동 사례

1) 사례 1: 우울 장애 아동

주요개념 상담 사례, 우울, 화, 심리 검사

들어가기

아래 문장의 빈 곳을 완성해보세요!

나는 나를 ______________ 한다.

나는 사람을 ______________ 한다. 나는 사람들을 ___________ (하)게 생각한다.

나에게 세상은 ______________ 곳이다.

나의 미래는 ______________ 할 것이다.

우리는 내 자신에 대해, 나를 둘러싼 타인들에 대해, 내가 몸담고 있는 세상에 대해 그리고 내 미래에 대해 떠올리며 살아갑니다. 떠올린 내용들이 긍정적인 것인지, 부정적인 것인지 살펴보고, 부정적이라면 긍정적으로 변화시키기 위해 우리 자신이 할 수 있는 것이 무엇인지 찾아보도록 합시다.

인간은 인간관계 속에서 태어나 인간관계 속에서 양육되면서 성장한다. 양육되는 과정에서 안정감과 행복감을 경험하기도 하지만 좌절과 고통을 경험하기도 한다. 점차 성장하면서는 일방적으로 타인으로부터 영향을 받기보다는 쌍방적으로 영향을 주기도 받기도 한다. 그러나 어릴 때는 신체적으로 심리적으로 미숙하기 때문에 외부의 인적, 물적 환경에 대한 의존도가 높을 수밖에 없다. 이러한 상황에서 아동이 의존하게 되는 환경이 지나치게 결핍되고 불안정하고 비일관적이거나 방임적이라면 의존하고 있는 아동은 상처를 받게 된다.

인간은 본질적으로 관계적 존재이기 때문에, 인간관계로부터 상처를 받은 인간이라 해도 관계를 떠나서는 살아갈 수 없다. 관계로부터 받은 상처는 또 다른 관계로부터 치유 받으려 하는 것이 인간이다. 따라서 아동을 둘러싼 성인들의 심신의 건강함은 아동 성장의 밑거름이 된다. 그러나 성인들이라 해도 모두가 온전히 성숙한 인격의 소유자라 할 수는 없다.

대부분의 인간은 저마다의 작고 큰 치유되지 않는 상처들을 가지고 살아간다 할 수 있다. 시간이 지나면서 치유된 상처도 있지만 관계로부터 온 상처가 오랫동안 지속되었거나 혼자 감당하기 힘들 정도로 심각성이 컸다면 그리고 그 상처를 함께 나눌 대상이 없었다면 현재 대인관계에도 영향을 미치고 있을 수 있다. 특히 그 상처를 경험했던 시기가 어리면 어렸을수록 그 여파는 크다. 마음속에 어린 시절의 극복되지 않은 상처를 지닌 어린 아이를 품고 살아갈 때 일상의 여기저기에서 그 아이의 영향을 받게 된다. 때로는 자기 자신도 자신을 설명하기 힘들 때가 많아진다. 이런 상태에서는 건강한 성인으로 기능하기 어렵고 특히 아동과의 긍정적인 상호작용은 더욱 힘들어질 수 있다. 다음의 상담 사례 실제를 통해 이를 살펴보고자 한다.

01 성인 사례

교사와 부모는 아동의 건강한 성장 및 발달을 조력하는 주요 인적 자원이라 할 수 있다. 다음에서 소개할 교사와 부모 상담 사례는 교사와 부모로서의 역할을 수행하는 데 어려움을 호소하면서 상담을 신청한 경우이다.

교사 상담 사례 이해를 통해 유아교육 현장에 있는 교사들은 자신의 정신건강에 대한 점검의 중요성을 인식하는 기회를 갖기 바란다. 그리고 부모 상담 사례를 통해 교사가 부모의 상담자는 될 수 없더라도 부모에 대한 보다 깊은 이해가 부모면담과 교육의 효과를 증진시킬 수 있음을 인식하기를 바란다.

1) 사례 1: 우울한 교사-'하루하루 버티기가 너무 힘들어요'

(1) 내담자 인적 사항

유아교육(전문대 졸업)을 전공한 30세 미혼 여성이다. 졸업 후 7년 6개월째 유치원 교사로 재직 중이다. 2남 1녀 중 장녀이며 최근 3개월 전 원가족(original family)으로부터 독립하고, 서울로 근무지를 옮겨 혼자 원룸에서 생활 중이다. 경제적인 상황은 양호하다.

(2) 가족배경

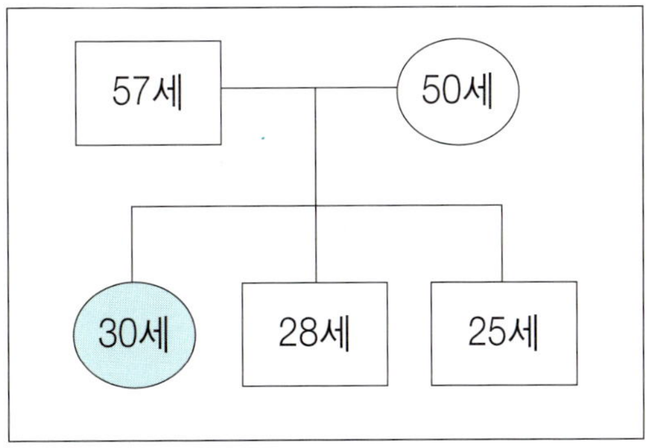

내담자 가계도: □: 남자, ○: 여자, 음영처리: 상담 사례 주인공(내담자)

- **부(57세)**: 전문대를 졸업하였으며, 자수성가하여 현재 제조업체를 운영 중이다. 가난한 농부 집안의 5남 2녀 중 장남으로 성장하였고, 현재도 가족부양의 책임감을 크게 가지고 있다. 원가족에 대한 경제적 지원과 관련하여 부인과 갈등이 크다. 성격이 강인하고 보수적이라 다른 사람의 조언을 잘 듣지 않으나, 사회적으로는 성실하고 책임감이 강해 인정받고 있다. 부인과 자식들에게는 권위적이고 '왕'으로 군림하는 유형이다. 내담자에 따르면 부(父)는 장녀인 내담자가 어릴 때부터 이것저것 요구하는 것이 많았고, 남동생들과 부당한 차별대우를 많이 했다.
- **모(50세)**: 상고를 졸업했으며, 졸업 후 첫 직장에서 지금의 남편을 만나 혼전 임신으로 결혼하였다. 홀어머니 밑에서 외동딸로 가난하고 외롭게 자라 식구 많은 집에 시집가고 싶다는 소망이 있었으나, 장남만 바라보며 요구적인 시부모님과의 갈등으로 결혼 초기 몇 번의 이혼의 위기가 있었다. 위기 때마다 혼전 임신이 자신의 발목을 잡았다고 내담자를 자신의 불행의 씨앗으로 표현했다.
- **첫째 남동생(28세)**: 대학을 졸업한 이후 아버지 회사에서 일하고 있다. 아버지와 성격이 매우 닮았고 아버지가 가장 의지하는 자식이다. 내담자를 누나로 인정하기 보다는 식모 대하듯 요구적이다. 현재 여자 친구와 결혼 날짜를 받아 놓은 상태이며, 결혼 이후 부모와 함께 생활할 예정이니 내담자에게 빨리 분가하라 강요하여 내담자가 서울로 직장을 옮기게 되었다.
- **둘째 남동생(25세)**: 전문대를 졸업하고, 군복무 마치고 현재 취업 준비 중이다. 엄마가 가장 아끼는 자식으로, 다정다감하고 애교가 많은 성격이다. 공부는 내담자보다 못했으나 사교성이 좋아 어디를 가나 귀여움을 받는 편이다. 가족 중에 내담자

에게 가장 친절하게 잘해주나 내담자는 엄마 사랑을 독차지하고 있는 동생과 친하게 지내기를 싫어한다.

(3) 주 호소 문제

- 유치원 교사 직업에 대한 만족도가 높고 인정도 받았는데, 최근 만사가 귀찮고 애들이 매달리고 해달라고 요청할 때에 버겁기만 하다.
- 세상 사람들이 모두 나한테 뭔가 해달라고 요구만하는 것 같고 매번 싫으면서도 요구에 끌려 다니는 내가 너무 못나 보여 가끔 왜 사나 싶을 때가 많다.
- 최근 집중력도 많이 떨어지고, 멍하니 정신을 놓고 있을 때가 많아져 다른 사람들의 말을 많이 놓쳐 실수할 때가 많다.
- 내가 아이들에게 안 좋은 영향을 미치는 것 같고 교사로서도 점점 자신감이 잃어가 직장을 그만 둬야 하나 고민이다.

(4) 심리 검사 결과

① MMPI-2와 K-WAIS

- **MMPI-2 프로파일 주요 판독 내용:** 심리적 어려움을 호소하는 F가 70점으로 현재 내담자가 경험하고 있는 내적 고통 정도는 매우 높다고 할 수 있다. 그런데 높은 고통 수준에 비해 이를 해결하고 대처하는 능력을 의미하는 K점수가 35점으로 저하되어 있기 때문에 효율적으로 자기조절과 현실대처가 매우 어려운 상태라 할 수 있다. 임상 척도를 살펴보면 기본적으로 '자기평가성' 과 '조직성' 을 측정하는 2번과 7번 척도가 70점 이상으로 상승해 있다. 이는 '자기평가성' 과 '조직성' 이 순기능적으로 작용하지 못하고 역기능적으로 드러나고 있음을 의미한다. 2번 상승은 현실 스트레스의 원인을 자기 탓으로 돌리거나 해결하지 못하고 있는 자기를 비하하고 질책하는 경향성을 반영하고, 7번 상승은 자신이 원치 않은 일들이 일어나지 않기 위해 강박적으로 모든 것으로 확인하느라 오히려 효율적으로 일을 처리 못하고

우유부단이나 시간을 지체하는 행동을 드러낼 수 있다. 또한 '열정' 즉 심리적 에너지 수준을 의미하는 9번 척도는 35점으로 떨어져 있는데, 이는 만성화된 우울을 의미한다. 마지막으로 '사회적 내향성'을 뜻하는 0번 척도도 67점으로 상승해 있는데 이는 현재 내담자는 사람들과 함께 하는 것이 불편하기 때문에 관계로부터 철수해 있는 상태라 할 수 있다. 이러한 특성들이 K-WAIS 프로파일에서도 드러나고 있다.

- **K-WAIS 프로파일 주요 판독 내용:** 전체 지능 점수는 105점으로 평균이지만, 언어성 지능 점수는 110점, 동작성 지능 점수는 93점으로 언어성 점수가 동작성 점수보다 17점이나 높다. 그리고 단기 기억 능력을 요하는 '숫자'와 '산수', 어휘와 이해에 비해 유의하게 떨어지는 '공통성' 점수 그리고 시간제한을 두는 동작성 소검사에서 일률적으로 점수가 떨어지는 것은 현재 매우 우울한 상태로 주의 집중력과 운동협응 능력이 저하되고 있음을 반영한다. 잠재적 능력을 현실 생활에 충분히 발휘하기 어려운 상황이라 판단된다.

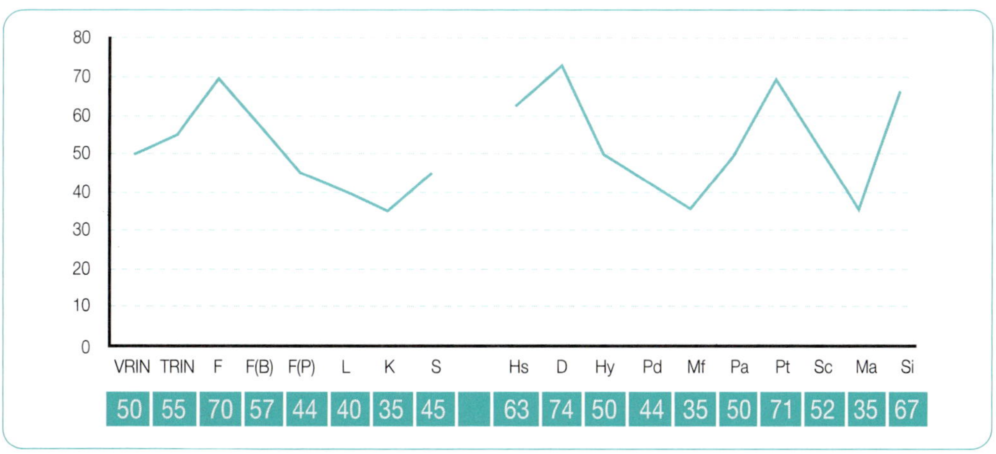

그림 12-1 '우울한 성인 사례'의 MMPI-2

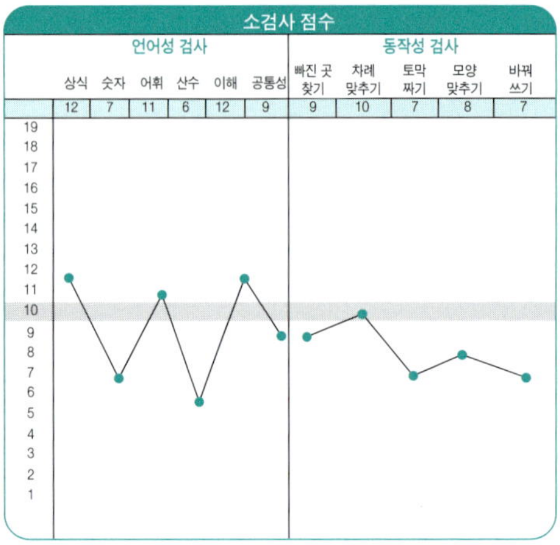

〈사례〉

- 30세 2개월 여성
- 전체 지능 점수 105(언어성 지능 점수 110, 동작성 지능 점수 93)

그림 12-2 '우울한 성인 사례'의 K-WAIS 프로파일

③ HTP와 KFD

피검사자의 투사적 그림 검사를 살펴보면, '집 그림'과 '가족화'에서 공통적으로 가족 내에서의 자기존재감을 갖지 못하고 있음이 드러나고 있다(|그림 12-3| 참조). 커튼이 드리워진 창문이나 울타리는 내담자의 애정 욕구를 보여주고 있지만, 집 문에 손잡이가 없고 창문도 집의 크기에 비해 작은 것으로 보아 자신의 마음을 개방하고 다가가는 것도 어려워하고 있는 것으로 보인다. 자아상을 살펴볼 수 있는 '나무 그림'을 보면 현재 내담자의 심리적 에너지가 매우 저하되어 있음을 알 수 있다. 나무의 형태가 명확하지 않고 버드나무가 영양결핍으로 시들어 있다는 것은 내담자의 심리적 영양분에 해당하는 관계적 토대가 매우 취약하고 스스로 양분을 구하는 방법도 찾지 못하고 있음을 알 수 있다. 이는 MMPI-2에서 현실 문제해결 능력이 저하되어 있고 관계로부터 철수되어 있는 것과 연결된다. 남자와 여자 그림에서 유치원 교사인 내담자가 자신이 담당하는 아동들과의 관계에서 자신과 첫째 남동생을 투영하여 바라보고 있음을 알 수 있다. 여자아이는 아무런 대응을 못하고 당하는 피해자의 입장에 있고, 남자아이는 이기적이고 자기 마음대로 하는 가해자의 입장에 있다. 현재까지도 계속되고 있는 첫째 남동생과 자신의 관계구도를 반영하는 것으로, 내담자는 대응할만한 힘을 가지지 못한 상태이다.

〈집〉

- 어떤 집? 시골 초가집
- 누가 사나? 우리 가족
- 분 위 기? 조용하다. 시끄러운 것을 싫어한다.
- 지 금? 일하러 가고 놀러 가고 아무도 없다.
- 미 래? 다른사람들은 그냥 이대로, 나는 없다.

〈가족화〉

- 누가 있나? 가족들, 나는 밖에 서있는 사람
- 뭐하나? 아버지랑 첫째 동생은 거실에 같이 TV 보고 엄마랑 막내는 부엌에서 먹고 있다.
- 분위기? 자기들끼리는 재미있다.
- 관계는? 나만 없으면 얼굴 찌푸릴 일 없을 거다.
- 고치고 싶은 점? 단란한 내 집을 그리고 싶다. 지을 수 있을까 모르겠다.

〈나무〉

- 어떤 나무? 버드나무
- 나이? 30년 정도
- 상태? 가뭄이 들어 시들었다.
- 주변 다른 나무? 없다. 자기 먹을 양분도 없는 데 옆에 다른 나무가 있으면 안된다.
- 미래? 글쎄, 근근히 버티다 비가 오면 다행이고, 안 오면 오래 못 살 것 같다.

〈남자〉

- 누구? 우리 반 ○○이
- 나이? 6살
- 지금? 어슬렁거리면서 분위기를 산만하게 한다.
- 기분? 늘 의기양양
- 성격? 자기 밖에 모르고 고집이 세다. 밉상이다.
- 장래희망? 장군

〈여자〉

- 누구? 우리 반 △△이
- 나이? 6살
- 지금? 울고 있다. ○○이 밥이다. 맨날 당해 많이 감싸 주는데 볼 때마다 안쓰럽다.
- 기분? 불안하기도 하고 힘이 없다.
- 성격? 소심하고 눈치 많이 보는데 마음은 착하다.
- 장래희망? 간호사

그림 12-3 '우울한 성인 사례'의 HTP와 KFD 결과

※ 내담자의 원래 그림은 필압이 약해 매우 희미하였으나 자료 제공을 위해 진하게 인쇄되었으며, 그림은 내담자가 직접 A4 용지 위에 그렸다. 그림 위치, 필압, 대화 내용은 내담자의 상태를 간접적으로 설명하고 있다.

④ 벡의 우울증 검사(BDI: Beck Depression Inventory)

상담 사례 1 내담자는 하루하루가 버티기가 힘들다는 호소 문제와 같이 에너지 수준이 많이 떨어져 있고 무기력한 모습을 나타내고 있기 때문에 우울증에 대한 진단이 필요한 상태였다. 따라서 성인 우울증을 평가할 때 많이 사용하는 벡의 우울증 검사(BDI)[1)]를 실시하였다. 그 결과 '중우울증(40점)' 인 상태로 나타났다.

심리 검사 결과를 종합해볼 때, 내담자는 성격적으로 자신에게 주어진 과업을 성실하게 최선을 다해 빈틈없이 처리하는 특성('자기평가성' 과 '조직성')이 발달되어 있으나, 현재 심리적으로 매우 소진 상태이기 때문에 긍정적으로 이를 활용할 수 없는 상태라 할 수 있다. 특히 관계 욕구는 있으나 관계에 최선을 다해도 자신이 원하는 이해와 사랑을 얻을 수 없다는 사고와 이러한 관계 문제해결 능력에 대한 자신 없음으로 인해 사회적으로 철수하는 행동을 선택하고 있다. '상처받은 힘없는 내면아이' 를 힘 있게 성장시키지 못한 상태에서, 에너지를 쏟아 돌봐야 하는 교사의 역할을 수행하기란 매우 힘들 수밖에 없다. 또한 갈등의 주된 대상과 동일시되는 유아가 있다면 건강한 성인으로서 유아에게 올바른 생활지도를 제공하기도 힘들어질 수 있을 것이다. 따라서 내담자는 우울증에 대한 약물치료와 상담을 병행하는 것이 요구된다.

2) 사례 2: 화난 부모-'아이들이 미워 죽겠어요'

(1) 내담자 인적사항

35세 기혼 여성으로 전문대에서 회계를 전공하였다. 캠퍼스 커플로 만난 현재 남편과 25세에 결혼하여 6세 남아를 두고 있다. 현재 남편의 실직으로 중소기업 건설회사 회계 팀에서 근무하면서 경제적인 가장역할을 수행하고 있다. 원가족에서는 3녀 중 차녀이다.

---

1) 벡(Beck, 1967)은 임상장면에 만난 환자들의 우울증상을 토대로 우울증 유형과 정도를 파악할 수 있는 척도를 개발하였다. 척도는 정서적, 인지적, 동기적, 생리적 증후군 등 21개 영역을 포함하고 있다. 21개 문항은 4개의 선택지로 구성되어 있으며, 각 문항의 1번 선택지는 우울증 증상이 없는 경우를 의미하며, 2번에서 4번 선택지는 우울증 증상을 나타낸다. 선택지 번호가 증가할수록 우울증 증상의 심각도가 커진다. 총점 범위는 0~63점이며, '0~9점' 은 우울하지 않음, '10~15점' 은 경우울증, '16~23점' 은 우울증, '24~63점' 은 중우울증으로 진단한다. 이영호와 송종용(1991)의 한국판 BDI 표준화 연구에서 보고된 일반인 집단의 BDI 평균 점수는 8.43점, 우울환자 집단의 BDI 평균 점수 23.46점이었다.

※ 〈부록 1〉에 한국판 BDI를 수록해두었으니 각자 실시해보고 자신의 우울증 정도를 평가해보세요.

(2) 가족배경

- 부(60세): 중학교 졸업할 때까지 고아원에서 성장하였다. 경제적 자립을 위해 일찍 제빵 기술을 배웠고 현재 동네에서 작은 빵집을 운영하고 있으나 재정적으로 매우 어려운 상황이다. 평소에는 따뜻하고 다정하나 술만 먹으면 잠을 안 재우고 계속 이야기하다 울다를 반복하는 부적응 행동 증상이 있다. 내담자는 성실하지만 경제적으로는 무능한 아버지에 대해 안쓰러워하면서도 화가 치민다고 한다.

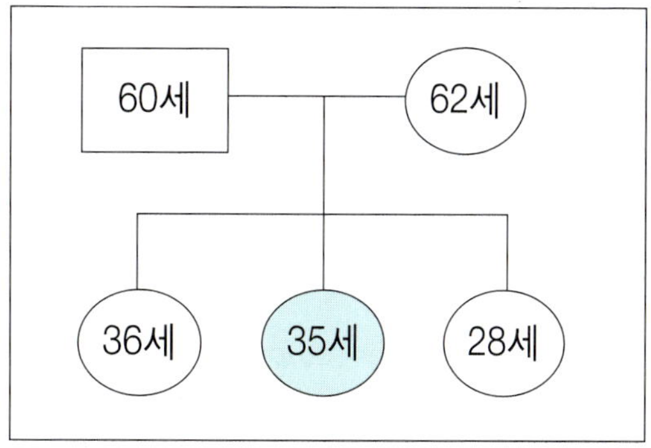

내담자 가계도: □: 남자, ○: 여자, 음영처리: 상담 사례 주인공(내담자)

- 모(62세): 유년시절 지역 유지의 외동딸로 초등학교까지 유복하게 성장했으나 어머니가 지병으로 초등 2학년 때 사망하였고, 이후 1년이 안 되어 아버지가 재혼하고 계모와의 사이에서 아들이 태어난 이후 방황을 시작하였다. 아버지의 사업이 어려워지면서 가세가 기울었다는 이유로 계모가 중학교 입학을 반대하여 진학을 포기하였고, 계모의 구박이 점점 심해져 가출을 반복하다가 16세 때 집을 나와 식당하는 이모 집에서 일하기 시작하였다. 계모에게 휘둘려 집을 떠나는 자신을 잡지 않은 아버지에 대한 배신감이 매우 크다. 억척스럽고 돈이 되는 일이라면 뭐든지 하는 스타일이고 남편이 힘들어해도 절대 자기 돈을 지원해주지는 않는다.

- 언니(36세): 대학 졸업 이후 은행에서 일하였고 현재는 외국계 은행 과장으로 재직 중이다. 같은 금융계통에 종사하는 남편과 결혼하여 1남 1녀를 두고 있다. 자매 중 가장 경제적으로 풍족하고 시댁의 전폭적인 지원 속에 단란한 가정을 꾸리고 있다. 어려서부터 공부를 뛰어나게 잘하고 사교성도 좋아 모든 사람들에게 사랑을 받았으며, 엄마의 기대와 인정을 한 몸에 받으며 성장했다. 내담자에게는 아무리 해도 따라잡을 수 없는 언니였고, 늘 언니와 비교되면서 많은 부분 희생당했다고 여기고 있다. 내담자는 4년제 대학을 갈 수 있는 실력이었으나 언니와 내담자의 등

록금에 대한 부담감 때문에, 엄마의 강권에 의해 내담자는 취업률이 높은 전공을 선택하여 전문대를 진학하게 되었다. 언니는 이에 대해 일말의 미안함도 없었다. 엄마가 가장 많이 투자한 자식이고 풍족한 편이면서도 집에 십 원 한 푼 보태는 일이 없다고 한다.

- 여동생(28세): 미혼이며 대학원 재학 중이다. 내담자와 7살 터울이 져서 같이 보낸 시간은 적으나 비교적 이뻐하고 잘 놀아준 편이다. 아들을 간절히 바랐는데 여동생이 태어나 실망하는 엄마의 모습을 보고 내담자는 동생을 불쌍하게 여겼다. 동생이 대학 졸업 이후 직장생활을 했으나 적성에 안 맞다고 다시 대학원에 진학하는 모습을 보면서, 동생이 원하는 대로 사는 게 부럽다고 생각한다.

(3) 주 호소 문제

- 열심히 살았는데 뜻대로 되는 게 없어 화가 주체할 수 없이 난다.
  - 예 현재 실직 상태에 있는 남편이 열심히 취업하려 노력하는 것 같지 않아 미워 죽겠고 배신감마저 든다.
- 유치원 선생님이 아이가 많이 불안해한다고 사랑을 많이 주라고 하는데 안쓰럽다가도 말로 안하고 눈치 보면서 징징거리면 꼴 보기 싫어 쥐어박고 때리기부터 한다. 아이를 편히 품어 줄 수가 없다. 어릴 때 나를 보는 것 같아 괴롭다.

(4) 심리 검사 결과

① MMPI-2와 K-WAIS

- MMPI-2 프로파일 주요 판독 내용: 심리적 어려움을 호소하는 F가 68점으로 고통 수준이 높으나, 문제해결 능력(K)은 40점으로 저하되어 있다. 임상 척도를 살펴보면 서로 상충되는 척도들이 동반상승하고 있어 내적인 혼란함은 가중될 수 있다. 즉, '자기평가성'과 '조직성'을 측정하는 2번과 7번 척도와 '자기주장성'과 '열정'을 측정하는 4번 척도와 9번 척도는 역기능적으로 작용할 때는 서로 상충하는 경향이 있다. 2번 척도와 7번 척도가 상승하면 노심초사하고 사소한 것에 불안해지고 자

기 탓을 하며 자책하는 모습이 드러나지만, 4번 척도와 9번 척도가 동반상승하면 '주장성' 이 '공격성' 으로 바뀌고 9번이 공격성을 더욱 강화시키는 역할을 하게 된다. 따라서 2번 척도와 7번 척도는 자기공격과 죄책감을 초래하지만, 4번 척도와 9번 척도로 인해 외부 환경이나 대상을 비난하고 자신에게 좌절을 안겨준 것에 대해 분노하고 공격적인 행동을 가할 수 있다. 서로 상반되는 방향으로 에너지가 흐르게 된다. 따라서 주기적으로 자기 부적절감과 죄책감을 느끼다가 다시 세상과 외부 대상에게 분노하고 문제행동을 외현화하는 것을 반복하게 된다. 이는 현재 내담자가 아이에게 안쓰러움을 느끼다가도 분노폭발하며 때리는 행동을 반복하는 것으로 나타나고 있다.

- K-WAIS 프로파일 주요 판독 내용: 전체 지능 점수는 102점으로 평균이며, 언어성 지능 점수는 106점, 동작성 지능 점수는 94점으로 언어성 점수가 동작성 점수보다 10점 더 높다. 임상적으로 12점 차이가 나지 않기 때문에 전형적인 우울 장애라 보기는 힘들다. 이는 앞서 MMPI-2 결과에서 살펴봤듯이 우울감과 분노가 함께 공존하는 내담자이기 때문이다. 언어성 소검사 중에 '이해' 와 '공통성' 그리고 동작성 소검사 중에 '빠진 곳 찾기' 와 '모양 맞추기' 가 다른 소검사에 비해 떨어지는 것으로 나타나는데, 이들 소검사들은 '현실검증력' 과 고차원적인 '개념형성능력' 을 공통적으로 측정하는 것이다. 난이도가 높지 않은 과업에 대해서는 무난히 수행할 수 있지만, 단서가 명확하지 않는 대인관계 갈등과 같이 보이지 않는 자극들을 객관적으로 지각하고 논리적으로 분석하는 능력은 떨어진다고 볼 수 있다. 그러나 MMPI-2 9번 척도 상승과 동작성 검사 '바꿔 쓰기' 상승을 근거해 볼 때에 '잘 해내고자 하는 열의' 는 매우 높다. 열의는 넘치나 능력이 따라주지 않을 때에 좌절감과 자신에 대한 실망감은 커질 수 있다.

지적으로 자신보다 훨씬 뛰어난 언니에게 가려지고, 엄마에게 예쁨을 받지 못한 내담자는 현실에서도 언니에 비해 성공적이지 못한 결혼생활을 하고 있다. 어떻게 해서도 넘을 수 없는 벽 앞에서 자괴감과 분노로 매우 혼란스러운 상태라고 할 수 있다.

그림 12-4 '화난 성인 사례'의 MMPI-2

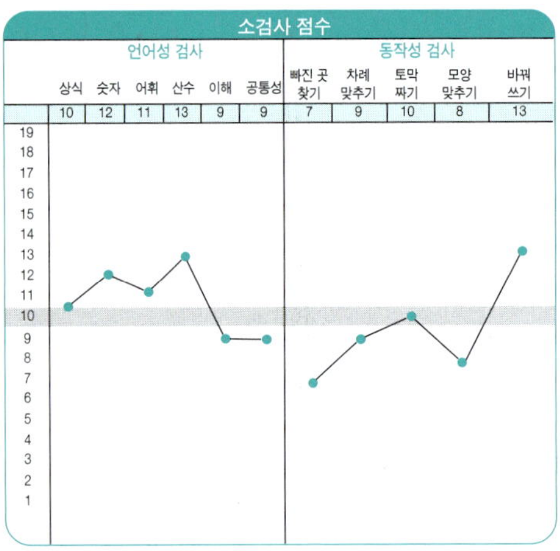

〈사례〉

- 35세 1개월 여성
- 전체 지능 점수 102점(언어성 지능 점수 106점, 동작성 지능 점수 94점)

그림 12-5 '화난 성인 사례'의 K-WAIS 프로파일

② 성인용 주제통각 검사(TAT)

내담자에게 실시한 TAT 결과는 지면상의 한계로 주요 내용 중심으로 기술하고자 한다.

내담자는 자신이 기댈 수 있는 대상과 자신을 사랑해주고 돌봐줄 수 있는 대상에 대한 욕구가 높다(도판 2, 10). 원하는 것을 자연스럽게 얻지 못하고 굴복하거나 매달리고 방식의 삶에 지쳐가고 있다(도판 1, 4, 8GF, 16). 타인에 대한 배신감과 피해의식(도판 4, 12)과 자신에 대한 부적절감(도판 4, 17BM)은 분노감을 초래하고 때때로 공격적인 행동으로 표출될 수도 있다(도판 3). 이는 MMPI-2에서 보였던 죄책감과 공격적 행동이 주기적으로 반복되고 자신의 행동에 대해 후회하는 내담자 반응패턴과 일치한다고 볼 수 있다.

심리 검사 결과를 종합해 볼 때에 내담자는 현재 처해져 있는 스트레스 상황에 대한 원인에 대해 '자기비난' 하는 마음과 '타인공격' 하는 서로 상충되는 마음이 공존하는 상태라 내적으로 매우 혼란스러워하고 있다고 볼 수 있다. 특히 잘 해결하고 싶은 포부는 높으나 스트레스 상황에 대한 논리적 분석 능력이 떨어지는 편이기 때문에 원하는 만큼의 결과가 따라오지 않을 때 상황에 대한 원망감과 자기 자신에 대한 좌절감이 커질 수 있으며, 감정조절 실패상황에서 충동적인 공격행동이 드러날 수 있다. 상담을 통해 내담자가 스트레스 상황에 대한 효율적인 대처 능력을 키워서 긍정적인 자기 개념을 형성해나갈 수 있도록 격려와 지지적 접근이 필요하다.

표 12-1 TAT 결과(일부)

도판 번호	반응 내용 및 주요 주제	도판
도판 #1	• 하기 싫은데 엄마가 안하면 밥 안준다고 하니까 어쩔 수 없이 해야 하긴 하는데 여전히 싫어서 버팅기고 있다. – 모(母)와의 힘겨루기	
도판 #2	• 남편이 열심히 일하는 걸 흐뭇하게 아내가 바라보고 있다. 등줄기에 흐르는 땀을 보면 든든하다 생각한다. – 자신이 바라는 이상적인 남편 이미지	
도판 #3	• 자기를 힘들게 했던 사람을 죽였지만 괴로워하고 있다. – 분노에 대한 적절하지 못한 대처 방식	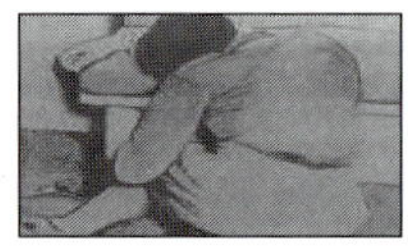
도판 #4	• 바람난 남편을 잡으려 매달리는 아내다. 미워죽겠지만 그래도 남편이 없으면 더 불행할 것 같아 붙잡는데, 맘은 비참하기 짝이 없다. – 신의와 기대를 저버린 남편이지만 의존할 수밖에 없는 나약한 자신	
도판 #8GF	• 어떻게 살아가야 하나 막막하고 답답한 심정으로 다락방에 올라와 먼 산을 바라보고 있다. – 맞닥뜨린 현실에 대한 심정	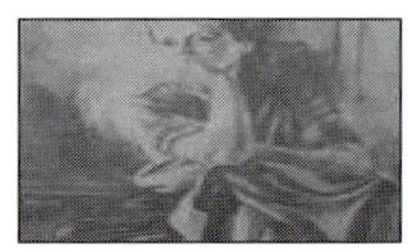
도판 #10	• 딸이 아버지에게 안겨 울고 있고, 아버지는 따뜻하게 위로해준다. – 내담자의 애정과 의존 욕구	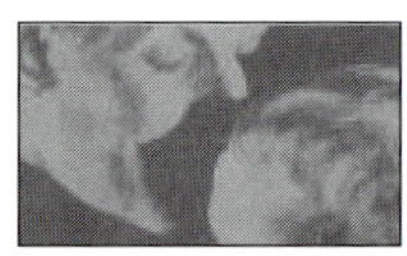
도판 #12F	• 일을 어그러지게 하는 주술사가 여자를 골탕 먹이는 방법을 생각하고 있다. – 내담자의 피해의식	
도판 #16	• 삶이 허망하고 억울하다. 가끔씩 한없이 꺼지는 내 맘 같다. – 내담자의 공허함	
도판 #17BM	• 어떻게 해서든 떨어지지 않으려고 안간힘을 쓰지만 꼴이 우습다. 매달려 있는 원숭이 같다. – 자신에 대한 냉소적인 태도	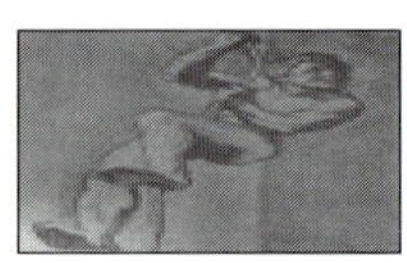

출처: 박영숙(2001). 투사적 검사와 치료적 활용. pp. 157-192.

02 아동 사례

아동의 연령이 어릴수록 인지 능력이 충분히 발달되지 못했기 때문에 외부현실과 자신의 경험에 대한 객관적인 지각이 어렵다. 따라서 심리적으로 힘든 상황에 있거나 그로 인해 부정적인 영향을 받고 있어도 그에 대해 구체적이고 명확한 설명을 하지 못할 때가 많다. 대부분의 아동은 스스로 도움을 구하거나 치료의 필요성을 인식하지 못한다. 이러한 발달 단계적 특성을 고려할 때에 교사는 세밀한 관찰력을 발휘하여 아동의 어려움에 대한 조기개입의 가능성을 높여야 한다. 많은 유형의 아동 장애가 존재하지만 교육현장에서 자주 목격되는 대표적인 우울 장애 아동의 상담 사례를 살펴보고자 한다.

1) 사례 1: 우울 장애 아동

(1) 내담아 인적사항

6세 6개월의 남아이다. 임신과 출산 과정에서는 별다른 문제가 없었으며, 22개월 차이 여동생이 태어나고 경제적인 어려움으로 시골에 있는 모(母)의 친정어머니에게 2년 정도 맡겨져 성장했다. 외조모가 키울 때 따로 어린이집에 다니지 않았고 주로 할머니와 함께 지냈다. 다시 모(母)와 함께 살면서 처음으로 유치원 종일반에 다니기 시작했으나 아침에 일어나기 너무 힘들어하고 한 시간 이상 울고불고 실랑이를 하다 지쳐서 포기하는 심정으로 겨우 엄마에게 업혀 등원하기를 반복하고 있다.

(2) 가족배경

- 부(父, 35세): 건축 전공으로 대학을 졸업했으며, 건설회사에서 일하다 회사가 부도가 나서 퇴사하고 현재 인테리어 전문 업체를 운영 중이다. 기반을 잡지 못한 상태라 수입이 일정하지 않다. 성실하나 과묵하고 아이들에게 별 관심이 없다. 유

복한 원가족에서 2남 2녀의 차남으로 출생하였으나, 형제들이 학벌이 좋고 자신보다 모든 면에 뛰어나다는 열등감을 심하게 가지고 있다. 원가족에게 일체의 도움을 받지 않으려 해서, 현재도 자신의 어려운 상황을 알리지 않고 있으며 왕래도 점점 안하고 피하려 한다.

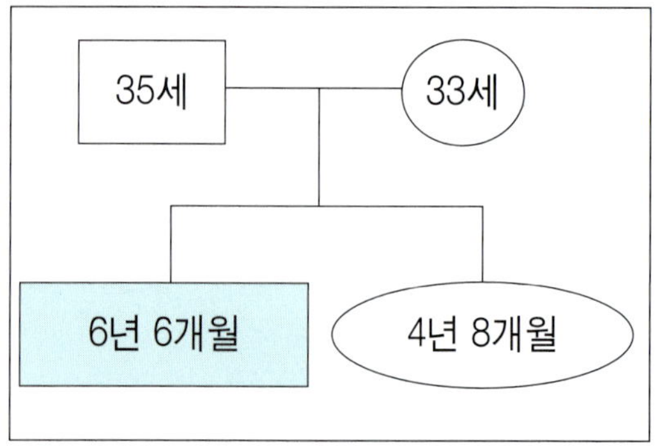

내담자 가계도: □: 남자, ○: 여자, 음영처리: 상담 사례 주인공(내담자)

- 모(母, 33세): 간호학 전공으로 전문대를 졸업하였다. 5세 때 부모 이혼 이후 어머니와 함께 살았다. 힘들게 고생하는 어머니를 도와 어릴 때부터 집안 일도 하고 자기 주도적으로 학습하면서 똘똘하고 착한 아이로 인정받으며 성장하였다. 미술을 전공하고 싶었으나 집안 형편 때문에 취업이 보장되는 간호학과로 진학하였고, 과수석으로 졸업하고 대학병원에 취업해 능력을 인정받았다. 동료 간호사의 소개로 현재 남편을 만나 2년 연애하고 결혼하였으나, 첫 아이를 임신하면서 교대근무가 없는 작은 병원으로 이직하였다. 이직으로 인해 경제적 수입규모가 줄었고, 그 무렵 남편 회사 사정이 안 좋아 제대로 급여가 들어오지 않아 많이 힘든 시간을 보냈다. 첫 아이 출산 이후 산후 우울증을 심하게 겪었고, 남편의 열등감과 무심함 때문에 답답하고 점점 다투게 될 때가 많다.

- 여동생(4년 8개월): 모(母)에 따르면 계획된 아이는 아니었으나 첫 아이에 비해 잘 먹고 자고 활발하고 애교가 많아, 보고 있기만 해도 마음이 즐겁고 행복해진다고 한다. 또한 태어나자마자 보육시설에 맡겨졌었고, 임신했을 때 마음도 힘들고 잘 먹지도 못해 미안했는데 정상적으로 잘 커주고 있어 너무 고맙다고 한다. 큰애가 정을 붙이기 어려워 그런지 솔직히 작은 아이가 더 좋아진다고 한다.

(3) 주 호소 문제

① 모(母)가 호소하는 주된 문제

- 아침에 잘 못 일어나고 편식이 심해 김이랑 밥만 먹으려 해서 매일 아침 싸우게 된다.
- 작은 애를 몰래몰래 꼬집고 때려 야단맞을 때가 많은데, 야단맞으면 분해하며 넘어갈 듯 대성통곡을 한다.

② 유치원 선생님이 호소하는 주된 문제

- 수업에 비협조적이고 활동을 끝까지 마무리하지 못한다.
- 멍하게 있을 때가 많고 싫은 것을 해야 할 때는 고집피우다 울어버린다.
- 또래들과 어울리기를 싫어하고 다른 아이들이 가까이 오면 밀어버려 싸움이 일어나는데 상대방이 강하게 나오면 아무런 반응을 못하고 무력하게 가만히 얼어붙어 있다.

(4) 심리 검사 결과

① K-WPPSI

- K-WPPSI 프로파일 주요 판독 내용: 내담아는 지능 검사 수행에 있어 부여된 과업에 대한 비협조적이고 짜증스런 반응을 보였다. 특히 전반적으로 대충 건성으로 반응하고 문제 난이도가 높아지면 쉽게 포기하였다. 언어성 검사(상식, 이해, 어휘)에서는 깊이 생각해보지 않고 답하면서 점수를 얻지 못한 경우가 많았으며, 검사자가 탐색적 질문을 통해 잠재력을 확인하는 과정에서는 정답을 보고하였다. 또한 동작성 검사에서도 대부분 제한된 시간을 넘겨 점수를 얻지 못했으나 문제 이해 자체에는 발달지체가 의심될 정도의 이상소견을 보이지는 않았다. 전체 지능 점수가 93점(언어성 점수 92, 동작성 점수 95)으로 '평균 하' 이지만, 소검사간 점수 차가 크지 않고 잠재적 지적 능력이 110점까지 산출되는 것으로 볼 때, 저조한 현재 과업수행은 우울감과 관련된 '사고와 운동 속도' 의 저하로 인한 것으로 판단된다.

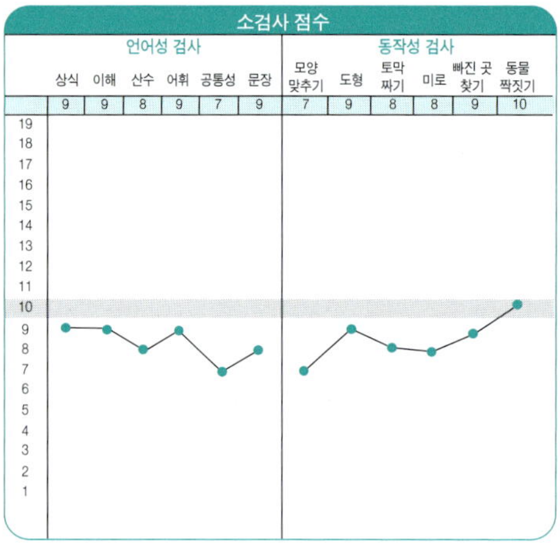

〈사례〉

- 6년 6개월 남아
- 전체 지능 점수 93점(언어성 지능 점수 92점, 동작성 지능 점수 95점)

그림 12-6 '우울한 아동 사례'의 K-WPPSI 프로파일

② BGT

- **BGT 주요 판독 내용:** 곡선 모사의 정확도가 떨어지고 각도가 맞지 않으며, 점의 형태가 다소 왜곡되고 있으나, 뇌의 기질적 장애가 시사되지는 않는다. 전체적으로 지면의 활용도는 안정적이나 도형의 원래 크기보다 작게 그리거나 선이 너무 얇아서 완성된 도형을 찾아보기 힘든 점을 볼 때에 에너지 수준이 낮고 정서적으로 위축되고 소심한 특성을 엿볼 수 있다.

그림 12-7 '우울한 아동 사례'의 BGT 결과

※ 내담자의 원래 그림은 필압이 약해 매우 희미하였으나 자료 제공을 위해 진하게 인쇄되었으며, 그림은 내담자가 직접 A4 용지 위에 그렸다. 그림 위치, 필압, 대화 내용은 내담자의 상태를 간접적으로 설명하고 있다.

③ HTP

- HTP의 주요 판독 내용: 그림 검사의 전체적인 인상은 '에너지가 없고 위축된 느낌'이다. HTP에서 그림의 크기가 모두 작으며 왼쪽 귀퉁이로 몰려있고, 기본 질문에 대해 '몰라요, 없어요, 좋아요' 식의 단답형이다. 또한 '나무 그림'과 '집 그림'을 보면 형태가 매우 빈약하며 필압이 약하다. 이는 내담아가 지능 검사 결과에서 보여준 것처럼, 우울감으로 인해 부여된 과업에 대한 수행 몰입도가 떨어지고 있음을 보여준다.

- 어떤 집? 그냥 우리 집 아파트
- 누가 사나? 우리 가족
- 분 위 기? 좋아요.
- 지 금? 각자 자기 일해요.
- 미 래? 몰라요, 그냥 계속 살아요.

- 어떤 나무? 길가 나무
- 나 이 는? 6살
- 분 위 기? 좋아요.
- 주위에 다른 나무는? 없어요.
- 다르게 고치고 싶은 점은? 좀 더 크게.
- 미 래? 몰라요.

그림 12-8 '우울한 아동 사례'의 HTP 결과 1

※ 내담자의 원래 그림은 필압이 약해 매우 희미하였으나 자료 제공을 위해 진하게 인쇄되었으며, 그림은 내담자가 직접 A4 용지 위에 그렸다. 그림 위치, 필압, 대화 내용은 내담자의 상태를 간접적으로 설명하고 있다.

- 어떤 집? 그냥 지나가는 어떤 애
- 나 이? 7살
- 지 금? 몰라요, 그냥 가만 있어요,
- 기 분? 그저 그래요,
- 성 격? 좋아요,
- 장래희망? 없어요,

- 누 구? 그냥 어떤 애
- 나 이? 5살
- 지 금? 놀아요,
- 기 분? 좋아요,
- 성 격? 몰라요,
- 장래희망? 가수

그림 12-9 '우울한 아동 사례'의 HTP 결과 2

※ 내담자의 원래 그림은 필압이 약해 매우 희미하였으나 자료 제공을 위해 진하게 인쇄되었으며, 그림은 내담자가 직접 A4 용지 위에 그렸다. 그림 위치, 필압, 대화 내용은 내담자의 상태를 간접적으로 설명하고 있다.

④ CAT

- CAT 주요 판독 내용: 내담아는 '밥 먹기, 유치원 가기, 일찍 자기' 등 주요 일상생활 사건에서 '자기결정권'이 박탈되고 있는 것으로 인식한다. 엄마는 '하기 싫은 것을 억지로 하게 하는 사람'이며, 엄마와의 갈등에서 내담아는 적절한 자기주장을 하지 못하고 있다(도판 #1, #8, 보충도판 #4와 5). 끌려 다니는 것에 대한 피곤함과 지친 내적 상태를 보여주고 있으며(도판 #3과 4), 방해받지 않는 자기만의 세계에 대한 욕구 즉 자기경계(self- boundary) 욕구를 드러내고 있다(보충도판 #9).

심리 검사를 종합해 볼 때에 내담아는 심리적 에너지가 저하된 상태로, 주의력과 집중력이 떨어져 적극적인 사고 활동과 신체 활동을 요하는 과업을 수행하는 것에 대한 어려움이 예상된다. 상황에 대한 적절한 대처 능력이 발달되지 않아 스트레스 상황에서 문제해결적 접근을 못하고 울거나 회피하는 반응을 나타낼 수 있다. 특히 엄마와 같이 힘이 우위에 있는 성인들과의 관계에서 무력감을 느낄 수 있기 때문에, 안정 애착형성과 적절한 자기주장 훈련이 요구된다.

표 12-2 CAT 결과(일부)

구분	도판 번호	반응 내용 및 주요 주제	도판
표준판	도판 #1	• 엄마 닭이 밥 다 먹을 때까지 감시한다. 다 안 먹으면 못 일어난다. – 모(母)와의 갈등: '싫은 걸 하게 하는 엄마'	
	도판 #3	• 병든 사자가 힘이 없어 앉아 있기만 한다. – 낮은 심리적 에너지 반영	
	도판 #4	• 토끼가 방에서 잠자려고 준비한다. 힘들어서 잠자는 걸 제일 좋아한다. – 낮은 심리적 에너지 반영	
	도판 #8	• 엄마 강아지가 새끼 강아지를 목욕시킨다. 새끼 강아지는 귀찮은데 자꾸 빡빡 문질러서 싫어한다. – 모(母)와의 갈등: '싫은 걸 하게 하는 엄마'	
보충판	보충도판 #4	• 엄마 곰이 아기 곰을 안아서 재우고 있다. 내일 일찍 일어나려면 빨리 자야 한다고 억지로 재운다. – 모(母)와의 갈등: '싫은 걸 하게 하는 엄마'	
	보충도판 #5	• 유치원 안 간다고 울고 있는 아기 토끼를 엄마 토끼가 가야 한다고 혼내고 있다. 갔다 오면 초콜릿 사준다고 한다. – 모(母)와의 갈등: '싫은 걸 하게 하는 엄마'	
	보충도판 #9	• 고양이가 혼자 목욕탕에서 물놀이하고 있다. 혼자 물놀이하는 걸 좋아한다. 막 물 뿌리고 비누칠하고 논다. – 자기통제: 방해받지 않은 시간과 공간에 대한 욕구 반영	

출처: 정옥분(2012). 아동심리검사. pp. 417-425.

생각해보기

교육자 스스로가 자신의 정신건강을 되돌아보는 것은 매우 중요합니다. 교재에서 다룬 여러 심리 검사 중 하나 이상을 선택하여 검사를 받아보고, 자신의 검사결과에 대한 자기분석 보고서를 작성해 봅시다.

•심리 검사 서비스와 전문해석 상담을 받아볼 수 있는 곳•

- 재학 중인 학교 내 학생생활연구소 혹은 학생상담센터(무료)
- 시 · 군 · 구 청소년 상담복지센터(무료 혹은 저렴한 유료): 청소년 기본법에 만 9세에서 24세까지를 청소년으로 정의하고 있기 때문에 정부에서 운영하는 시 · 군 · 구 청소년 상담복지센터에서 제공하는 상담서비스를 받을 수 있음

참고문헌

가족스트레스연구회(1994). 엄마의 스트레스. 서울: 창지사.

강갑원 · 김정일 · 안형근 · 최영안(2012). 정신건강론. 경기: 양서원.

강문희 · 장연집 · 정정옥(2000). 아동정신건강. 서울: 정민사.

강문희 · 정정옥 · 김승경(2006). 영유아 발달의 이해. 서울: 신정.

고려대학교 부설 행동과학연구소(1999). 심리 척도 핸드북 I. 서울: 학지사.

권기태(1990). 교사의 직무 스트레스와 대처 방안에 관한 조사연구. 경북대학교 교육대학원 석사학위청구논문.

권민교 · 권희경 · 문혁준 · 성미영 · 신유림 · 안선희 · 안효진 · 이경옥 · 천희영 · 한유미 · 한유진 · 황혜신(2007). 아동발달. 서울: 창지사.

권석만(2003). 현대 이상심리학. 서울: 학지사.

권영례 · 이재연(1996). 아동환경. 서울: 한국방송대학교출판부.

김병무(2005). 현대 사회학의 이해-인간과 사회 그리고 문화. 서울: 청목출판사.

김봉환 · 김병석 · 정철영(2000). 학교진로상담. 서울: 학지사.

김승권(2008). 가족정책의 의식전환과 바람직한 변화 방향. 젠더리뷰, 8. 15-27.

김승권 · 양옥경 · 조애저 · 김유경 · 박세경 · 김미희(2004). 다양한 가족의 출현과 사회적 지원 체계 구축 방안. 한국보건사회연구원 연구보고서 2004-13.

김신옥 · 민혜영(2005). 영유아 발달. 서울: 창지사.

김연(1985). 우울증의 귀인모형에 관한 연구. 고려대학교 박사학위논문.

김영숙 · 이경화(2007). 유아 · 아동을 위한 정신건강. 서울: 교육과학사.

김영진(2003). 심리학 역사속에서의 상담이론. 서울: 교육과학사.

김재은(1998). 어린이의 발달과 스트레스. 제 6회 학술대회. 삼성복지재단. 97-116.

김재환 · 황순택 · 이장한 · 홍상희 · 오상우 · 김지혜 · 정승아 · 문혜신 · 정은경(2006). 임상심리 검사의 이해. 서울: 학지사.

김정숙 · 최태진 · 이희영(2011). 유치원교사의 직무환경의 위험 요소와 심리적 소진의 관계에서 사회적 지지의 매개효과. 직업교육연구, 30(3). 427-441.

김중술(1999). 다면적 인성 감사. 서울: 서울대학교출판부.

김진호 · 이병래 · 김덕희(2009). 유아정신건강. 서울: 동문사.

김진호 · 이병래 · 김덕희(2012). 유아정신건강. 서울: 동문사.

김태련 · 서봉연 · 이웅화 · 홍숙기(1976). 아동용회화 통각 검사: 한국판. 서울: 이화여자대학교 인지발달연구소.

김학룡 · 서현아(2000). 알기 쉬운 소아정신건강. 서울: 양서원.

김현수(2005). 아이들이 인터넷게임 때문에 너무 아파요. 서울: 국민출판사.

김혜금 · 송영주 · 임양미 · 김현자 · 김진숙(2011). 정신건강론. 경기: 정민사.

김희경 · 김옥숙 · 이숙희(2011). 정신건강론. 경기: 정민사.

김희연(2012. 8. 8.). 스트레스로 사회적 비용 연 37.5조 발생. 경기개발연구원 보도자료.

노경선(2007). 아이를 잘 키운다는 것. 서울: 예담출판사.

문은희(2011). 엄마가 아이를 아프게 한다. 서울: 예담출판사.

미국정신의학회(1994). *Diagnostic and Statistical Manual of mental disorders*. 이근후 · 강병조 · 이길홍 · 곽동일 · 이무석 · 민성길 · 이정호 · 박민철 · 정성덕 · 박영숙 · 정인과 · 신석철 · 한오수 · 우종인 · 황익근 역(1995). 정신장애의 진단 및 통계 편람(DSM-IV). 서울: 하나의학사.

박선환 · 박숙희 · 이주희 · 정미경 · 김혜숙(2011). 정신건강론. 경기: 양서원.

박선환 · 박숙희 · 이주희 · 정미경 · 김혜숙(2012). 정신건강론. 경기: 양서원.

박성렬(2011). 성인용 대처반응 검사의 타당화. 경남대학교 석사학위논문.

박영숙(1993). 심리평가의 실제. 서울: 하나의학사.

박영숙(2001). 투사적 검사와 치료적 활용. 서울: 하나의학사.

박영숙 · 박기환 · 오현숙 · 하은혜 · 최윤경(2010). 최신 심리평가: 아동 청소년 성인 대상. 서울: 하나의학사.

박완순 · 이정근(2012). 인성공부. 서울: 벗나래.

박혜민(2012). 마음챙김이 심리적 안녕감에 미치는 영향. 성신여자대학교대학원 석사학위논문.

박혜원 · 곽금주 · 박광배(1996). K-WPPSI: 한국 웩슬러 유아지능 검사. 서울: 도서출판 특수교육.

보건복지부(2012). 2012 정신보건사업 안내. 보건복지부 건강정책국 정신건강정책과. 3.

브리태니커(2013. 1. 4. 검색).
100/daum.net/encyclipedia/view.do?docid=b14a0729a

브리태니커 백과사전(2008). 한국브리태니커 출판사.

서울대학교 교육연구소 편(1999). 교육학용어사전. 서울: 하우동설.

서유헌(2010). 엄마표 뇌교육. 서울: 아이트리.

손석한(2008). 부모와 아이 마음 간격 1mm. 서울: 파인앤굿엔터테인먼트.

송하나(2012). 아동기 문제행동 및 부적응의 심리적 지원-문제행동을 보는 관점. 2012 한국아동학회 추계학술대회, 7-18.

신민섭(2004). 그림을 통한 아동의 진단과 이해. 서울: 학지사.

양혜영(1998). 생태학적 관점에서 본 유아의 스트레스. 제6회 학술대회. 삼성복지재단. 119-144.
여성가족부(2006). 제1차 건강가정기본계획(2006-2010) 함께하는 가족 2010. 여성가족부 가족정책국 가족정책팀.
염태호 · 박영숙 · 오경자 · 김정규 · 이영호(1992). K-WAIS 실시요강. 서울: 가이던스.
오경자 · 이혜련 · 홍강의 · 하은혜(1997). K-CBCL 아동, 청소년 행동평가 척도. 서울: 중앙적성출판사.
오은영(2009). 엄마표 마음 처방전. 서울: 중앙북스.
오은영(2012). 아이의 스트레스. 서울: 웅진 리빙하우스.
오채선 · 이석순 · 박은미 · 이명순 · 장혜자 · 김영신 · 김미애(2008). 영유아 사회교육. 서울: 파란마음.
유수옥 · 이순자(2012). 문제행동 발생과 예방 및 중재에 관한 연구동향 분석: 일반유아와 장애유아 비교. 아동학회지, 33(6). 187-205.
유수현 · 천덕희 · 이효순 · 성준모 · 이종하 · 박귀서(2010). 정신건강론. 경기: 양서원.
유수현 · 천덕희 · 이효순 · 성준모 · 이종하 · 박귀서(2011). 정신건강론. 경기: 양서원.
이경숙 · 박영숙 역(2002). 소아정신건강. 서울: 학지사.
이동식(1991). 현대인과 스트레스. 서울: 한강수.
이무석(1995). 정신분석의 이해. 광주: 전남대학교출판부.
이무석(2000). 정신분석의 이해. 광주: 전남대학교출판부.
이민규(2007). 현대생활의 적응과 정신건강. 서울: 교육과학사.
이상영(2012). 사회적 여건 변화에 따른 정신건강증진정책의 추진방향과 과제. 보건복지포럼, 2012-5.
이선형 · 김근홍(2005). 서울시 소재 종합사회복지관 가족복지 프로그램 분석을 통한 건강가족지원센터 프로그램의 방향. 사회복지정책, 21. 35-57.
이성식(2003). 청소년폭력의 원인으로서 대인갈등상황에서의 권위보존동기. 한국 사회학, 37(2). 179-200.
이소희(1997). 부모가 알아야 할 컴퓨터 교육. 서울: 동문사.
이시형(2010). 세로토닌하라. 서울: 중앙북스.
이영호(2010). 정신건강론. 경기: 공동체.
이영호 · 송종용(1991). BDI, SDS, MMPI-D 척도의 신뢰도 및 타당도에 대한 연구. 한국 심리학회지: 임상. 10(1). 98-113.
이옥형 · 강민수 · 김보나 · 문연심 · 박경애 · 박숙희 · 박현경 · 유은정 · 이나현 · 이현주 · 이혜진(2012). 교육심리학. 서울: 성신여자대학교출판부.

이정숙 · 강명옥 · 고규희 · 고미자 · 공수자 · 김수지 · 김수진 · 김은희 · 박명희 · 박후남 · 정순아(2008). 정신건강간호학. 서울: 현문사.

이종진(2003). 어린이 행동 장애 원인, 발달, 치료. 서울: 시그마프레스.

이종호(2007). 2% 더 행복한 마음 비타민. 서울: 마젤란.

이종호(2011). 그 남자를 사랑해도 될까요. 서울: 원앤원북스.

이태연 · 최명구(2007). 생활 속의 정신건강. 서울: 신정.

이현수(1996). 이상행동의 심리학. 서울: 대왕사.

이훈구 · 이수정 · 이은정 · 박수애(2002). 정서심리학. 서울: 법문사.

이훈진(1997). 편집증과 자기 개념 및 귀인 양식. 서울대학교 박사학위논문.

임승권(2007). 인간발달과 행동이해를 위한 정신위생. 경기: 양서원.

임창재(2000). 유아심리측정. 서울: 동문사.

임창재(2010). 정신건강. 서울: 형설출판사.

장미선(2007). 보육교사의 직무 스트레스가 직무만족도에 미치는 영향. 청주대학교 사회복지 행정대학원 석사학위논문.

장연집(2003). 아동기의 스트레스. 서울: 다음세대.

장연집 · 강차연 · 손승아 · 안경숙(2008). 정신건강. 서울: 파란마음.

장현갑 · 변광호(2005). 스트레스와 심신의학. 서울: 학지사.

장현숙(2011). 아동기 문제행동 및 부적응의 심리적 지원-문제행동을 보는 관점-토론. 2012 한국아동학회 추계학술대회. 47-49.

장혜순(2006). 유아사회교육의 이론과 실제. 서울: 창지사.

전병제(1974). 자아 개념 측정 가능성에 관한 연구. 연세 논총, 11.

정규훈(2004). 인간관계론. 서울: 그리심.

정미라 · 배소연 · 이영미(2008). 영유아를 위한 건강 및 영양교육. 경기: 양서원.

정보통신부(2005). 2005년 하반기 정보화 실태조사. 한국개발연구원 경제정보센터.

정옥분(2004). 전생애 아동발달의 이론. 서울: 학지사.

정옥분(2012). 아동심리 검사. 서울: 학지사.

정옥분 · 정순화 · 임정하(2007). 정서발달과 정서지능. 서울: 학지사.

정옥분 · 정순화 · 황현주(2009). 애착과 발달. 서울: 학지사.

정인태(2002). 비디오 증후군을 해결할 수 있는 유일한 텍스트북. 서울: 유아마음.

정종진(2003). BGT 심리진단법. 서울: 학지사.

정지은 · 김민태(2011). 아이의 자존감. 서울: 지식채널.

조세핀 킴(2012). 우리 아이 자존감의 비밀. 서울: 서울문화사.

조수철 · 신민섭(2007). 소아정신병리의 진단과 평가. 서울: 학지사.

존 가트맨 · 최성애 · 조벽(2011). 내 아이를 위한 감정코칭. 서울 :한국경제신문.
주은선 역(2005). 진정한 사람되기; 칼 로저스 상담의 원리와 실제. 서울: 학지사.
차영희(2010). 유 · 아동 상담의 기초-아동 상담의 실제 준비를 위하여. 서울: 창지사.
채경선 · 김주하(2007). 아동정신건강. 서울: 창지사.
최경희(2000). 대인관계와 정신역동. 서울: 이문출판사.
최미미 · 서영숙(2013). 보육교사가 인식하는 동료교사와의 갈등원인 및 대응에 관한 연구. 한국보육지원학회지, 9(1). 221-239.
최상진(2011). 한국인의 심리학. 서울: 학지사.
최석현(2013). 분노사회의 진단과 관리전략. 이슈와 진단. 경기개발연구원.
최혜순(2007). 유아사회교육. 서울: 동문사.
통계청(2011). 2011년 사망원인통계.
하지현(2006). 관계의 재구성. 서울: 궁리.
한경희 · 김중술 · 임지영 · 이정흠 · 민병배 · 문경주(2011). MMPI-2 검사실시 및 해석에 대한 지침서. 서울: 마음사랑.
한정균(2010). 삶의 질, 행복 요인, 마음챙김 특성 간의 관계: 인과관계와 간접효과의 탐색. 충북대학교대학원 박사학위논문.
홍강의(1998). 어린이의 스트레스와 부적응 행동 및 대처 방안. 제 6회 학술대회. 삼성복지재단. 145-174.
홍강의(2005). 소아정신의학. 서울: 중앙문화사.
홍기묵(2007). 미디어 증후군 영유아의 치료적 접근. 춘계 한국영유아교원교육학회, 101-111.
홍길회 · 정혜진(2013). 유아교사의 직무 스트레스 및 우울이 직무소진에 미치는 영향. 한국보육지원학회지, 9(1). 263-280.
홍순희(2011). 초등교사의 직무 스트레스와 정신건강의 관계에서 마음챙김의 조절효과. 인천대학교 교육대학원 석사학위논문.
황상민(2011). 한국인의 심리코드. 서울: 추수밭.
황상훈(2012). 상담에의 투사적 기법의 적용. 한국 상담심리학회 학술연수 자료집. 2월 1일. 서울: 명지대학교. 미간행.
EBS 제작팀(2009). 아이의 사생활. 서울: 지식채널.

Achenbach, T. M., & Edelbrock, C. S. (1983). *Manual for the Child Behavior Checklist and Revised Child Behavior Profiles*. Burlington, VT: University of Vermont.

Ainsworth, M. D., Blehar, M., Waters, E., & Wall, S. (1978). *Patterns of Attachment: A Psychological Study of the Strange Situation*. Hillsdale, NJ: Lawrence Erlbaum Associates.

Ainsworth, M. D. S. (1983). Patterns of infant-mother attachment as related to matternal care: Their early history and their contribution to continuity. In D. Magnusson & V. L. Allen(Eds.). *Human development*. NY: Academic Press. 26-45.

Alwitt, L., Anderson, D., Lorch, E., & Levin, S. (1980). Preschool children' s visual attention to attributes of television. *Human Communication Research, 7*. 52-67.

Andre, C., Lelord, F., & Legeron, P. (1998). *(Le)Stress*. 김용채 역(2003). 스트레스: 보이지 않는 그림자. 서울: 궁리.

Bandura, A., Grusec, J., & Menlove, F. (1967). Some determinants of self-monitoring reinforcement systems. *Journal of Personality and Social Psychology, 5*. 449-455.

Barry, A., & Faber (1991). *Crisis in education: stress and burnout in the American teache*. San Francisco: Jossey-Bass. 조연순 · 정혜영 · 김정휘 역(2007). 교육의 위기: 교사의 직무 스트레스와 탈진. 서울: 박학사.

Bartholomew, K., & Horowitz, L. (1991). Attachment styles among young adults: a test of a four-category model. *Journal of Personality and Social Psychology, 61*. 226-244.

Baumgardner, S., & Crothers, M. (2009). *Positive psychology*. Upper Saddle River, NJ: Prentice Hall/Pearson Education.

Beck, A. T. (1967). *Orginal 21-ITEM scale. Depression: Cause and treatment*. Philadelphia: University of Pennsylvania Press.

Bellak, L., & Bellak, S. (1949). *The Children' s Apperception Test*. New York: Grune & Stratton.

Bender, L. (1938). *A visual motor gestalt test and its clinical use*. New York: American Orthopsychiatric Association.

Betz, C. (1987). Death, Dying, and Bereavement: A Review of the Literature, 1970~1985. In Krulik, T., Holaday, B., & Martinson, I. (eds.). *The Child and Family Facing Life-threatening Illness*. Pensylvania: J. B. Lippincott.

Brody, L. R. (1985). Gender differences in emotional development: A review of theories and research. *Journal of Personality, 53*. 102-149.

Brown, W. K., & Ryan, M. R.(2003). The Benefits of Being Present. *Mindfulness and Its Role in Psychology, 84(4)*. 812-836.

Buck, J. W. (1948). *The House-Tree-Person technique*. Los Angeles: Western Psychological Services.

Buck, J. W., & Hammer, E. F. (1969). *Advances in House-Tree-Person Technique: Variations and Applications*. Los Angeles: Western Psychological Services.

Burns, R. C. (1987). *Kinetic House-Tree-Person technique*. New York: Brunner/Mazel. 김상식 역(1998). 동적 집-나무-사람 그림 검사. 서울: 하나의학사.

Burns, R. C., & Kaufman, S. H. (1970). *Kinetic Family Drawings(K-F-D): An introduction to understanding children through kinetic drawings*. New York: Brunner/Mazel.

Cacioppo, J. T., Fowler, J., H., & Christakis, N. A. (2009). Alone in the Crowd: The Structure and Spread of Loneliness in a Large Social Network. *Journal of Personality and Social Psychology, 97*. 977-991.

Campbell, D., & Palm, G. F. (2004). *Group parent education: Promoting parent learning and support*. Thousand Oaks, CA: Sage.

Canli, T., Desmond, J. E., Zuo Z., & Gabrieli, J. D. E. (2002). Sex Difference in the Neutral Basis of Emotional Memories. *Proceedings of the National Academy of Sciences the United States of America, 9(16)*. 10789-10795.

Carter, R. (1998). *Mapping the mind*. London: Phoenix.

Chess, S., & Thomas, R. (1984). *Origins and evolution of behavior disorders*. NY: Brunner/Mazel.

Coddington, R., & Wallick, M. (1990). *Child Psychiatry*. St. Louis: Warren H. Green Inc. 진혜경 · 이경숙 · 박영숙 역(2002). 소아정신의학. 서울: 학지사.

Cooley, M. L. (2007). *Teaching kids with mental health & learning disorders in the regular classroom*. Minneapolis, MN: Free Spirit Pub. 최나야 · 최인화 역(2012). 아동 정신건강과 통합교육. 서울: 학지사.

Corey, G. (2001). *Theory and practice of counseling and psychotherapy*(6th ed.).

Belmont, CA: Thomson Learning, Inc. 조현춘 · 조현재 역(2003). 심리상담과 치료의 이론과 실제. 서울: 시그마프레스.

Crowell, J. A., & Feldman, S. S. (1991). Mother' s working models of attachment relationships and mother and child behavior during separation and reunion. *Developmental Psychology, 27*. 597-605.

Darley, J. M., Glucksberg, S., & Kinchla, R.(1991). *Psychology*(5th ed.). Englewood Cliffs, NJ: Prentice Hall.

Davidson, E., Yasuna, A., & Tower, A. (1979). The effects of television cartoons on sex-stereotyping in young girls. *Child Development, 50*. 597-600.

Drabman, R., & Thomas, M. (1974). Does media violvence increase children' s toleration of real-life aggression? *Developmental Psychology, 10*. 418-421.

Dimberg, U., Thunberg, M., & Elmehed, K. (2000). Unconscious facial reactions to emotional facial expressions. *Psychological Science, 11*. 86-89.

Eisenberg, N., & Randy L. (1983). Sex Differences in Empathy and Related Capacities. *Psychological Bulletin, 94(1)*. 100-131.

Ekman, P., & Friesen, W. V. (1971). Constants across culture in the face and emotion. *Journal of Personality and Social Psychology, 17*. 124-129.

Elkind, D. (1989). *The Hurried child*. Cambridge, MA: Perseus Publishing. 김용미 역(2001). 쫓기며 자라는 아이들. 서울: 학지사.

Ellis, A. (2009) *Rational Emotive Behavior Therapy: It Works for Me-It Can Work for You*. New York: Prometheus Books.

Ellis, A. (2010). *All out*. New York: Prometheus Books.

Exner, J. E. (1995). *A Rorschach Workbook for the Comprehensive system*. 김영환 · 김지혜 · 홍상황 · 배금예 · 장문선 · 박은영 역(1999). 로르샤하 워크북. 서울: 학지사.

Feldman, R. S. (2009). *Understanding psychology*, 9th. New York: McGrow-Hill.

Ferrari, P. F., Maiolini, C., Addessi, E., Fogassi, L., & Visalberghi, E. (2005). The observation and hearing of eating actions activates motor programs related to eating in macaque monkeys. *Behav Brain Res, 161*. 95-101.

Fischer, K. W., Shaver, P. R., & Carnochan, P. (1990). How Emotions develop and how they organize development. *Cognition and Emotion, 4*. 81-127.

Fisher, D. A., Hill, D. L., Grube, J. W., & Gruber, E. L. (2004). Sex on American television: An analysis across program genres and network types. *Journal of Broadcasting & Electronic Media, 48.* 529-553.

Forgas, J. P. (1995). Mood and judgment: The Affect Infusion Model. *Psychological Bulletin, 11.* 39-66.

Fowler, J. H., & Christakis, N. A. (2008). Dynamic spread of happiness in a large social network: Longitudinal analysis over 20 years in the Framingham Heart Study. *British Medical Journal, 358(21).* 337-338.

Freud, A. (1952). The role of bodily illness in the mental life of children. *Psychoanalytic Study of the Child, 8.* 69-81.

Ginott, H. (1965). *Between parent and child.* NY: Macmillan.

Green, M., & Pieal, J. A. (2002). *Theories of human development: A comparative approach.* Boston: Allyn & Bacon.

Gottman, J. M., Katz, L. F., & Hooven, C. (1996). Parental meta-emotion philosophy and the emotional life of families: Theoretical models and preliminary data. *Journal of Family Psychology, 10(3).* 243-268.

Gottman, J. M., Katz, L. F., & Hooven, C. (1997). *Meta-emotion: How families communicate emotionally.* Hillsdale, NJ, England: Lawrence Erlbaum Associates, Inc.

Grahe, J. E., & Bernieri, F. J. (1999). The importance of nonverbal cues in judging rapport. *Journal of Nonverbal Behavior, 23.* 253-269.

Haggbloom, S. J., Warnick, R., Warnick, J. E., Jones, V. K., Yarbrough, G. L., Russell, T. M., Borecky, C. M., McGahhey, R., Powell III, J. L., Beavers, J., & Monte, J. (2002). The 100 most eminent psychologists of the 20th century. *Review of General Psychology, 6.* 139-152.

Hamilton, C. E. (2000). Continuity and discontinuity of attachment from infancy through adolescence. *Child Development, 71.* 690-694.

Hart, A. (1992). *Stress and Your Child: Know the Signs and Prevent the Harm.* Nashville: W Publishing Group.

Harter, S. (2006). The self. In N. Eisenberg, W. Damon & R. M. Lerner(Eds.). *Handbook of Child Psychology*(pp. 505-570). Hoboken, NJ: John Wiley & Sons.

Hathaway, S. R., & Mckinley, J. C. (1942). A multiphasic personality schedule(Minnesota): I. Construction of the schedule. *Journal of Psychology, 10.* 249-254.

Herbert, L., P. (2001). *Motivation: Theory, Research, and Applications*(4th ed.). Belmont, CA: Wadsworth Pub. Co. 박소현 · 김문수 역(2001). 동기: 이론, 연구, 그리고 활용. 서울: 시그마프레스.

Hoggard, L. (2005). How to be happy. 이경아 역(2006). (영국 BBC 다큐멘터리) 행복: 행복 전문가 6인이 밝히는 행복의 심리학. 서울: 예담출판사.

Homes, T. H. & Rache, R. H. (1967). The social readjustment rating scale. *Journal of Psychosomatic Research, 11*. 213-218.

Huston, A., & Wright, J. (1998). *Mass media and children's development*. In W. Damon(Ed.). Handbook of child psychology(Vol. 4). NY: Wiley.

Iacoboni, M. (2008). *Mirroring People: The New Science of How We Connect with Others*. New York: Farrar, Straus & Giroux.

Izard, C. E. (1994). Innate and universal facial expressions: Evidence from developmental and cross-cultural research. *Psychological Bulletin, 115*. 288-299.

James, W. (1980). *Principles of psycology*. NY: Holt.

Keyes, C. L. M. (2005). Chronic physical conditions and aging: Is mental health a potential protective factor? *Ageing International, 30*. 88-104.

Kirschenbaum, H. (2003). *Carl Rogers and the Person-Centered Approach*.

Kostelnik, M., Whiren, A., Soderman, A., & Gregory, K. (2009). *Guiding Children's Social Development and Learning*, 6th Edition. New York: Wadsworth. 박경자 · 김송이 · 권영희 · 김지현 역(2011). 영유아의 사회정서발달과 교육. 경기: 교문사.

Koupernik C. (eds.) (1987). *The Child in His Family: Them impact of Disease and Death*. New York: Wiley.

Krulik, T. (1987). Loneliness and social isolation in school-age children with chronic life-threatening illness. In Krulik, T., Holaday, B., & Martinson. I.(eds.) *The child and family facing life-threatening illness*. 133-161. Pennsylvania: J. B. Lippincott Company.

Kübler-Ross, E. (1983). *On children and death*. NY: Macmillan Publishing Company.

Kuczen, B. (1987). *Childhood Stress*. New York, NY: Dell Pub. Co. 강영자 · 박성옥 · 양명숙 역(2002). 아동의 스트레스. 경기: 양서원.

LaMontagne, L. (1987). Factors influencing children's reactions and adjustment to illness: Implications for facilitating coping. In Kruik, T., Holaday, B., & Martinson. I. (eds.) *The child and family facing life-threatening illness*. 273-278. Pennsylvania: J. B. Lippincott Company.

Lazarus, R. S.(1982). Thoughts on the relations between emotion and cognition. *American Psychologist, 37*. 1019-1024.

Leary, M. R. (1996). *Self-presentation: impression management and interpersonal behavior*. Boulder Colo. 홍성태 역(2003). 자기 표현의 힘. 서울: 더난출판.

Leboyer, F. (1974). *Pour une naissance sans violence*. France: Seuil. 하윤기 역(2012). 폭력없는 탄생. 서울: 예영 커뮤니케이션.

Lee, N. (2003). *Living with stress*. 안진이 역(2007). 스트레스에 짓눌린 아이들. 서울: 즐거운 상상.

Maccoby, E. E. (1990). Gender and relationships. A developmental account. *American Psychologist, 45(4)*. pp. 513-520.

Mandleco, B., & Peery, J. (2000). An Organizational Framework for Conceptualizing Resilience in Children. *Journal of Child and Adolescent Psychiatric Nursing, 13(3)*. 99-111.

Masten, A. (2001). Ordinary magic: Resilience processes in development. *American Psychologist, 56*. 227-238.

Maslow, A. H. (1968). *Toward a psychology of being*(2th ed.). New York: Van Nostrand.

Meltzoff, A. N., & Moore, M. K. (1977). Imitation of facial and manual gestures by human neonates. *Science, 198*. 75-78.

Mischel, W., Shoda, Y., & Smith, R. E. (1997). 손정락 역(2007). 성격심리학. 서울: 시그마프레스.

Morgan, C. D., & Murray, H. A. (1935). A method for investigation fantasies. The Thematic Apperception Test. *Archives of Neurological Psychiatry, 16*. 292-298.

Morris, C. G., Maisto, A. A., & Dunn, W. L. (2007). *Psychology: concepts and applications*. NJ: Pearson Prentice Hall.

Myers, D. G. (2008). *Exploring psychology* 7th. NY: Worth Publishers.

Natterson, J., & Knudson, A. (1960). Observations concerning fear of death in fatally ill children and mothers. *Psychosom Med, 22(6)*. 456-465.

Nolte, D., & Harris, R. (1998). *Children learn what they live*. NY: Workman

Publishing Company. 김명렬 역(2000). 칭찬받으며 자란 아이는 자신감을 배운다. 서울: 동쪽나라.

Olson, D. H., DeFrain, J., & Olson, A. K. (1999). *Building relationshops: Developing skills for life*. 21세기 가족문화 연구소 역(2007). 행복한 결혼 건강한 가족. 서울: 양서원.

Peterson, C., & Seligman, M. E. P. (2011). *Flourish: A Visionary New Understanding of Happiness and Well-being*. New York: Free Press.

Rak, C., & Patterson, L. (1996). Promoting resilience in at-risk children. *Journal of Counseling & Development, 74*. 368-373.

Rosemary, A. T. (2003). *Counseling techniques*(2th ed.). Taylor & Francis Group. 김춘경 역(2007). 상담기법. 서울: 학지사.

Rosenberg, M. (1965). *Society and adolescent self- image*. Princeton, NJ: Princeton University Press.

Ryff, C. D. (1989). Happiness is everything or is it? Exploration on the meaning of psychological well being. *Journal of Personality and Social Psychology, 57*. 1069-1081.

Sarason, I. G., & Sarason, B. R. (1996). *Abnormal Psychology*. Emglewood Cliffs, NJ: Prentice-Hall. 김은정 · 김향구 · 황순택 역(2002). 이상심리학. 서울: 학지사.

Saul, L. J. (1977). *The childhood emotional pattern: The key to personality, its disorders and therapy*. New York: Van Nostrand Reinhold Co.

Schachter, S., & Singer, J. E. (1962). Cognitive, social, and physiological determinants of an emotional state. *Psychological Review, 69*. 121-128.

Seligman, M. E. P. (2004). *Authentic happiness: using the new positive psychology to realize your potential for lasting fulfillment*. New York: Free Press. 김인자 역(2005). 긍정심리학. 경기: 물푸레.

Seligman, M. E. P., Rashid, T., & Parks, A. C. (2006). Positive psychotherapy. *American Psychologist, 61*. 774-788.

Shaffer, D. R., & Kipp, K. (2007). Developmental psychology(6th Ed.). CA: Wadsworth.

Shavelson, R. J., Hobner. J. J., & Stanton. J. C. (1976). Self-concept: Validation of construct interpretations. *Review of educational Research, 46*. 407-441.

Strack, F., Martin, L. & Stepper, S. (1988). Inhibiting and facilitating conditions of the human smile: A nonobtrusive test of the facial feedback hypothesis. *Journal of Personality and Social Psychology, 54*. 768-777.

Wade, C., & Tavris, C. (2012). *Invitation to psychology*(5th). NJ: Prentice hall

Waechter, E. (1987). Death, dying, and bereavemenr: A Review of the literature. In Krulik, T., Holaday, B., Martinson, I. (eds.) *The child and family facing life-threatening illness*. 3-31. Pennsylvania: J. B. Lippincott Company.

Waters, E., Weinfield, N. S., & Hamilton, C. E. (2000). The stability of attachment security from infancy to adolescence and early adulthood: General discussion. *Child Development, 71*. 703-706.

Wills, A., Blechman, E., & McNamara, G. (1996). In Hetherington, E, & Blechman (eds.). *Stress, coping and resiliency in children and families*. Lawrence Erlbaum Associates, Inc. 오승아 역(2003). 아동과 가족의 스트레스, 대처 및 복원력. 서울: 민지사.

Winn, M. (1977). *The Plug-in drug*. NY: Viking Press.

Winn, M. (2002). *The Plug-in drug: Television, Computers, and Family Life*. NY: Penguin Books.

Wolff, S. (1969). *Children under stress*. Maryland: Penguin Books Inc.

Wright, J. H., Beck, A. T., & Thase, M. E. (2003). Cognitive therapy. In Hales, R.E.& Yudofsky(Eds.). *Textbook of clinical psychiatry*(4th ed.). Washington, DC: American Psychiatric Publishing.

Woo, B., & Wong, G. (2003). *Living with grief. Marshall Cavendish Internationa*(Asia) Pte Ltd. 문희경 역(2007). 슬픔에 빠진 아이들. 서울: 즐거운 상상.

Young, J. E., & Klosko, J. S. (1993). *Reinventing your life*. New York: Dutton. 최영민 · 김봉석 · 이동우 역(2004). 새로운 나를 여는 열쇠. 부산: 열음사.

Young, J. S., Klosko, J. S., & Weishaar, M. E.(2003). *Schema therapy: A Practitioner's guide*. New York: The guilford Press. 권성민 · 김진숙 · 서수균 · 주리애 · 유성진 · 이지영 역(2005). 심리도식치료. 서울: 학지사.

Young, K. (1996). Psychology of computer use: XL. Addictive use of the internet: A case that breaks the stereotype. *Psychology Reports, 79*. 899-902.

Young, K. (1998). Internet addiction: The emergence of a clinical disorder. *Cyber Psycholigy and Behavior, 1*. 237-244.

Zeanah, C., & Zeanah, P. (2001). Towards a definition of infant mental health. *Zero to Three, 22*. 12-20.

건강보험 심사평가원 보도자료(2010. 5. 13.). 가정의 달 5월, 우리 아이에게 관심을.
경향신문(2013. 2. 7.). 정신건강 빨간불-초 · 중 · 고생 105만 명.
국민건강보험 보도자료(2012. 7. 2.). 통계로 본 건강보험 시행 35년-만성 질환진료비 추이.
동아일보(2013. 2. 15.). 마음이 아픈 아이들.
매일경제(2013. 3. 30.). 폰 달라고 울고불고 떼쓰는 아이들.
연합뉴스(2007. 4. 15.). 초 · 중 · 고교생 4명 중 1명 꼴로 정신 장애.
연합뉴스(2009. 9. 9.). 사회 질환 소아우울증의 원인과 해결 방안.
연합뉴스(2011. 5. 4.). 우리 아이들 정신건강 토대 무너진다.
연합뉴스(2013. 1. 8.). '자살 위험군' 정신건강 고위험자 368만 명.
연합뉴스(2013. 3. 22.). 인천서 어린이집 교사 4살 원생 폭행…, 경찰 수사.
조선일보(2011. 7. 6.). 내 마음이 들리니? 치명적인 현대인의 병 우울증.
한국일보(2012. 9. 24.). 의료급여 대상자 정신분열병 입원 · 진료비 모두 1위.
한국일보(2002. 10. 2.). 유아비디오 증후군 확산.
한국일보(2013. 1. 30.). 한국만 왜… 자살률 10년 새 2배 급증.
New York Times(2007. 7. 25.). Albert Ellis, Influential Psychotherapist, Dies at 93.
SBS 긴급출동 SOS 24, 175회(2009. 7. 7.). 열여섯, 생떼 부리는 아들.
SBS 뉴스(2012. 2. 15.). 14.4% 정신 질환 경험…주변 의식해 치료 소홀.
SBS 뉴스(2013. 3. 25.). 영유아 5명 중 1명, 정신건강에 '빨간불'.
SBS 우리 아이가 달라졌어요, 294회(2011. 8. 23.). 얼음공주 은서.
SBS 우리 아이가 달라졌어요, 328회(2012. 5. 8.). 엄마 찰거머리 홍주.
The Morning Record(1964. 12. 10.). The Tired Child Syndrome.
The New York Times(1964. 10. 24.). Doctors find TV makes child ill.

인터넷 중독 상담 대응센터(www.iapc.or.kr)
(주) 어세스타(www.assesta.com). MBTI Form G 프로파일.
쥬니어네이버 동요세상(http://study.jr.naver.com/dongyo)
한국브리태니커(www.britannica.co.kr)
http://archive.constantcontact.com/fs090/1101630309567/archive/1103532740994.html
http://ko.wikipedia.org/wiki/정서
http://www.marxists.org/reference/subject/philosophy/works/at/freud2.htm
http://www.nrogers.com/carlrogersbooks.html
http://www.psychnews.psychiatryonline.org/

부록

한국판 벡(Beck)의 우울증 척도(BDI)

한국판 벡(Beck)의 우울증 척도(BDI)

다음의 문항을 읽어보시고 각 번호의 여러 란 중에서 요즈음 자신에게 가장 적합하다고 생각되는 번호를 하나씩만 골라 O표를 하십시오.

1. ❶ 나는 슬프지 않다. ( )
   ❷ 나는 슬프다. ( )
   ❸ 나는 항상 슬프고 기운을 낼 수 없다. ( )
   ❹ 나는 너무나 슬프고 불행해서 도저히 견딜 수 없다. ( )

2. ❶ 나는 앞날에 대해서 별로 낙심하지 않는다. ( )
   ❷ 나는 앞날에 대해서 용기가 나지 않는다. ( )
   ❸ 나는 앞날에 대해서 기대할 것이 아무것도 없다고 느낀다. ( )
   ❹ 나의 앞날은 아주 절망적이고 나아질 가망이 없다고 느낀다. ( )

3. ❶ 나는 실패자라고 느끼지 않는다. ( )
   ❷ 나는 보통사람들보다 더 많이 실패한 것 같다. ( )
   ❸ 내가 살아온 과거를 뒤돌아보면, 실패투성이인 것 같다. ( )
   ❹ 나는 인간으로서 완전한 실패자라고 느낀다. ( )

4. ❶ 나는 이전과 같이 일상생활에 만족하고 있다. ( )
   ❷ 나의 일상생활은 예전처럼 즐겁지 않다. ( )
   ❸ 나는 요즘에는 어떤 것에서도 별로 만족을 얻지 못한다. ( )
   ❹ 나는 모든 것이 다 불만스럽고 싫증난다. ( )

5. ❶ 나는 특별히 죄책감을 느끼지 않는다. ( )
   ❷ 나는 죄책감을 느낄 때가 많다. ( )
   ❸ 나는 죄책감을 느낄 때가 아주 많다. ( )
   ❹ 나는 항상 죄책감에 시달리고 있다. ( )

6. ❶ 나는 벌을 받고 있다고 느끼지 않는다. ( )
   ❷ 나는 어쩌면 벌을 받을지도 모른다고 느낌이 든다. ( )
   ❸ 나는 벌을 받을 것 같다. ( )
   ❹ 나는 지금 벌을 받고 있다고 느낀다. ( )

7 | ❶ 나는 나 자신에게 실망하지 않는다. ( )
❷ 나는 나 자신에게 실망하고 있다. ( )
❸ 나는 나 자신에게 화가 난다. ( )
❹ 나는 나 자신을 증오한다. ( )

8 | ❶ 내가 다른 사람보다 못한 것 같지는 않다. ( )
❷ 나는 나의 약점이나 실수에 대해서 나 자신을 탓하는 편이다. ( )
❸ 내가 한 일이 잘못되었을 때는 언제나 나를 탓한다. ( )
❹ 일어나는 모든 나쁜 일들은 다 내 탓이다. ( )

9 | ❶ 나는 자살 같은 것은 생각하지 않는다. ( )
❷ 나는 자살할 생각을 가끔 하지만, 실제로 하지는 않을 것이다. ( )
❸ 자살하고 싶은 생각이 자주 든다. ( )
❹ 나는 기회만 있으면 자살하겠다. ( )

10 | ❶ 나는 평소보다 더 울지는 않다. ( )
❷ 나는 전보다 더 많이 운다. ( )
❸ 나는 요즈음 항상 운다. ( )
❹ 나는 전에는 울고 싶을 때 울 수 있었지만, 요즈음은 울래야 울 기력조차 없다. ( )

11 | ❶ 나는 요즈음 평소보다 더 짜증을 내는 편은 아니다. ( )
❷ 나는 전보다 더 쉽게 짜증이 나고 귀찮아진다. ( )
❸ 나는 요즈음 항상 짜증을 내고 있다. ( )
❹ 전에는 짜증스럽던 일에 요즈음 너무 지쳐서 짜증조차 나지 않는다. ( )

12 | ❶ 나는 다른 사람들에 대한 관심을 잃지 않고 있다. ( )
❷ 나는 전보다 다른 사람들에 대한 관심이 줄었다. ( )
❸ 나는 다른 사람들에 대한 관심이 거의 없어졌다. ( )
❹ 나는 다른 사람들에 대한 관심이 완전히 없어졌다. ( )

13 ❶ 나는 평소처럼 결정을 잘 내린다. ( )
❷ 나는 결정을 미루는 때가 전보다 더 많다. ( )
❸ 나는 전에 비해 결정내리는 데에 더 큰 어려움을 느낀다. ( )
❹ 나는 더 이상 아무 결정도 내릴 수가 없다. ( )

14 ❶ 나는 전보다 내 모습이 나빠졌다고 느끼지 않는다. ( )
❷ 나는 나이 들어 보이거나 매력 없이 보일까봐 걱정한다. ( )
❸ 나는 내 모습이 매력 없게 변해버린 것 같은 느낌이 든다. ( )
❹ 나는 내가 추하게 보인다고 믿는다. ( )

15 ❶ 나는 전처럼 일을 할 수 있다. ( )
❷ 어떤 일을 시작하는 데에 전보다 더 많은 노력이 든다. ( )
❸ 무슨 일이든 하려면 나 자신을 매우 심하게 채찍질해야만 한다. ( )
❹ 나는 전혀 아무 일도 할 수가 없다. ( )

16 ❶ 나는 평소처럼 잠을 잘 수 있다. ( )
❷ 나는 전에 만큼 잠을 자지는 못한다. ( )
❸ 나는 전보다 한두 시간 일찍 깨고 다시 잠들기 어렵다. ( )
❹ 나는 평소보다 몇 시간이나 일찍 깨고, 한 번 깨면 다시 잠들 수 없다. ( )

17 ❶ 나는 평소보다 더 피곤하지는 않다. ( )
❷ 나는 전보다 더 쉽게 피곤해진다. ( )
❸ 나는 무엇을 해도 피곤해진다. ( )
❹ 나는 너무나 피곤해서 아무 일도 할 수 없다. ( )

18 ❶ 내 식욕은 평소와 다름없다. ( )
❷ 나는 요즈음 전보다 식욕이 좋지 않다. ( )
❸ 나는 요즈음 식욕이 많이 떨어졌다. ( )
❹ 요즈음에는 전혀 식욕이 없다. ( )

19 ❶ 요즈음 체중이 별로 줄지 않았다. ( )
❷ 전보다 몸무게가 2Kg가량 줄었다. ( )
❸ 전보다 몸무게가 5Kg가량 줄었다. ( )
❹ 전보다 몸무게가 7Kg가량 줄었다. ( )

* 나는 현재 음식 조절로 체중을 줄이고 있는 중이다. (예 · 아니오)

20 | ❶ 나는 건강에 대해 전보다 더 염려하고 있지는 않다. (　　　)

❷ 나는 여러 가지 통증, 소화불량, 변비 등과 같은 신체적인 문제로 걱정하고 있다. (　　　)

❸ 나는 건강이 염려되어 다른 일은 생각하기 힘들다. (　　　)

❹ 나는 건강이 너무 염려되어 다른 일은 아무 것도 생각할 수 없다. (　　　)

21 | ❶ 나는 요즈음 성(sex)에 대한 관심에 별다른 변화가 있는 것 같지는 않다. (　　　)

❷ 나는 전보다 성(sex)에 대한 관심이 줄었다. (　　　)

❸ 나는 전보다 성(sex)에 대한 관심이 상당히 줄었다. (　　　)

❹ 나는 성(sex)에 대한 관심을 완전히 잃었다. (　　　)

- **채점방법:** 각 문항 1)번은 0점, 2)번은 1점, 3)번은 2점, 4)번은 3점으로 처리합니다. 21개 문항에 자신이 선택한 선택지(1)~(4) 점수를 합산하세요. 총점 범위는 0~63점입니다.
- **우울증 정도 확인:** 합산 점수가 나왔으면, 아래 표에 제시된 점수정보를 근거하여 자신의 우울 정도를 확인합니다. 경우울증 상태라면 일상생활에서 긍정 사고와 긍정 정서를 체험하기 위한 적극적인 노력이 필요합니다. 우울증 이상의 상태라면 반드시 전문적인 상담을 통해 도움을 받으셔야 합니다. 우울증 상태에서는 본인의 의지만으로는 정상적인 심리적 안정성을 찾기 어렵습니다. 스스로 회복하려는 노력도 필요하지만 전문적인 도움을 받을 때 회복하는데 소요되는 시간과 에너지가 절약될 수 있습니다.

점수 기준	0~9점	10~15점	16~23점	24~63점
우울증 정도	우울하지 않음	경우울증	우울증	중우울증

출처: 고려대학교 부설 행동과학연구소(1999). 심리척도 핸드북 I. pp. 419-424.

저자소개

황 현 주

이화여자대학교 대학원 유아교육 전공 (문학석사)
고려대학교 대학원 아동학 전공 (이학박사)
(현재) 대전과학기술대학교 아동보육과 교수

유 은 정

총신대학교 교육대학원 유아교육 전공 (교육학석사)
성신여자대학교 대학원 교육심리 전공 (교육학박사)
(현재) 백석문화대학교 유아교육과 교수

박 혜 정

중앙대학교 대학원 유아교육 전공 (문학석사)
텍사스대학교(오스틴) 유아교육학 전공 (철학박사)
(현재) 대전과학기술대학교 유아교육과 교수

서 은 경

이화여자대학교 일반대학원 상담심리 전공 (문학석사)
이화여자대학교 일반대학원 상담심리 전공 (심리학박사)
(현재) 성균관대학교 교육학과 겸임교수, 연 심리상담연구소 소장

신 현 정

이화여자대학교 교육대학원 유아교육 전공 (교육학석사)
덕성여자대학교 대학원 유아교육학 전공 (교육학박사)
(현재) 총신대학교 산업교육학부 교수

정 다 운

총신대학교 교육대학원 유아교육 전공 (교육학석사)
가톨릭대학교 대학원 아동가족학 전공 (이학박사)
(현재) 수성대학교 아동미술보육과 교수